类案争点与法律适用丛书

# 土地房屋征收案件争点整理与法律适用

杨昌顺／主编

04

人民法院出版社

**图书在版编目（CIP）数据**

土地房屋征收案件争点整理与法律适用 / 杨昌顺主编. -- 北京 : 人民法院出版社, 2025. 2. -- (类案争点与法律适用丛书). -- ISBN 978-7-5109-4279-2

Ⅰ. D922.365；D922.181.5

中国国家版本馆CIP数据核字第2024BP6388号

**土地房屋征收案件争点整理与法律适用**

杨昌顺　主编

**策划编辑**　韦钦平
**责任编辑**　赵芳慧
**封面设计**　尹苗苗
**出版发行**　人民法院出版社
**地　　址**　北京市东城区东交民巷27号（100745）
**电　　话**　（010）67550628（责任编辑）　67550558（发行部查询）
　　　　　65223677（读者服务部）
**客服QQ**　2092078039
**网　　址**　http://www.courtbook.com.cn
**E－mail**　courtpress@sohu.com
**印　　刷**　三河市国英印务有限公司
**经　　销**　新华书店

**开　　本**　787毫米×1092毫米　1/16
**字　　数**　476千字
**印　　张**　26.5
**版　　次**　2025年2月第1版　2025年2月第1次印刷
**书　　号**　ISBN 978-7-5109-4279-2
**定　　价**　99.00元

# 类案争点与法律适用丛书
# 编辑委员会



# 编辑部

# 编写说明

习近平总书记强调，全面依法治国是国家治理的一场深刻革命，关系党执政兴国，关系人民幸福安康，关系党和国家长治久安。[①] 在以习近平同志为核心的党中央坚强领导下，新时代中国特色社会主义法治建设发生历史性变革、取得历史性成就。党的二十届三中全会审议通过《中共中央关于进一步全面深化改革 推进中国式现代化的决定》，对完善中国特色社会主义法治体系作出重大部署，要求健全公正执法司法体制机制，深化和规范司法公开，落实和完善司法责任制，改进法治宣传教育，完善以实践为导

---

① 《高举中国特色社会主义伟大旗帜 为全面建设社会主义现代化国家而团结奋斗——在中国共产党第二十次全国代表大会上的报告（2022 年 10 月 16 日）》，载《人民日报》2022 年 10 月 26 日，第 1 版。

向的法学院校教育培养机制。

人民法院始终坚持以习近平新时代中国特色社会主义思想为指导，深入践行习近平法治思想，全面贯彻落实党的二十大和二十届三中全会精神，深刻领悟“两个确立”的决定性意义，增强“四个意识”、坚定“四个自信”、做到“两个维护”，做深做实为大局服务、为人民司法，推动司法审判工作高质量发展，为中国式现代化提供有力司法服务和保障。人民法院出版社紧紧围绕贯彻落实习近平法治思想，落实最高人民法院工作要求，从服务审判执行工作、服务法治中国建设的实践需求出发，立足新闻出版宣传工作职责，策划组织编写了《类案争点与法律适用丛书》(以下简称《丛书》)，旨在为办理类似案件提供系统方法论和法律适用指引，促进公正司法、定分止争。《丛书》具有以下几个特点：

一是深入践行习近平法治思想，积极回应人民关切。人民法院是党领导下的国家审判机关，始终把维护人民群众合法权益作为司法审判工作的根本出发点和落脚点，着力解决好“为了谁、依靠谁、我是谁”这一根本问题。《丛书》围绕婚姻家庭、劳动争议、房屋买卖、道路交通等民生关注热点重点，梳理归纳司法实践中的难点堵点问题，将习近平法治思想贯穿具体个案释法说理全过程各环节，充分展现司法审判公正、高效化解各类矛盾风险、切实维护人民群众合法权益的生动实践。

二是聚焦类案法律适用，推动法律统一正确实施。公正司法是维护社会公平正义的最后一道防线。通过公正司法维护社会公平正义，是新时代党领导人民推进全面依法治国、建设社会主义法治国家的必然要求，这对全国法院法官司法能力和水平提出新的要求。《丛书》依托法答网、人民法院案例库、多元解纷案例库、“法信”等司法资源，数智法律知识服务平台汇集的大量典型案例、法律适用问题答问，聚焦类案审判实践中的常见争点、疑难复杂问题、新型问题等，以最高人民法院裁判观点为基础标准，系统化梳理类案争点，深入剖析类案法律适用产生分歧的原因，切实为类案法律适用提供统一的裁判尺度和指导参考，以期正确适用法律，规范法官自由裁量权，确保司法裁判的公正性。

三是指导提升审判能力水平，有效服务定分止争工作。定分是依法办案，止争是化解矛盾；定分是解决案件，止争是解决问题；“定分”重在“止争”。人民法院要做实善于从政治上看、精于从法治上办，就需要在案件审理时充分听取当事人诉求，明确争议焦点，明晰请求权基础规范；在此基础上，运用科学有效的审判方法，进一步分析基础规范的构成要件及要件事实，最后准确适用法律。《丛书》梳理归纳了相关案由下各类情形的请求权及其请求权基础规范，为类案裁判提供了相对明晰的法律适用规范指引以及审理重点与方法步骤，为司法审判提质增效提供了方法论支撑。

《丛书》的付梓出版，得益于最高人民法院各有关审判业务庭的精心指导，得益于一线资深法官的默默付出，凝聚着全体编撰人员的心血和智慧。作为类案争点与法律适用方面的创新之作，一方面囿于认识水平、时空条件等因素，另一方面新类型案件层出不穷，《丛书》有关内容或还有不足之处。借此机会，衷心希望《丛书》的编辑出版能够助力提升全国法官的审判能力和水平，积极服务公正司法定分止争、促进矛盾纠纷源头预防实质化解等人民法院中心工作，为做实为大局服务、为人民司法，建设更高水平的社会主义法治国家、推进中国式现代化贡献智慧和力量。

**《类案争点与法律适用丛书》编委会**

**2025 年 1 月**

# 前言

征收是一个关乎城市建设、关乎经济发展、更关乎民生民心的中国式现代化进程中不可回避的话题。应当认识到，征收是推动经济社会进步的重要途径，也是城市发展和更新的必由之路。通过合理地规划和实施，征收可以有效地促进经济发展、改善居民生活条件、优化城市总体布局、推动社会资源配置、实现区域平衡发展。党的二十大报告中提出坚持“人民城市人民建、人民城市为人民”的理念，要求提高城市规划、建设、治理水平，实施城市更新行动。党的二十届三中全会提出“城乡融合发展是中国式现代化的必然要求”。这些都对今后如何在征收工作中深入贯彻落实“以人民为中心”的发展理念，妥善处理城市整体更新和群众个体利益之间的关系，更好服务和保障中国式现代化提出了更新更高的要求。

与此同时，随着经济飞速发展、法治不断进步，人民群众对美好生活的向往更加强烈，法治意识持续提升，对行政执法的要求和期望也愈加提高。征收客观上直接关涉被征收人享有的不动产权利等一系列重大切身利益，处理稍有不当就容易成为各种矛盾的焦点。多年来，随着全国各地征收工作的开展，与之相关的矛盾纠纷层出不穷，各级法院受理的征收案件数量也在不断增长。这种趋势，不仅体现在案件的绝对数量上，还体现在征收类案件所占行政诉讼案件的比例上。然而，不可否认的是，司法实践中征收案件审理时仍然存在一定程度上的裁判尺度不统一、文书说理不充分等问题，与广大人民群众对司法审判的需求和期待存在一定差距。

“欲知平直，则必准绳；欲知方圆，则必规矩。”法律的生命力在于实施，而法律适用的统一则是司法公正的重要体现。党中央高度重视法律适用的统一。党的十八届四中全会通过的《中共中央关于全面推进依法治国若干重大问题的决定》将“统一法律适用标准”作为完善以宪法为核心的中国特色社会主义法律体系的重要任务之一。《最高人民法院关于深化司法责任制综合配套改革的实施意见》亦将“完善统一法律适用机制”作为重要内容。在统一法律适用的司法大背景下，本书通过对征收案件进行类型化、体系化、规范化梳理，以期帮助相关司法同仁、法律职业共同体准确适用法律规范，推进类案同判全面落实，同时也为广大人民群众在发生征收纠纷通过法律途径维权时提供一份清晰、可靠的指引，引导正确认识纠纷根源所在，准确理解法律规定，依法寻求权利救济，妥善化解征收争议。

本书以常见征收纠纷领域为核心区分不同章节，具体分为六章：第一章为国有土地上房屋征收与补偿纠纷，主要包括国有土地上房屋征收决定、国有土地上房屋征收补偿决定纠纷；第二章为集体土地征收与补偿纠纷，主要包括征收土地批复、征收土地公告等纠纷；第三章为征收补偿协议纠纷，主要包括涉征收补偿协议效力、履行、单方变更、解除行为等纠纷；第四章为涉征收行政强制纠纷，主要针对涉及征收补偿事宜的强制拆除、强制措施等纠纷；第五章为涉征收行政赔偿纠纷，主要系涉征收补偿事宜的行政行为确认违法后的国家赔偿纠纷；第六章为征收补偿相关纠纷，主要包括关联的政府信息公开、房屋搬迁、危房解危等纠纷。第一章到第五章中，每章分为三小节，第一节为“纠纷概述”，简要论述纠纷的特点、案件的审理原则和理念等；第二节为“纠纷的起诉与受理”，主要为纠纷进入行政诉讼的程序要件的审查内容；第三节为“纠纷的审理与认定”，即为纠纷的实体审查规则。其中，第二节、第三节具体分为三个部分，一是审查要素的分析，二是争点的整理与认定，即对常见争点进行梳理以及规则确定，三是法律适用相关疑难问题的解决。因第六章为其他涉征收纠纷的整合，故整体体例在第一章到第五章的基础上进行了一定微调。

全书精心选取典型案例（编者全面梳理了人民法院案例库中的行政案例，选取其中涉征收纠纷的入库案例，并补充选取最高人民法院以及部分省高级人民法院的优秀实践成果、重点典型案例），对案件审理要素、裁判思路、示范说理、规范指引等进行系统梳理，在此基础上提炼争点与解析，厘清审理思路，对征收案件中常见问题以及疑难复杂问题进行解答，真正贯彻了“以案说法、以法析理、以理明情”的原则。全书不但内容全面系统，体系完整严谨，构建出完整的司法裁判知识图谱，对统一类案裁判尺度、提升审判质效具有较强参考价值，而且直面司法实践中的热点、难点问题，实用性强，取材均来自当前审判实践，目标亦是着眼于服务司法实践需求，可以作为审判一线的法官、法律职业共同体以及广大民众的工具书，为更好解决征收争议提供助益。

为了做好《土地房屋征收案件争点整理与法律适用》一书的编撰工作，我们擢选法学理论与司法实践兼修的精干力量组成编写组。编写组由杨昌顺（现任江苏省泰州市中级人民法院院长）担任主编。全书参与编写的人员均系长年工作在行政审判一线的业务骨干。其中，各章节编写人员如下（以撰写章节先后为序）：第一章编写人员为蔡鹏和李爱华；第二章编写人员为李剑峰和祝倩；第三章编写人员为杜屏和肖云璐；第四章、第五章编写人员为王玮和周玲云；第六章编写人员为冯露和霍婷婷，全书由顾金才和蔡鹏统稿。经过近一年的编写、整理、修改，最终由杨昌顺院长定稿，本书终于付梓刊印。

在本书出版之际，特别感谢最高人民法院行政审判庭郭修江副庭长在百忙之中对书稿认真细致的审读，他严格把关争点问题，删除书中观点有待商榷的案例，并对许多法律适用疑难问题提出了具体的修改建议，使书稿内容得以准确完善。此外，本书汇聚了诸多领导及法官的经验和智慧，在此，我们一并表示感谢。

囿于编者实践经验、业务能力等因素，书中难免存在错漏与不足之处，真诚希望各位读者给我们提出宝贵的意见和建议。

编　者

2024 年 12 月

# 凡　例

一、本书中法律文件名称一般用简称，例如《中华人民共和国行政诉讼法》简称《行政诉讼法》。

二、本书中下列行政法规、司法解释及部门规范性文件一般也使用简称：

| 文件全称 | 简称 | 相关信息 |
| --- | --- | --- |
| 《国有土地上房屋征收与补偿条例》 | 《征补条例》 | 发文字号：中华人民共和国国务院令第590号<br>公布日期：2011年1月21日<br>施行日期：2011年1月21日 |
| 《城市房屋拆迁管理条例》 | 《拆迁条例》 | 发文字号：中华人民共和国国务院令第305号<br>公布日期：2001年6月13日<br>施行日期：2001年11月1日<br>失效日期：2011年1月21日 |
| 《最高人民法院关于适用〈中华人民共和国行政诉讼法〉的解释》 | 《行政诉讼法适用解释》 | 发文字号：法释〔2018〕1号<br>公布日期：2018年2月6日<br>施行日期：2018年2月8日 |
| 《最高人民法院关于审理行政协议案件若干问题的规定》 | 《行政协议司法解释》 | 发文字号：法释〔2019〕17号<br>公布日期：2019年11月27日<br>施行日期：2020年1月1日 |

续表

| 文件全称 | 简称 | 相关信息 |
|---|---|---|
| 《最高人民法院关于审理行政赔偿案件若干问题的规定》 | 《行政赔偿案件若干问题规定》 | 发文字号：法释〔2022〕10号<br>公布日期：2022年3月20日<br>施行日期：2022年5月1日 |
| 《最高人民法院关于审理涉及农村集体土地行政案件若干问题的规定》 | 《农村集体土地若干问题规定》 | 发文字号：法释〔2011〕20号<br>公布日期：2011年8月7日<br>施行日期：2011年9月5日 |
| 《最高人民法院关于审理涉及农村土地承包纠纷案件适用法律问题的解释》 | 《农村土地承包纠纷案件司法解释》 | 发文字号：法释〔2005〕6号<br>公布日期：2005年7月29日<br>施行日期：2005年9月1日<br>修正施行日期：2021年1月1日 |
| 《国有土地上房屋征收评估办法》 | 《征收评估办法》 | 发文字号：建房〔2011〕77号<br>公布日期：2011年6月3日<br>施行日期：2011年6月3日 |

# 目　录

**第一章　国有土地上房屋征收与补偿纠纷 / 001**

**第一节　国有土地上房屋征收与补偿纠纷概述　/　001**

一、国有土地上房屋征收与补偿案件特点分析 / 002

二、国有土地上房屋征收与补偿案件审理原则 / 004

**第二节　国有土地上房屋征收与补偿纠纷的起诉与受理　/　006**

一、审查要素分析 / 007

二、争点整理与认定 / 025

争点 1：房屋调查行为不属于行政诉讼受案范围 / 025

争点 2：征收公告行为不属于行政诉讼受案范围 / 026

争点 3：行政机关实施房屋征收前作出中止租赁合同、腾空移交房屋的通知属于行政诉讼受案范围 / 027

争点 4：征收补偿决定已经生效裁判确认合法性，被征收人再就房屋调查等前置行为提起诉讼的，应不予受理 / 028

争点 5：已经签订补偿协议的，仍具有对征收决定提起诉讼的原告主体资格 / 031

争点 6：公房承租人具有对房屋征收决定提起诉讼的原告主体资格 / 033

争点 7：被征收人请求履行征收补偿职责的，作出征收决定的市、县级人民政府为适格被告 / 035

争点 8：提起行政诉讼必须明确被诉行政行为 / 036

争点 9：对房屋征收决定进行公告，即视为送达 / 039
争点 10：行政相对人申请行政复议后在法定复议期间内又向人民法院提起诉讼的，人民法院不予受理 / 040
争点 11：征收决定已由其他被征收人提起诉讼并作出生效裁判，原告再次就该征收决定起诉的，应当认定“诉讼标的为生效裁判所羁束” / 042
三、法律适用中的疑难问题 / 043
问题：对当事人权利义务产生实际影响的会议纪要属于行政诉讼受案范围 / 043

**第三节　国有土地上房屋征收与补偿纠纷的审理与认定 / 048**

一、审查要素分析 / 048
二、争点整理与认定 / 059
争点 1：国有土地上房屋征收公共利益的认定和被征收人居住权的保障 / 059
争点 2：撤销房屋征收决定是否损害公共利益的判断 / 065
争点 3：商业开发是否有悖于征收的公共利益目的的认定 / 067
争点 4：超范围征收行为的合法性认定 / 069
争点 5：征地红线不一定包括铁路线路安全保护区、公路建筑控制区 / 071
争点 6：被征收房屋所有权人不明确的认定 / 072
争点 7：院内空地应否补偿的认定 / 074
争点 8：现状用途与登记用途不一致情况下房屋用途的认定 / 076
争点 9：房屋登记未记载房屋用途或记载不明情况下房屋用途的认定 / 077
争点 10：土地权属证书与房屋权属证书记载的用途不一致情况下房屋用途的认定 / 078
争点 11：选定评估机构可在作出征收决定之前 / 079
争点 12：超过有效期的评估报告效力的认定 / 080
争点 13：评估报告送达方式合法性的认定 / 082
争点 14：阁楼等建筑附属物补偿方式的认定 / 083
争点 15：企业补偿方式的认定 / 085

争点 16：不宜简单以距离远近判断是否“就近安置” / 087
争点 17：征收补偿过程中应注意抵押权人合法权益的保护 / 090
争点 18：承租人合法权益的认定 / 091
争点 19：补偿决定的内容应明确、具体 / 093
三、法律适用中的疑难问题 / 094
问题 1：房屋评估时点合法性的认定 / 094
问题 2：补偿决定中补偿方式选择权的保障 / 099

**第二章　集体土地征收与补偿纠纷 / 103**

**第一节　集体土地征收与补偿纠纷概述 / 103**
一、集体土地征收与补偿纠纷案件特点分析 / 104
二、集体土地征收与补偿案件审理原则 / 107

**第二节　集体土地征收与补偿纠纷的起诉与受理 / 108**
一、审查要素 / 108
二、争点整理与认定 / 112
争点 1：被征地农民就村委会征收补偿款分配方案提起的诉讼，不属于行政诉讼受案范围 / 112
争点 2：未发生法律效力的征收补偿协议，对当事人的权利义务不产生实际影响，不属于行政诉讼的受案范围 / 113
争点 3：营业用房承租人的原告主体资格 / 115
争点 4：集体土地安置补偿职责主体的认定 / 118
争点 5：市、县级政府或其指定的土地部门的补偿安置义务主体资格 / 122
争点 6：诉讼请求应当明确、具体 / 125
争点 7：知道或者应当知道的认定 / 127
三、法律适用中的疑难问题 / 129
问题 1：集体经济组织成员个人对土地征收补偿不服提起诉讼，不具有原告资格 / 129
问题 2：批复公告后，被征收人对后续权证注销、土地出让、颁证等行为的原告资格问题 / 131
问题 3：履行被征地农民社会保障职责的职能主体认定 / 135

**第三节　集体土地征收与补偿纠纷的审理与认定 / 137**

一、审查要素 / 137

二、争点整理与认定 / 140

争点 1：集体土地上的房屋被征收时，所在区域已经纳入城市规划区，可以参照执行国有土地上房屋征收补偿标准 / 140

争点 2：集体土地征收补偿时，地上附着物的所有权人享有对土地上的附着物获得补偿的权利 / 142

争点 3：青苗费、附着物补偿应在评估基础上结合安置方案进行 / 144

争点 4：集体土地尚未取得征地批复，所签订的房屋补偿协议是否无效 / 146

争点 5：集体土地房屋可结合当地实际采用多种方式安置 / 148

争点 6：宅基地转让后遇拆迁，出让方反悔，即使宅基地转让协议无效，买受人签订的补偿安置协议仍有效 / 149

争点 7：责令交地程序合法性的审查 / 151

三、法律适用中的疑难问题 / 152

问题 1：安置补偿方式是否合法合理的判断 / 152

问题 2：办理失地农民社会保险的条件 / 155

问题 3：外嫁女的安置补偿问题 / 158

**第三章　征收补偿协议纠纷 / 162**

**第一节　征收补偿协议纠纷概述 / 162**

一、征收补偿协议案件特点分析 / 163

二、征收补偿协议案件审理原则 / 166

**第二节　征收补偿协议纠纷的起诉与受理 / 168**

一、审查要素分析 / 168

二、争点整理与认定 / 173

争点 1：因征收补偿行政协议的订立、履行、变更、终止等产生的各类纠纷均属人民法院的受案范围 / 173

争点 2：拆迁人与被拆迁人依据《拆迁条例》的规定达成的拆迁安置补偿协议属于民事协议 / 174

争点 3：征收中作出补偿决定后又签订补偿协议的情形如何处理 / 176
争点 4：非协议当事人的户内其他成员的原告主体资格认定 / 177
争点 5：房地分离情形下土地使用权人的原告主体资格认定 / 179
争点 6：公房承租人的原告主体资格认定 / 181
争点 7：拆迁公司与被征收人、搬迁人签订协议，视为受职能部门的委托 / 183
争点 8：村委会签订的拆迁补偿安置协议是否属于行政协议 / 185
三、法律适用中的疑难问题 / 187
问题 1：行政协议撤销权诉讼可参照适用民事法律规范中撤销权消灭期间的规定 / 187
问题 2：涉征收补偿的息诉罢访协议的可诉性问题 / 190
**第三节　征收补偿协议纠纷的审理与认定 / 192**
一、审查要素分析 / 192
二、争点整理与认定 / 197
争点 1：损害国家公共利益情形的审查 / 197
争点 2：行政补偿协议不因无征收决定或征地批复必然被撤销而被认定无效 / 199
争点 3：协议相对方应当就其诉称的欺诈、胁迫、显失公平等情形举证 / 201
争点 4：真实意思表示情形下签订的行政协议，可依法予以撤销 / 203
争点 5：违反法律规定的协议效力认定 / 205
争点 6：行政协议条款约定不明的审查 / 207
争点 7：协议履行完毕后以知晓他人补偿标准更高或原补偿文件已被废止为由要求确认协议无效的处理 / 209
争点 8：行政优益权的合法性认定 / 211
争点 9：单方作出调整未告知相对人的行为无效 / 219
争点 10：因单方变更协议造成损失的，应依法予以补偿 / 221
争点 11：行政机关未按行政协议约定履行义务的行为违法，造成相对人合法财产利益损失的，应当赔偿其直接损失 / 225
争点 12：协议相对人死亡后的协议履行问题 / 228
争点 13：协议中原告履责诉求客观不能实现的，应予以驳回 / 230

三、法律适用中的疑难问题 / 233
问题 1："空白协议"效力的认定 / 233
问题 2：共有权未分割的，应依法提存搬迁补偿利益 / 235
问题 3：与部分产权人或同居家属签订协议的效力问题 / 237

## 第四章　涉征收行政强制纠纷 / 242

### 第一节　涉征收行政强制纠纷概述 / 242

一、涉征收行政强制案件特点分析 / 242
二、涉征收行政强制案件审理原则 / 244

### 第二节　涉征收行政强制纠纷的起诉与受理 / 245

一、审查要素分析 / 245
二、争点整理与认定 / 247
争点 1：违约型拆除纠纷不属于行政诉讼受案范围 / 247
争点 2：法院已裁定准予执行的强制行为纠纷不属于行政诉讼受案范围 / 248
争点 3：限期拆除通知的可诉性 / 250
争点 4：合法经营的承租人具有诉讼主体资格 / 252
争点 5：房屋承租人不因房屋所有权人已就强制拆除房屋行为提起诉讼而构成重复起诉 / 255
争点 6：未经登记的房屋权利人具有原告主体资格 / 256
争点 7：房屋拆除后签订协议的当事人仍具有原告主体资格 / 258
争点 8：强拆行为的适格被告应为作出强制拆除行为的行政机关 / 259
争点 9：适格被告的认定应当依据权力来源 / 260
争点 10：信访不阻碍起诉期限的计算 / 262
争点 11：知晓行政行为之日的认定 / 263
三、法律适用中的疑难问题 / 265
问题 1：共同被告中级别管辖的确定 / 265
问题 2：责成行为的可诉性问题 / 271

### 第三节　涉征收行政强制纠纷的审理与认定 / 274

一、审查要素分析 / 274
二、争点整理与认定 / 276

争点 1：集体土地征收过程中的房屋拆除行为无行政机关自认的，推定土地管理部门实施 / 276
争点 2：未履行催告程序和保障陈述、申辩权的强制程序违法 / 278
争点 3：未作出生效行政决定的强制拆除行为违法 / 280
争点 4：没有行政强制权的机关应申请人民法院强制执行 / 281
争点 5：以旧村改造为名实施预征收的认定 / 283
争点 6：以拆违促征收，目的明显不当 / 285
三、法律适用中的疑难问题 / 287
问题：被征收人未按约履行交房义务等协议约定内容，行政机关强制执行的程序审查 / 287

**第五章　涉征收行政赔偿纠纷 / 290**

**第一节　涉征收行政赔偿纠纷概述 / 290**
一、涉征收行政赔偿案件特点分析 / 291
二、涉征收行政赔偿案件审理原则 / 292

**第二节　涉征收行政赔偿纠纷的起诉与受理 / 294**
一、审查要素分析 / 294
二、争点整理与认定 / 296
争点 1：租金损失应区分情况予以赔偿 / 296
争点 2：赔偿义务机关未尽合理注意义务的损失认定 / 298
三、法律适用中的疑难问题 / 300
问题 1：当事人已获得征收补偿后不得再行申请赔偿 / 300
问题 2：抢栽抢种的苗木不属于国家赔偿范围 / 302

**第三节　涉征收行政赔偿纠纷的审理与认定 / 303**
一、审查要素分析 / 303
二、争点整理与认定 / 305
争点 1：违法建筑的可重复利用材料应予赔偿 / 305
争点 2：强拆造成的室内物品损失应予赔偿 / 307
争点 3：补偿利益属于直接损失 / 308
争点 4：停产停业损失应予赔偿 / 310

争点 5：搬迁奖励损失应予赔偿 / 312
争点 6：精神抚慰金、交通费、误工费、律师费等损失不予赔偿 / 313
争点 7：行政机关未及时支付赔偿金所产生的利息属于直接损失 / 314
争点 8：室内物品损失举证责任分配 / 316
争点 9：被告原因导致原告无法举证的，由被告承担举证责任 / 317
争点 10：参照征收补偿安置方案确定赔偿标准 / 320
争点 11：参考已签订的安置补偿协议确定赔偿标准 / 323
争点 12：参照周边类似房屋的市场价格确定赔偿标准 / 327
争点 13：通过走访询价方式确定赔偿标准 / 331
三、法律适用中的疑难问题 / 333
问题 1：生产、经营性损失区分情形予以赔偿 / 333
问题 2：原告举证责任的分配 / 334
问题 3：当事人损失因客观原因无法鉴定时赔偿数额酌定规则 / 336

## 第六章　征收补偿相关纠纷 / 338

### 第一节　公益性收回土地使用权纠纷 / 338

一、公益性收回土地使用权案件概述 / 338
二、争点整理与认定 / 343
争点 1：政府不能以收回国有土地使用权程序代替对国有土地上房屋的征收 / 343
争点 2：收回国有农场农用地的土地补偿费的补偿主体认定 / 344
争点 3：行政机关提前收回国有土地使用权时应当依照法定程序正确认定估价期日和土地用途 / 346
争点 4：收回集体土地使用权时是否只能收回净地，地上建筑物及其附属设施如何补偿 / 348
争点 5：村集体收回集体土地使用权应当履行法定手续 / 349
三、法律适用中的疑难问题 / 351
问题 1：收回国有土地使用权批复的可诉性问题 / 351
问题 2：收回集体土地使用权批复的可诉性问题 / 354
问题 3：收回集体土地使用权中“为乡（镇）村公共设施和公益事业”的认定 / 355

**第二节 解危纠纷 / 359**
一、解危纠纷案件概述 / 359
二、争点整理与认定 / 360
争点 1：有权提起危房鉴定申请的主体的认定 / 360
争点 2：危房鉴定应遵循正当程序的认定 / 361
争点 3：解危方式应当具有合理性的认定 / 362
争点 4：强制解危的条件 / 362
三、法律适用中的疑难问题 / 364
问题 1：先行行为产生的解危职责 / 364
问题 2：解危行为目的不当的审查 / 366
**第三节 协商搬迁纠纷 / 368**
一、协商搬迁案件概述 / 368
二、争点整理与认定 / 369
争点 1：搬迁公告的可诉性问题 / 369
争点 2：协商搬迁与预征收行为的区别 / 371
争点 3：街道办、村委会等单位有权实施搬迁 / 373
三、法律适用中的疑难问题 / 375
问题：围挡、断水、断电等逼迁行为的可诉性 / 375
**第四节 涉征收非诉执行纠纷 / 377**
一、涉征收非诉执行案件概述 / 377
二、争点整理与认定 / 378
争点 1：征收补偿决定已经生效裁判确认合法性，被征收人再就房屋调查等前置行为提起诉讼的，应不予受理 / 378
争点 2：法院审查非诉讼申请执行案件，不应因程序性瑕疵即裁定不予执行补偿决定 / 381
**第五节 涉征收补偿政府信息公开纠纷 / 382**
一、涉征收补偿政府信息公开案件概述 / 382
二、争点整理与认定 / 384
争点 1：涉征收补偿信息公开的责任主体一般为制作单位 / 384
争点 2：涉征收决定、征地批复等前置性文件应当予以公开 / 385

三、法律适用中的疑难问题 / 386
问题 1：复制纸质文本并非行政机关向申请人公开信息的唯一形式 / 386
问题 2：房屋征收补偿协议不属于不予公开的个人隐私和商业秘密 / 388
问题 3：不得以信息更正名义申请对征补协议修改 / 392
问题 4：滥用政府信息公开申请权及诉权的行为不应予以支持 / 395

# 第一章　国有土地上房屋征收与补偿纠纷

## 第一节　国有土地上房屋征收与补偿纠纷概述

土地与房屋是人类最基本的生产和生活资料，对于经济社会发展起着至关重要的作用。近年来，随着国家和社会经济飞速发展，全国各地城镇化建设推进力度不断提升，城市化进程持续加快，通过房屋征收实现经济社会转型发展、民生福祉改善、基础设施优化等公共利益，成为现代服务型政府的一项重要工作，全国各地房屋征收与补偿工作推进如火如荼。特别是随着城市化进程加速和人口持续涌入，部分超大、特大城市的可用土地资源紧缺，部分地区不适应现代化城市社会生活，影响甚至阻碍城市发展，通过实施房屋征收与补偿工作实现城市改造升级迫在眉睫。“十四五”规划明确提出实施城市更新行动，并于2021年写入政府工作报告。为进一步规范国有土地上房屋征收与补偿工作，国家从顶层设计上给予制度保障，国务院于2011年1月21日公布施行《征补条例》，同时废止2001年6月13日公布的《拆迁条例》。这一行政法规的施行是我国法治政府建设进程中的一件大事，为国有土地上房屋征收补偿工作提供了法律遵循和具体指引。根据《征补条例》的规定，国有土地上房屋征收与补偿，是指征收主体（市、县级人民政府）为了公共利益的需要，征收国有土地上单位、个人的房屋，并对被征收房屋所有权人给予公平补偿。其中，“国有土地上的房屋”中的“上”字，并不是地理方位上的限定词，而是一种权利状态上的表述，“国有土地上的房屋”并非仅指国有土地地面上建造的房屋，而是指国有土地使用权范围内合法建造的房屋。与此同时，“房屋”一词不仅指除了直接供居住或经营使用的房屋，还应包括其他的构筑物及其附属设施，譬如单位自建并供本单位使用的道路、配电、供水、供热、各类管线设施，依托建筑物设置的户外广告设施等等。[①] 实践中，国有土地上房屋征收与补偿工作因涉及面广、工作量大，程序繁多，且直接关涉被征收人重大切身利益，引发的行政纠纷日益增多，仍是社会矛盾多发的重点领域。

## 一、国有土地上房屋征收与补偿案件特点分析

### （一）多涉及民行交叉问题

被征收人的确定是国有土地上房屋征收与补偿工作的基础和前提，实践中，被征收人的确定不仅涉及行政法律关系，往往还同时涉及民事法律关系，如涉及买卖、赠与民事法律关系，实践中多有因买卖、赠与等民事行为发生后未及时办理过户手续导致被征收房屋的实际权利人和不动产权属证书载明的权利人不一致的情形；如涉及共同共有、按份共有等民事法律关系，实践中多有将部分共有人确定为被征收人或与部分共有人签订协议而引发纠纷的情形；如涉及租赁、抵押等民事法律关系，实践中多有房屋承租人以自身合法权益受损为由提起行政诉讼的情形。

### （二）涉众型诉讼和关联诉讼较多

实践中，国有土地上房屋征收项目往往涉及居民众多，被征收人数以百计，甚至千计，最终因无法达成补偿协议或不认同房屋征收补偿决定而提起诉讼的不在少数。这些被征收人往往联合在一起在同一时间段分别就征收补偿决定或征收补偿协议等提起诉讼，形成关联性诉讼；此外，在征收决定作出后的协商补偿阶段，许多被征收人为了给征收主体施加压力，也往往作为共同原告对征收决定提起诉讼。

### （三）当事人所提异议相对集中

国有土地上房屋征收与补偿案件中，因征收决定和房屋征收补偿方案本身的普遍适用性，导致当事人所提异议相对集中，具有一定的共性。实践中，征收决定案件的争议焦点往往集中在征收项目的公共利益属性以及补偿安置

---

① 王克稳：《〈国有土地上房屋征收与补偿条例〉实施中的若干问题》，载《东吴法学》2012 年第 1 期。

方案中标准的合理性等问题；征收补偿决定案件的争议焦点往往集中在评估机构选定程序、被征收房屋的面积认定、被征收房屋价格评估依据以及补偿方式选择上等；房屋承租人提起诉讼的焦点则主要集中在承租后的装修费、机器设备搬迁费、停产停业损失费用的归属主体、计算标准等方面。

### （四）政策性因素相对较强

国有土地上房屋征收与补偿本身即涉及公民财产保护和公共福祉改进的关系，涉及国家公共政策和私权保护冲突的价值选择，是一个包容了国家政策、应用法学、理论法学、社会学等各门类学科在内的复杂的系统工程。而且，国有土地上房屋征收与补偿工作与各地社会经济发展水平息息相关，且往往涉及诸多历史遗留问题，各地一般会结合自身实际对于一些历史遗留问题制定具体政策，如对于长期存在而没有取得权属证书或者没有申领建设手续的房屋面积认定而言，实践中各地的征收补偿方案往往根据当地经济发展水平结合地籍调查、房屋建设时间、航拍图等方式予以确定，具有较强的政策性。

### （五）纠纷协调化解难度大

国有土地上房屋征收项目中尤其是棚户区改造项目主要为改善居民居住环境和条件，征收前，居民征收意愿普遍强烈，但在项目启动后，对于房屋价格和安置条件又有较高的心理预期和诉求。客观上，房屋征收是直接关系被征收人切身利益的重大事项，许多被征收人可能就只有被征收房屋这一处住房，房屋征收不仅关系房屋补偿事宜，更是必然会对被征收人之后生活产生重大影响，比如产权调换安置房的学区、商圈、交通等因素变化等；还有许多被征收房屋是几代人共同居所，不仅因具备一定精神寄托而产生了情感价值，而且在具体补偿中涉及分户等问题，情形十分复杂。同时，行政诉讼的低成本与当事人高预期之间的强烈反差可能会进一步激发当事人的诉讼热情和对立情绪，一些当事人不愿意调解，而是选择穷尽一切诉讼程序，甚至选择信访等方式。

### （六）司法审查内容繁多

《征补条例》对国有土地上房屋征收与补偿工作作了十分详细和具体的规定，在对房屋征收决定及征收补偿决定进行司法审查时，依法应当对征收主体或补偿主体依照《征补条例》规定实施的前置环节和程序进行审查，如房屋征收决定纠纷案件中，需要对土地性质、公共利益、是否符合“四规划一计划”、房屋征收补偿方案制定程序、社会稳定风险评估、征收补偿费用的专款专用等问题进行审查；征收补偿决定纠纷案件中，需要对房屋、土地面积和性质的认定、评估机构的选定、评估报告、房屋征收补偿标准、补偿方式的选择权等问题进行审查，上述问题的不同情形都对案件裁判结果产生不同的影响。

## 二、国有土地上房屋征收与补偿案件审理原则

### （一）注重被征收人权益保障原则

征收是出于公共利益的需要，运用国家权力将私人财产所有权转为国家所有的行为，原所有权人的所有权永久性消灭。但是原所有权人对于公共利益原无特定义务，因征收行为所蒙受损失是对公共利益作出的特别牺牲，如果仅仅由原所有权人负担此种公共利益成本，违背基本的公平正义观，因此，必须由全体社会成员共同分担这种成本，其表现就是国家应当给原所有权人以合理补偿。[①] 故征收必须以支付补偿为条件，“无补偿无征收”已经成为立法者、执法者和司法者共同遵守的底线。人民法院在审理国有土地上房屋征收与补偿案件时，必须始终秉持司法为民理念，坚持依法保障被征收人的合法权益，对于损害被征收人征收补偿权益的行为依法予以撤销或确认违法、无效，努力让被征收人在征收补偿案件中感受到公平正义。同时，也要充分保障被征收人在征收过程中的合理诉求，如切实保障被征收人选择补偿方式的权利；对于符合住房保障条件的应当优先给予住房保障；改建旧城区，要在改建地段或者就近地段提供房屋供被征收人选择，满足被征收人居住条件等方面诉求，确保被征收人生活水平不降低等。

### （二）统筹兼顾公共利益与个人利益原则

人民法院在审理国有土地上房屋征收与补偿案件时，在依法保障被征收人合法权益的同时，也必须深刻认识到国有土地上房屋征收工作本质是为了社会公共利益需要以及其对于促进城市建设和经济发展的重要性，必须牢固

---

① 屈茂辉主编：《物权法原理精要与实务指南》，人民法院出版社 2008 年版，第 200 页。

树立服务经济发展大局的意识，统筹兼顾公共利益和个人利益，在依法保障被征收人合法权益的同时，及时妥善处理相关争议，切实保障基础设施建设、公共事业、保障性安居工程建设以及旧城区改建等公共利益项目的顺利实施，确保公共利益最大程度实现，促进经济社会高质量发展。

（三）严格规范征收补偿工作原则

作为影响被征收人重大切身利益的房屋征收补偿行为，人民法院必须严格司法审查标准，充分发挥监督行政机关依法行政职能，坚持合法性审查与合理性审查并重理念，依法审查房屋征收决定和征收补偿决定的合法性和合理性，确保各级政府及房屋征收部门严格遵循《征补条例》规定的程序，规范征收行为；依法限缩征收部门公权力，严格控制先予执行。对行政机关申请人民法院先予执行的房屋征收案件，被执行人尚未超过法定起诉期限的，或当事人就相关行政行为已经提起诉讼的，原则上不得准许，确需先予执行的，必须先开听证会再作出裁定，遇有重大复杂的情况，在作出裁定前应报上级人民法院，征求指导意见；对征收工作中不规范行为要及时发出司法建议，规范行政执法行为，促进征收部门依法开展征收工作。

（四）强化纠纷实质性化解原则

实质性化解行政争议是行政诉讼法赋予行政诉讼的法定职能，也是行政诉讼的根本目标。对于国有土地上房屋征收与补偿纠纷而言，核心是被征收人的补偿诉求是否能够得以实现，属于行政诉讼法规定的可以调解的范畴，而且国有土地上房屋征收与补偿纠纷因涉及被征收人重大切身利益，双方之间矛盾激烈，简单裁判极易引发信访纠纷，也对整个征收工作带来不利影响。人民法院在审理国有土地上房屋征收与补偿案件时，要始终把化解矛盾、案结事了作为着力点，将协调理念贯穿于办案始终。对于房屋征收补偿决定存在合理性问题的，应加大调解力度，通过调解妥善化解争议，努力做到定分止争；对于已签订房屋征收补偿协议的，要注意听取被征收人和各方面意见，多做协商化解工作，尽力促成其自动履行，实现政治效果、社会效果和法律效果的有机统一。

## 第二节 国有土地上房屋征收与补偿纠纷的起诉与受理

起诉权是法律赋予公民、法人或者其他组织的一项重要的诉讼权利，包括人民法院在内的任何国家机关都无权限制或者剥夺。同时，起诉权的享有者也不能任意地滥用这一权利，其提起任意一个行政诉讼都必须要符合法律规定的条件。基于诉讼标的性质的不同，行政诉讼与民事诉讼存在较大的差异性，行政诉讼法规定的受理条件相较于民事诉讼法而言，更为严苛。《行政诉讼法》第 12 条、第 13 条分别列举了属于行政诉讼受案范围的 12 种情形以及不属于行政诉讼受案范围的 4 种情形，《行政诉讼法适用解释》第 1 条第 2 款以及第 2 条对不属于行政诉讼受案范围的情形进行进一步细化和明确。此外，《行政诉讼法》第三章专章规定了行政诉讼的管辖、第四章专章规定了行政诉讼原告主体资格和被告资格、第六章专章规定了起诉和受理条件等。

为此，人民法院在受理公民、法人或者其他组织提起的行政诉讼时应当首先对其是否符合法定的受理条件进行审查。对于受理条件的审查既包括人民法院立案部门在接收案件时进行审查以决定是否予以受理，也包括立案受理后审判庭对其是否符合受理条件进行审查以决定是否驳回起诉。这里需要明确两方面问题：一是立案登记制并不代表立案部门无权对当事人提交的诉讼材料进行审查。党的十八大以来，以习近平同志为核心的党中央高度重视法治建设，作出了一系列的决策部署，突出强调发挥司法裁判在实现国家治理体系和治理能力现代化中的作用。党的十八届四中全会提出“改革法院案件受理制度，变立案审查制为立案登记制，对人民法院依法应该受理的案件，做到有案必立、有诉必理，保障当事人诉权”。2015 年 4 月 15 日，最高人民法院发布了《关于人民法院推行立案登记制改革的意见》，明确为充分保障当事人诉权，切实解决人民群众反映的“立案难”问题，改革法院案件受理制度，变立案审查制为立案登记制，坚持有案必立、有诉必理。但是，立案登记制并不是取消立案条件审查，而是从依法保障人民法院行使职权和依法保护当事人诉权的角度，要求人民法院在立案时针对法定起诉条件等事项，进行更加精细、准确、妥当的审查，并防止不必要和过度审查。《关于人民法院推行立案登记制改革的意见》中规定，对符合法律规定条件的案件，法院必须依法受理，任何单位和个人不得以任何借口阻挠法院受理案件，同时也就不予立案的 4 种情形进行了明确：（1）违法起诉或者不符合法定起诉条件的；（2）诉讼已经终结的；（3）涉及危害国家主权和领土完整、危害国家安全、破坏国家统一和民族团结、破坏国家宗教政策的；（4）其他不属于人民法院主管的所诉事项。二是人民法院立案受理后并不代表该案起诉就完全符合法定受理条件，就必须进行实体审理并作出判决。立案登记制推行后，立案庭的审查尺度为形式审查，即审查当事人提交的诉状是否符合形式要件，是否有明显不符合受理条件的情形，在当事人起诉没有明显不符合受理条件的情形下，人民法院应当立案受理，但是在受理后的审查中如果发现当事人的起诉不符合法定条件的，人民法院仍可以不符合法定受理条件为由裁定驳回当事人的起诉。正如《行政诉讼法适用解释》第 69 条之规定："有下列情形之一，已经立案的，应当裁定驳回起诉……"

## 一、审查要素分析

一般而言，根据《行政诉讼法》及《行政诉讼法适用解释》的相关规定，人民法院对起诉条件的司法审查内容包括以下几个方面：受案范围、管辖法院、原告资格、被告资格、起诉期限、诉讼请求和事实根据、重复起诉等障碍事由，对于上述审查要素的逻辑顺序，原则上为受案范围、原告资格、被告资格、有具体的诉讼请求和事实根据、行政复议情形、管辖、起诉期限及重复起诉等其他提起诉讼的障碍事由。详言之，受案范围决定着司法权的边界问题，其解决法院受理何种争议，属于广义的诉的利益，不属于法院主管范围时，无需再讨论原告资格、被告资格等问题；原告资格、被告资格意味着在特定当事人之间进行审理或者判决的必要性和实效性，在符合受案范围的前提下，需要考虑的是原告是否能够提起行政诉讼，以及被告是否能够进入诉讼，在起诉人不具有原告主体资格时，无需再讨论原告资格之后的其他起诉条件，包括起诉期限问题。对上述审查要素，逐一论述如下。

### （一）受案范围

对于受案范围的司法审查，《行政诉讼法》第 2 条对行政诉讼受案范围作出了一般性的规定，即"公民、法人或者其他组织认为行政机关和行政机关工作人员的行政行为侵犯其合法权益，有权依照本法向人民法院提起诉讼。前款所称行政行为，包括法律、法规、规章授权的组织作出的行政行为"。此外，《行政诉讼法》及《行政诉讼法适用解释》还以列举的肯定式和否定式的情形进行明确。应当明确的是，行政诉讼的受案范围实质上就是司法机关监督行政机关行政权行使的范围，涉及司法权与行政权的关系。虽然从法治政府建设角度出发，司法权对行政权监督范围逐步扩大的趋势是不会变的，但是基于行政审判的现实能力、当前法治政府、法治社会建设进程以及司法权和行政权的边界等因素考量，司法机关的监督范围并不能盲目扩大，行政机关在进行行政管理过程中许多领域基于其专业性乃至政治性等因素暂时无法让法院介入，司法权强制介入上述领域不仅起不到依法监督的效果，反而降低行政管理的效率，因此，并非所有的行政行为争议都属于行政诉讼的受案范围。

对行政诉讼受案范围的审查和判断，可以从以下几个层次分析：一是被诉的必须是行政主体实施的行政行为，首先其主体必须是行政机关及其工作人员，此外还包括法律、法规、规章授权的组织，如果是民事主体实施的民事行为，自然应当排除在行政诉讼受案范围之外；非行政机关的其他权力主体实施的行为，比如党委、法院、检察院等司法机关、人大立法机关实施的行为也不属于行政行为，不属于行政诉讼受案范围。需要指出的是，公安机关作为具有行政管理和刑事侦查职能双重属性的机关，如果其行使的是行政管理职能，其行为属于行政行为，如果其行使的是刑事侦查职能，其行为自然不属于行政行为，亦不属于行政诉讼的受案范围，正如《行政诉讼法适用解释》第1条第2款第1项之规定“下列行为不属于人民法院行政诉讼的受案范围：（一）公安、国家安全等机关依照刑事诉讼法的明确授权实施的行为”；其次，即便行政主体实施的行为也并非全部属于行政行为，比如协助执行行为，其本身是执行行为的内涵延伸，正如《行政诉讼法适用解释》第1条第2款第7项之规定“下列行为不属于人民法院行政诉讼的受案范围：……（七）行政机关根据人民法院的生效裁判、协助执行通知书作出的执行行为，但行政机关扩大执行范围或者采取违法方式实施的除外”。又如行政机关实施的政府采购行为，根据《政府采购法》第43条第1款之规定“政府采购合同适用合同法。采购人和供应商之间的权利和义务，应当按照平等、自愿的原则以合同方式约定”，属于民事行为。

二是并非所有的行政行为都属于行政诉讼受案范围。行政行为是一个极其广泛的概念，其内涵和外延极其丰富，包括抽象、具体，内部、外部，合法、违法，法律行为、事实行为，单方行为、合同行为等各类行政行为，并非所有的行政行为都属于受案范围。如内部行政行为、国家行为、行政指导行为与行政终局行为等都是不可诉的。正如《行政诉讼法》第13条之规定："人民法院不受理公民、法人或者其他组织对下列事项提起的诉讼：（一）国防、外交等国家行为；（二）行政法规、规章或者行政机关制定、发布的具有普遍约束力的决定、命令；（三）行政机关对行政机关工作人员的奖惩、任免等决定；（四）法律规定由行政机关最终裁决的行政行为。"当然，实践中情形纷繁复杂，上述行为并非一律不可诉，比如内部行为如果其外化后产生效力，同样具有可诉性，抽象性的规范性文件虽然不可单独诉讼，但是行政诉讼法赋予法院一并审查规范性文件的司法权等。

三是可诉的行政行为必须侵害当事人的合法权益，这里的"合法权益"是指符合法律规定的权利和利益。在我国，公民的合法利益包括宪法和法律所规定的人身权利、财产权利、受教育的权利、劳动的权利、休息的权利、获得国家救助的权利、社会保障的权利等。但是应当注意的是这里的侵害当事人的合法权益，并非要求损害已经实际发生，而是指其合法权益有被被诉行政行为侵害的可能性。如果被诉行政行为不可能对其权益造成侵害即不属于行政诉讼受案范围。正如《行政诉讼法适用解释》第1条第2款第10项之规定"下列行为不属于人民法院行政诉讼的受案范围：……（十）对公民、法人或者其他组织权利义务不产生实际影响的行为"以及第69条第1款第8项之规定"有下列情形之一，已经立案的，应当裁定驳回起诉：……（八）行政行为对其合法权益明显不产生实际影响的"。[①]

具体到国有土地上房屋征收与补偿纠纷中，《行政诉讼法》第12条第1款第5项规定，对征收、征用决定及其补偿决定不服的可以提起行政诉讼，即国有土地上房屋征收决定和补偿决定都属于行政诉讼的受案范围，相应地，如果征收主体没有履行征收补偿职责的，同样属于行政诉讼受案范围。同时，《征补条例》对国有土地上房屋征收补偿工作设定了诸多程序和事项，包括征收补偿方案拟定、征求意见、社会稳定风险评估、房屋征收前期调查、评估机构选定、征收决定作出及公告、协商、征收补偿决定作出及公告等，实践中，很多当事人基于各种考量可能会对上述行为都提起行政诉讼，此时即应当对其是否属于受案范围进行审查。首先，从主体而言，市、县级人民政府作为征收主体实施的行政行为是受案范围审查的第一层次，根据《征补条例》的规定，房屋征收部门具体组织实施征收补偿工作，作为行政法规授权的组

① 参见何海波：《行政诉讼法》（第3版），法律出版社2022年版，第116~125页。

织，其实施的行为仍应当界定为行政行为。其次，从行政行为类型进行审查，内部行政行为或者抽象行政行为一般而言不属于行政诉讼受案范围，比如政府在启动征收决定之前的社会稳定风险评估包括政府常务会议讨论等内部行为都不属于行政诉讼的受案范围。最后，从行政行为效果即是否具有侵害当事人合法权益可能的层面进行审查，即如果不具备侵害当事人合法权益可能的行为，不属于行政诉讼受案范围。比如，征收决定公告以及征收补偿决定公告，其本质是对征收决定和征收补偿决定的内容广而告之的行为，并不额外对被征收人设定其他权利义务，对当事人权利义务产生实际影响等是公告的征收决定或补偿决定，当事人对公告提起行政诉讼的，并不属于法定受案范围。但应当注意的是，如果实践中征收主体将征收决定和征收决定公告合二为一，并未单独在公告之外作出征收决定，此时该公告内容蕴含了征收决定的内容，对当事人权利义务产生实际影响，属于行政诉讼受案范围；又如征收部门在组织房屋调查过程中对房屋面积、性质进行的调查、认定和处理，仅记载房屋有证面积、无证面积和性质，未设定被征收人权利义务，同样不具备侵害当事人合法权益的可能性，依法不属于行政诉讼的受案范围。但反之，如果征收主体组织有关部门对房屋面积、性质进行的调查、认定和处理，具有认定未经登记的建筑属于违法建筑并明确不予补偿等内容，对被征收人权利义务产生实际影响，则依法属于行政诉讼受案范围。

**【规范指引】**

《行政诉讼法》第 2 条、第 12 条、第 13 条；《征补条例》第 4 条第 2 款；《行政诉讼法适用解释》第 1 条、第 69 条第 1 款第 8 项。

### （二）原告主体资格

原告适格制度的功能主要在于通过限制起诉人的资格，保护诉讼的相对人，并非所有认为行政行为违法的主体都能就该行政行为提起诉讼。《行政诉讼法》第 25 条第 1 款规定："行政行为的相对人以及其他与行政行为有利害关系的公民、法人或者其他组织，有权提起诉讼。"目前在我国行政诉讼中公共利益诉讼的主体仅限于人民检察院，其他主体无权就公共利益以原告身份提起行政诉讼。

"有利害关系"是界定原告资格的标准，也是排除主张他人权利的依据。《行政诉讼法适用解释》第 12 条对"有利害关系"进行了一定的列举表述，其规定有下列情形之一的，属于《行政诉讼法》第 25 条第 1 款规定的"与行政行为有利害关系”：（1）被诉的行政行为涉及其相邻权或者公平竞争权的；（2）在行政复议等行政程序中被追加为第三人的；（3）要求行政机关依法追究加害人法律责任的；（4）撤销或者变更行政行为涉及其合法权益的；（5）为维护自身合法权益向行政机关投诉，具有处理投诉职责的行政机关作出或者未作出处理的；（6）其他与行政行为有利害关系的情形。从法理角度而言，“有利害关系”的判断核心也是唯一标准就是合法权益是否可能受到被诉行政行为的损害。应当注意的是，首先，不能扩大理解为所有直接或间接受行政行为影响的公民、法人或者其他组织都属于利害关系人。可能受到侵害的权益并不包括反射性利益，只有行政行为直接导致其享有的权利、承担的义务可能受到侵害或者不利影响，才具有行政诉讼的原告主体资格。其次，所涉及的合法权益，并不限于行政法律关系，同样包括起诉人受到被诉行政行为区别于其他人的特别损害或者不利影响的民事合法权益。正如《行政诉讼法适用解释》第 13 条之规定：“债权人以行政机关对债务人所作的行政行为损害债权实现为由提起行政诉讼的，人民法院应当告知其就民事争议提起民事诉讼，但行政机关作出行政行为时依法应予保护或者应予考虑的除外。”所谓“依法应予保护或者应予考虑的”合法权益，并不限于行政法上的权利，包括作出行政行为时应当予以保护的民事权利。例如，政府作出无偿收回土地使用权行政决定，将影响土地上已经设定的抵押权的实现，抵押权人与无偿收回土地使用权的行政行为有利害关系。

具体到国有土地上房屋征收与补偿纠纷中，具备原告主体资格的当事人应当是国有土地上房屋征收与补偿工作中行政行为的相对人或公法权益受到该行政行为侵害的利害关系人，一般而言，被征收人是当然的适格原告，包括被征收房屋的权属证书载明的权利人、合法的实际使用人，如果被征收房屋具有多个权利人的，部分共有人因征收补偿行为权利受到侵害的，亦可作为原告提起诉讼。此外，与被征收人之间存在其他民事法律关系的主体，如果征收行为将会对其合法权益造成区别于其他人的特别损害的，也具有提起行政诉讼的原告主体资格。如在被征收的房屋上有装修、依法开展经营活动的承租人，不同于一般承租人，对征收机关针对装修费损失、停产停业损失等作出的征收补偿决定，具有原告资格。

**【规范指引】**

《行政诉讼法》第 2 条、第 25 条；《征补条例》第 2 条、第 14 条、第 26 条第 3 款；《行政诉讼法适用解释》第 12 条、第 13 条、第 14 条、第 15 条、

第 16 条、第 17 条、第 18 条。

（三）被告主体资格

行政诉讼的被告是指被公民、法人或其他组织起诉某一行政行为侵犯其合法权益，而由人民法院通知应诉的具有国家行政职权的机关或者组织。[①] 一般而言，行政诉讼的被告应具备四个要件：第一，须是具有国家行政管理职权职责的机关或组织。第二，须是原告认为其作出的行政行为（作为或不作为、法律行为或事实行为等）侵犯合法权益而被起诉的机关或组织。没有实施某种行政行为或者实施的行政行为和原告认为被侵犯的合法权益没有因果关系的，不能作被告。第三，须是能够独立承担法律责任的机关或组织，法律另有规定的除外；第四，须是人民法院通知其应诉的机关或组织，被告地位的确定是因人民法院通知应诉，被告才享有在诉讼中的权利和承担诉讼中的义务。[②]

关于行政诉讼的适格被告确认的基本原则是"谁作为，谁被告"原则。行政行为与其所作的行为后果相对应，也就是说，每个行政机关对其所作的行为承担法律后果。作出行政行为的机关或者组织，对其行为承担法律后果，故成为被告属于应当之义。相应地，对于不作为诉讼而言，秉持的是"谁有责，谁被告"原则，这也是行政法领域权责相统一原则的具体体现，法定职责必须为，如果未依法履行法定职责，则得以成为行政诉讼被告承担相应法律责任。与此同时，应当注意的是"谁作为，谁被告"原则的实现，还必须与作为主体的法律责任承担能力相结合，即应当由能够独立承担法律责任的主体作为被告，具体包括：（1）委托情形，如《行政诉讼法》第 26 条第 5 款之规定"行政机关委托的组织所作的行政行为，委托的行政机关是被告"。《行政诉讼法适用解释》第 24 条第 2 款、第 4 款之规定"当事人对村民委员会、居民委员会受行政机关委托作出的行为不服提起诉讼的，以委托的行政机关为被告"；"当事人对高等学校等事业单位以及律师协会、注册会计师协会等行业协会受行政机关委托作出的行为不服提起诉讼的，以委托的行政机关为被告"。（2）视同委托情形，如《行政诉讼法适用解释》第 20 条第 3 款之规定"没有法律、法规或者规章规定，行政机关授权其内设机构、派出机

① 江必新主编：《新行政诉讼法专题讲座》，中国法制出版社 2015 年版，第 124 页。
② 江必新主编：《新行政诉讼法专题讲座》，中国法制出版社 2015 年版，第 120 页。

构或者其他组织行使行政职权的，属于行政诉讼法第二十六条规定的委托。当事人不服提起诉讼的，应当以该行政机关为被告”。（3）权力来源追溯和承继情形，如《行政诉讼法适用解释》第20条第1款之规定“行政机关组建并赋予行政管理职能但不具有独立承担法律责任能力的机构，以自己的名义作出行政行为，当事人不服提起诉讼的，应当以组建该机构的行政机关为被告”;《行政诉讼法》第26条第6款之规定“行政机关被撤销或者职权变更的，继续行使其职权的行政机关是被告”；《行政诉讼法适用解释》第23条之规定“行政机关被撤销或者职权变更，没有继续行使其职权的行政机关的，以其所属的人民政府为被告；实行垂直领导的，以垂直领导的上一级行政机关为被告”。

此外，需要注意的是经过行政复议案件的适格被告确认问题。经过行政复议的行政行为被诉，如何确立被告，《行政诉讼法》（1989年）第25条第2款规定：“经复议的案件，复议机关决定维持原具体行政行为的，作出原具体行政行为的行政机关是被告；复议机关改变原具体行政行为的，复议机关是被告。”修改后的《行政诉讼法》第26条第2款、第3款规定：“经复议的案件，复议机关决定维持原行政行为的，作出原行政行为的行政机关和复议机关是共同被告；复议机关改变原行政行为的，复议机关是被告。复议机关在法定期限内未作出复议决定，公民、法人或者其他组织起诉原行政行为的，作出原行政行为的行政机关是被告；起诉复议机关不作为的，复议机关是被告。”这是《行政诉讼法》修改的重大变动之一。具体而言，对于行政复议决定变更原行政行为的情形，则由行政复议机关为被告，诉讼标的即为复议决定应是题中之义，这种情况下原具体行政行为被复议决定所改变，已经不具有法律效力，不构成对行政相对人权利义务的影响，因此不再具有司法审查意义。对于行政复议决定维持原行政行为的情形，行政复议决定维持原行政行为，则原行政行为在行政程序中已具有“不可争性”，其法律效力在行政程序中已经完备，由行政复议决定和原行政行为一起，对相对人的权利义务状态同时产生影响。这种情况下，行政诉讼法采取了共同被告的方案，减少了行政复议机关随意维持，行政复议程序“空转”的风险对于何为“改变原行政行为的复议决定”以及“维持原行政行为的复议决定”，《行政诉讼法适用解释》进行了进一步的细化规定，《行政诉讼法适用解释》第22条规定：“行政诉讼法第二十六条第二款规定的‘复议机关改变原行政行为’，是指复议机关改变原行政行为的处理结果。复议机关改变原行政行为所认定的主要事实和证据、改变原行政行为所适用的规范依据，但未改变原行政行为处理结果的，视为复议机关维持原行政行为。复议机关确认原行政行为无效，属于改变原行政行为。复议机关确认原行政行为违法，属于改变原行政行为，但复议机关以违反法定程序为由确认原行政行为违法的除外。”第 133 条规定：“行政诉讼法第二十六条第二款规定的‘复议机关决定维持原行政行为’，包括复议机关驳回复议申请或者复议请求的情形，但以复议申请不符合受理条件为由驳回的除外。”

具体到国有土地上房屋征收与补偿纠纷中，就国有土地上房屋征收决定和征收补偿决定而言，法定行为主体只能是征收主体即市、县级人民政府，根据“谁行为，谁被告”原则，应当由市、县级人民政府作为被告。与此同时，在具体组织实施过程中除征收决定和征收补偿决定外，如果其他职能部门、房屋征收部门以及征收实施单位实施的行政行为对当事人权利义务造成实际影响，属于行政诉讼受案范围的，作为法定职能主体、法律法规授权的组织以及受相关主体委托的单位，其法律责任由职能主体、法律法规授权的组织承担，可作为适格被告。正如《行政诉讼法适用解释》第 25 条之规定“市、县级人民政府确定的房屋征收部门组织实施房屋征收与补偿工作过程中作出行政行为，被征收人不服提起诉讼的，以房屋征收部门为被告。征收实施单位受房屋征收部门委托，在委托范围内从事的行为，被征收人不服提起诉讼的，应当以房屋征收部门为被告”。如被诉国有土地上房屋征收决定以及补偿决定经过行政复议的，则应当遵循复议后被告确定原则，如果上级政府复议维持上述决定的，一同作为共同被告，如果复议改变上述决定的，应当以复议机关上级政府作为单独被告提起行政诉讼，如果上级政府未在法定期限内作出复议决定或决定不予受理复议申请的，当事人可选择其一寻求救济。

**【规范指引】**

《行政诉讼法》第 26 条；《征补条例》第 4 条；《行政诉讼法适用解释》第 19 条、第 20 条、第 21 条、第 22 条、第 23 条、第 24 条、第 25 条、第 133 条、第 134 条、第 135 条、第 136 条。

### （四）具体的诉讼请求和事实根据

《行政诉讼法》第 49 条第 3 项规定，提起诉讼应当有具体的诉讼请求和事实根据。诉讼请求，是当事人通过人民法院向被告提出的，并希望获得人民法院司法保护的实体权利要求。所谓具体的诉讼请求，首先是要有明确的被诉行政行为。原告认为被诉行政行为侵犯其合法权益，请求人民法院审查被诉行政行为的合法性，保护其实体权利，请求的内容应当具体明确。《行政诉讼法适用解释》第 68 条对“具体的诉讼请求”作出了列举规定，包括请求判决撤销或者变更行政行为、请求判决行政机关履行法定职责或者给付义务、请求判决确认行政行为违法、请求判决确认行政行为无效、请求判决行政机关予以赔偿或者补偿、请求解决行政协议争议、请求一并审查规章以下规范性文件、请求一并解决相关民事争议 8 种具体情形以及其他诉讼请求这一兜底性条款。主要考虑是：第一，原告的法律知识、诉讼能力方面的限制，导致其在提起诉讼时不能正确表达诉求，往往笼统提出诉讼请求，导致有的法院因其不够“具体”而裁定不予受理（不予立案），结果造成对原告诉权的不当限制。第二，《行政诉讼法》修改之后，原告的可诉求范围获得了较大扩展。除了传统的撤销、变更、履行诉讼之外，还包括一并审理民事争议、赔偿诉讼等。对于这些诉讼请求，种类各有不同，有必要予以适当的细化。第三，由于对“具体的诉讼请求”没有明确的要求，不利于规范法院的审理行为和保障原告的合法权益。第四，法治社会一般要求对公民、法人或者其他组织的保护必须是完整的、无漏洞的，从诉讼种类角度规定诉讼请求，将相同、类似的诉讼请求归入特定的诉讼类型，有利于实现原告诉讼权利全面的、无法律漏洞的保护。从域外经验来看，在不同的诉讼类型制度中，法院的审理对象、审理方式、原告提出的诉讼请求等存在巨大差别。① 原告提出的诉讼请求如果能够对应上述情形，应当认定其有“具体的诉讼请求”。应当注意的是，起诉人的诉请能够使人民法院判断其指向了一个特定的行政行为，就应当视为“有具体的诉讼请求”，不能在起诉审查阶段以行政行为是否合法来代替行政行为是否明确的判断。

所谓有事实根据，是指诉讼标的能够固定，且能够被特定化或者被识别所需的最低限度的事实。缺少事实根据，就不能证明原告起诉能否成立。但应当注意的是，要求原告提供事实根据是为了证明案情事实，主要是被诉行政行为是否存在，而不是要求原告提供证明具体行政行为违法的证据，即不要求原告承担行政行为违法的举证责任。并且原告所提供的事实根据，也不要求具有全面真实的证明作用，只以能够证明所争议的行政法上权利义务关

① 江必新、梁凤云：《最高人民法院新行政诉讼法司法解释理解与适用》，中国法制出版社 2015 年版，第 17~33 页。

系客观存在为必要。因此，一般说来，原告只要提出行政机关作出的针对其的某一具体行政行为的法律文书即可证明行政争议的存在。如在治安案件中，当事人只要能够向人民法院提供公安机关对其作出的有关处罚决定书或者罚款收据以及复议决定书，即可证明自己与公安机关之间存在行政争议，而无须证明该处罚决定违法。[①]

具体到国有土地上房屋征收与补偿纠纷中，有具体的诉讼请求是指其应当针对房屋征收与补偿过程中的某项实际具体的行政行为提出相关诉求，比如要求撤销国有土地上房屋征收决定、房屋征收补偿决定或者确认房屋征收决定、房屋征收补偿决定无效，与此同时，该行政行为应当是具体的、单一的、明确的。例如，不能笼统要求确认征收行为违法，因为征收行为是系列行为，包含了不同且相互独立的行政行为，笼统要求确认征收行为违法或撤销，在难以辨别起诉的被诉行政行为究竟指向哪一个行政行为时，通常属于诉讼请求不具体、不明确。需要注意的是，当事人对征收过程中的多个相互关联的行政行为一并提起行政诉讼，不属于诉讼请求不明确或者起诉缺乏事实根据的情形，人民法院应当逐一审查，判断是否符合法定起诉条件。对其中不符合起诉条件的，裁定不予立案、驳回起诉；对于符合起诉条件的，立案受理，并可以决定合并审理。

**【规范指引】**

《行政诉讼法》第 49 条第 3 项；《行政诉讼法适用解释》第 68 条、第 69 条第 1 项。

### （五）管辖范围

所谓受诉人民法院管辖，是指当事人起诉的行政案件，依法应属于接收起诉状的人民法院管辖。换言之，就是要求当事人起诉应当“找到对的门”。《行政诉讼法》第三章对管辖作了专门规定，我国行政诉讼的管辖分为级别管辖、地域管辖、特定管辖、移送管辖、指定管辖等数种情况。根据该章的规定，原告在提起行政诉讼时，必须向对案件具有直接管辖权的人民法院提出，否则也将影响其起诉权的行使。一般而言，确定正确的受诉人民法院的坐标轴包括横向坐标地域管辖以及纵向坐标级别管辖。

就地域管辖而言，《行政诉讼法》第 18 条规定：“行政案件由最初作出

---

① 回沪明、孙秀君主编：《行政诉讼法及配套规定新释新解》，人民法院出版社 2004 年版。

行政行为的行政机关所在地人民法院管辖。经复议的案件，也可以由复议机关所在地人民法院管辖。经最高人民法院批准，高级人民法院可以根据审判工作的实际情况，确定若干人民法院跨行政区域管辖行政案件。”实践中，经最高人民法院批准，省高院可以确定若干人民法院跨行政区域管辖行政案件，在实践中通常称其为“集中管辖”或是“异地管辖”。各省市行政案件管辖规定不尽相同，需结合其具体规定予以确定。

就级别管辖而言，《行政诉讼法》第14条规定：“基层人民法院管辖第一审行政案件。”第15条规定：“中级人民法院管辖下列第一审行政案件：（一）对国务院部门或者县级以上地方人民政府所作的行政行为提起诉讼的案件；（二）海关处理的案件；（三）本辖区内重大、复杂的案件；（四）其他法律规定由中级人民法院管辖的案件。”对于何为本辖区重大、复杂的案件，《行政诉讼法适用解释》予以了明确，第5条规定：“有下列情形之一的，属于行政诉讼法第十五条第三项规定的‘本辖区内重大、复杂的案件’：（一）社会影响重大的共同诉讼案件；（二）涉外或者涉及香港特别行政区、澳门特别行政区、台湾地区的案件；（三）其他重大、复杂案件。”《行政诉讼法》第16条规定：“高级人民法院管辖本辖区内重大、复杂的第一审行政案件。”第17条规定：“最高人民法院管辖全国范围内重大、复杂的第一审行政案件。”值得注意的是，在移送管辖的情况下，人民法院不能因为原告选择管辖法院的错误而简单拒绝受理。正确的做法是告知当事人向有管辖权的人民法院起诉，或者经原告同意将案件移送有管辖权的人民法院审理，以尽可能地保障原告诉权的实现。此外，原告不能提出管辖权异议，因为原告认为法院无管辖权，其实质等同于对管辖权之诉讼要件的“自我否认”。在此种情形下，可以告知原告向有管辖权的法院起诉。

与此同时，应当注意的是，不动产案件管辖是专属管辖，此类案件只能由行政诉讼法规定的人民法院管辖，其他法院无管辖权，当事人没有选择管辖的余地，人民法院之间也不得协议管辖。《行政诉讼法》第20条规定：“因不动产提起的行政诉讼，由不动产所在地人民法院管辖。”不动产，是指土地以及土地上的附着物，不能移动或移动会损害其用途或价值的物，如土地、房屋等。对于因不动产提起的行政诉讼，《行政诉讼法适用解释》进行了明确，《行政诉讼法适用解释》第9条规定：“行政诉讼法第十二条规定的‘因不动产提起的行政诉讼’是指因行政行为导致不动产物权变动而提起的诉讼。不动产已登记的，以不动产登记簿记载的所在地为不动产所在地；不动产未登记的，以不动产实际所在地为不动产所在地。”

就国有土地上房屋征收与补偿纠纷而言，征收决定与征收补偿决定作出主体均为市、县级人民政府，且涉及房屋这一不动产，应根据《行政诉讼法》第15条第1项、第20条之规定，由不动产所在地的中级人民法院管辖。

**【规范指引】**

《行政诉讼法》第14条、第15条、第16条、第17条、第18条、第20条；《行政诉讼法适用解释》第9条。

### （六）起诉期限

行政相对人或者其他利害关系人认为行政行为侵害其合法权益向法院寻求司法救济，必须在法定期间内提起诉讼，该法定期间就是起诉期限。根据权利救济理论、依法行政原则和法的公平正义原则的要求，为了防止违法行政行为侵害行政相对人的合法权益，法律必须为行政相对人设定必要的、有效的救济途径。法律规定行政相对人如果对行政机关作出的某项行政决定不服，可以在法定期限内向司法机关提起诉讼，改变这种既成的新的权利义务关系，恢复到原来的秩序中去。但是，诉讼的提起往往对行政行为的效率、法的安定性和法律秩序的稳定造成较大影响，为了避免行政行为合法性的争议长时间悬而未决并因此妨碍公益，因此，对撤销诉讼的提起有必要设置合理的时间限制。[①] 为此，立法从民主与效率统一的基础上设计起诉期限，期望能在两者之间寻找到一种平衡。

起诉期限具有以下特征：一是法定性。什么条件下适用多长的起诉期限通常都由法律予以明确规定。二是强制性。起诉期限是争议事项是否能够进入法院审判程序的门槛，体现了法律规范强制性的特征。三是程序性。起诉期限是行政诉讼起诉条件中的消极条件之一。如果当事人的起诉超过法定期限，法院将裁定驳回起诉或不予受理，在程序上终结诉讼。这与时效制度中超过诉讼时效丧失实体上胜诉权完全不同。四是不变性。法律、司法解释规定的起诉期限，一般不能延长，特殊情况下可依法申请延长或扣除被耽误时间。[②]

---

① 林俊盛：《论行政诉讼起诉期限制度的完善——兼谈我国〈行政诉讼法〉的修改》，载《行政法学研究》2013年第3期。

② 参见最高人民法院行政审判庭编：《最高人民法院行政裁判要旨及评述·第一卷》，人民法院出版社2019年版，第103页。

具体而言，《行政诉讼法》第46条规定："公民、法人或者其他组织直接向人民法院提起诉讼的，应当自知道或者应当知道作出行政行为之日起六个月内提出。法律另有规定的除外。因不动产提起诉讼的案件自行政行为作出之日起超过二十年，其他案件自行政行为作出之日起超过五年提起诉讼的，人民法院不予受理。"6个月的起算点是"自知道或者应当知道作出行政行为之日"，这一规定是对原法规定的"知道作出具体行政行为之日"的完善。一般情况下，行政机关作出行政行为都有相应的文书，如处罚决定、许可证照、确权证、征收决定等，在此情况下，行政机关完成送达程序，就属于"知道"或者"应当知道"。特殊情况下，需要结合常理和相关证据作出具体认定。"作出行政行为"包含两个要素：一是作出的主体，二是行政行为的内容。相对于6个月的一般起诉期限，行政诉讼法还规定了特殊起诉期限，即"法律另有规定的除外"。如《土地管理法》第14条规定，土地所有权和使用权争议，由当事人协商解决；协商不成的，由人民政府处理。单位之间的争议，由县级以上人民政府处理；个人之间、个人与单位之间的争议，由乡级人民政府或者县级以上人民政府处理。当事人对有关人民政府的处理决定不服的，可以自接到处理决定通知之日起30日内，向人民法院起诉。在土地所有权和使用权争议解决前，任何一方不得改变土地利用现状。① 与此同时，《行政诉讼法适用解释》对未告知诉权的起诉期限进行了明确，第64条第1款规定："行政机关作出行政行为时，未告知公民、法人或者其他组织起诉期限的，起诉期限从公民、法人或者其他组织知道或者应当知道起诉期限之日起计算，但从知道或者应当知道行政行为内容之日起最长不得超过一年。"

此外，起诉期限是一个不变期间，一般情况下，对于超过起诉期限的案件，法院不再受理。但实践中导致超过起诉期限的原因非常多也比较复杂，有的是主观或者客观原因，有的是自身或者他人原因。为了更好地保障当事人诉权，有必要规定起诉期限扣除和延长制度。《行政诉讼法》第48条第1款规定，公民、法人或者其他组织因不可抗力或者其他不属于其自身的原因耽误起诉期限的，被耽误的时间不计算在起诉期限内。其中，不可抗力，是指相对人不能预见、不能避免、无力克服的事由，如地震、洪灾以及台风、冰冻等气象灾害等。最高人民法院曾明确，公民、法人或者其他组织因低温

---

① 童卫东主编：《〈中华人民共和国行政诉讼法〉释义与案例》，中国民主法制出版社2014年版，第372页。

雨雪冰冻灾害耽误法定起诉期限，应当认定属于不可抗力，低温雨雪冰冻灾害的起止时间，原则上应当以当地气象部门的认定为准。其他不属于其自身的原因主要是不可抗力之外的其他客观原因，如病重而在一定时间内无法正确表达意志等。[①]法律同时规定了最长起诉期限，即公民、法人或其他组织不知道行政机关作出行政行为内容时的起诉期限。正常情况下，行政机关作出行政行为，应当告知相对人行政行为的内容，以期得到相对人的配合或者履行，实现行政行为的目的。但实践中也有不少案件，由于行政机关作出行政行为时没有告知相对人及利害关系人以及其他方面的原因，导致相对人特别是利害关系人迟迟不知道已作出行政行为。在此情况下，如果因为当事人无法“知道或者应当知道”而无法开始计算起诉期限，就会导致行政法律关系无限期地处于不稳定状态。为了解决这一问题，有必要确定一个最长保护期限，即作出的行政行为到某一时间点后，不论当事人是否知道或者应当知道，都不能再提起诉讼。行政诉讼法规定，因不动产提起诉讼的案件自行政行为作出之日起超过20年，其他案件自行政行为作出之日起超过5年提起诉讼的，人民法院不予受理，就是基于此而设定的最长起诉期限。最长起诉期限的规定可能使起诉期限的扣除或延长规定丧失实际意义，随之而来的是二者冲突时的选择问题。解决此问题，必须明确“不能归责于起诉人”不是唯一遵循的原则。设置起诉期限的初衷包含尊重长期存在的事实、保障公法秩序稳定等，所以起诉期限的延长、扣除以及绝对范围等都存在不能归责于起诉人因素之可能，但不能以此为由而无期限地提起行政诉讼。尽管有人建议设定为无固定期限，如借鉴国外有关确认之诉的起诉期限规定，但从行政诉讼法的规定来看，我国目前并不适宜作出这样的改变。[②]

与此同时，《行政诉讼法》还规定了行政机关不履行法定职责诉讼的起诉期限为2个月，这一期限主要针对法律、法规中没有对行政机关履行职责的期限作出规定的情形。如果法律、法规对行政机关履行职责的期限另有规定的，从其规定。为了更好地保护行政相对人的合法权益，考虑到现实中的一些特殊情况，《行政诉讼法》还规定对于在紧急情况下请求行政机关履行保护其人身权、财产权等合法权益的法定职责，行政机关不履行的，起诉期限

---

① 全国人大常委会法制工作委员会行政法室主编:《〈中华人民共和国行政诉讼法〉解读与适用》，法律出版社2015年版，第107~108页。

② 人民法院出版社编:《司法解释理解与适用全集·行政诉讼、国家赔偿卷》，人民法院出版社2019年版，第209~210页。

不受2个月的限制。例如，公民请求公安机关制止歹徒正在进行的不法侵害、请求灭火等，此时如果公安机关没有立即采取措施的，公民、法人或者其他组织可以立即向人民法院起诉，法院应当予以受理。

具体到国有土地上房屋征收与补偿纠纷中，没有法律的特别规定，一般而言适用6个月的起诉期限，从原告知道或者应当知道行政行为作出之日起计算，比如收到征收主体作出的征收决定或补偿决定以及知晓公告内容之日等，如果相关行政决定中并未告知公民、法人或者其他组织诉权的，应当适用《行政诉讼法适用解释》第64条之规定，从知道诉权之日起计算6个月，但不得超过知道或应当知道行政行为作出之日一年，更不得超过最长起诉期限即行政行为作出之日起5年，如是涉及不动产的不得超过20年。

**【规范指引】**

《行政诉讼法》第46条、第47条、第48条；《行政诉讼法适用解释》第63条、第64条、第65条、第66条。

### （七）其他障碍事由

除了上述要素之外，《行政诉讼法》和《行政诉讼法适用解释》还规定了其他的起诉条件，包括以下几方面：

1. 行政复议前置和行政复议终局

行政复议和行政诉讼对于行政相对人而言，都是一种救济机制，都可以通过撤销或者改变原行政行为等方式来维护自身合法权益。行政复议是行政机关内部自我纠错的一种监督制度，是行政复议机关通过受理复议申请，对争议的行政行为进行审查并作出裁决的行政行为。行政复议由于是行政机关内部上级对下级的监督，因此既可以对行政行为合法性进行审查，又可以对行政行为合理性进行审查，范围比较宽，而且具有便捷高效的优点，应当充分发挥其作用。行政复议法明确规定要发挥行政复议化解行政争议主渠道作用。对于行政复议和行政诉讼而言，一般情况下，当事人可以自行选择救济方式，自行决定是直接提起行政诉讼还是先复议后诉讼。《行政诉讼法》第44条第1款规定："对属于人民法院受案范围的行政案件，公民、法人或者其他组织可以先向行政机关申请复议，对复议决定不服的，再向人民法院提起诉讼；也可以直接向人民法院提起诉讼。"当然，这种选择权只能择一行使，不得同时并行。公民、法人或者其他组织申请行政复议，行政复议机关已经依法受理的，在法定行政复议期限内不得向人民法院提起行政诉讼。公民、法人或者其他组织向人民法院提起行政诉讼，人民法院已经依法受理的，不得申请行政复议。既提起行政诉讼又申请行政复议的，由先受理的机关管辖；同时受理的，由公民、法人或者其他组织选择。如果法律、法规未规定行政复议为提起行政诉讼必经程序，公民、法人或者其他组织向复议机关申请行政复议后，又经复议机关同意撤回复议申请，在法定起诉期限内对原行政行为提起诉讼的，人民法院应当依法立案。

与此同时，实践中存在部分复议前置情形，即必须先向行政机关申请复议，对复议决定不服再向人民法院提起诉讼的情形。《行政诉讼法》第 44 条第 2 款规定："法律、法规规定应当先向行政机关申请复议，对复议决定不服再向人民法院提起诉讼的，依照法律、法规的规定。"从现行法律、法规来看，规定复议前置的不多。如《行政复议法》第 23 条第 1 款规定："有下列情形之一的，申请人应当先向行政复议机关申请行政复议，对行政复议决定不服的，可以再依法向人民法院提起行政诉讼：（一）对当场作出的行政处罚决定不服；（二）对行政机关作出的侵犯其已经依法取得的自然资源的所有权或者使用权的决定不服；（三）认为行政机关存在本法第十一条规定的未履行法定职责情形；（四）申请政府信息公开，行政机关不予公开；（五）法律、行政法规规定应当先向行政复议机关申请行政复议的其他情形。"

同时，依照法律规定，还有一些行政行为只能复议不能诉讼，或选择裁决后不得再进行诉讼，称之为复议终局、裁决终局。如《行政复议法》第 26 条规定："对省、自治区、直辖市人民政府依照本法第二十四条第二款的规定、国务院部门依照本法第二十五条第一项的规定作出的行政复议决定不服的，可以向人民法院提起行政诉讼；也可以向国务院申请裁决，国务院依照本法的规定作出最终裁决。"

2. 撤诉后重新起诉

在撤诉后的再行起诉方面，行政诉讼与民事诉讼存在较大区别，《最高人民法院关于适用〈中华人民共和国民事诉讼法〉的解释》第 214 条第 1 款规定，"原告撤诉或者人民法院按撤诉处理后，原告以同一诉讼请求再次起诉的，人民法院应予受理"，而《行政诉讼法适用解释》第 60 条规定："人民法院裁定准许原告撤诉后，原告以同一事实和理由重新起诉的，人民法院不予立案。准予撤诉的裁定确有错误，原告申请再审的，人民法院应当通过审判监督程序撤销原准予撤诉的裁定，重新对案件进行审理。"这种区别主要由民事诉讼与行政诉讼调整的法律关系以及诉讼费用等方面存在较大差别所致。

根据《行政诉讼法》第62条“人民法院对行政案件宣告判决或者裁定前，原告申请撤诉的，或者被告改变其所作的行政行为，原告同意并申请撤诉的，是否准许，由人民法院裁定”的规定，申请撤诉都是基于原告的自愿，而且人民法院依法审查后才予准许。因此，关于“正当理由”的范围，人民法院具有自由裁量权限，但不宜作过宽解释。因此，行政诉讼的原告在申请撤诉时，应更为谨慎。需要注意的是，并非所有撤回起诉后就相同争议再行起诉的都属于此种情形。如果起诉人改变主要诉讼请求等，则可能属于新的诉讼而不受此规定的约束。

3. 重复起诉

重复起诉是指起诉人就同一诉讼标的重复起诉，包括向同一法院，也包括向不同法院起诉的情况。禁止重复起诉实际上是诉讼系属的效力。起诉人在向人民法院提起诉讼之时，发生诉讼系属的法律效果。所谓诉讼系属，又称为诉讼拘束，是指“因诉的提起，法院就该事件进行判决程序之状态，亦即诉讼因起诉而系属于法院，或诉讼程序已开始之谓”。[①] 同时，重复起诉也是“一事不再理原则”的具体体现，所谓“一事不再理原则”，通说的解释是，相同当事人就同一争议基于相同事实以及相同目的同时在两个或两个以上法院进行诉讼的情形，法院不应审理已经经过法院判决的诉讼请求。《行政诉讼法适用解释》第106条规定：“当事人就已经提起诉讼的事项在诉讼过程中或者裁判生效后再次起诉，同时具有下列情形的，构成重复起诉：（一）后诉与前诉的当事人相同；（二）后诉与前诉的诉讼标的相同；（三）后诉与前诉的诉讼请求相同，或者后诉的诉讼请求被前诉裁判所包含。”可见是否构成重复起诉，应从当事人是否相同、诉讼标的是否相同、诉讼请求是否相同或者相反等三个方面进行判断。

4. 诉讼标的已为生效裁判或者调解书所羁束

该项内容与“重复起诉”问题具有相似之处，在一定程度上也存在重合之处，如起诉人向已对行政争议作出生效裁判的人民法院再次起诉时。但是，二者也有所区别：重复起诉通常都指向同一法院、同一诉讼，而“诉讼标的为生效裁判或者调解书所羁束”并不限于此。诉讼标的，通常是指当事人主张或者否认的权利或法律关系，它是法院所裁判的对象。在行政诉讼中，诉

① 何孝云主编：《云五社会科学大辞典（第六册法律学）》，我国台湾地区商务印书馆1983年版，第324页。

讼标的一般是行政行为的合法性。根据一般观点，拘束力是指法院在作出判决之后，除非有特殊的理由，否则，不能任意加以变更或者取消。从理论上讲，行政诉讼判决的拘束力主要是拘束法院的行为。拘束力包括自缚力和限他力两个方面的内容。自缚力是指判决对本法院的约束力，即非经特别程序和法定事由法院不得就同一事项再行审理；限他力是指判决对于其他法院包括上级法院的拘束效力。判决的自缚力是对法院本身的约束力。这就意味着，对于已经发生法律效力的判决，如果同一当事人以同一事实、同一理由和同一诉讼标的重新起诉的，法院不得审理。如果胜诉的当事人重新起诉，法院应当以缺乏保护利益为由驳回；如果败诉当事人重新起诉，法院应当以诉无适法性作出驳回起诉之裁定。根据《行政诉讼法适用解释》第 69 条第 1 款第 9 项的规定，如果被诉的行政行为合法与否在其他生效的行政、民事、刑事判决中已被确认，起诉人的起诉就不符合法定条件，法院应当裁定驳回起诉。①

就国有土地上房屋征收与补偿纠纷而言，亦得遵循相关规定，不得具备上述情形，否则将被认定为不符合受理条件，比如被征收人已就房屋征收决定向上一级人民政府申请行政复议，在复议过程中再就该征收决定向人民法院提起诉讼的，违背了行政复议、行政诉讼择一救济的原则，不符合受理条件；又如被征收人就房屋征收补偿决定提起诉讼，后在诉讼中因达成协调意见而撤回起诉的，其后再以协调方案不满意为由再次向人民法院起诉房屋征收补偿决定，属于无正当理由撤诉后重新起诉的，依法应不予受理；再如被征收地块中已有被征收人就房屋征收决定提起诉讼，且人民法院已作出生效裁判的，其他被征收人再次就该房屋征收决定提起诉讼，属于诉讼标的为生效裁判所羁束，亦不符合法定受理条件。

**【规范指引】**

《行政诉讼法》第 44 条、第 45 条；《行政复议法》第 23 条、第 26 条；《行政诉讼法适用解释》第 60 条、第 69 条、第 106 条。

① 梁凤云：《行政诉讼讲义》，人民法院出版社 2022 年版，第 589~590 页。

## 二、争点整理与认定

### （一）受案范围的认定

### 争点1：房屋调查行为不属于行政诉讼受案范围

**【案例】郭某诉磐安县人民政府未登记建筑调查认定案**[①]

2018年5月31日，被告磐安县人民政府（以下简称磐安县政府）发布《磐安县政府关于安文街道大田畈区块国有土地上房屋征收的决定》，原告郭某所有的房屋被纳入征收范围。2018年12月21日，被告召集磐安县大田畈区块拆迁改造指挥部、磐安县政府安文街道办事处、磐安县综合行政执法局、磐安县规划局、磐安县国土资源局、磐安县住房和城乡建设局等部门对案涉房屋进行了调查认定。2019年11月20日，被告就案涉房屋向郭某作出了磐政征补（2019）1号房屋征收补偿决定。郭某向金华市中级人民法院提起行政诉讼称，案涉房屋属未登记建筑，且被列入征收范围。郭某于2020年3月13日才从《房屋征收补偿分户评估报告》中得知被告曾对案涉未登记建筑作出过认定，其认为该认定行为主要证据不足、适用法律错误、违反法定程序，严重侵害了其合法权益。请求：（1）依法撤销被告对原告两间未登记建筑的认定行为；（2）本案诉讼费用由被告承担。金华市中级人民法院经审理认为，案涉房屋调查不属于行政诉讼受案范围，裁定驳回其起诉。郭某不服，提起上诉。浙江省高级人民法院经审理作出裁定：驳回上诉，维持原裁定。

**【分析】**

《征补条例》第24条第2款规定："市、县级人民政府作出房屋征收决定前，应当组织有关部门依法对征收范围内未经登记的建筑进行调查、认定和处理。对认定为合法建筑和未超过批准期限的临时建筑的，应当给予补偿；对认定为违法建筑和超过批准期限的临时建筑的，不予补偿。"根据上述规定，市、县级人民政府对被征收房屋的调查认定程序是作出征收决定前应履行的一个环节，是对房屋面积、性质进行的客观调查，一般而言，对被征收人权利义务并不产生实际影响，对被征收人权利义务产生实际影响的系征收

---

① 浙江省高级人民法院（2021）浙行终50号行政裁定书。

主体依据该调查结果作出的最终认定和后期作出的补偿决定，故该调查行为一般不可诉。但应当注意的是，如果征收主体组织有关部门对房屋面积、性质进行的调查、认定和处理，具有认定未经登记的建筑属于违法建筑并明确不予补偿等内容，对被征收人权利义务产生实际影响，被征收人依法可以提起行政诉讼。

**【规范指引】**

《征补条例》第 24 条第 2 款；《行政诉讼法适用解释》第 69 条。

## 争点 2：征收公告行为不属于行政诉讼受案范围

**【案例】陈某诉湖北省黄冈市人民政府公告行为案**[①]

陈某向湖北省黄冈市中级人民法院起诉称：湖北省黄冈市人民政府（以下简称黄冈市政府）于 2017 年 1 月 11 日在《黄冈日报》上刊登《公告》："陈某：你在位于黄冈市路口镇城铁黄冈站前广场的一处房产，在 2014 年已被政府列入征收范围，请你见此公告后，7 日内速与黄冈市白潭湖片区征收指挥部联系办理房屋征收补偿事宜。逾期不联系者，将依法对该房屋进行处理。"陈某认为该《公告》认定事实错误，程序严重违法，且在陈某及家人家庭地址准确清晰的情况下，采用公告送达严重违反了送达的法律规定，故向人民法院提起行政诉讼，请求：（1）撤销黄冈市政府于 2017 年 1 月 11 日刊登在《黄冈日报》上关于陈某的《公告》；（2）黄冈市政府及黄冈日报社立即停止名誉侵权行为；（3）黄冈市政府及黄冈日报社向陈某赔礼道歉，并在案涉媒体上刊登书面声明，对错误予以更正，消除影响，恢复名誉；（4）黄冈市政府赔偿陈某精神损失抚慰金 1000 元，以及为制止侵权来回差旅费和误工费用 3000 元，合计 4000 元；（5）诉讼费用由黄冈市政府负担。湖北省黄冈市中级人民法院一审认为：该《公告》并未重新设定陈某的权利、义务，该行为未对陈某权利义务产生实质影响，不属于人民法院行政诉讼的受案范围，遂依照《最高人民法院关于适用〈中华人民共和国行政诉讼法〉若干问题的解释》第 3 条第 1 款第 8 项及第 2 款之规定，裁定驳回陈某的起诉。陈某不服，提起上诉。湖北省高级人民法院裁定驳回上诉，维持原裁定。陈某仍不

① 最高人民法院（2018）最高法行申 538 号行政裁定书。

服，向最高人民法院申请再审。最高人民法院经审查，裁定驳回再审申请人陈某的再审申请。

【分析】

公民、法人或其他组织提起行政诉讼系因合法权益受到被诉行政行为的侵害，因此，被诉行政行为必须是一个为原告设定负担、具有法律约束力、旨在设定一种法律后果的个别调整。因此，对公民、法人或者其他组织权利义务不产生实际影响的行为，自然不属于人民法院行政诉讼的受案范围。本案所涉《公告》以及其他类似公告如征收决定的公告等，只是行政机关一种公开广而告之的行为，目的是通知行政行为的相对人参加行政程序或告知开始一个行政程序，并不具有任何旨在创设、变更、解除或具有约束力地确认某种权利义务的内容。因此，此类行为不能成为行政诉讼司法审查的对象，不属于行政诉讼受案范围。但是，如果行政机关以公告形式替代征收决定、征收补偿决定等法律文书，公告本身对当事人的权利义务产生实际影响，属于可诉的行政行为。同时需要注意的是，起诉人对公告与征收决定、征收补偿决定等行政行为的关系不清楚，表面上是起诉公告行为，实质上是起诉征收决定、征收补偿决定等可诉行政行为的，人民法院应当释明指导，让起诉人修改诉讼请求直接起诉可诉的行政行为，不应简单不予立案或裁定驳回起诉。

【规范指引】

《行政诉讼法适用解释》第 69 条。

## 争点 3：行政机关实施房屋征收前作出中止租赁合同、腾空移交房屋的通知属于行政诉讼受案范围

**【案例】平顶山市新华区人民政府与平顶山市某快捷宾馆行政征收案**[①]

平顶山市新华区 G 地块连片开发改造指挥部于 2013 年 11 月 20 日、2014 年 9 月 5 日、2015 年 6 月 19 日向平顶山市某快捷宾馆（以下简称某宾馆）作出三份通知，主要内容为“不得进行新建、扩建、改建房屋、装修房屋、改变房屋用途等行为，不得进行转租、分租、续租、抵押等行为，及时中止所有房屋租赁合同，及时解除转（分）租租赁关系”“将剩余房屋全部腾空并移

① 最高人民法院（2019）最高法行申 8192 号行政裁定书。

交”“通知所有承租人限期搬离，并将腾空的房屋及时交付指挥部，如不能如期交付房屋，产生的一切后果，由贵单位承担相应法律责任”等。某宾馆不服，提起行政诉讼，经一、二审，人民法院判决撤销上述通知书。平顶山市新华区人民政府不服，向最高人民法院申请再审称：再审申请人向某宾馆发出的通知不具有影响其合法权益的可能，原审法院将本案被诉的“通知”行为认定为具体行政行为适用法律错误。请求撤销原审判决，由一审法院继续审理本案。最高人民法院经审查认为，原审法院据此判决确认该三份通知违法并无不当。依照《行政诉讼法适用解释》第116条第2款之规定，裁定驳回平顶山市新华区人民政府的再审申请。

【分析】

判断被诉行为是否属于行政诉讼受案范围，核心在于该行为是否可能对公民、法人或者其他组织的权利义务产生影响，对其合法权益造成侵害。该通知中已经对当事人的义务进行了明确告知并交代如不交付房屋将承担相应后果，且当事人已经根据通知要求作出了中止相关租赁合同、腾空移交房屋等一系列行为，故该通知对当事人权利义务产生实际影响，具有可诉性，属于人民法院行政诉讼的受案范围。

【规范指引】

《行政诉讼法》第2条、第12条。

## 争点4：征收补偿决定已经生效裁判确认合法性，被征收人再就房屋调查等前置行为提起诉讼的，应不予受理

**【人民法院案例库案例】王某学诉江苏省徐州市泉山区人民政府行政补偿案**①

**基本案情**

法院经审理查明：2014年，江苏省徐州市泉山区人民政府（以下简称泉山区政府）启动金山东路东延（七里沟棚改）项目，并于2014年5月23日作出徐泉征字〔2014〕第5号《徐州市泉山区人民政府房屋征收决定》并予以公告。因未与王某学达成房屋征收安置补偿协议，泉山区政府于2014年9

① 入库编号2023-12-3-019-005。

月 12 日作出泉房征补字〔2014〕第 158 号《房屋征收补偿决定书》，认定王某学房屋合法建筑面积为 228.20 平方米。王某学不服 158 号补偿决定提起行政诉讼，江苏省徐州市中级人民法院于 2015 年 10 月 13 日作出（2015）徐行初字第 00070 号行政判决，驳回王某学的诉讼请求。王某学不服提起上诉后，江苏省高级人民法院于 2016 年 3 月 21 日作出（2015）苏行终字第 00746 号行政判决，驳回上诉，维持一审判决。在江苏省高级人民法院审理（2015）苏行终字第 00746 号案件过程中，王某学以泉山区政府未按照法律规定认定其房屋合法面积、侵犯其合法权益为由，提起本案诉讼，请求确认泉山区政府未依法认定其房屋合法面积行为违法。

江苏省徐州市中级人民法院于 2016 年 5 月 4 日作出（2015）徐行初字第 00262 号行政裁定，驳回王某学的起诉。

一审宣判后，王某学不服提起上诉，江苏省高级人民法院于 2016 年 8 月 18 日作出（2016）苏行终 939 号行政裁定，驳回上诉，维持一审裁定。

二审宣判后，王某学向最高人民法院申请再审，最高人民法院于 2017 年 3 月 10 日作出（2017）最高法行申 244 号行政裁定：驳回再审申请人王某学的再审申请。

**裁判理由**

法院生效裁判认为：一般认为，已经生效的前诉裁判具有既判力，后诉不得作出与前诉相反的判断；已经前诉裁判羁束的内容，当事人不得再次诉请裁判；当事人坚持起诉的，法院应当裁定不予立案或者驳回起诉。显然，并不是前诉裁判文书记载的所有内容均具有既判力，也不意味着当事人均不得另行起诉或者均要受到羁束。从现行裁判文书制作样式来看，裁判文书中记载的当事人诉辩主张、事实陈述和请求，不具有既判力；前诉裁判在审理查明部分所认定的一般性事实，或者说次要事实的认定，一般也不具有既判力。而前诉裁判中的诉讼标的，则当然具有既判力，生效裁判作出后各方当事人均不得另行提起诉讼。而对前诉裁判所依据的主要事实和列为争议焦点经质证辩论后认定的事实，一般也认为具有既判力。

通常情况下，前诉生效裁判的既判力，仅限于裁判主文确定的范围，裁判主文对被诉行政行为合法性的评价构成该裁判既判力的客观范围；后诉判断同一行政行为的合法性，要受前诉生效裁判的羁束。而前诉的裁判理由，是建立在对主要法律事实和争议焦点问题判断的基础之上的，后者是前者的理由和根据，承认裁判主文的既判力，必然也要赋予裁判理由中对案件争议焦点和主要法律事实的判断以一定程度的既判力。据此，前诉裁判所列争议焦点在经过当事人充分辩论后，前诉对争议焦点所作的实质性判断即具有既判力，特别是前诉将案件的主要事实列为争议焦点时，更应如此。只要前诉已将权利发生、变更或消灭之法律效果中直接且必要的主要事实列为案件的争议焦点，并在经过当事人质证、辩论后作出了认定，那么，该直接且必要的主要事实，即发生争点效，形成既判力。该裁判的当事人及相关权利、义务的承担人不得在后诉中对前诉裁判已经查明和认定的主要法律事实和法律关系提出争议；即使前诉裁判认定有误，也只能通过再审程序改判，而不能直接作出相反的判断。

本案一、二审法院已经查明，泉山区政府于 2014 年 5 月 23 日作出 5 号征收决定时，已经公示了涉案房屋的调查结果和认定结果；相关评估公司于 2014 年 5 月 26 日作出“房屋征收估价报告”并公示，且于 2014 年 7 月 9 日送达，该报告对房屋面积有明确记载；泉山区政府于 2014 年 9 月 12 日作出 158 号补偿决定，载明王某学户房屋合法面积 228.20 平方米，房屋用途为住宅。王某学、周某娟提起行政诉讼，江苏省徐州市中级人民法院、江苏省高级人民法院分别作出（2015）徐行初字第 00070 号行政判决、（2015）苏行终字第 00746 号行政判决。在此诉讼中，当事人争议的焦点之一，即为涉案房屋面积认定是否合法的问题，一、二审法院也均将该问题作为争议焦点问题进行了审理。庭审中，与房屋面积直接有关的证据，如“被征收房屋现状测绘调查表”“金山东路东延（七里沟棚改）项目住宅类房屋调查结果公示表”等，均经过当庭举证、质证，房屋面积认定方法也经各方辩论。由于涉案房屋没有房屋和用地权属证明，泉山区政府参照《江苏省城市规划管理技术规定》中关于低层居住建筑容积率规定（最高上限为 1.1），以实际使用国有土地使用权面积为基数，按 1.4 容积率计算并确认了涉案房屋的合法建筑面积，上述一、二审判决对此认定方法和具体面积的认定，均予以支持。可见，人民法院在前诉案件中对征收补偿决定合法性审查时，已经在当事人质证辩论基础上，对房屋面积认定问题进行了审查并作出了合法性认定。因此，有关房屋面积认定的合法性问题，已经受到前诉判决羁束；王某学在前诉中有关房屋面积认定违法的主张未得到支持后，又提起本案诉讼，构成重复起诉。根据《行政诉讼法适用解释》第 3 条第 1 款第 9 项规定，诉讼标的已为生效裁判所羁束的，已经立案的，应当裁定驳回起诉。因此，一、二审法院裁定符合法律规定。

**裁判要旨**

1. 通常情况下，前诉生效裁判的既判力，仅限于裁判主文确定的范围，裁判主文对被诉行政行为合法性的评价构成该裁判既判力的客观范围；后诉判断同一行政行为的合法性，要受前诉生效裁判的羁束。

2. 前诉裁判所列争议焦点在经过当事人充分辩论后，前诉对争议焦点所作的实质性判断也发生争点效，形成既判力。该裁判的当事人及相关权利、义务的承担人不得在后诉中对前诉裁判已经查明和认定的主要法律事实和法律关系提出争议；即使前诉裁判认定有误，也只能通过再审程序改判，而不能直接作出相反的判断。

**关联索引**

《行政诉讼法适用解释》第 69 条第 1 款第 9 项

一审：江苏省徐州市中级人民法院（2015）徐行初字第 00262 号行政裁定（2016 年 5 月 4 日）

二审：江苏省高级人民法院（2016）苏行终 939 号行政裁定（2016 年 8 月 18 日）

再审：最高人民法院（2017）最高法行申 244 号行政裁定（2017 年 3 月 10 日）

### （二）原告主体资格的认定

## 争点 5：已经签订补偿协议的，仍具有对征收决定提起诉讼的原告主体资格

**【案例】向某 1 诉上饶市信州区人民政府房屋行政征收案**[①]

向某 1、向某 1 之子向某 2、向某 1 之女向某 3 分别与所属征收部门信州区房屋征收补偿办公室各签订一份《上饶市桐子坞棚户区改造项目房屋征收补偿协议书》《上饶市桐子坞棚户区改造项目被征收户回购房屋协议书》《房屋搬迁验收证》，双方就被征收房屋的面积、补偿方式、补偿金额、奖励金、临时安置费、回购房屋面积、单价等进行了约定，出具的被征收人《房屋搬迁

① 最高人民法院（2018）最高法行申 5133 号行政裁定书。

验收证》明确载明“经征收小组现场验收，该房屋已经完全搬空，可以交付拆除”。后，向某1以案涉国有土地上房屋征收决定有诸多违法之处为由向人民法院提起诉讼请求撤销案涉房屋征收决定。一审、二审法院经审理认为，向某1已签署安置补偿协议，与信州区人民政府作出的房屋征收决定没有利害关系。

向某1不服，向最高人民法院申请再审。最高人民法院审查认为，一、二审法院认为再审申请人因与房屋征收部门签订征收补偿协议，且该协议已经实际履行，即与被诉房屋征收决定没有利害关系，不符合法律规定。但《行政诉讼法适用解释》第69条第1款第9项规定，诉讼标的已为生效裁判或者调解书所羁束的，已经立案的，应当裁定驳回起诉。本案中，再审申请人向某1不服被申请人作出的〔2016〕102号《征收决定》，提起行政诉讼。而在同一征收项目范围内的被征收人黄某洪诉〔2016〕102号《征收决定》一案中，江西省上饶市中级人民法院作出（2017）赣11行初21号行政判决，撤销上述征收决定。信州区人民政府不服提起上诉后，江西省高级人民法院作出（2018）赣行终125号行政判决，撤销一审判决，驳回黄某洪的诉讼请求。因此，〔2016〕102号《征收决定》已为生效裁判所羁束，一审裁定驳回起诉，二审裁定驳回上诉，维持一审裁定结果正确。综上，向某1的再审申请不符合《行政诉讼法》第91条规定的情形。依照《行政诉讼法适用解释》第116条第2款之规定，裁定驳回向某1的再审申请。

**【分析】**

为了更好地推进征收补偿依法、有序、平稳进行，应当允许被征收人在对征收行为合法性保留异议权利的前提下，先行鼓励和引导其以签订补偿安置协议的方式解决补偿问题，以减少纠纷。但被征收人签订补偿安置协议并领取相应补偿费用后，如坚持认为征收行为违法，仍可在法定期限内依法对征收行为提起行政诉讼，而不能认为签订补偿安置协议或领取相应补偿费用后，被征收人即丧失相应原告主体资格，无权提起相关行政诉讼。

**【规范指引】**

《行政诉讼法适用解释》第69条第1款第9项。

## 争点 6：公房承租人具有对房屋征收决定提起诉讼的原告主体资格

**【人民法院案例库案例】李某某诉潍坊市奎文区人民政府房屋征收决定案**[①]

**基本案情**

李某某以山东省潍坊市奎文区人民政府为被告提起行政诉讼，诉称：被告于 2018 年 2 月 22 日作出《潍坊市奎文区人民政府关于潍坊市老市府东院片区房屋征收决定》，决定征收潍坊市老市府原办公区以东、胜利东街以南、鸢飞路以西、行政街以北区域内的房屋及其他附属设施，并决定征收补偿按照《潍坊市老市府东院片区房屋征收补偿方案》执行。原告承租的由第三人管理的公房及其附属设施在征收决定确定的征收范围内。原告认为该征收决定违反法定公共利益原则，程序违法，严重侵犯原告合法权益。请求撤销被告作出的《潍坊市奎文区人民政府关于潍坊市老市府东院片区房屋征收决定》。

山东省潍坊市中级人民法院于 2018 年 8 月 24 日作出（2018）鲁 07 行初 146 号行政裁定，认为李某某所居住的房屋系承租第三人潍坊市市级机关事务管理局所管理的公房，故其与涉案行政行为不具有法律上的利害关系，不符合起诉条件，裁定对其起诉不予立案。李某某不服该裁定，提出上诉。山东省高级人民法院于 2018 年 12 月 27 日作出（2018）鲁行终 2112 号行政裁定：驳回上诉，维持一审裁定。李某某仍不服该裁定，向最高人民法院申请再审。最高人民法院于 2020 年 4 月 20 日作出（2020）最高法行申 14483 号行政裁定，驳回其再审申请。

**裁判理由**

法院生效裁判认为：再审申请人李某某居住的房屋系承租潍坊市市级机关事务管理局所管理的公房，一般来讲，在房屋征收法律关系中，直管公房承租人具有特殊地位，其享有长期缴纳低房租而居住使用该公房的权利，对该公房享有长期占有和使用权，在经济地位上近似于房屋所有权人。政府征收必将对直管公房承租人的权益造成直接且重大的影响，故直管公房承租人与房屋征收决定之间具有利害关系，具有对房屋征收决定提起诉讼的原告资

---

① 入库编号 2024-01-3-005-002。

格。本案中，潍坊市中级人民法院以涉案房屋系承租公房为由认定李某某与被诉征收决定没有利害关系不当，最高人民法院予以纠正。但是，根据《行政诉讼法适用解释》第69条第1款第9项规定，诉讼标的已为生效裁判或者调解书所羁束的，已经立案的，应当裁定驳回起诉。本案被诉征收决定的合法性已被另案山东省高级人民法院（2018）鲁行终2458号行政判决所认定，即李某某起诉的诉讼标的已为生效裁判所羁束，李某某的起诉不符合法定的起诉条件，故原审法院裁定不予立案的结果正确，本案不予再审。

**裁判要旨**

直管公房租赁权是国家为了保障公民居住权而提供的一项具有重大财产利益的权利。不同于平等民事主体之间通过签订房屋租赁合同而取得房屋的承租权，直管公房承租人通过向行政机关申请而获得直管公房租赁权。基于该项权利，直管公房承租人得以长期缴纳低房租居住该房屋，对该房屋享有长期的占有和使用权，其经济地位近似于房屋所有权人。因此，征收部门在征收直管公房的过程中，考虑到直管公房承租人的特殊地位，以及征收行为对直管公房承租人权益的直接且重大影响，应当对其合法权益予以充分保护。直管公房承租人与房屋征收决定之间具有利害关系，具有对房屋征收决定提起诉讼的原告资格。

**关联索引**

《行政诉讼法》（2017年修正）第2条第1款、第25条第1款

《行政诉讼法适用解释》第69条第1款第9项

一审：潍坊市中级人民法院（2018）鲁07行初146号行政裁定（2018年8月24日）

二审：山东省高级人民法院（2018）鲁行终2112号行政裁定（2018年12月27日）

再审：最高人民法院（2020）最高法行申14483号行政裁定（2020年4月20日）

### （三）被告主体资格的认定

## 争点 7：被征收人请求履行征收补偿职责的，作出征收决定的市、县级人民政府为适格被告

**【案例】王某诉安徽省太和县人民政府不履行法定职责案**[①]

安徽省太和县人民政府作出太政〔2014〕22号《征收决定通告》，对包括王某房屋在内的太和县城东片区（老城区）棚户区国有土地上房屋实施征收。王某诉至法院请求太和县人民政府履行法定补偿职责。一、二审法院经审理认为，城关镇政府系房屋征收部门，为适格被告，其起诉太和县人民政府，被告不适格，裁定驳回起诉。王某不服，向最高人民法院申请再审。最高人民法院于2019年6月21日作出（2019）最高法行申496号行政裁定，提审本案，并于2019年9月11日立案，依法组成合议庭进行了审理，认为一、二审裁定驳回王某起诉，适用法律错误，应予纠正。综上，依照《行政诉讼法适用解释》第123条第3项之规定，裁定如下：一、撤销阜阳市中级人民法院（2017）皖12行初47号行政裁定和安徽省高级人民法院（2018）皖行终793号行政裁定；二、指令阜阳市中级人民法院审理本案。

**【分析】**

《征补条例》第4条第1款、第2款规定："市、县级人民政府负责本行政区域的房屋征收与补偿工作。市、县级人民政府确定的房屋征收部门（以下称房屋征收部门）组织实施本行政区域的房屋征收与补偿工作。"第5条规定："房屋征收部门可以委托房屋征收实施单位，承担房屋征收与补偿的具体工作。房屋征收实施单位不得以营利为目的。房屋征收部门对房屋征收实施单位在委托范围内实施的房屋征收与补偿行为负责监督，并对其行为后果承担法律责任。"第8条规定："为了保障国家安全、促进国民经济和社会发展等公共利益的需要，有下列情形之一，确需征收房屋的，由市、县级人民政府作出房屋征收决定……"第26条第1款规定："房屋征收部门与被征收人在征收补偿方案确定的签约期限内达不成补偿协议，或者被征收房屋所有权人不明确的，由房屋征收部门报请作出房屋征收决定的市、县级人民政府依

---

① 最高人民法院（2019）最高法行再204号行政裁定书。

照本条例的规定，按照征收补偿方案作出补偿决定，并在房屋征收范围内予以公告。”《行政诉讼法适用解释》第 25 条规定：“市、县级人民政府确定的房屋征收部门组织实施房屋征收与补偿工作过程中作出行政行为，被征收人不服提起诉讼的，以房屋征收部门为被告。征收实施单位受房屋征收部门委托，在委托范围内从事的行为，被征收人不服提起诉讼的，应当以房屋征收部门为被告。”根据上述规定可知，在国有土地上房屋征收与补偿工作中，市、县级人民政府系房屋征收主体，同时亦是征收补偿主体，应当承担相应法律责任。市、县级人民政府确定房屋征收部门具体组织实施房屋征收与补偿工作，作为法规授权的组织，对其实施的征收与补偿工作以及其委托的征收实施单位实施的征收补偿行为承担相应法律责任。据此，被征收人对补偿协议等不服，应当以房屋征收部门为被告提起诉讼。被征收人对征收决定、补偿决定不服，或者认为征收管理部门没有履行补偿协议约定的义务，抑或没有签订补偿协议，且没有作出补偿决定，被征收人请求履行补偿职责的，应当以作出征收决定的市、县级人民政府为被告。

**【规范指引】**

《征补条例》第 4 条、第 5 条、第 8 条、第 26 条；《行政诉讼法适用解释》第 25 条。

### （四）具体诉讼请求和事实依据的认定

## 争点 8：提起行政诉讼必须明确被诉行政行为

**【人民法院案例库案例】刘某柱诉唐山市路南区人民政府不履行法定职责案**①

**基本案情**

河北省唐山市中级人民法院于 2019 年 6 月 6 日收到刘某柱行政起诉状，刘某柱起诉称：起诉人原有位于唐山市路南区常青楼区域新华付道西数第一家，紧邻抗震纪念碑广场，位置最繁华的 135.56 平方米首层商业楼房一套。2008 年 9 月 5 日，中共唐山市委城建办〔2008〕35 号文件决定对某青楼区域

① 入库编号 2024-01-3-021-002。

房屋拆迁改造建唐山万达广场，指令唐山市路南区政府负责组织拆迁工作，并同时指令该区唯一国企唐山市路南区市场建设服务处为房屋拆迁人。随即市政府成立了"唐山市某青楼小区及周边区域整体改造工作领导小组办公室"，办公室设在唐山市路南区。唐山市路南区市场建设服务处与某青楼区域内回迁商户、回迁居民甲乙双方分别签订了《回迁补偿安置协议书》。所签协议书回迁位置约定条款相同，即甲方承诺："乙方根据签订拆迁补偿安置协议的先后顺序选择安置用房"；甲方承诺"甲方为乙方在某青楼区域内按规划部门批准的建设位置提供回迁安置用房"。2009 年 3 月 27 日，唐山市城乡规划局批准了唐山市路南区人民政府报批的《唐山万达广场总平面图》。唐山市城乡规划局明示"唐山万达广场项目《某青楼区域改造》回迁方案的确认由路南区政府负责。路南区政府组织征询回迁居民意见后向我局来函（2011 年 7 月 6 日），我局于 2011 年 10 月 25 日批准了该项目方案（补办）"。在此之前的 2010 年 8 月 16 日，"唐山市某青楼小区及周边区域整体改造工作领导小组办公室"即路南区人民政府，按照向唐山市城乡规划局报批的《唐山万达广场总平面图》中标定的《回迁住宅》方案，将有关居民回迁安置事宜登于党报公告。据此说明回迁居民依法得到了妥善安置。按照法定程序批准的《唐山万达广场总平面图》没有起诉人回迁安置房位置，原因在于按《协议书》约定的起诉人应取得的回迁安置房源被万达集团售罄。唐山市路南区人民政府对本商户回迁房未经法定程序，公然擅自采取指定区位和房号，并且用居民用房充当商业用房指定起诉人接收，误导起诉人接房。唐山市路南区人民政府不履行法定职责，造成起诉人合法的回迁商用房非法灭失，侵犯了起诉人的财产权，请求判决唐山市路南区人民政府不履行法定职责，造成起诉人合法的回迁商用房物权灭失，侵犯了起诉人的财产权；被起诉人亵渎法律、滥用职权，行政违法行为既成事实。

唐山市中级人民法院于 2019 年 6 月 10 日作出（2019）冀 02 行初 85 号行政裁定，认为刘某柱的诉讼请求不明确，不符合人民法院行政案件的受理条件，裁定对其起诉不予立案。刘某柱不服该裁定，提出上诉。河北省高级人民法院于 2020 年 6 月 28 日作出（2020）冀行终 317 号行政裁定：驳回上诉，维持一审裁定。刘某柱仍不服该裁定，向最高人民法院申请再审。最高人民法院于 2020 年 12 月 2 日作出（2020）最高法行申 14205 号行政裁定，驳回其再审申请。

**裁判理由**

法院生效裁判认为:《行政诉讼法》第2条第1款规定，公民、法人或者其他组织认为行政机关和行政机关工作人员的行政行为侵犯其合法权益，有权依照本法向人民法院提起诉讼。第49条第3项规定，提起诉讼应当有具体的诉讼请求和事实根据。故起诉人提起行政诉讼，首先必须要有明确的被诉行政行为。只有明确被诉行政行为，行政诉讼才能确定明确的审理对象，继而具备具体的诉讼请求，如此法院才能予以立案。如起诉人不能明确被诉行政行为，则诉讼请求不具体，其起诉将因不符合法定的起诉条件而被法院裁定不予立案。本案刘某柱的一审诉讼请求为："被告唐山市路南区人民政府，不履行法定职责，造成原告合法的回迁商用房物权非法灭失，侵犯了原告的财产权；被告亵渎法律、滥用职权，行政违法行为既成事实。"从其一审诉状事实和理由以及诉讼请求的表述来看，没有明确唐山市路南区人民政府应当履行的何种法定职责以及该职责的法律法规依据，属于诉讼请求不明确、不具体情形。一审法院裁定不予立案，二审法院裁定驳回上诉，均无不当。

**裁判要旨**

根据《行政诉讼法》第49条第3项规定，提起行政诉讼应当有具体的诉讼请求和事实根据。所谓"具体的诉讼请求"，就是要有明确的被诉行政行为，因为行政诉讼的审理对象是被诉行政行为。没有明确的被诉行政行为，人民法院无法对被诉行政行为的合法性进行审查。起诉人起诉的被诉行政行为不明确，不符合法定起诉条件。

**关联索引**

《行政诉讼法》(2017年修正)第49条第3项

一审：唐山市中级人民法院(2019)冀02行初85号行政裁定(2019年6月10日)

二审：河北省高级人民法院(2020)冀行终317号行政裁定(2020年6月28日)

再审：最高人民法院(2020)最高法行申14205号行政裁定(2020年12月2日)

### （五）起诉期限的认定

## 争点 9：对房屋征收决定进行公告，即视为送达

**【案例】杨某诉河北省邢台市桥东区人民政府房屋征收决定案**[①]

2015 年 8 月 25 日，邢台市桥东区人民政府作出《关于火车站广场南片区改造项目房屋征收的决定》（以下简称《征收决定》）和《征收公告》，并于同月 27 日将《征收决定》《征收公告》等材料分别张贴在桥东区铁路南宿舍门口、十道弯北口、铁路街北口、西关街、铁工街南口墙壁上予以公告。杨某的房屋位于邢台市桥东区铁工街 ×× 号，属于上述征收范围。杨某认为自己的合法权益受到侵害，于 2017 年 1 月 22 日提起行政诉讼，以桥东区政府违反法定程序作出《征收决定》侵犯其合法权益为由，请求撤销桥东区政府作出的《征收决定》。一审法院认为，桥东区人民政府作出《征收决定》和《征收公告》后，于 2015 年 8 月 27 日进行张贴公告，并在决定中明确告知被征收人如果对此决定不服，可在公告送达之日起 60 日内申请行政复议或者在 6 个月内向人民法院提起行政诉讼。张贴公告属于公告送达方式，公告期满，即视为送达。杨某于 2017 年 1 月 22 日提起诉讼，超过了法定起诉期限。据此，一审法院于 2017 年 4 月 10 日作出（2017）冀 05 行初 13 号行政裁定：驳回杨某的起诉。杨某不服，向河北省高级人民法院提起上诉。河北省高级人民法院于 2017 年 8 月 22 日作出（2017）冀行终 483 号行政裁定：驳回上诉，维持一审裁定。杨某不服，向最高人民法院申请再审。最高人民法院经审查，裁定如下：驳回杨某的再审申请。

**【分析】**

《征补条例》第 13 条第 1 款规定："市、县级人民政府作出房屋征收决定后应当及时公告。公告应当载明征收补偿方案和行政复议、行政诉讼权利等事项。"根据上述规定可知，房屋征收决定以公告方式送达，无需参照民事诉讼法规定的送达程序，向每一户被征收人逐户送达。只要市、县级人民政府依法进行公告，即视为征收决定已经送达每一户被征收人；征收决定公告中告知当事人诉权和起诉期限，即视为全体被征收人已经被告知诉权和起诉

---

① 最高人民法院（2018）最高法行申 1459 号行政裁定书。

期限。

【规范指引】

《行政诉讼法》第 46 条第 1 款；《征补条例》第 13 条第 1 款。

（六）其他障碍事由的认定

## 争点 10：行政相对人申请行政复议后在法定复议期间内又向人民法院提起诉讼的，人民法院不予受理

【人民法院案例库案例】郭某诉大洼县人民政府行政征收决定案①

**基本案情**

2011 年 10 月 28 日，大洼县人民政府作出大政房征字〔2011〕07 号《房屋征收决定》，郭某的房屋坐落于该《房屋征收决定》范围内。郭某于 2012 年 3 月 14 日向盘锦市人民政府提出复议申请，请求撤销大洼县人民政府作出的《房屋征收决定》。盘锦市人民政府以郭某的复议申请已超出法定申请期限为由，于 2012 年 3 月 20 日作出不予受理复议申请决定。郭某不服，于 2012 年 3 月 26 日向盘锦市中级人民法院提起行政诉讼，请求撤销该不予受理复议申请决定。在盘锦市中级人民法院审理期间，盘锦市人民政府于 2012 年 6 月 13 日按照省人民政府的督促要求，对郭某的复议申请予以受理。2012 年 5 月 28 日，郭某又对上述《房屋征收决定》提起行政诉讼，请求法院予以撤销（庭审中以复议机关业已受理为由变更诉请为确认房屋征收决定违法）。

辽宁省盘锦市中级人民法院于 2012 年 10 月 15 日作出（2012）盘中行初字第 00004 号行政裁定：驳回郭某的起诉。郭某提出上诉，辽宁省高级人民法院于 2012 年 11 月 1 日作出（2012）辽行终字第 56 号行政裁定：驳回上诉，维持原裁定。

**裁判理由**

法院生效裁判认为，行政复议为选择程序时，行政相对人可自由选择行政复议或行政诉讼两者之一解决争议，但不能同时使用这两种救济途径。行政程序正在进行时，司法程序不应介入。《最高人民法院关于执行〈中华人民

---

① 入库编号 2023-12-3-005-001。

共和国行政诉讼法〉若干问题的解释》第34条规定：公民、法人或者其他组织已经申请行政复议，在法定复议期间内又向人民法院提起诉讼的，人民法院不予受理。

本案中，郭某以大洼县人民政府作出的《房屋征收决定》违法为由向盘锦市人民政府申请行政复议，请求撤销该《房屋征收决定》。在盘锦市人民政府作出不予受理复议申请决定后，已向人民法院提起行政诉讼，请求撤销不予受理复议申请决定，说明其仍然希望通过行政复议程序解决争议。在法院审理过程中，复议机关已自行撤销不予受理复议申请决定，并受理郭某的复议申请，行政复议程序已重新启动。据此，郭某已先行选择行政复议程序，其又在起诉盘锦市人民政府不予受理复议申请决定案件的审理期间，再次向人民法院提起本案诉讼，要求法院撤销《房屋征收决定》，显然是同时选择行政复议程序和行政诉讼程序解决同一行政纠纷，明显不符合法律规定，故应依法裁定驳回郭某的起诉。

**裁判要旨**

行政复议为选择程序时，当事人可以行使选择权，既可以选择通过行政复议程序解决争议，也可以选择通过行政诉讼程序来解决争议，但两者只能选择其一，不能同时选择适用。在复议机关已经受理的情形下，对同一行政行为又提起行政诉讼的；或者在人民法院已经受理的情形下，对同一行政行为又申请复议的；在后收到起诉状或复议申请书的人民法院或复议机关均不应受理，已经受理的，裁定驳回起诉或决定驳回复议申请。

**关联索引**

《行政诉讼法》第44条第1款（本案适用的是1990年10月1日施行的《行政诉讼法》第37条第1款）

《行政诉讼法适用解释》第57条（本案适用的是2000年3月10日施行的《最高人民法院关于执行〈中华人民共和国行政诉讼法〉若干问题的解释》第34条）

一审：辽宁省盘锦市中级人民法院（2012）盘中行初字第00004号行政裁定（2012年10月15日）

二审：辽宁省高级人民法院（2012）辽行终字第56号行政裁定（2012年11月1日）

## 争点 11：征收决定已由其他被征收人提起诉讼并作出生效裁判，原告再次就该征收决定起诉的，应当认定“诉讼标的为生效裁判所羁束”

【案例】许某诉北京市东城区人民政府房屋征收决定案①

2017 年 7 月 21 日，北京市东城区人民政府（以下简称东城区政府）作出东政字（2017）28 号《北京市东城区人民政府关于望坛棚户区改造项目范围内房屋征收的决定》（以下简称 28 号房屋征收决定）。位于北京市 ×× 琉璃井 ×× 里 ×× 号的房屋，系许某承租的自管公房，在本次征收范围内。许某不服 28 号房屋征收决定，申请行政复议。2019 年 7 月 10 日，北京市人民政府（以下简称北京市政府）作出京政复字（2017）844 号《驳回行政复议申请决定书》（以下简称 844 号复议决定），认为 28 号房屋征收决定已经司法裁判机关终审确认合法有效，为人民法院的生效判决所羁束，决定驳回许某的行政复议申请。许某不服，提起行政诉讼，请求撤销 28 号房屋征收决定。另查，案外人王某就 28 号房屋征收决定另行向一审法院提起行政诉讼，一审法院作出（2018）京 04 行初 93 号行政判决（以下简称 93 号判决），认定东城区政府作出的 28 号房屋征收决定合法，判决驳回王某的诉讼请求。王某不服，提出上诉。2019 年 6 月 13 日，北京市高级人民法院作出（2019）京行终 717 号行政判决，驳回上诉，维持原判。

北京市第四中级人民法院审理后作出（2019）京 04 行初 1125 号行政裁定，认为本案已为生效判决效力所羁束，遂依照《行政诉讼法适用解释》第 69 条之规定，裁定驳回许某的起诉。许某不服，提出上诉。北京市高级人民法院作出（2019）京行终 9844 号行政裁定，裁定驳回上诉，维持一审裁定。许某仍不服，向最高人民法院申请再审。最高人民法院经审查，裁定驳回许某的再审申请。

【分析】

行政诉讼案件的诉讼标的，就是被诉行政行为。所谓“诉讼标的已为生效裁判所羁束”，是指起诉人提起行政诉讼时，被诉行政行为已经为他人另案起诉的生效行政判决效力所拘束，立案后人民法院将无法对被诉行政行为的

---

① 最高人民法院（2020）最高法行申 9673 号行政裁定书。

合法性再行审理和判决的情形。本案中，案涉房屋征收决定已为案外人王某提起行政诉讼，并经生效行政判决驳回其诉讼请求，故应当认定本案诉讼标的已经为生效判决所羁束，依法应当裁定驳回起诉。

**【规范指引】**

《行政诉讼法适用解释》第 69 条第 1 款第 9 项。

## 三、法律适用中的疑难问题

### 问题：对当事人权利义务产生实际影响的会议纪要属于行政诉讼受案范围

**【人民法院案例库案例】某房地产开发发展有限公司诉上海市嘉定区人民政府等不履行行政补偿法定职责案**[①]

**基本案情**

原告某房地产开发发展有限公司（以下简称某公司）诉称：上海市嘉定区人民政府（以下简称嘉定区政府）作出《涉案公路改建涉及某商业广场项目相关事宜处置专题会议纪要》，承诺对原告因涉案公路改建过程中的损失予以补偿，且明确了补偿范围，确定了相关职能部门，有明确具体的履职内容；该会议纪要内容经政府工作人员向原告口头传达，已经外部化，是可诉的行政行为。故请求法院判决确认嘉定区政府、上海市嘉定区建设和管理委员会（以下简称嘉定建管委）、上海市嘉定区马陆镇人民政府（以下简称马陆镇政府）、上海市嘉定区土地储备中心（以下简称嘉定土储中心）未履行涉案会议纪要确定职责的行为违法；责令四被告在一定期限内履行涉案会议纪要确定的职责。

嘉定区政府、嘉定建管委、马陆镇政府、嘉定土储中心辩称：涉案会议纪要系内部文件，不对外产生法律效力，不具有可诉性；涉案公路改建未涉及原告土地使用权，嘉定区政府对原告没有法定补偿义务；根据涉案会议纪要，在原告配合施工、双方协商一致的情况下可对其进行补偿，但原告两个条件均未满足，依据该会议纪要嘉定区政府亦无补偿义务。请求驳回原告的

① 入库编号 2023-12-3-021-008。

起诉。

法院经审理查明：2006 年 4 月 12 日，嘉定区政府批复同意上海市嘉定区规划管理局（以下简称嘉定规划局）关于某商业广场修建性详细规划及建筑方案设计的请示，其中记载：涉案公路保留向西改道的可能性，将调整为城市道路，目前由于涉案公路调整要求不确定，仍然按照现有红线（35 米）绿线（10 米）控制。2006 年 7 月 21 日，嘉定规划局向某公司作出《关于核发建造商业配套用房（某商业广场）建设用地规划许可证的通知》，该项目建设完成后，某商业广场开始营业，某公司对商铺进行了出售和出租。

2014 年 7 月 29 日，上海市规划和自然资源局（以下简称市规划局）作出沪规土资许方〔2014〕××× 号《关于审定涉案公路改建工程〈建设工程设计方案〉的决定》，确定“涉案公路甲段规划红线标准宽度为 45m，涉案公路乙段规划红线标准宽度为 40m”。

因涉案公路改建工程涉及某商业广场原先使用的部分市政及绿化用地，嘉定区政府于 2016 年 6 月 13 日组织相关部门召开专题会议，并形成涉案会议纪要，主要内容为：涉案公路改建按照规划红线实施，没有涉及某商业广场项目出让土地及房屋建筑。但项目经营方某公司认为涉案公路改建工程影响项目经营等事宜，提出需要协调给予补偿。鉴于某公司在改建过程中能够给予配合，在纠纷事宜处理推进中社会不稳定因素可控，同时原定的涉案公路改线成为城市支路不能实现，而且涉案公路改建工程确实对某商业广场项目经营带来了一些影响，因此会议原则同意对某公司有关诉求给予一定补偿。对某公司的补偿范围为：一是涉案公路改建工程直接涉及某商业广场项目设置的地坪、绿化等附属设施补偿；二是因为涉案公路改建工程路面标高抬升引起的某商业广场项目出入口通道、排水系统调整改造补偿；三是涉案公路改建工程涉及某商业广场路段的施工期间，给予某公司一定的租金补贴。补偿工作实施方式：一是由嘉定土储中心负责落实专业第三方公司对补偿范围内容进行资金评估。二是由马陆镇政府牵头，会同嘉定建管委、嘉定土储中心依据第三方公司评估结果，与某公司进行协商确定补偿金额，同时某公司作出相关书面承诺。三是补偿金额由嘉定土储中心支付并列入涉案公路改建工程前期费用，嘉定区财政局、嘉定区审计局做好业务指导，具体由嘉定土储中心会同马陆镇政府联合专报嘉定区政府审定。

2016 年 11 月 1 日，嘉定区政府决定对该路段采取保护性施工措施。2016 年 12 月 26 日，上海市嘉定区人民政府信访办公室（以下简称嘉定区信访办）就某商业广场损失补偿问题组织某公司、某商业广场业主代表及相关部门召开专题会议，会上口头向某公司宣读了涉案会议纪要的内容。嗣后，嘉定区政府、嘉定建管委、马陆镇政府及嘉定土储中心未就涉案会议纪要确定的补偿事项进行评估，亦未对某公司作出任何补偿。

2018 年 4 月 3 日，某公司提起行政诉讼，要求判令市规划局补偿其因涉案公路改建造成的广场场地、绿化、地下管线等设施设备损失、租金损失、广场部分沿街物业价值贬损共计 249 533 256 元，上海市浦东新区人民法院裁定驳回了某公司的起诉。某公司不服，提起上诉。上海市第三中级人民法院作出（2019）沪 03 行终 447 号行政裁定，认为市规划局同意核发涉案公路改建工程建设项目选址意见书的决定对某公司的权利义务不产生实质影响，鉴于嘉定区政府以涉案会议纪要形式明确了具体负责协商补偿的主体为马陆镇政府、嘉定建管委及嘉定土储中心的事实，某公司以市规划局为被告提出行政补偿申请于法无据，遂裁定驳回上诉，维持原裁定。该案诉讼中，某公司取得了书面形式的涉案会议纪要。

2019 年 12 月 4 日，某公司委托律师向嘉定区政府发出《律师函》，要求嘉定区政府及时责成有关工作部门执行涉案会议纪要确定的行政职责，落实会议纪要内容，确保某公司得到公平合理的补偿。嘉定区政府收到《律师函》后未作回复。

上海市第二中级人民法院于 2021 年 3 月 12 日作出（2020）沪 02 行初 99 号行政判决：责令被告嘉定区政府依法履行涉案会议纪要所确定的对原告实施补偿的职责。宣判后，双方当事人均未提出上诉，判决已发生法律效力。

**裁判理由**

法院生效裁判认为：本案争议焦点如下：一是涉案会议纪要是否属于行政诉讼受案范围；二是涉案会议纪要议定的事项是否构成四被告履行职责的依据；三是是否应判令四被告履行涉案会议纪要确定的职责。

关于争议焦点一：涉案会议纪要是否可诉，应以其是否实际影响原告的权利义务为标准，根据其是否外部化、是否引起行政法律关系的变动，以及相关行政机关是否可直接依照实施进行认定。涉案会议纪要作出后，嘉定区信访办在组织原告召开的专题会上已将会议纪要所确定的事项口头告知原告，该行为不再是行政机关内部正在讨论、尚不具备确定性的过程性行为或内部行政行为，已经转化为外部行政行为。在原告诉市规划局的行政诉讼中，二审法院也正是基于嘉定区政府以会议纪要形式明确了具体负责协商补偿主体的事实，裁定驳回了原告的起诉。涉案会议纪要明确同意对原告给予一定补偿，并确定了补偿范围、计算补偿数额的方法、具体实施补偿工作的主体与步骤以及补偿金额的列支方式，虽因未进行评估而无具体补偿金额，但并不意味着被告同意对原告予以补偿的意思表示处于不确定状态，该会议纪要直接设定了原告取得行政补偿的权利，足以引起原告与四被告之间行政法律关系的变动。相关工作部门按涉案会议纪要确定的工作程序即可直接实施对原告的补偿工作，无须另行作出行政法律行为。故涉案会议纪要对原告这一特定对象的权利义务产生实际影响，属于行政诉讼的受案范围。

关于争议焦点二：涉案会议纪要议定的事项是否构成四被告履行职责的依据。行政机关的法定职责，既包括法律、法规及规章所规定的职责，也包括行政机关在法定权限范围内基于行政允诺、行政协议等行为，为本机关及下属部门自行设定的职责。会议纪要作为行政机关行政管理过程中的一种法定公文样式，其内容具有法定效力，如该会议纪要议定的事项符合行政允诺的特征，则能够成为行政机关履行法定职责的依据。

第一，涉案公路改建工程对原告就某商业广场项目所享有的信赖利益产生一定影响。原告依据嘉定区政府批准同意的某商业广场修建性详细规划进行施工建设，建成并投入经营后，原告因此而享有值得保护的信赖利益。此后因涉案公路改建拓宽，导致某商业广场的出入口通道、排水系统以及地坪、绿化等附属设施均受到一定影响，涉案会议纪要对涉案公路改建造成的原告损失范围亦予以了确认，故原告就其信赖利益的损失享有获得补偿的权利。

第二，涉案会议纪要议定的事项未超越嘉定区政府的权限范围。根据我国《地方各级人民代表大会和地方各级人民政府组织法》第59条规定，嘉定区政府作为县级地方人民政府，具有领导所属各工作部门和下级人民政府工作，管理其行政区域内经济、城乡建设、财政等行政工作的法定职权。某商业广场段的涉案公路改建工程位于嘉定区政府管辖区域，嘉定区政府针对该工程涉及原告的损失问题，组织有关工作部门及下级政府召开专题会议，对原告的补偿范围和补偿工作作出决议，安排部署其下属工作部门具体实施补偿工作，所形成的会议纪要未超越嘉定区政府的职权范围。

第三，根据涉案会议纪要内容，嘉定区政府决定给予原告一定补偿系基于原告在涉案公路改建过程中能够给予配合，且原定涉案公路改线成为城市支路不能实现，该工程确对某商业广场项目经营带来一定影响，并未以原告履行一定义务作为补偿的前提条件，嘉定区政府对原告实施补偿具有单方性特征，构成行政允诺，能够作为四被告履行法定职责的依据。

关于争议焦点三：是否应判令四被告履行涉案会议纪要确定的职责。嘉定区政府自2016年12月直至本案诉讼期间，未积极主动与原告进行实质性协商，并否认会议纪要确定的补偿职责，拒绝对原告实施补偿，诉讼中又将未履行补偿职责的原因归于原告，怠于履行涉案会议纪要确定的职责，导致原告应得的补偿权益一直未能实现，造成了原告实际损失，对此应当承担相应责任，故应依据涉案会议纪要内容履行补偿职责。

至于履行职责的具体方式，因嘉定区政府系涉案会议纪要的制作主体，且作为地方人民政府具有协调和组织所属相关职能部门实施行政补偿工作、决定财政列支补偿款项的职能，故对原告的补偿工作应由嘉定区政府组织实施。马陆镇政府、嘉定建管委及嘉定土储中心应在各自行政职责范围内，根据嘉定区政府的统一安排和部署，完成相关评估工作，依据评估结果与原告进行协商、确定补偿金额，对原告予以补偿。如评估后经协商仍无法与原告就补偿金额达成一致意见，嘉定区政府则应在合理期限内及时就原告的补偿事宜作出行政处理决定。同时，原告也应积极配合相关部门的评估和协商工作，主动提供涉及某商业广场实际损失的相应证据材料，以理性客观的态度提出合理诉求，积极与被告方磋商，以利于双方尽早达成协议。

**裁判要旨**

1. 行政机关的会议纪要是否具有可诉性。行政机关的会议纪要是否具有可诉性应以其议定事项是否对行政相对人的权利义务产生实际影响为判断标准。若会议纪要已转化为外部行政行为，并为行政相对人设定了权利义务，足以引起行政法律关系变动的，则具有可诉性，属于行政诉讼的受案范围。

2. 行政相对人能否起诉要求行政机关履行会议纪要。起诉要求行政机关履行会议纪要确认的补偿职责的，在确定涉案会议纪要具有可诉性的前提下，人民法院应对议定事项进行实质审查。会议纪要议定的补偿事项符合行政允诺的特征，且属于行政机关职权范围，行政相对人又存在获得补偿的权利基础的，人民法院可以支持行政相对人的诉请。

**关联索引**

《行政诉讼法》第72条

《行政诉讼法适用解释》第1条

一审：上海市第二中级人民法院（2020）沪02行初99号行政判决（2021年3月12日）

# 第三节 国有土地上房屋征收与补偿纠纷的审理与认定

## 一、审查要素分析

### （一）房屋征收决定的审查

1. 房屋征收职权依据的审查

《征补条例》第 4 条第 1 款规定，市、县级人民政府负责本行政区域的房屋征收与补偿工作。据此，应由市、县级人民政府作出房屋征收决定。实践中，有些房屋征收决定由开发区管理机构作出，对此应区别认定。设立开发区时授予开发区管委会行使县级以上人民政府土地管理职权的，开发区管理机构具有作出房屋征收决定的法定职权；反之，则没有相应职权。同时，对法律规定由政府组织相关部门实施的征收工作，政府指定相关部门实施的签订征收补偿协议、强制拆除等行为，相关部门应当依法自行承担法律责任。

**【规范指引】**

《征补条例》第 4 条、第 8 条。

2. 土地性质的审查

审查房屋征收决定，需要对征收范围内的土地性质是否为国有土地进行审查。对于农村撤组后剩余的少量土地的性质，2005 年 3 月 4 日原国务院法制办公室、原国土资源部《关于对〈中华人民共和国土地管理法实施条例〉第二条第（五）项的解释意见》规定，农村集体经济组织土地被依法征收后，其成员随土地征收已经全部转为城镇居民，该农村集体经济组织剩余的少量集体土地可以依法征收为国家所有。因此，剩余的少量土地仍应当通过土地征收程序转为国有土地，而不能当然认定为国有土地。

3. 公共利益的审查

《征补条例》第 8 条采用“概述 + 列举”的方式首次对公共利益进行了界定。对房屋征收行为中公共利益的审查，主要包括以下几个方面：

（1）对公共利益内涵的审查。

①国防和外交的需要。主要包括国防和外交设施建设用地需要，比如军事基地、使领馆等建设的需要。

②由政府组织实施的能源、交通、水利等基础设施建设的需要。能源设施主要包括电力、石油、煤炭、风力、太阳能等开采、生产、运输等设施，如发电厂、变电站、矿井、炼油厂、风车、太阳能板、油气管网、天然气管网等。

水利设施主要包括水电站、水库、水闸、堤防工程、泄洪道以及农田水利设施等。由于地理位置原因，在国有土地上房屋征收中很少涉及这两类用途用地。

交通运输用地主要是指用于运输通行的地面线路、场站等的土地。包括：第一，铁路用地，即用于铁道线路、轻轨、场站的用地。包括设计内的路堤、路堑、道沟、桥梁、林木等用地。第二，公路用地，即用于国道、省道、县道和乡道的用地。包括设计内的路堤、路堑、道沟、桥梁、汽车停靠站、林木及直接为其服务的附属用地。第三，街巷用地，即指用于城镇、村庄内部公用道路（含立交桥）及行道树的用地。包括公共停车场、汽车客货运输站点及停车场等用地。第四，民用机场用地。第五，港口码头用地，即指用于人工修建的客运、货运、捕捞及工作船舶停靠的场所及其附属建筑物的用地。第六，管道运输用地，即指用于运输煤炭、石油、天然气等管道及其相应附属设施的地上部分用地。[①]

③由政府组织实施的科技、教育、文化、卫生、体育、环境和资源保护、防灾减灾、文物保护、社会福利、市政公用等公共事业的需要。公共事业也称公用事业，是指具有各企业、事业单位和居民共享的基本特征的，服务于城乡生产、流通和居民生活的各项事业的总称。[②]实务中，需要结合相关法律、行政法规来把握。我国已经制定了许多公共事业单行法，其中对什么是公共事业作了不少列举。例如，《科学技术普及法》第24条规定的以政府财政投资建设的科普场馆、科普画廊、橱窗等。

④由政府组织实施的保障性安居工程建设的需要。

⑤由政府依照城乡规划法有关规定组织实施的对危房集中、基础设施落后等地段进行旧城区改建的需要。根据《征补条例》第9条的规定，以上两项除应当符合国民经济和社会发展规划、土地利用总体规划、城乡规划和专

---

① 江必新主编：《国有土地上房屋征收与补偿条例理解与适用》，中国法制出版社2012年版，第85页。

② 沈开举主编：《〈国有土地上房屋征收与补偿条例〉条文解读与案例评点》，中国法制出版社2011年版，第73页。

项规划外，还应当纳入市、县级国民经济和社会发展年度计划，这是与前面 3 项有所区别的地方。国民经济和社会发展年度计划由人大代表会议讨论通过，人大审议时，应当对是否属于保障性安居工程、是否需要进行旧城区改建、是否符合城乡规划等进行讨论研究，并最终作出决议。因此，对保障性安居工程和旧城区改建项目，法院仅需审查其是否已列入人大讨论通过的国民经济和社会发展年度计划，而无需再对内涵进行审查界定。

⑥法律、行政法规规定的其他公共利益的需要。此类情况在实践中比较少见，主要需要审查是否有相关的法律、行政法规的规定。

（2）实施主体的审查。

《征补条例》第 8 条第 2、3、4、5 项均明确规定“由政府组织实施的”。随着社会治理体系现代化的不断推进，国家鼓励社会力量、民营资本参与一部分行政管理事务，一些企业、公益组织等通过各种形式参与到国家各项建设中来，对于这种情况应注意区分，只有政府组织实施的基础设施建设、公共事业建设、保障性安居工程和旧城区改建才能进行国有土地上的房屋征收，由市、县级人民政府作出房屋征收决定。

**【规范指引】**

《征补条例》第 8 条、第 9 条。

4. “四规划一计划”的审查

《征补条例》第 9 条规定：“依照本条例第八条规定，确需征收房屋的各项建设活动，应当符合国民经济和社会发展规划、土地利用总体规划、城乡规划和专项规划。保障性安居工程建设、旧城区改建，应当纳入市、县级国民经济和社会发展年度计划。制定国民经济和社会发展规划、土地利用总体规划、城乡规划和专项规划，应当广泛征求社会公众意见，经过科学论证。”审查征收活动是否符合“四规划”，发展和改革委员会、自然资源和规划等行政主管部门出具的复函、证明、说明等，不足以直接认定房屋征收决定符合国民经济和社会发展规划、土地利用总体规划、城乡规划的，仍应通过五年规划纲要，土地利用总体规划图、局部图，城市总体规划图、局部图等，综合认定是否符合上述规划。审查保障性安居工程建设、旧城区改建是否纳入市、县级国民经济和社会发展年度计划，应注意该国民经济和社会发展年度计划是否经人大审议通过。

**【规范指引】**

《征补条例》第 9 条。

5. 征收决定公告的审查

《征补条例》第 13 条第 1 款规定，市、县级人民政府作出房屋征收决定后应当及时公告。公告应当载明征收补偿方案和行政复议、行政诉讼权利等事项。征收决定公告可通过网络公示、在被征收范围内张贴的方式进行。

征收决定公告未载明行政诉讼权利的，应适用《行政诉讼法适用解释》第 64 条的规定，起诉期限从知道或者应当知道起诉期限之日起计算，但从知道或者应当知道行政行为内容之日起最长不超过一年。实践中，难以证明行政相对人知道或者应当知道起诉期限的时间的，行政诉讼起诉期限一般从公告期限届满之日起计算一年；未载明公告期限的，从公告之日起计算。

征收决定公告未载明行政复议权利、行政复议机关或者申请期限的，2024 年 1 月 1 日起施行的《行政复议法》第 20 条对此作出了明确规定，行政机关作出行政行为时，未告知公民、法人或者其他组织申请行政复议的权利、行政复议机关和申请期限的，申请期限自公民、法人或者其他组织知道或者应当知道申请行政复议的权利、行政复议机关和申请期限之日起计算，但是自知道或者应当知道行政行为内容之日起最长不得超过一年。在此之前的公告未载明行政复议权利、行政复议机关或者申请期限的，行政复议申请期限可以参照《行政诉讼法适用解释》第 64 条的规定，从知道或者应当知道申请行政复议的权利、行政复议机关或者复议期限之日起计算，但从知道或者应当知道征收土地决定内容之日起最长不得超过一年。确定一年的行政复议申请期限，能够在保障行政相对人合法权利和保障行政行为公定力之间取得合理平衡。原行政复议法虽未对此作出明确规定，但从行政复议法修改的结果来看，实质是认同此做法的。

征收决定公告载明的复议、起诉期限短于法定期限的，按照法定期限计算；长于法定期限的，按照公告载明的期限计算。

**【规范指引】**

《征补条例》第 13 条；《行政复议法》第 20 条；《行政诉讼法》第 48 条；《行政诉讼法适用解释》第 64 条。

6. 征收补偿方案的审查

（1）制定程序。

征收补偿方案由房屋征收部门拟定后报市、县人民政府，市、县人民政府组织有关部门对征收补偿方案进行论证，并通过网络、在征收范围内进行张贴等方式予以公布，征求公众意见。征求意见期限不少于 30 日。张贴公示的照片应注明公示时间和公示地点，并有见证人签字见证，或由村委会（居委会）工作人员提供说明，证明征收补偿方案已在被征收范围内按期限进行公示。市、县人民政府应当将征求意见情况和根据公众意见修改的情况及时公布。因旧城区改建需要征收房屋，多数被征收人认为征收补偿方案不符合《征补条例》规定的，市、县级人民政府应当组织由被征收人和公众代表参加的听证会，并根据听证会情况修改方案。根据各地的细化规定，一般认为多数被征收人是指超过半数的被征收人。[①]

（2）方案内容。

征收补偿方案根据实际情况，一般包括以下全部或部分内容：①房屋征收目的；②房屋征收部门、房屋征收实施单位；③实施征收的法律依据、政策性文件；④房屋征收的范围、实施时间；⑤征收补偿方式；⑥被征收房屋性质、用途和面积认定标准；⑦类似房地产的市场评估价；⑧补偿、补助、奖励的条件和标准；⑨用于产权调换房屋的概况、选房方法、结算基本价格、结算方法；⑩房屋征收评估机构选定方式；⑪拟定的搬迁期限和提前搬迁奖励期限；⑫搬迁过渡方式和过渡期限；⑬征收所需补偿资金来源；⑭需要载明的其他内容。

其中征收补偿方式应提供货币补偿和产权调换两种方式，保障被征收人的选择权。产权调换房屋的位置、面积等应当确定，不确定的不得用于产权调换。因旧城区改建项目征收个人住宅，被征收人选择在改建地段进行房屋产权调换的，作出房屋征收决定的市、县级人民政府应当提供改建地段或就近地段的房屋。

**【规范指引】**

《征补条例》第10条、第11条、第13条、第21条。

7. 社会稳定风险评估的审查

《征补条例》第12条第1款规定，市、县级人民政府作出房屋征收决定前，应当按照有关规定进行社会稳定风险评估；房屋征收决定涉及被征收人数量较多的，应当经政府常务会议讨论决定。房屋征收社会稳定风险评估一般从以下几个方面进行：（1）合法性。房屋征收决定作出的主体、程序、内容是否符合法律、法规、规章以及国家方针政策的相关规定。（2）合理性。

---

① 参见《南京市国有土地上房屋征收与补偿办法》第14条、《济南市国有土地上房屋征收与补偿办法》第17条等。

房屋征收是否贯彻可持续发展理念和新发展理念，是否符合相关规划，是否符合人民群众的现实利益、长远利益，是否保障了人民群众的合法权益。（3）安全性。进行房屋征收是否会引发群体性事件，造成不稳定因素或公共安全隐患。（4）可行性。实行房屋征收的方式是否合理，时机是否成熟，是否符合社会发展、经济发展规律，切合人民群众需要，得到大多数被征收人的理解和支持。（5）可控性。实施房屋征收带来的社会稳定风险因素是否可控，是否可提前采取预防措施，是否制定应急处置预案等。[①]

评估完成后，需制作形成社会稳定风险评估报告，内容一般包括拟征收项目的基本情况、评估前开展的基础性工作情况、评估工作的过程、存在的社会稳定风险、防范化解对策建议、应急预案等。社会稳定风险评估报告作出后，应当经市、县人民政府党组会或市、县长办公会等形式集体研究审定。评估结果为"可以实施"（低风险）的，可以进行征收；评估结果为"暂缓实施"（中风险）的，行政机关应当提供证据证明已采取相应措施降低风险等级；评估结果为"不予实施"（高风险）的，不得进行征收。

房屋征收决定涉及被征收人数量较多的，还应当经政府常务会议讨论决定。对于被征收人数量较多的标准，根据城市规模、人口密度等不同，各地自行制定，如南京市规定为被征收人 1000 户以上的，泰州市规定为被征收人数量 300 户以上的。[②]

**【规范指引】**

《征补条例》第 12 条。

8. 补偿安置费用的审查

房屋征收决定作出前，应当对征收补偿所需总费用进行评估或者概算并足额提取，用于产权调换的安置房源应确定且充足，能够充分保障选择不同补偿安置方式的被征收人的实际需求。补偿安置费用原则上应一次性足额存入到位，对资金量大、一次到位暂有困难，但其后续资金有明确来源及到账计划，能够在补偿时限内足额兑付，且一次性存入金额达到评估或概算金额的 50% 的，可以认定为补偿安置费用足额提取。实践中，已经提供实物补偿的，可以从费用总额中扣减相关费用。

同时，补偿安置费用应开设专户存储，做到专款专用，只能用于发放征

---

① 参见《四川省社会稳定风险评估办法》（四川省人民政府令第 313 号）第 11 条规定。

② 参见《南京市国有土地上房屋征收与补偿办法》第 17 条、《泰州市国有土地上房屋征收与补偿办法》第 15 条等。

收补偿款，不得挪作他用，不得以任何形式截留、私分或者变相私分，实践中一般由征收部门提供银行专户存储的证明。

**【规范指引】**

《征补条例》第12条。

9. 房屋调查行为的审查

房屋调查由房屋征收部门组织实施，一般采取入户调查和档案调查相结合的方式进行。档案调查由公安、工商、税务、房管等相关职能部门进行，按照各自职责审核认定。入户调查一般由房屋征收部门及属地居民委员会（村民委员会）工作人员共同进行，或委托属地居民委员会（村民委员会）实施，入户调查人员应佩带证件。

房屋调查包括以下内容：（1）房屋权属情况，即被征收房屋的物权归属，确定被征收人；（2）房屋区位情况，即房屋所处地理位置；（3）房屋用途，一般分为两大类，住宅房屋和非住宅房屋，非住宅房屋又分为工业仓储用房、商业用房、办公用房、教育医疗用房等；（4）房屋面积，根据档案资料及实地调查情况确定有权面积及不予认定面积；（5）土地权属四至、面积、用途以及取得方式；（6）临时建筑的使用期限；（7）被征收人家庭情况，包括户籍人口、实际居住人、五保户、低保户、贫困户等情况；（8）其他需要调查的事项，如房屋的附属物、装修、“猪圈塘”、花草树木等。

房屋调查结束后应由被征收人在房屋调查表上签字，被征收人拒绝签字的，可由居民委员会（村民委员会）工作人员见证，并在房屋调查表上备注说明。房屋调查工作全部完成后，房屋征收部门应当将调查结果在征收范围内公示，征收人对调查结果有异议的，可以向房屋征收部门申请复核，复核后的结果应当重新公布。

**【规范指引】**

《征补条例》第15条、第16条；《征收评估办法》第9条。

### （二）征收补偿决定的审查

1. 职权主体的审查

根据《征补条例》第4条、第8条、第26条的规定，市、县级人民政府是作出房屋征收决定的权力主体，也是负责征收补偿工作的责任主体。在房屋征收部门未与被征收人达成补偿安置协议，或被征收房屋产权不明、权利人下落不明的情况下，可以报请作出房屋征收决定的市、县级人民政府作出补偿决定。

【规范指引】

《征补条例》第 4 条、第 8 条、第 26 条。

2. 房屋、土地面积和性质认定的审查

（1）面积认定。

通常情况下，已登记房屋的建筑面积以房屋所有权证或房地产权证书上记载的面积为准。如果房屋所有权证与房地产登记簿的记载存在不一致，除有证据证明房地产登记簿确有错误外，应以房地产登记簿的记载为准。

对于未经登记的私房，其建筑面积可以相关批准文件记载的面积为准。如果批准文件未记载建筑面积，可以由房屋行政部门认定的房屋调查机构实地丈量确定。对于未经登记的空地和院落，根据最高人民法院的相关答复，应将当事人合法享有的土地使用权的院落、空地面积纳入评估范围，并予以补偿。

（2）性质认定。

房屋性质主要是指房屋的用途。对房屋用途的认定，一般按照登记确定房屋用途，土地使用权证记载的用途与房屋权属证书记载的用途不一致的，按照房屋权属证书记载的房屋用途进行认定，房屋权属证书记载的房屋用途视为对土地使用证记载用途的变更；房屋权属证书与房屋登记簿记载的用途不一致的，除有证据证明房屋登记簿确有错误外，按照房屋登记簿上记载的用途认定；房屋经职权部门依法批准改变用途但未作房屋用途变更登记的，按照职权部门审批的用途认定；房屋登记簿未载明房屋用途或记载不明的，按照职权部门规划审批的用途认定；未登记房屋的用途，综合考虑未办登记的历史原因、土地权属来源、性质、规划审批、法定图则、房屋现状、周边类似房屋现状等情况综合认定。

【规范指引】

《征收评估办法》第 9 条。

3. 评估机构选定的审查

（1）评估机构资质。

《征补条例》第 19 条规定，房屋征收补偿过程中，对被征收房屋进行评估定价的机构，必须“具有相应资质”。根据《房地产估价机构管理办法》第 25 条的规定，三级以上资质的房地产估价机构可以从事房屋征收的房地产估价业务，暂定期内的三级资质房地产估价机构不可以从事房屋征收的房地产估价业务。为方便管理和识别，一般将资质限定为二级（含二级）以上。

（2）选定程序。

报名期满后，房屋征收部门在征收范围内公布评估机构名单，供被征收人选择。《征收评估办法》第4条以及《征补条例》第20条第1项对房屋评估机构的选定程序作出了规定，对于房地产价格评估机构的选定，首先由房屋被征收人协商确定；如果没有商议好，则可以根据多数被征收人的决定或者随机抽取选择的方式来确定。被征收人应当在房屋征收部门确定的期限内协商选定评估机构，并将协商结果书面告知房屋征收部门。房屋征收部门应当给予被征收人足够的时间来进行协商，通常不少于5个工作日。实践中，由于被征收人人数众多，意见不统一，部分被征收人对权利行使不积极，以至于很难形成统一的协商意见来选定评估机构。被征收人在规定时间内协商不成或在规定时间内未将协商意见书面告知房屋征收部门的，通过多数决定、随机选定等方式确定。

采用投票方式选定评估机构的，需要确认评估机构得票数是否超过被征收人户数的一半。同时，审查是否有证据表明每个被征收人都收到了选票，并且是否有部分被征收人拒绝投票的情况，投票的过程和结果是否经过公证机构依法公证。

采用摇号、抽签等随机选定方式确定评估机构的，需审查摇号、抽签的过程和结果是否经过公证机构依法公证，公证机构的参与有助于确保选定过程的公正性和合法性。

房屋评估机构选定后，应当在被征收范围内进行公告。

**【规范指引】**

《征补条例》第20条；《征收评估办法》第3条、第4条。

4. 评估报告的审查

房屋价值评估报告内容涉及被征收人房屋性质、面积的认定、房屋市场价格等因素，直接关系到被征收人可获补偿利益，是被征收人最为关注的问题。审查评估报告时，应关注以下几个方面：

（1）评估主体。

首先审查房地产评估机构是否具备相应资质，是否通过法定程序产生，其所承接的评估业务是否超出评估机构的业务范围；其次，审查评估人员是否专业，也就是是否具有相应的资格证书，具有相应的专业胜任能力，是否履行了实地查勘义务。

（2）评估方法。

《征收评估办法》第 13 条规定："注册房地产估价师应当根据评估对象和当地房地产市场状况，对市场法、收益法、成本法、假设开发法等评估方法进行适用性分析后，选用其中一种或者多种方法对被征收房屋价值进行评估。被征收房屋的类似房地产有交易的，应当选用市场法评估；被征收房屋或者其类似房地产有经济收益的，应当选用收益法评估；被征收房屋是在建工程的，应当选用假设开发法评估。可以同时选用两种以上评估方法评估的，应当选用两种以上评估方法评估，并对各种评估方法的测算结果进行校核和比较分析后，合理确定评估结果。"评估报告中一般会说明采取的评估方法及理由，应审查采取的评估方法是否合理。

各类评估方法及适用情况包括：①市场法：通过比较类似房产的市场交易价格来评估房屋价值。这种方法需要考虑地理位置、建筑面积、结构、新旧程度等因素，适用于被征收房屋的类似房地产有交易的情况。②成本法：以估价时点的重置成本或重建价格为准，并扣除折旧价，计算房屋价值。适用于厂房等特殊用途的房产。③收益法：适用于具有长期营利性质的房产，如商铺，通过预估未来收益进行价值评估。④假设开发法：预测房屋开发完成后的价值，扣除预计的正常开发成本、税费和利润等，估算房屋价值，用于在建工程的评估。

（3）评估时点。

评估时点的选择直接关系到房屋的评估价格，评估时点原则上以房屋征收决定公告之日为准。如作出房屋补偿决定与评估时点间隔时间较长，按照征收决定公告之日的评估价予以补偿，不能弥补当事人的实际损失，人民法院应当通过判决支付逾期付款利息、以决定补偿时的时点重新评估等方式判决足额补偿。

（4）评估报告内容。

是否有缺字漏字，是否有更改、涂抹痕迹，评估对象是否清晰明确，评估结果是否正确、合理，各分项评估金额之和是否等于总评估价格，评估价格是否明显过高或者偏低，签字盖章是否符合法律规定等。

（5）送达及异议程序。

房屋征收部门是否将分户初步评估结果在征收范围内向被征收人公示；评估报告是否依法送达，是否告知被征收人有权申请复核评估。被征收人申请复核评估的，是否将复核结果书面告知被征收人。被征收人向评估专家委员会申请鉴定的，是否将鉴定结果书面告知被征收人。

**【规范指引】**

《征收评估办法》第10~22条。

5. 保障补偿安置方式选择权的审查

房屋征收部门与被征收人未达成补偿安置协议的，应当报请市、县级人民政府，按照被征收人选择的补偿安置方式作出补偿决定。补偿决定的内容应当明确且具体，对于选择产权调换的被征收人，应当明确产权调换房屋的位置、面积、价格等。如果补偿决定给予两种补偿安置方式，应当认定为补偿安置方式不明确，这可能会导致被征收人的权益无法得到有效保障。

如果未按照被征收人选择的补偿安置方式进行补偿，审查中需要关注是否存在正当理由，包括法律法规的变化、市场条件的变动等，但这些理由应当是合理且充分的。如被征收人拒绝选择，应当告知被征收人拒绝选择可能面临的后果，以确保被征收人能够在充分了解情况的基础上作出决策，并从最有利于被征收人的角度确定补偿方式。

**【规范指引】**

《征补条例》第21条。

6. 营业用房承租人权利保障的审查

《征补条例》第2条规定："为了公共利益的需要，征收国有土地上单位、个人的房屋，应当对被征收房屋所有权人（以下称被征收人）给予公平补偿。"因此，房屋征收行为的对象是房屋所有权人，征收补偿决定的相对人也是房屋所有权人。《征补条例》第23条规定："对因征收房屋造成停产停业损失的补偿，根据房屋被征收前的效益、停产停业期限等因素确定。具体办法由省、自治区、直辖市制定。"被征收房屋被认定为营业用房的，应对停产停业损失进行补偿，在征收补偿决定中一并作出。

承租人以其对房屋享有的使用权是承租人获得补偿权利的基础，该权利来源于房屋租赁合同，但是房屋在被征收后，房屋租赁的标的灭失，租赁合同无法继续履行，根据合同的相对性原则，承租人可向合同的另一方当事人即出租人以合同解除主张赔偿。因此，征收补偿利益的分配应由承租人与房屋所有权人按照租赁合同的约定进行分配，合同中未明确约定的，通过协商或者民事途径主张。承租人如对征收补偿决定中归属于承租人的停产停业损失以及装饰装潢等补偿内容有异议，在房屋所有权人不主张的情况下，可以作为利害关系人以自己的名义对征收补偿决定提起诉讼。

承租人和房屋所有权人之间就补偿利益的分配无法达成一致时，征收部门可以将争议款项进行提存，并告知承租人及房屋所有权人补偿利益确定后领取补偿金的方式和途径。如房屋所有权人未积极主张或放弃停产停业损失，征收部门亦未对停产停业损失进行补偿的，承租人为维护自身权益，有权要求征收部门对归属于己方的停产停业损失进行主张。

承租人可以主张的征收补偿利益一般包括三个部分：一是停产停业损失，包括但不限于因征收导致的经营中断、利润损失等。补偿的计算方式应公平合理，可以基于被征收房屋的评估总价、上一年度的税后月平均净利润、租金收益等因素确定。二是装饰装潢损失，承租人对租赁房屋进行的装修装饰，往往与其经营活动密切相关。因此，在征收补偿决定中，应包含对承租人装饰装潢损失的补偿。补偿金额应根据装修的实际情况和价值进行评估确定。三是搬迁运输费用，包括搬迁过程中的实际支出，如搬运费、临时存储费、设备安装调试费、水电迁移费、证照办理费等。

**【规范指引】**

《征补条例》第 23 条。

## 二、争点整理与认定

### （一）公共利益的认定

## 争点 1：国有土地上房屋征收公共利益的认定和被征收人居住权的保障

**【人民法院案例库案例】贵某玲、贵某温诉上海市人民政府、上海市静安区人民政府行政补偿及行政复议案**[①]

**基本案情**

法院经审理查明：2013 年 9 月 5 日，上海市静安区人民政府作出静府房征（2013）2 号房屋征收决定并公布《静安区 59 街坊（一期）旧城区改建房屋征收与补偿方案》，该征收地块签约期限为 2013 年 11 月 1 日至 2014 年 2 月 28 日，在签约期内总体签约率超过了 85% 协议生效的签约率。上海市某

① 入库编号 2023-12-3-019-006。

地 565 弄 172 号房屋位于征收范围，房屋性质为公房，公有房屋承租人为贵某玲，房屋类型旧里，房屋用途居住，核定居住面积 11.7 平方米，建筑面积 18.02 平方米。经上海房地产估价师事务所有限公司评估，被征收房屋以 2013 年 9 月 5 日为估价时点的房地产市场评估单价 30 672 元 / 平方米，征收地块居住房屋评估均价 31 600 元 / 平方米。征收部门于 2014 年 7 月 12 日向贵某玲送达了被征收房屋的评估分户报告单。因上海市房地产估价师协会房地产估价专家委员会实地查勘时贵某玲户拒绝鉴定，决定终止鉴定。因双方未能达成协议，静安区人民政府经延长期限后于 2015 年 5 月 13 日作出沪静府房征补（2015）37 号房屋征收补偿决定，并向贵某玲邮寄送达。被诉征补决定主文为:（1）以房屋产权调换的方式补偿公有房屋承租人贵某玲，产权调换房屋地址为：上海市某地 478 弄 22 号 703 室，建筑面积 82.52 平方米，房屋总价 724 507.6 元，优惠后房屋总价 551 631.6 元；上海市某地 478 弄 22 号 1001 室，建筑面积为 104.58 平方米，房屋总价 924 879.75 元，优惠后房价为 704 908.35 元。两套房屋合计总价 1 256 539.95 元。（2）支付贵某玲差价款 82 845.25 元。（3）支付贵某玲搬家、家用设施移装费补贴 2800 元，按实结算，过渡费补贴 9000 元。（4）贵某玲应当自收到房屋征收补偿决定书之日起 15 日内搬迁至上述产权调换房屋内，并将被征收房屋腾空，办理移交手续。贵某玲、贵某温、浦某华、黄某聿、黄某不服被诉征补决定，向上海市人民政府申请行政复议。上海市人民政府于 2015 年 9 月 25 日作出沪府复征（2015）第 215 号行政复议决定，并向贵某玲等邮寄送达了被诉复议决定书，决定维持原行政行为。

贵某玲、贵某温提起行政诉讼，请求撤销上海市静安区人民政府作出的沪静府房征补（2015）37 号《房屋征收补偿决定书》、撤销上海市人民政府作出的沪府复征（2015）第 215 号《行政复议决定书》。

上海市第二中级人民法院于 2016 年 11 月 23 日作出（2016）沪 02 行初 259 号行政判决，驳回贵某玲、贵某温的诉讼请求。

一审宣判后，贵某玲、贵某温不服提起上诉，上海市高级人民法院于 2017 年 3 月 31 日作出（2017）沪行终 4 号行政判决，驳回上诉，维持一审判决。

二审宣判后，贵某玲、贵某温向最高人民法院申请再审，最高人民法院于 2018 年 12 月 9 日作出（2017）最高法行申 4162 号行政裁定，驳回再审申请人贵某玲、贵某温的再审申请。

**裁判理由**

法院生效裁判认为：

一、关于被诉补偿决定确定安置房屋是否合法，是否充分保障被征收人改建地段或者就近地段安置选择权问题

由于公共利益属于典型的不确定法律概念，建设项目是否符合公共利益的需要，一方面应主要由立法判断，即只有立法明确列举的建设项目才属于公共利益的需要；另一方面，也要尊重绝大多数被征收人通过正当程序而形成的意思表示，对绝大多数被征收居民同意的建设项目，应当认为符合公共利益需要。《征补条例》第8条第5项规定：由政府依照城乡规划法有关规定组织实施的对危房集中、基础设施落后等地段进行旧城区改建的需要，确需征收房屋的，由市、县级人民政府作出房屋征收决定。《上海市国有土地上房屋征收与补偿实施细则》(以下简称《上海市征补实施细则》)第21条规定：“因旧城区改建需要征收房屋的，房屋征收部门应当在征收决定作出后，组织被征收人、公有房屋承租人根据征收补偿方案签订附生效条件的补偿协议。在签约期限内达到规定签约比例的，补偿协议生效；在签约期限内未达到规定签约比例的，征收决定终止执行。签约比例由区人民政府规定，但不得低于80%。”本案系上海市旧城区改建房屋征收，改建地段内被征收人、公有房屋承租人补偿协议签约比例超过85%，符合上述公共利益征收规定及相应征收补偿协议签约比例要求。

因房屋征收部门与再审申请人在征收补偿方案确定的签约期限内未达成补偿协议，静安区人民政府有权作出补偿决定。《征补条例》第21条第3款规定：“因旧城区改建征收个人住宅，被征收人选择在改建地段进行房屋产权调换的，作出房屋征收决定的市、县级人民政府应当提供改建地段或者就近地段的房屋。”《上海市征补实施细则》第26条第3款进一步规定：“因旧城区改建征收居住房屋的，作出房屋征收决定的区人民政府应当提供改建地段或者就近地段的房源，供被征收人、公有房屋承租人选择，并按照房地产市场价结清差价。就近地段的范围，具体由房屋征收部门与被征收人、公有房屋承租人在征收补偿方案征求意见过程中确定。”据此，对因旧城区改建征收的，被征收人、公有房屋承租人有选择改建地段或者就近地段房屋安置的权利。就近地段的范围，一般应考虑城市规模、交通状况、安置房源数量和户型面积等实际因素，由房屋征收部门与被征收人、公有房屋承租人在征收补偿方案征求意见过程中确定。被征收人、公有房屋承租人未在改建地段或者

征收补偿方案确定的就近地段选择安置、未能达成补偿安置协议的，房屋征收部门根据房屋征收补偿法律规定，可以结合被征收房屋套型、面积和价值，被征收房屋与安置房屋匹配程度，当地对居住困难户优先保障安置方案等具体因素，选择确定更有利于保障被征收人居住权的安置房屋。本案中，房屋征收部门根据征收补偿方案，已经公告《静安区 59 街坊（一期）旧城区改建产权调换房屋选购办法》，再审申请人在征收补偿方案确定的签约期内未选择就近地段安置；在房屋征收部门已经依法公告案涉产权调换房评估报告等相关文件资料，并经静安区人民政府组织行政调解后，也未能与房屋征收部门达成补偿安置协议。因再审申请人户被征收公有承租房屋居住面积仅 11.7 平方米，核定建筑面积 18.02 平方米，难以在就近地段安置相匹配的房屋，静安区人民政府根据上海市有关对居住困难户优先保障和增加保障补贴的规定，并经上海市静安区建设和交通委员会报请上海市城乡建设和交通委员会、上海市住房保障和房屋管理局作出沪建交联〔2014〕24 号《关于安排静安区 59 街坊旧区改造项目居民安置房源的批复》，在计算被征收房屋价格、价格补贴、套型面积补贴等补偿、补贴后，未将再审申请人户安置于就近地段，而是选择上海市奉贤区专门房源进行安置，更加有利于保障被征收人居住权。且该安置房源均为商品房，安置再审申请人户两套房屋面积分别为 82.52 平方米、104.58 平方米，再审申请人户虽为公有房屋承租人，但被诉补偿决定亦明确上述房屋归“公有房屋承租人及其共同居住人共有”，亦可依法上市交易。因此，静安区人民政府将上海市奉贤区房源作为安置房源，虽然不属于提供改建地段或者就近地段房源，但静安区人民政府在征收补偿程序中已经充分保障了再审申请人就近地段房屋安置选择权，因再审申请人在行政征收程序中未能达成补偿安置协议，静安区人民政府结合被征收房屋实际状况，选择市场价值明显高于被征收房屋价值、更有利于保障再审申请人及其家庭成员居住权的异地房源实施安置，符合《城市房地产管理法》第 6 条有关“征收个人住宅的，还应当保障被征收人的居住条件”的规定，也不违反《征补条例》第 2 条有关“为了公共利益的需要，征收国有土地上单位、个人的房屋，应当对被征收人给予公平补偿”的规定，依法应予支持。

二、关于被诉补偿决定确定被征收房屋价值是否合法问题

根据《上海市征补实施细则》第 25 条规定，被征收房屋价值评估应当考虑被征收房屋的区位、用途、建筑结构、新旧程度、建筑面积以及占地面积、土地使用权等因素，被征收房屋和用于产权调换房屋的价值评估时点为房屋

征收决定公告之日。被征收人、公有房屋承租人或者房屋征收部门对评估结果有异议的，应当自收到评估报告之日起 10 日内，向房地产价格评估机构申请复核评估，对复核结果有异议的，应当自收到复核结果之日起 10 日内，向有关房地产估价专家委员会申请鉴定。本案中，上海市静安区住房保障和房屋管理局（以下简称静安区房管局）于 2013 年 9 月 11 日发布《静安区 59 街坊（一期）旧城区改建项目推选评估机构实施细则》《关于静安区 59 街坊（一期）旧城区改建项目评估机构选定办法的公告》《关于确定静安区 59 街坊（一期）旧城区改建项目评估机构的公告》，经公开接受评估机构报名和资格审核，确定上海市房地产估价师事务所有限公司、上海八达国瑞房地产土地估价有限公司、上海信衡房地产估价有限公司为候选单位，公告同时载明上述评估机构资质等级、工商营业执照注册号、资质证书编号等；静安区房管局并于 2013 年 9 月 15 日发布《关于确定静安区 59 街坊（一期）旧城区改建项目评估机构的公告》，载明：经公开接受评估机构报名并通过被征收人、公有房屋承租人投票选举，按照简单多数原则确定上海市房地产估价师事务所有限公司为静安区 59 街坊（一期）旧城区改建项目评估机构。上海市房地产估价师事务所有限公司经评估，形成房屋征收评估分户报告单并依法送达，评估分户报告以 2013 年 9 月 5 日为估价时点，确认被征收房屋的房地产市场评估单价为 30 672 元 / 平方米，该征收地块居住房屋评估均价为 31 600 元 / 平方米。再审申请人在规定期限内未书面申请复核评估和鉴定。因此，被诉补偿决定以上述被征收房屋市场评估单价、被征收地块房地产市场评估均价为基准，确定被征收房屋补偿价值，不违反法律规定。

三、关于被诉补偿决定是否遗漏补偿内容问题

根据《上海市征补实施细则》第 29 条第 1 款规定，征收执行政府规定租金标准的公有出租居住房屋，被征收人选择货币补偿的，租赁关系终止，对被征收人的补偿金额计算公式为：评估价格 ×20%；对公有房屋承租人的补偿金额计算公式为：评估价格 ×80%＋价格补贴，被征收房屋属于旧式里弄房屋、简屋以及其他非成套独用居住房屋的，按照本细则规定增加套型面积补贴。本案中，被诉补偿决定结合被征收房屋《公房租赁凭证》记载内容，依照《静安区 59（一期）街坊旧城区改建单位房屋征收与补偿方案》确定的具体补偿标准，确定被征收房屋评估价格、价格补贴、套型面积补贴等各项补偿价值，并对天井、晒台、走廊、楼梯等不计入被征收房屋建筑面积部分，确定按照建筑面积外的使用面积补贴 8 万元，符合法律规定。

**裁判要旨**

1. 由于公共利益属于典型的不确定法律概念，建设项目是否符合公共利益的需要，一方面应主要由立法判断，即只有立法明确列举的建设项目才属于公共利益的需要；另一方面，也要尊重绝大多数被征收人通过正当程序而形成的意思表示，对绝大多数被征收居民同意的建设项目，应当认为符合公共利益需要。

2. 对因旧城区改建征收的，被征收人、公有房屋承租人有选择改建地段或者就近地段房屋安置的权利。就近地段的范围，一般应考虑城市规模、交通状况、安置房源数量和户型面积等实际因素，由房屋征收部门与被征收人、公有房屋承租人在征收补偿方案征求意见过程中确定。被征收人、公有房屋承租人未在改建地段或者征收补偿方案确定的就近地段选择安置、未能达成补偿安置协议的，房屋征收部门根据房屋征收补偿法律规定，可以结合被征收房屋套型、面积和价值，被征收房屋与安置房屋匹配程度，当地对居住困难户优先保障安置方案等具体因素，选择确定更有利于保障被征收人居住权的安置房屋。

3. 实施旧城区改建时，由于种种原因，改建地段或者就近地段的房源无法全部满足补偿安置需求的，补偿义务主体在征收补偿程序中已经充分保障被征收人就近地段房屋安置选择权且多数人支持异地安置的，只要补偿义务主体提供了市场价值明显高于被征收房屋价值的房屋供被征收人选择，且更有利于保障被征收人居住权利，就符合《城市房地产管理法》第 6 条关于"征收个人住宅的，还应当保障被征收人的居住条件"的规定，也不违反《征补条例》第 2 条有关"为了公共利益的需要，征收国有土地上单位、个人的房屋，应当对被征收房屋所有权人给予公平补偿"的规定。

**关联索引**

《征补条例》第 21 条第 3 款

一审：上海市第二中级人民法院（2016）沪 02 行初 259 号行政判决（2016 年 11 月 23 日）

二审：上海市高级人民法院（2017）沪行终 4 号行政判决（2017 年 3 月 31 日）

再审：最高人民法院（2017）最高法行申 4162 号行政裁定（2018 年 12 月 9 日）

## 争点 2：撤销房屋征收决定是否损害公共利益的判断

**【案例】王某诉贵州省安顺市西秀区人民政府房屋征收决定案**[①]

2014 年 4 月 29 日，贵州省住房和城乡建设厅向国家开发银行贵州省分行作出黔建保函〔2014〕75 号《关于安顺市城投南出口棚户区改造等六个城市棚户区项目情况说明的函》，证明头铺麒麟棚户区改造项目（一期）已纳入 2014 年全国城市棚户区改造计划。2015 年 5 月 20 日，西秀区人民政府（以下简称西秀区政府）向西秀区棚改办作出西府函〔2015〕115 号《关于同意西秀区棚户区改造项目 2015 年度计划的批复》，告知其经西秀区政府研究，原则同意将包括头铺麒麟一期棚户区改造项目在内的 22 个城市棚户区作为西秀区 2015 年度棚户区改造项目计划。同年 8 月 8 日，西秀区政府作出西府房征决〔2017〕19 号《关于西秀区头铺麒麟城市棚户区改造项目红线范围内房屋征收决定书》（以下简称 19 号征收决定）及《西秀区头铺麒麟城市棚户区改造项目房屋征收补偿安置方案》（以下简称补偿安置方案）并予以公示。王某认为，其房屋在 19 号征收决定的征收范围内，西秀区政府作出的征收决定在实体和程序上违法，损害其合法权益，遂提起诉讼，请求判决撤销 19 号征收决定。一审法院认为，头铺麒麟棚户区改造项目已纳入 2014 年全国城市棚户区改造计划，并经西秀区政府研究同意列入西秀区 2015 年度棚户区改造项目计划，故西秀区政府作出的 19 号征收决定符合公共利益。

二审法院另查明，贵州省住房和城乡建设厅向国家开发银行贵州省分行作出黔建保函〔2014〕75 号《关于安顺市城投南出口棚户区改造等六个城市棚户区改造项目情况说明的函》中写明此函仅用于融资贷款，不作为其他事项的证明材料。因此，该份函不能作为西秀区政府立项的证明，不能达到其证明目的，对该份证据不予采信。对一审法院查明的该部分事实予以纠正。二审法院认为，涉案项目属于西秀区政府 2015 年度棚户区改造项目计划，麒麟社区属于典型的城中村，该地块的征收符合上述法条所列的情形，一审法院认定该项目符合公共利益的需要准确合理。涉案征收决定的作出违反了重大法定程序，应当予以撤销，本案涉案征收项目为安顺市西秀区棚户改造项目，是政府重要的安居保障性工程，公益属性明显，一旦撤销将会损害更大

① 最高人民法院（2020）最高法行再 276 号行政判决书。

的公共利益，因此，在综合考虑涉案征收项目的性质、实施进度、被征收区域属性等情形后，认为涉案征收决定应当确认违法，遂判决确认被诉征收决定违法。

最高人民法院再审中，为查明撤销案涉征收决定是否会给国家利益、社会公共利益造成重大损害，结合庭审中当事人双方的诉辩意见，责令西秀区政府庭后提交案涉征收项目的资金投入、签约情况，案涉征收项目现状和推进计划等证据。西秀区政府庭后提交的证据显示，案涉二期项目红线范围内摸底计划征收改造518户，已签约117户，征收补偿款实际兑付92户，使用安置房源67套。由于国家金融政策发生变化，融资收紧，导致项目融资难，银行已批准未放款的资金不再发放。西秀区2018年城镇棚户区改造项目融资进度汇总表显示：头铺片区城镇棚户区改造项目计划改造505户；改造方式为货币安置85户、实物安置420户，该项目与另两个项目共拟申贷规模140 000万元，因受政策影响，该笔业务已取消。二期项目房屋征拆所需的安置房正在有序建设，下一步将同步配套基础设施建设，吸收开发企业参与该棚户区改造。被诉征收决定被撤销导致社会公共利益受损的具体表现，包括制约城市发展；前期项目建设投入的资金得不到有效收回；已经完成建设的广场、市政道路，已经完成征收补偿安置的家庭及正在建设的安置房将严重受到影响；存在重大公共安全隐患等。

最高人民法院审查认为，案涉征收项目推进困难，实际拆除房屋较少，无明确推进计划，判决撤销案涉征收决定，既有利于保护当事人的合法权益，又有利于化解项目久拖不决的困境。尽管当地客观存在改善城市交通、改善人居环境和新型城镇化建设发展的需要，但不足以证实其不经过法定的省级人民政府审批即进行集体土地征收的正当性和紧迫性，且案涉征收项目因资金缺口导致停滞后，西秀区政府至今未提供项目继续推进的有效方案和计划。而案涉征收决定涉及已签订补偿协议和实际拆除房屋较少，撤销征收决定对其影响也较小，现有证据并不足以证明撤销案涉征收决定会给国家利益、社会公共利益造成重大损害，遂判决撤销二审判决，并撤销案涉征收决定。

**【分析】**

《行政诉讼法》第70条规定："行政行为有下列情形之一的，人民法院判决撤销或者部分撤销，并可以判决被告重新作出行政行为：（一）主要证据不足的；（二）适用法律、法规错误的；（三）违反法定程序的；（四）超越职权的；（五）滥用职权的；（六）明显不当的。"第74条第1款规定："行政行为有下列情形之一的，人民法院判决确认违法，但不撤销行政行为：（一）行政行为依法应当撤销，但撤销会给国家利益、社会公共利益造成重大损害的；（二）行政行为程序轻微违法，但对原告权利不产生实际影响的。”根据前述规定，人民法院对行政行为的合法性进行判断后，对案件作出最终处理时，还需考虑平衡依法行政原则和行政相对人信赖利益及国家利益、社会公共利益的保护。

公共利益属于抽象的法律概念，在行政征收领域的个案中往往呈现不同目的和表现形式。因行政行为具有公定力，人民法院对征收决定进行司法审查时，行政机关往往已开展了具体的征收工作，且多以推进征收工作进度、服务地方发展大局、涉及面较广等作为涉及公共利益的理由。一般情况下，房屋征收决定具有应当撤销情形的，如前期征收工作已基本完成，判决撤销确实会对已经稳定的新行政秩序造成较大冲击，一般采取确认违法的判决方式。但人民法院在司法审查中不宜简单地将上述事由归入公共利益的法定范畴，而应考虑撤销征收决定是否将真正损害公共利益及是否具备撤销征收决定的现实基础。一般而言，在征收范围内的大多数当事人已经达成补偿协议，或者多数已实际履行的情况下，可以判决确认征收决定违法，但不撤销征收决定，这样既避免已稳定的征收法律关系出现新的矛盾，又有利于保护当事人合法权益，平衡二者之间的冲突，进而实现法律效果和社会效果的统一。相反，在征收决定尚未具体实施，或者虽已启动实施但因各种原因而停滞的情况下，则可以予以撤销。

**【规范指引】**

《行政诉讼法》第 70 条、第 74 条。

## 争点 3：商业开发是否有悖于征收的公共利益目的的认定

**【案例】张某等诉海口市美兰区人民政府、海口市人民政府房屋征收决定等十一案**[①]

2015 年 7 月 10 日，海口市人民政府办公厅印发《海口市 2015 年棚户区（城中村）改造计划调整方案》，将下洋瓦灶片区列为 2015 年棚改启动项目之

① 最高人民法院（2017）最高法行申 6972~6976、6978~6979、6981~6984 号行政判决书。

一。2015 年 12 月 10 日，美兰区人民政府（以下简称美兰区政府）作出公告，向社会公布海美府（2015）30 号《关于下洋瓦灶片区建设项目房屋征收的决定》（以下简称 30 号征收决定）及《海口市美兰区下洋瓦灶片区棚户区（城中村）改造项目征收补偿方案》。2016 年 1 月 11 日，包括申请人在内的静仙苑小区 199 名被征收人申请行政复议，请求撤销 30 号征收决定，海口市人民政府（以下简称海口市政府）作出复议决定维持 30 号征收决定。2016 年 3 月 3 日，海口市政府送达复议决定。申请人遂提起行政诉讼，请求撤销复议决定和 30 号征收决定。申请人认为静仙苑小区既不是棚户区（城中村），更不是危房集中、基础设施落后的小区，美兰区政府未提供证据证明征收该小区是基于公共利益的需要且符合城市规划。

最高人民法院审查认为，根据《征补条例》的有关规定，政府组织实施的对危房集中、基础设施落后等地段进行旧城区改建的，符合公共利益的目的。美兰区政府作出的房屋征收决定中涉及的“下洋瓦灶片区”，系海口市政府制定美兰区政府负责开展的棚户区（城中村）改造项目之一，根据美兰区第六届人民代表大会第七次会议批准的国民经济和社会发展计划实施。该项目是为了进一步改善群众居住条件，增强防灾减灾能力改善人民群众的居住条件，提升城市品位。棚户区是指城市和乡镇范围内适用年限久、简易结构房屋多、房屋质量差、人均建筑面积小、基础设施配套不齐全、交通不便利、治安和消防隐患大、环境卫生脏乱差的区域，这里的棚户区是一个区域性的概念，基于棚户区改造的整体规划和建设实际需要，对部分建设年限短、不属于危旧房屋的建筑纳入改造和征收范围，并不违反法律规定。申请人主张其所在的静仙苑小区建设时间不长，不属于棚户区和危旧房屋。静仙苑小区位置在下洋瓦灶片区改造区域内，被纳入征收范围，是基于该片区旧城区整体改造的目的，故申请人的该项主张不能成立。申请人还主张改造范围内有商业开发项目，因此不是出于公共利益征收。本院认为，在旧城区改造的过程中，政府通过商业开发的形式来补充旧城改造资金的不足，其目的仍是改善被征收人的居住环境、提高生活品质。商业开发仅是房屋被征收后土地利用的一种手段，只要房屋征收补偿安置确保了被征收人获得安置补偿的选择权，就不能据此否定征收的公共利益目的。

**【分析】**

《征补条例》第 8 条规定：“为了保障国家安全、促进国民经济和社会发展等公共利益的需要，有下列情形之一，确需征收房屋的，由市、县级人民政府作出房屋征收决定：（一）国防和外交的需要；（二）由政府组织实施的能源、交通、水利等基础设施建设的需要；（三）由政府组织实施的科技、教育、文化、卫生、体育、环境和资源保护、防灾减灾、文物保护、社会福利、市政公用等公共事业的需要；（四）由政府组织实施的保障性安居工程建设的需要；（五）由政府依照城乡规划法有关规定组织实施的对危房集中、基础设施落后等地段进行旧城区改建的需要；（六）法律、行政法规规定的其他公共利益的需要。”

其中，第1项到第4项明确是为了国防、外交、基础设施建设、公共事业、保障性安居工程建设等需要，这四种情形下房屋征收后土地的用途基本是确定的。而第5项旧城区改建的主要目的是改善城市面貌以及该地区居民的居住条件，尽管第21条规定因旧城区改建征收个人住宅，被征收人选择产权调换方式安置的，应当提供改建地段或者就近地段的房屋，但并未限制改建地段只能用于被征收人的原地安置。同时，如在改建地段进行的商业开发有利于居民居住环境的改善，亦不违反公共利益。

**【规范指引】**

《征补条例》第8条。

### （二）征收范围的认定

## 争点4：超范围征收行为的合法性认定

**【案例】杨某诉株洲市人民政府房屋征收决定案**[①]

2007年10月16日，株洲市房产管理局向湖南冶金职业技术学院作出株房拆迁字〔2007〕第19号《房屋拆迁许可证》，杨某的部分房屋在拆迁范围内，在拆迁许可期内未能拆迁。2010年，株洲市人民政府启动神农大道建设项目。2011年9月30日，株洲市人民政府发布了修改后的补偿方案，并作出了〔2011〕第1号《株洲市人民政府国有土地上房屋征收决定》（以下简称《征收决定》），征收杨某的整栋房屋，并给予合理补偿。杨某不服，以“申请人的房屋在湖南冶金职业技术学院新校区项目建设拆迁许可范围内，被申请

① 湖南省株洲市芦淞区人民法院（2013）芦法行初字第9号行政判决书。

人作出征收决定征收申请人的房屋，该行为与原已生效的房屋拆迁许可证冲突”和“原项目拆迁方和被申请人均未能向申请人提供合理的安置补偿方案”为由向湖南省人民政府申请行政复议。复议机关认为，原拆迁人湖南冶金职业技术学院取得的《房屋拆迁许可证》已过期，被申请人依据《征补条例》的规定征收申请人的房屋并不违反法律规定。申请人的部分房屋在神农大道项目用地红线范围内，且房屋地平面高于神农大道地平面10余米，房屋不整体拆除将存在严重安全隐患，属于确需拆除的情形，故复议决定维持了《征收决定》。杨某其后以株洲市人民政府为被告提起行政诉讼，请求撤销《征收决定》。法院经审查认为，杨某的部分房屋在神农大道建设项目用地红线范围内，虽然征收杨某整栋房屋超出了神龙大道的专项规划，但征收其房屋系公共利益需要，且房屋地面高于神农大道地面10余米，如果只拆除规划红线范围内部分房屋，未拆除的规划红线范围外的部分房屋将人为变成危房，失去了房屋应有的价值和作用，整体征收杨某的房屋，并给予合理补偿符合实际情况，也是人民政府对人民群众生命财产安全担当责任的表现。

【分析】

在房屋征收过程中，应当充分考虑公共利益与个人利益的衡平，不仅表现在对被征收人的充分合理补偿，还应当考虑红线范围的设置是否合理，是否充分考虑了红线上及红线外沿房屋的正常使用、通行等等，合理划定征收范围。如果因规划不合理，致使整幢建筑的一部分未纳入规划红线范围内，则政府出于实用性、居住安全性等因素考虑，将未纳入规划的部分一并征收，该行为体现了以人为本的理念，有利于征收工作顺利推进。人民法院认可相关征收决定的合法性，不赞成过于片面、机械地理解法律。如虽非整幢建筑，但征收一部分房屋，导致另一部分房屋失去使用价值，或者影响另一部分房屋的使用、出行的，如仅将小区的一部分纳入征收范围，导致另一部分消防通道不足、无门牌编号、居民进出不便，再如仅将学校的教学楼部分纳入征收范围，对宿舍、食堂等附属设施不予征收，导致食堂失去使用价值，老师上下班不便等，虽然合法但不合理，亦会被判决确认违法。

【规范指引】

《征补条例》第1条。

## 争点 5：征地红线不一定包括铁路线路安全保护区、公路建筑控制区

**【案例】胡某诉仙居县人民政府不履行搬迁安置法定职责案**[①]

胡某诉称，仙居县人民政府主导的 35 省道改建工程，需用其屋前门堂水泥地。经省交通厅设计规划部门确定，公路边沟外缘距其房屋边缘间距只有 60 厘米，公路建成后给其房屋住宿造成安全隐患及交通事故危险。请求判令仙居县人民政府履行搬迁安置补偿职责。

法院经审理认为，胡某的房屋不在征地拆迁补偿工程红线范围内，但在公路建筑控制区范围之内，其房屋不属于必须拆除的范围，是否需要拆除应由当地政府统筹平衡考虑。胡某请求仙居县人民政府履行搬迁安置补偿职责，缺乏事实根据和法律依据，裁定驳回起诉。

**【分析】**

根据《公路安全保护条例》第 13 条第 1 款的规定，在公路建筑控制区内，除公路保护需要外，禁止修建建筑物和地面构筑物；公路建筑控制区划定前已经合法修建的不得扩建，因公路建设或者保障公路运行安全等原因需要拆除的应当依法给予补偿。据此，公路建筑控制区划定前已经合法修建的建筑物和地面构建筑并不必须拆除，除非影响公路运行安全的，应当予以拆除。

《铁路安全管理条例》第 27 条第 1 款根据铁路的不同和地域的不同规定了 8 米至 20 米不等的保护区距离，但没有明确规定该范围内的建筑物如何处理。第 30 条规定："在铁路线路安全保护区内建造建筑物、构筑物等设施，取土、挖砂、挖沟、采空作业或者堆放、悬挂物品，应当征得铁路运输企业同意并签订安全协议，遵守保证铁路安全的国家标准、行业标准和施工安全规范，采取措施防止影响铁路运输安全。铁路运输企业应当派员对施工现场实行安全监督。"第 31 条规定："铁路线路安全保护区内既有的建筑物、构筑物危及铁路运输安全的，应当采取必要的安全防护措施；采取安全防护措施后仍不能保证安全的，依照有关法律的规定拆除。拆除铁路线路安全保护区内的建筑物、构筑物，清理铁路线路安全保护区内的植物，或者对他人在铁

---

① 最高人民法院（2023）最高法行申 583 号行政裁定书。

路线路安全保护区内已依法取得的采矿权等合法权利予以限制，给他人造成损失的，应当依法给予补偿或者采取必要的补救措施。但是，拆除非法建设的建筑物、构筑物的除外。”

由此可见，征地红线或临时用地红线范围和铁路线路安全保护区距离是两个不同的概念，并非必须大于或等于保护区距离，保护区距离内的建筑物是否拆除需要根据其是否危及铁路运输安全判断，并非无条件地全部拆除。保护区的规划主要是为了保证交通运输安全，而非保障道路附近居民的安全。实践中，当事人多因房屋距离公路、铁路的距离较近，影响生活，希望被纳入征收范围。对此，征收主体应当结合具体情况，考虑当事人的现实需求，如确实对当事人的居住安全、休息出行造成影响的，应纳入征收红线，超出红线范围的，亦可一并予以征收。

**【规范指引】**

《公路安全保护条例》第13条；《铁路安全管理条例》第27条、第30条、第31条。

### （三）被征收人的认定

## 争点6：被征收房屋所有权人不明确的认定

**【案例】某产业投资集团股份有限公司诉海口市琼山区人民政府行政补偿案**[①]

琼山区人民政府（以下简称琼山区政府）于2015年12月2日作出琼山府〔2015〕15号《关于海口市琼山区红城湖片区棚户区（城中村）改造项目房屋征收的决定》，征收海口市道客村××号（道客四里××号）房屋，根据第三人陈某、张某1提供的（2001）新民再字第7号民事判决书、（2005）龙民一监字第2号民事裁定书等法院生效文书，综合当地居民小组、居委会、街道办意见及第三人陈某、张某1一直居住的事实，将第三人陈某、张某1认定为海口市道客村××号（道客四里××号）房屋的所有权人，并将征收补偿款支付给了第三人陈某、张某1。

① 最高人民法院（2019）最高法行申1293号行政裁定书。

某产业投资集团股份有限公司（以下简称某公司）诉称，琼山区政府在明知某公司是道客村 ×× 号房屋所有权人的情况下，却没有通知某公司就征收并拆除了某公司的房产，房屋拆除后，琼山区政府也没有对某公司进行补偿，严重侵害了某公司的合法权益。请求法院判令琼山区政府履行补偿职责。

法院经审理认为，根据原审查明事实，涉案房屋的产权经生效判决确定仍归陈某、张某 2 所有，但又登记在某公司名下，确属存在产权争议。陈某、张某 1（张某 2 之子）在向房屋征收部门提交生效判决与裁定时，就已向海口市琼山区重点项目推进管理委员会明示该房屋被登记在某公司名下，而海口市琼山区重点项目推进管理委员会明知房屋登记所有权人与实际所有权人可能存在不同、房屋权属存有争议的情况下，仍直接与陈某、张某 1 签订安置协议，并据此支付征收补偿款，明显不符合《征补条例》的规定。琼山区政府应按照征收补偿方案作出补偿决定，并依法提存相关征收补偿款，在相关争议各方就被征收房屋产权民事争议依法解决后，再向适格被征收人发放征收补偿款。法院遂判决琼山区政府对涉案房屋的征收补偿依法作出处理。某公司主张二审判决作出后，多次要求琼山区政府进行处理，但琼山区政府至今仍未作出处理。对此，琼山区政府应当根据《征补条例》的规定，尽快对涉案房屋的征收补偿问题作出处理，实质解决本案行政争议。需要指出的是，某公司主张其为被征收房屋的所有权人，其也可通过民事诉讼等法定途径，先依法解决涉案房屋的产权归属问题，待产权明确后，再要求琼山区政府给予征收补偿。

**【分析】**

《征补条例》第 2 条规定："为了公共利益的需要，征收国有土地上单位、个人的房屋，应当对被征收房屋所有权人（以下称被征收人）给予公平补偿。"第 26 条第 1 款规定："房屋征收部门与被征收人在征收补偿方案确定的签约期限内达不成补偿协议，或者被征收房屋所有权人不明确的，由房屋征收部门报请作出房屋征收决定的市、县级人民政府依照本条例的规定，按照征收补偿方案作出补偿决定，并在房屋征收范围内予以公告。"被征收房屋所有权人不明确的情形包括：（1）房屋无产权关系证明、不能查明权利人；（2）权利人虽然明确但下落不明；（3）房屋产权存在争议，在征收补偿期限内未能确定产权归属。

《征补条例》第 15 条规定："房屋征收部门应当对房屋征收范围内房屋的权属、区位、用途、建筑面积等情况组织调查登记，被征收人应当予以配合。调查结果应当在房屋征收范围内向被征收人公布。”据此，房屋征收部门对房屋权属负有调查义务，但这种调查义务并不包括确权。在被征收房屋产权存在争议的情况下，征收管理部门不能与争议的任何一方签订征收补偿协议，只能由作出征收决定的人民政府依法对被征收的房屋作出征收补偿决定，并将征收补偿款及补偿安置房屋予以提存。在相关争议各方就被征收房屋产权民事争议依法解决后，作出征收补偿决定的人民政府依照生效的法律文书，向权利人发放征收补偿款，进行安置补偿。

**【规范指引】**

《征补条例》第 15 条、第 26 条。

### （四）补偿范围的认定

## 争点 7：院内空地应否补偿的认定

**【案例】杨某诉天津市河北区人民政府房屋征收补偿决定案**[①]

2017 年 11 月 1 日，天津市河北区人民政府（以下简称河北区政府）作出河北政房征字（2017）第 003 号《房屋征收决定》，决定对东至铁路线，南至东六经路，西至新大路，北至铁通天津分公司范围内的房屋实施征收。杨某坐落于天津市河北区的房屋位于征收范围内，该房屋为私产平房，建筑面积为 19.44 平方米。在签约期限内，房屋征收部门与杨某未达成补偿协议，经房屋征收部门报请，河北区政府于 2018 年 10 月 22 日作出河北政房征补字（2018）第 081 号《房屋征收补偿决定书》。杨某不服，提起行政诉讼，认为应对涉案房屋院落的空地予以补偿，《房屋征收补偿决定书》未对房屋所占用的国有土地进行补偿，严重违法。

法院经审理认为，《征收评估办法》第 14 条第 1 款规定，被征收房屋价值评估应当考虑被征收房屋的区位、用途、建筑结构、新旧程度、建筑面积以及占地面积、土地使用权等影响被征收房屋价值的因素。《天津市国有土地上房屋征收与补偿规定》第 20 条第 2 款规定，被征收住宅房屋的价值，由房地产价格评估机构按照被征收房屋类似房地产的市场价格和其所处区位的新

---

① 最高人民法院（2020）最高法行申 12517 号行政裁定书。

建普通商品住房市场价格分别评估，并按照较高的评估结果确定。如果按照被征收房屋类似房地产的市场价格评估，评估结果已经包含了被征收人院落和空地在内的土地使用权的价值；如果按照所处区位的新建普通商品住房市场价格评估，新建普通商品房的价格既包括区位、用途、建筑结构、建筑面积、占地面积、土地使用权等因素，也包括开发商人工成本、资金成本、依法缴纳的各种税费等运营成本，以及赚取的利润，其中土地费用按照招拍挂的价格确定。除非院落面积远远大于房屋建筑面积，一般情况下按照新建普通商品房进行评估的价格，高于类似房地市场价格。河北区政府提交的《天津市房屋征收评估分户报告》明确载明："按照被征收房屋类似房地产市场价格和其所处区位的新建普通商品房市场价格分别评估，并按照价高的评估结果确定"，故河北区政府根据房地产价格评估机构制作的《天津市房屋征收评估分户报告》确定的评估结果，对涉案房屋进行补偿，符合法律法规的规定。

**【分析】**

《征收评估办法》第 14 条第 1 款规定："被征收房屋价值评估应当考虑被征收房屋的区位、用途、建筑结构、新旧程度、建筑面积以及占地面积、土地使用权等影响被征收房屋价值的因素。"《房地产估价规范》（GB/T 50291—2015）第 5.3.3 条规定："被征收房屋价值应包括被征收房屋及其占用范围内的土地使用权和属于被征收人的其他不动产的价值。"根据上述规定，按照被征收房屋类似房地产的市场价格评估，被征收房屋价值应当包括院落的价值。对于国有土地上房屋价值的评估，一般已包含了土地使用权的价值。如果评估价值中未包括被征收人享有合法使用权的空地价值，应当依法另行单独对空地价值进行评估，并予以赔偿。

**【规范指引】**

《征补条例》第 19 条；《征收评估办法》第 14 条；《房地产估价规范》（GB/T 50291—2015）第 5.3.3 条。

### （五）房屋用途的认定

## 争点 8：现状用途与登记用途不一致情况下房屋用途的认定

**【案例】孙某诉梅河口市人民政府房屋征收补偿决定案**[①]

2013 年 10 月 21 日，梅河口市人民政府（以下简称梅河口市政府）作出梅政房征〔2013〕8 号《关于对青海路东侧棚户区地块房屋征收的决定》，决定对青海路东侧棚户区地块范围内国有土地上房屋实施征收。孙某在征收范围内有 32.42 平方米登记房屋一处，临时建筑 25 平方米及附属物若干。在征收过程中，双方未达成协议。2013 年 12 月 31 日，梅河口市政府作出梅政房征补〔2013〕207 号《关于对孙某房屋征收补偿的决定》（以下简称 207 号征收补偿决定）。孙某不服提起诉讼，请求撤销该补偿决定。

法院经审理认为，梅河口市政府制定的征收补偿方案规定，不临主要街路自行改变用途的住宅房屋，工商税务手续齐全，实际用于经营的，按照住宅标准予以补偿安置；选择货币补偿，营业损失按照被征收房屋价值的 10% 予以一次性补偿。征收补偿方案的上述规定，与法律、行政法规不相冲突，应当认定为合法有效。孙某主张其 32.42 平方米有照住宅房屋实际用于经营性养殖，但未能依照补偿方案的要求提供相关证据予以证明。梅河口市政府按照孙某养殖数量和种类向其支付搬迁费用，符合征收补偿方案的规定。孙某主张应当按照经营性用房的标准予以补偿，没有事实和法律依据，法院不予支持。

**【分析】**

《征收评估办法》第 9 条第 3 款规定："对于已经登记的房屋，其性质、用途和建筑面积，一般以房屋权属证书和房屋登记簿的记载为准；房屋权属证书与房屋登记簿的记载不一致的，除有证据证明房屋登记簿确有错误外，以房屋登记簿为准。对于未经登记的建筑，应当按照市、县级人民政府的认定、处理结果进行评估。"《民法典》第 279 条规定："业主不得违反法律、法规以及管理规约，将住宅改变为经营性用房。业主将住宅改变为经营性用房的，除遵守法律、法规以及管理规约外，应当经有利害关系的业主一致同

---

① 最高人民法院（2016）最高法行申 294 号行政裁定书。

意。”据此，房屋所有权人不得擅自将住宅改变为经营性用房，确需变更的，应当办理相应的手续，将房屋权属登记中记载的房屋使用性质进行变更。未办理变更手续的，仍应以房屋权属登记或租赁凭证上的记载为认定依据。房屋登记经规划和自然资源部门依法批准改变用途，但未作房屋用途变更登记的，按照规划和自然资源部门规划审批的用途确定。

实践中，将住宅变更为经营性用房，且未经登记的情况较多。为了兼顾被征收人的利益，国务院办公厅《关于认真做好城镇房屋拆迁工作维护社会稳定的紧急通知》（国办发明电〔2003〕42号）第4条规定：“对拆迁范围内产权性质为住宅，但已依法取得营业执照经营性用房的补偿，各地可根据其经营情况、经营年限及纳税等实际情况给予适当补偿。”该通知同时授权地方人民政府对此类房屋的补偿标准作出具体规定。依照以上规定，产权证记载为住宅用房，尽管被征收人实际用于经营，已取得营业执照并能够提供纳税证明的，从房屋的性质上讲仍应认定为住宅。但符合各地规定的条件的，可以获得相应补偿。如《江苏省贯彻实施〈国有土地上房屋征收与补偿条例〉若干问题的规定》第15条第2款规定：“被征收房屋于2010年7月1日前已经改变为经营性用房，并取得工商营业执照、持续营业1年以上的，可以结合实际营业年限按照适当比例给予停产停业损失补偿。具体比例由设区的市、县（市、区）人民政府结合本地实际确定。”因此，将住宅变更为经营性用房的，应注意审查是否符合地方人民政府规定的补偿条件，以及被征收时的房屋实际使用情况，如房屋已经批准变更为经营用途，但嗣后未实际经营或停止经营的，仍应按照居住用房的标准进行补偿。

**【规范指引】**

《民法典》第279条；《征收评估办法》第9条。

## 争点9：房屋登记未记载房屋用途或记载不明情况下房屋用途的认定

**【案例】周某诉浙江省舟山市普陀区人民政府房屋征收行政补偿案**[①]

普陀区人民政府（以下简称普陀区政府）于2016年2月18日作出《舟

① 最高人民法院（2020）最高法行申1040号行政裁定书。

山市普陀区人民政府房屋征收决定》（舟普房征决〔2016〕1号），并于同日发布公告。周某的房屋在该征收范围内。因周某未能在签约期限内与房屋征收部门达成补偿协议，且逾期未选择补偿方式，普陀区政府于2017年5月17日作出《舟山市普陀区人民政府房屋征收补偿决定书》（舟普征补〔2017〕第10号）。周某不服该房屋征收补偿决定，向法院提起诉讼。

法院经审理认为，从一审法院查明的事实看，涉案房屋所有权证未记载房屋性质，但是国有土地使用权证记载的用途为住宅用地，根据房地一致原则，房屋的法定用途应当是住宅。

【分析】

房屋登记未记载用途或记载不明，以及未经登记房屋的用途，可以结合国有土地使用权证记载的土地用途、自然资源和规划部门审批的用途、规划证明文件、房屋交易价格、建设过程、房屋现状、周边类似房屋现状等多种资料信息进行认定。

【规范指引】

《征收评估办法》第9条。

## 争点10：土地权属证书与房屋权属证书记载的用途不一致情况下房屋用途的认定

**【案例】郑某诉浙江省金华市婺城区人民政府房屋征收行政补偿案**[①]

郑某在浙江省金华市解放西路××号拥有房屋一处，该房屋所有权证号为金房权证婺字第××号，建筑面积35.19平方米，用途为商业；土地使用权证号为金市国用（2000）第××号，土地使用权面积21.86平方米，土地登记用途为住宅，土地使用权类型为出让。因金华市婺城区二七新村凤翔区块旧城改造，婺城区人民政府（以下简称婺城区政府）于2014年10月25日作出婺区政征（2014）第1号《征收决定》，决定对凤翔区块范围内房屋实行征收，郑某所拥有的房屋被列入此次征收范围。2015年3月18日，婺城区政府针对郑某所有的房屋作出了《房屋征收补偿决定方案》，作出对郑某实施货币补偿的方案并向郑某送达。婺城区政府于2015年4月4日作出《征收补偿

① 最高人民法院（2017）最高法行申4178号行政裁定书。

决定》，并向郑某送达。郑某对《征收补偿决定》不服，提起诉讼，认为《征收补偿决定》扣除其土地收益金 471 849 元不合法。

法院经审理认为，2000 年 7 月 27 日，郑某等八户（乙方）与金华市国土管理规划局（甲方）签订的《划拨土地使用权补办出让合同》明确载明其获得的是住宅用地，郑某等亦按照住宅用地支付了土地出让金。郑某涉案土地使用权证载明土地登记用途为住宅。因此，涉案土地的用途在房屋被征收前未变更为"商业"。因涉案房屋的所有权证载明房屋设计用途为"商业"，且涉案房屋的实际状况一直是商业用房，故房屋征收部门按照房地一体的原则，对涉案房屋及其占用的土地按照"商业"进行了价值评估。《浙江省国有土地上房屋征收与补偿条例》第 30 条第 4 款规定："按照改变后的用途补偿被征收人的，对被征收人给予的补偿中应当扣除被征收人依法应当补交的土地收益金。"涉案房屋按商业用房进行征收补偿后，依法应当在房屋征收补偿款中扣除相应的土地收益金。《征收补偿决定》中关于扣除土地收益金的内容并无不当。

**【分析】**

土地权属证书与房屋权属证书记载的用途不一致的情况下，应当分别审查土地登记与房屋登记的历史渊源，结合房屋的实际用途等现实情况，以及地方性法规、地方政府规章、规范性文件等的规定，从对被征收人有利的角度，对房屋用途予以综合认定。

**【规范指引】**

《征补条例》第 15 条。

### （六）评估机构选定时间的认定

## 争点 11：选定评估机构可在作出征收决定之前

**【案例】马某诉天津市河西区人民政府房屋征收决定案**[①]

2018 年 9 月 25 日，原河西区房管局作出《天津市房屋征收项目公告》。2018 年 9 月 30 日，该局组织征收范围内的被征收人、公有房屋承租人投票选

---

① 最高人民法院（2020）最高法行申 12441 号行政裁定书。

取天津津港房地产咨询评估有限公司、天津博成房地产土地评估有限公司为河西区地铁 11 号线一期工程（黑牛城道站）房屋征收项目评估机构。2018 年 10 月 1 日，原河西区房管局向选定的评估机构出具《房地产评估委托书》，委托其对被征收范围内的房屋进行评估。2019 年 3 月 26 日，河西区人民政府作出津河西政征（2019）3 号《房屋征收决定》（以下简称 3 号征收决定），于同日公告。马某租住的公有住房在本次征收范围内。2019 年 5 月 5 日，马某提起行政诉讼，认为河西区人民政府先选择和确认房屋征收补偿价格评估机构，后作出征收决定，程序违法，请求撤销 3 号征收决定。

法院经审查认为，《征补条例》并未对选择和确认房屋征收补偿价格评估机构是在作出征收决定之前还是之后作出明确规定，马某亦未提供天津市相关地方性法规、规章等对此作出明确规定。在此情形下，马某认为河西区人民政府违反法定程序，缺乏法律依据。

【分析】

《征补条例》规定了房地产评估机构的选定方式，但并未规定选定的时间节点。只要依法保障了被征收人协商选定评估机构的权利，且评估机构能够依法独立、客观、公正地开展评估工作，则无论是在作出征收决定之前还是之后选定评估机构，都不影响房地产价值的评估，并不违反法律法规的规定。

### （七）评估报告合法性的认定

## 争点 12：超过有效期的评估报告效力的认定

**【案例】何某诉佛山市顺德区人民政府房屋征收补偿决定案**①

2017 年 10 月 26 日，顺德区人民政府发布了《佛山市顺德区人民政府关于佛山市城市轨道交通三号线项目（新松站）房屋征收决定的公告》，何某的房屋在征收范围内。2017 年 11 月 6 日，评估机构对何某的涉案房屋出具了佛博房评字（2017）第 BA11165 号《佛山市顺德区大良街道办事处新松居委会桂畔路颐景豪园一期 × 座 ×× 房地产拆迁估价报告》（以下简称《估

---

① 最高人民法院（2021）最高法行申 2095 号行政裁定书。

价报告》)，确定该房屋在价值时点（2017年10月26日）的客观市场价值为1 520 155元。该《估价报告》于2018年1月9日送达何某。因在协商签约期限内征收部门与何某未能达成一致补偿协议，经房屋征收部门报请后，顺德区人民政府于2019年4月17日针对涉案房屋的征收补偿作出了《佛山市顺德区人民政府关于佛山市城市轨道交通三号线项目（新松站）房屋征收补偿的决定书》(顺府发〔2019〕12号)(以下简称《房屋征收补偿决定》)，该补偿决定于同年4月30日送达何某并在拆迁范围内张贴公告。何某不服，于2019年9月19日向原审法院提起本案诉讼，请求判决撤销《房屋征收补偿决定》。何某认为《估价报告》于2017年11月6日出具，其在2019年4月30日收到被诉征收补偿决定时，该《估价报告》的一年有效期已届满，故不能作为征收补偿决定的依据。

一审法院认为，被诉征收补偿决定作出时已超出《估价报告》有效期近半年，但估价时点为2017年10月26日是法定的，重新评估亦需以该时点为基准，而在该《估价报告》有效期届满半年内并未发生对涉案房屋估价结果产生明显重大影响的外部经济变化因素，重新评估并无必要，故被诉《房屋征收补偿决定》以该《估价报告》作为补偿依据并无不当。判决驳回何某的诉讼请求，二审法院予以维持。

**【分析】**

评估报告设置有效期是为了对抗房地产市场的价格波动，保护被征收人的合法权益，一般而言，行政机关应当在评估报告的有效期内与被征收人签订补偿协议，或作出补偿决定。被征收人选取产权调换方式的，如被征收房屋与产权调换房屋采取的评估时间一致，且市场波动情况一致的，即使超过评估报告有效期，对当事人实际可获得的补偿并不会产生影响。被征收人选择货币补偿方式的，如行政机关能够举证证明未发生对被征收房屋估价结果产生明显重大影响的情况，评估报告即使超过有效期限，亦不影响对被征收人合法权益的补偿，可不再重新进行评估。

**【规范指引】**

《房地产抵押估价指导意见》第26条。

## 争点 13：评估报告送达方式合法性的认定

**【案例】郭某诉寿光市人民政府房屋征收补偿决定案**[①]

寿光市人民政府于 2013 年 12 月 13 日作出了寿政征决〔2013〕2 号房屋征收决定书，决定对包括郭某在内的 14 户房屋及地面附着物实施征收，并在征收现场进行了公告。因被征收人未能在期限内就评估公司选择事宜协商一致，征收部门于 2013 年 12 月 29 日采取随机方式选择评估机构。房地产评估机构出具初步评估结果后，征收部门在征收范围内向被征收人公示，公示期满后，评估机构出具了本项目评估报告。征收部门称无法通过其他有效方式送达，遂于 2014 年 6 月 6 日在人民法院报采取公告送达的方式送达了评估报告并告知了评估报告的复核期以及项目签约期。因签约期内郭某未能与征收部门签订征收补偿协议，寿光市人民政府于 2015 年 9 月 18 日作出了寿政征〔2015〕1 号房屋补偿决定书。郭某不服，向法院提起诉讼，认为寿光市人民政府恶意剥夺了向其送达估价报告及申请复估、向评估专家委员会申请鉴定的权利。

法院经审理认为，关于评估报告的送达问题，寿光市人民政府未能举证证明其采取公告方式送达评估报告系因穷尽其他方式仍不能送达，存在一定瑕疵，但鉴于评估报告在实体上并未侵犯郭某的合法权益，无因此程序瑕疵提起再审程序之必要。

**【分析】**

《征收评估办法》第 16 条规定："房地产价格评估机构应当按照房屋征收评估委托书或者委托合同的约定，向房屋征收部门提供分户的初步评估结果。分户的初步评估结果应当包括评估对象的构成及其基本情况和评估价值。房屋征收部门应当将分户的初步评估结果在征收范围内向被征收人公示。公示期间，房地产价格评估机构应当安排注册房地产估价师对分户的初步评估结果进行现场说明解释。存在错误的，房地产价格评估机构应当修正。"第 17 条第 1 款规定："分户初步评估结果公示期满后，房地产价格评估机构应当向房屋征收部门提供委托评估范围内被征收房屋的整体评估报告和分户评估报告。房屋征收部门应当向被征收人转交分户评估报告。"评估报告是确定房屋

---

① 最高人民法院（2020）最高法行申 7673 号行政裁定书。

价值的重要依据，直接影响被征收人可获得的补偿利益的数额，是被征收人较为关心的问题。为了充分保障被征收人申请复核、鉴定的权利，《征收评估办法》规定房屋征收部门应当将分户初评结果在征收范围内进行公示，并及时送达被征收人。

送达评估报告，应当直接送交被征收人。被征收人是公民的，本人不在，交给其同住成年家属签收；被征收人是法人或者其他组织的，由法定代表人、其他组织的主要负责人或者该法人、组织负责收件的人员签收。被征收人已指定代理人或代收人的，可以送交其代理人或代收人签收。军人、服刑人员、被拘留人员等特殊人员的送达，由部队、监狱、拘留所等所在单位代为送达。

直接送达不便的，可以采取邮寄送达的方式。被征收人及其同住成年家属均拒绝接收的，可以采取留置送达的方式，邀请基层组织（一般为居民委员会）的代表或者其他人到场，说明情况，并在送达回证上载明被征收人及其同住成年家属拒收的事实，送达的日期，由送达人、见证人签名或盖章，将评估报告留置在被征收人处，即视为送达。

穷尽以上方式均无法送达的，方可以采用公告送达的方式予以送达，公告期届满之日起视为送达。公告送达的，应当保存穷尽送达方式的相关证明材料。

**【规范指引】**

《征收评估办法》第 16 条、第 17 条。

### （八）补偿方式合法性的认定

## 争点 14：阁楼等建筑附属物补偿方式的认定

**【案例】黄某诉南京市秦淮区人民政府房屋行政补偿案**[①]

秦淮区人民政府于 2017 年 6 月 14 日作出宁秦府征字〔2017〕18 号《南京市秦淮区人民政府征收决定》（以下简称 18 号征收决定），来 ×× 号位于 18 号征收决定确定的征收范围之内，房屋所有权人为南京秦淮房产经营有限公司（以下简称秦淮房产公司），原由黄某祖母李某实际承租使用来 ×× 号

① 江苏省高级人民法院（2020）苏行终 1163 号行政判决书。

7、7–1室。公有住房租赁合约上记载的房屋承租人为李某，使用面积为24平方米加5平方米阁楼。2017年8月1日，秦淮房产公司出具来××号公房承租户建筑面积确认表，注明李某承租的分户建筑面积为20.86平方米、厨房为8.6平方米，另有阁楼使用面积5平方米。经黄某自行委托，江苏国衡土地房地产资产评估咨询有限公司（以下简称国衡评估公司）于2018年9月4日出具测绘报告，认定涉案房屋建筑面积为30.28平方米，阁楼11.97平方米未计入总面积。2018年11月5日，秦淮房产公司向原南京市秦淮区房屋征收管理办公室（以下简称原秦淮区征收办）出具《关于确认来××号公房承租人的函》，确认黄某为涉案房屋承租人，房屋建筑面积34.46平方米（含计租阁楼5平方米）。黄某认为房屋面积认定错误。

法院经审理认为，原承租人李某签订的租赁契约中有5平方米阁楼，客观上亦按照5平方米交付租金，秦淮区政府对5平方米阁楼按照房屋合法面积予以补偿正确。从涉案房屋面积认定的过程来看，秦淮区政府认定涉案房屋的面积非常慎重，其并未简单地依据涉案房屋租赁契约记载的面积认定涉案房屋面积，而是在实地测绘的基础上结合涉案房屋租赁契约进行认定。秦淮区人民政府认定涉案房屋面积为34.46平方米（20.86+8.6+5），大于涉案房屋租赁契约记载的面积29平方米（24+5），已保障了黄某的合法权益。

**【分析】**

已经废止的《拆迁条例》第25条第2款规定："拆迁非公益事业房屋的附属物，不作产权调换，由拆迁人给予货币补偿。"《征补条例》删除了这一规定，但各地征收补偿安置方案中多载明阁楼、车库等房屋附属物不作产权调换，仅作货币补偿。《征补条例》第21条第2款规定："被征收人选择房屋产权调换的，市、县级人民政府应当提供用于产权调换的房屋，并与被征收人计算、结清被征收房屋价值与用于产权调换房屋价值的差价。"据此，产权调换是根据被征收房屋的面积、单价计算的总价值与产权调换房屋进行差价结算，故对建筑附属物是否作产权调换的本质在于是否将建筑附属物的面积计入房屋认定面积合理计算补偿价值。

附属物是指在房屋所有权证或房屋租赁合同中载明的、与房屋主体建筑有关的附属建筑或构筑物。一般是指附属于居住房屋的平厦、杂房、厨房、厕所、过道、院落、占地、公有住房非居室等有合法权属证明或不计算租金面积的居室的附属使用部分。[①] 产权调换系为保障被征收人的居住权，而建筑附属物的主要功能并非用于居住，仅是作为居住房屋的附属使用部分，实现通行、储物、满足生理性需求等房屋配套功能，在房屋所有权证上一般记载为附属物。在日常房地产交易活动中，建筑附属物并不单独交易，交易价格也远低于居住房屋的交易价格。因此，一般建筑附属物不计入房屋面积，按照残值进行补偿。

特殊情况下，公有房屋的附属物可以认定房屋面积，部分地区对此作出了详细规定。如《上海市住房保障和房屋管理局关于进一步规范本市房屋征收补偿工作的通知》（沪房管征〔2014〕243 号）第 1 条中规定："征收公有居住房屋，按租用公房凭证记载的独用居住部位的面积（使用面积）作为换算建筑面积的基数。厨房（灶间）、备餐室、厕浴室、壁橱、箱子间、走道、晒台、阳台、天井、楼梯间等部位的面积不得作为换算建筑面积的基数，但单独调配作为居住部位使用的除外。"《关于贯彻执行〈上海市国有土地上房屋征收与补偿实施细则〉若干具体问题的意见》（沪房管规范征〔2012〕9 号）第 6 条中规定："2001 年 11 月 1 日前租用公房凭证中已有记载、用于居住并已计算收取租金的阁楼，高度在 1.2 米至 1.7 米（含 1.7 米）的部分，按照实际居住面积的 1/2 及上款规定的换算系数计算建筑面积；1.7 米以上的部分，按照实际居住面积及上款规定的换算系数计算建筑面积。其他情形的阁楼，不计算建筑面积。"审判实践中可根据各地情形参照适用。

**【规范指引】**

《征补条例》第 21 条。

## 争点 15：企业补偿方式的认定

**【案例】武汉市某铁路配件厂诉武汉市洪山区人民政府房屋征收补偿决定案**[②]

2015 年 5 月，洪山区人民政府作出洪政征决字〔2015〕第 1 号房屋征收决定，对杨泗港长江大桥建设用地范围内的国有土地上房屋实施征收，征收

---

① 李国光、高圣平主编：《拆迁法律及配套规定新释新解》，人民法院出版社 2006 年版，第 586~587 页。

② 湖北省高级人民法院（2018）鄂行终 758 号行政判决书。

部门为该区房屋征收管理办公室（以下简称洪山区征收办）。武汉市某铁路配件厂（以下简称配件厂）的厂房位于征收范围内，规划用途为工业配套。因配件厂与洪山区征收办始终未达成补偿协议，经洪山区征收办申请，洪山区人民政府于2016年8月12日作出洪政征补字〔2016〕2号《房屋征收补偿决定书》并张贴于配件厂厂房处。该补偿决定设定的产权调换主要内容为："……房屋征收部门提供位于洪山区红霞村红霞雅苑10处房屋作为产权调换房……规划用途为住宅……"2016年9月28日，配件厂的厂房被强制拆除。配件厂不服该补偿决定，诉至法院。

法院认为，该补偿决定虽然在形式上设定了货币补偿和产权调换两种补偿方式供选择，但就实质内容而言，洪山区政府针对配件厂的规划用途为工业配套、实际亦用于生产的厂房，提供10套住宅用于产权调换，这与配件厂秉持的通过产权调换获得新厂房、征收后继续生产经营的意愿及需要严重不符，实质上限制了配件厂对补偿方式的选择权，洪山区政府也未能举证证明配件厂的上述意愿违反法律强制性规定或客观上无法实现。据此，2号补偿决定设定的房屋产权调换方式不符合行政行为合理性原则的要求，属于明显不当的情形。同时因程序违法，以及厂房拆除已被确认违法，遂判决撤销案涉补偿决定。

**【分析】**

《征补条例》第21条规定被征收人可自主选择房屋产权调换的补偿方式，立法目的在于保障被征收人可以依自己的意愿而保持生产生活的连贯性和便利性，不因征收而受到过度影响。征收主体在作出补偿决定时，应当充分尊重被征收人对补偿方式的选择权，尽可能满足被征收人的合理要求，兼顾社会公共利益与私人利益的平衡，促进行政争议的充分化解。

但由于非住宅用房、工业用地的特殊性，各类企业的生产经营需求不同，很难有与被征收企业需求相匹配的产权调换房屋，故实践中一般采取现金补偿方式。给予产权调换选择权的前提条件是，政府要有可供建设产权调换房屋的土地资源，或有合适的能够协调作为产权调换房屋的厂房。在土地存量资源有限、闲置且契合被征收企业需求的厂房难得的背景下，因客观上难以提供工业用地和非住宅房源，补偿决定和补偿方案没有给予非住宅房屋被征收产权调换权利，系地方政府根据当地土地利用规划现状作出的合理调整，不违反法律规定。在此情况下，政府应对实现非住宅产权调换的政策障碍及现实障碍进行一定程度的举证。

**【规范指引】**

《征补条例》第21条。

（九）就近安置的认定

## 争点16：不宜简单以距离远近判断是否"就近安置"

**【案例】贲某诉辽宁省兴城市人民政府、辽宁省葫芦岛市人民政府征收补偿决定及行政复议案**[①]

兴城市人民政府（以下简称兴城市政府）根据《国务院加快棚户区改造工作的意见》，启动兴城市"城中村"棚户区改造项目。贲某在规定期限内未与兴城市政府达成一致意见，亦未签订补偿协议。兴城市政府依据《征补条例》的规定作出兴政征字（2018）第004号《房屋征收补偿决定公告》及兴政征补（2018）第35号《房屋征收补偿决定》，并告知贲某相应的权利和义务。贲某向葫芦岛市人民政府（以下简称葫芦岛市政府）申请行政复议。复议机关经审查认为兴城市政府对贲某作出的征收补偿决定认定事实清楚，适用法律正确，程序合法，维持该征收补偿决定。贲某不服向该院提起行政诉讼，其认为被诉征收补偿决定违反国办发（2014）36号文件规定的"棚户区改造安置住房实行原地和异地建设相结合，以原地安置为主，优先考虑就近安置"的规定，补偿方式中无原地或就近安置，请求撤销兴城市政府、葫芦岛市政府作出的征收补偿决定及行政复议决定。一审法院经审理认为，兴城市政府根据上述情况和依据作出对贲某的征收补偿决定事实清楚，适用依据正确，程序合法，行政复议决定亦程序合法，判决驳回贲某的诉讼请求。

贲某不服，提起上诉。二审法院认为，《兴城市永宁社区北二街、西关社区及西二村城中村棚户区改造项目房屋征收与补偿方案》第9条第8项规定，有照住宅房屋选择异地产权调换的，由政府统一在周边小区预购调换楼房，按房照证载面积，征一还一，不找差价。有照住宅房屋异地安置房源面积如大于协议安置面积，增加面积部分，安置户按预购小区楼房市场平均价格出资；如小于协议安置面积，则按该房屋评估价格退还面积不足部分差价款。

---

① 最高人民法院（2020）最高法行申6555号行政裁定书。

异地产权调换户如在3个月之内未得到调换楼房，在实际过渡期限内，以每个房照作为一户，按证载面积每月10元/平方米，暂时发放12个月；超过12个月的，在安置入户前一次性补发。被征收人自行解决过渡用房。而兴城市政府在征收补偿决定中为贲某提供的产权调换房屋系位于兴城市××单元××室、建筑面积为65.76平方米的房屋，兴城市政府自认该产权调换房屋的位置距离被征收房屋大约5公里，显然不属于法律规定的“就近地段”和征收补偿方案规定的“周边小区”的安置地点。贲某关于安置房屋地点不符合法律和政策规定的上诉理由成立，该院予以支持。另外，产权调换方式中未明确被征收房屋价值与用于产权调换房屋价值之间差价款的具体数额以及补偿款的支付期限，亦不符合法律规定。判决撤销一审判决，撤销被诉征收补偿决定及行政复议决定，责令兴城市政府重新作出房屋征收补偿决定。

兴城市政府向最高人民法院申请再审称：二审法院认定事实主要证据不足，适用法律错误，以其没有为贲某就近安置为由撤销一审判决及征收补偿决定没有依据，请求撤销二审判决，维持一审判决。主要事实与理由：（1）将贲某居住范围列入棚户区改造范围，目的是改善居民生活环境，发展古城旅游业，而不是就地建设豪华小区，且按城市规划古城周边没有商业住宅，其无法为贲某在古城内外原址回迁。（2）为贲某在城市规划区范围内安置的楼房距离其原址约8公里，符合“就近安置”公平补偿的规定，应属“保障被征收人的居住条件”，符合立法精神。（3）《征补条例》规定的“提供改建地段或者就近地段的房屋”，其前提是“因旧城区改建征收个人住宅”，而本次棚改征收项目的对象是棚户区改造，不是旧城区改建。

葫芦岛市政府述称：（1）二审判决仅以未就近安置为由撤销了兴城市政府的补偿决定和葫芦岛市政府的复议决定值得商榷，贲某所属的永宁社区北二街位于兴城古城门西北角，由于历史原因，该区域人员居住密集，基础设施老化，街区道路狭窄等，该区域的改造不同于其他区域的棚户区改造，兼具改善居住和古城文物保护的双重职能，按照文物保护和严格限制建筑物高度的要求，不宜适用传统棚户区改造原址回迁或者就近安置的法律规定。（2）兴城市政府对贲某的安置合适、恰当，安置区域出行方便、设施完备、环境优美。综合两地的客观现状，安置房屋无论从保值增值，还是适合居住、适合出行角度都比之前有较大改善。希望最高人民法院予以改判。

最高人民法院认为，二审法院仅以距离远近认定涉案安置房屋不属于“就近地段”“周边小区”的安置地点，未考虑其他实际因素，确有不当。而且，对于同一征收区域的被征收人提起的另案被诉征收补偿决定案件中，二审法院作出的（2019）辽行终202号行政判决维持了原一审判决，即认可了兴城市政府作出的与本案同类型的征收补偿决定。因此，在认定征收补偿决定确定的产权调换房屋是否合法，是否充分保障被征收人改建地段或者就近地段安置选择权问题上，二审法院存在裁判不统一问题，应予纠正，故指令辽宁省高级人民法院再审。

**【分析】**

《征补条例》第21条规定："被征收人可以选择货币补偿，也可以选择房屋产权调换。被征收人选择房屋产权调换的，市、县级人民政府应当提供用于产权调换的房屋，并与被征收人计算、结清被征收房屋价值与用于产权调换房屋价值的差价。因旧城区改建征收个人住宅，被征收人选择在改建地段进行房屋产权调换的，作出房屋征收决定的市、县级人民政府应当提供改建地段或者就近地段的房屋。""就近地段安置"是不确定法律概念，《征补条例》并未以数据形式具体量化何谓就近地段。确定"就近地段"的范围，一般应考虑城市规模、交通状况、安置房源数量和户型面积等实际因素，由征收部门结合被征收房屋套型、面积和价值、被征收房屋与安置房屋匹配程度、当地大多数被征收人对安置房屋接受度等具体因素，选择确定更有利于保障被征收人居住权的安置房屋。

部分地区结合本地实际情况，对就近地段的范围作出了详细规定，如《上海市房屋管理局关于印发〈关于贯彻执行《上海市国有土地上房屋征收与补偿实施细则》的若干意见〉的通知》（沪房规范〔2022〕3号）第7条规定："旧城区改建的就近地段范围：《实施细则》第二十六条规定的'就近地段范围'，在房屋征收补偿方案征求意见的过程中确定。在确定就近地段范围时，可以考虑下列因素：（一）被征收房屋位于外环线以内的，就近地段范围可以为被征收房屋所在的行政区域或者相邻行政区域范围内；（二）被征收房屋位于外环线以外的，就近地段范围一般为被征收房屋所在的街道、镇行政区域范围内。"

**【规范指引】**

《征补条例》第21条。

## （十）利害关系人合法权益的认定

### 争点 17：征收补偿过程中应注意抵押权人合法权益的保护

**【案例】赵某诉长沙市开福区人民政府房屋征收补偿决定案**①

2015 年 12 月 14 日，开福区人民政府对赵某作出了开政征补字〔2015〕第 119 号房屋征收补偿决定，决定对赵某实行房屋产权调换，并提供周转用房，用于产权调换房屋的价值与被征收房屋的价值遵循等价交换原则进行结算后，赵某应找补房屋征收部门差价款 45 154 元（被征收房屋装饰装修和其他设施补偿费用未计入），限赵某在房屋征收补偿决定送达之日起 20 日内搬迁并将房屋交付区房屋征收部门拆除，逾期搬迁的，将依法予以强制执行，并告知了其法律救济途径。该征收补偿决定于 2015 年 12 月 15 日送达赵某。赵某不服该决定，向法院提起行政诉讼。

另查明，赵某于 2010 年 6 月 4 日以涉案房屋作为抵押向银行申请了贷款，抵押权人为中国工商银行股份有限公司长沙枫林支行（以下简称枫林支行），截至 2015 年 10 月 23 日，赵某仍有未偿还该抵押权人贷款 95 695.50 元。2015 年 10 月 21 日，开福区征收办向枫林支行发出了关于对赵某房屋征收补偿款事宜告知的函，要求枫林支行与赵某就解除抵押权事宜进行接洽。枫林支行获知涉案房屋征收情况后对开福区征收办进行了回复，要求开福区征收办将征收补偿款划转至该行用于偿还和结清赵某的贷款本息后，再将相关抵押权进行解除。后开福区征收办并未将征收补偿款用于偿还赵某的贷款本息，于 2015 年 12 月 14 日对赵某作出了涉案房屋征收补偿决定。涉案房屋于 2015 年 12 月被强制拆除。

法院经审理认为，开福区人民政府在征收补偿决定下达之前，虽曾向抵押权人枫林支行书面函告相关事宜，但其在收到枫林支行的书面回复后，未采取进一步的合理方式妥善处理抵押事宜，而是对被征收人赵某径行作出了征收补偿决定，决定对赵某进行产权调换，但因用于产权调换的房屋系期房，故不能办理抵押物的变更手续，之后还将涉案被征收房屋强制拆除，导致抵押权灭失，加之没有将利害关系人枫林支行列为征收补偿决定的第三人，损

---

① 湖南省长沙市中级人民法院（2016）湘 01 行初 1 号行政判决书。

害了利害关系人枫林支行的合法权益。基于以上几点原因和分析判断，认定开福区人民政府作出的涉案征收补偿决定违法。

【分析】

房屋征收补偿决定不仅与被征收房屋所有权人的利益相关，同时还与涉案房屋上的抵押权人利益密切相关，故对涉案征收补偿决定的合法性审查，还应将抵押权人的权益是否受到侵害作为审查内容之一。根据程序正当和保护行政相对人合法权益最大化的基本原则，房屋征收部门征收设有抵押权的房屋时，应当通知抵押权人，抵押人与抵押权人应当按照国家房地产抵押规定，就抵押权及其所担保债权的处理问题进行协商。当抵押人与抵押权人达不成协议时，房屋征收部门对被征收人实行货币补偿的，应当将补偿款向公证机构办理提存；对被征收人实行产权调换的，抵押权人可以变更抵押物。

## 争点 18：承租人合法权益的认定

**【案例】向某诉张家界市永定区人民政府、张家界市永定区政府房屋征收与补偿事务中心房屋行政征收补偿案**[①]

2014 年 8 月 28 日，向某与第三人黄某签订《房屋租赁合同》，向某承租第三人黄某位于永定区 ×× 组的房屋。向某承租后独立从事餐饮经营，依法办理了营业执照，陆续对房屋进行添附、装饰装修、搭建附构筑物等。2017 年 10 月 17 日，永定区人民政府（以下简称区政府）发布《月亮湾小区西侧、万家溶周边城市棚户区改造项目房屋征收决定》，向某承租房屋位于项目红线内，且仍在承租期限内，属于被征收对象。2019 年 10 月 23 日，区政府对该房屋作出了张定政补字〔2019〕142 号《房屋补偿决定书》。2020 年 5 月 11 日，张家界市永定区人民法院作出（2020）湘 0802 行审 51 号《行政裁定书》，裁定准予执行张定政补字〔2019〕142 号《房屋补偿决定书》。在执行过程中，永定区政府房屋征收与补偿事务中心（以下简称区征收与补偿事务中心）和第三人黄某、田某签订了《房屋征收补偿协议》。向某认为区政府、区征收与补偿事务中心在对其承租房屋征收补偿过程中，未对其作为承租人应当取得的补偿部分给予补偿，向法院提起行政诉讼，请求区政府、区征收与

① 湖南省高级人民法院（2020）湘行终 1409 号行政判决书。

补偿事务中心对被征收房屋中向某投入部分依法作出补偿。

法院经审理认为，向某承租第三人所有的房屋后独立从事餐饮经营，依法办理了营业执照，并对房屋进行添附、装饰装修、搭建附构筑物等。现房屋被征收，作为有重大添附行为的承租人，向某有权要求区政府及区征收与补偿事务中心履行补偿房屋装饰装修、附构筑物、搬迁费用及停产停业损失的法定职责，且区征收与补偿事务中心与涉案房屋产权人黄某、田某签订的《房屋征收补偿协议》中并未包含承租人向某在经营期间的重大添附、装饰装修等补偿内容。因此，判决区政府及区征收与补偿事务中心对向某履行征收补偿法定职责。

**【分析】**

征收补偿的对象通常应当是被征收房屋的所有权人，但涉及用于经营的房屋被征收的情况，因征收给承租人造成的房屋装修、搬迁费用及停产停业损失等，承租人与房屋征收行为之间存在利害关系，承租人有权要求征收人给予补偿。故而征收中，房屋存在租赁情况的，房屋征收部门可以通知房屋承租人与所有权人一起参与征收协商，在征收补偿协议中对房屋装饰装修损失、设施设备、附构筑物损失、停产停业损失、搬迁补偿费等项目的补偿数额及承租人与所有权人之间的具体分配进行约定，避免后续争议。如承租人与所有权人就补偿项目及具体分配等未能达成一致意见的，征收主体作出征收补偿决定时，应当将因征收给承租人造成的房屋装修、搬迁费用及停产停业损失等包含在内，并将补偿费用及补偿安置房屋进行提存，待承租人与所有权人通过民事途径解决争议后，再依据双方之间的份额进行给付。

**【规范指引】**

《征补条例》第 17 条。

（十一）补偿决定的内容

## 争点 19：补偿决定的内容应明确、具体

**【案例】姚某诉郑州市二七区人民政府房屋征收补偿决定案**[①]

郑州市二七区人民政府（以下简称二七区政府）于 2015 年 7 月 22 日作出二七政房征决〔2015〕第 02 号《郑州市二七区人民政府国有土地上房屋征收决定》，决定对郑州市二七区太和路、中铁路、新甫西街道路工程及幸福路—操场街下穿铁路隧道工程规划红线范围内国有土地上的所有房屋及附属物实施征收，姚某的房屋在征收范围内。2015 年 12 月 24 日，二七区政府向姚某作出二七政征补〔2015〕022 号《郑州市二七区政府房屋征收补偿决定书》（以下简称《补偿决定书》）。姚某不服，向法院提起诉讼，认为《补偿决定书》没有注明用于产权调换房屋的地点和面积，搬迁费、临时安置补偿金额，周转用房位置面积，过渡方式和过渡期限等必要因素。

法院经审理认为，本案安置房屋为期房，尚无现成房屋。在二七区政府作出的《房屋征收补偿方案》中，已明确了安置房屋的位置及选房办法，姚某也可以根据自己意愿选择安置房屋的楼层、户型及适当面积，如果在签订协议时即确定具体房屋，并不符合实际，在选房条件成就时，再根据选房办法规定的规则进行选择，亦为适当。被诉补偿决定提供的产权调换安置方案因未达到选房条件，没有明确安置房在具体楼层的具体位置，但补偿决定中明确了置换地点和选房办法，并未损害姚某的合法权益，判决驳回姚某的诉讼请求。

**【分析】**

根据《征补条例》第 25 条、第 26 条的规定，补偿决定应当公平，包括补偿方式、补偿金额和支付期限、用于产权调换房屋的地点和面积、搬迁费、临时安置费或者周转用房、停产停业损失、搬迁期限、过渡方式和过渡期限等事项。对于补偿金额、搬迁费、临时安置费、用于产权调换房屋的面积等事项仅载明按照征收补偿方案进行计算或选择确定，即房屋征收补偿决定对上述事项均缺乏明确具体的认定，不符合《征补条例》的规定，影响了被征

---

① 最高人民法院（2018）最高法行申 4824 号行政裁定书。

收人合法权益的实现。但特殊情况下，如安置房为期房的，在作出补偿决定时尚不能确定产权调换房屋面积、位置，此时作出的补偿决定应具有可操作性，被征收人能够依据补偿决定的内容直接获得合理的补偿，而无需再行协商的，可以认定补偿协议内容明确、合法。

【规范指引】

《征补条例》第25条、第26条。

## 三、法律适用中的疑难问题

### 问题1：房屋评估时点合法性的认定

**【案例】居某1、李某、居某2诉福州市鼓楼区人民政府房屋征收补偿决定案**①

2013年7月19日，福州市鼓楼区人民政府（以下简称鼓楼区政府）作出鼓房征〔2013〕32号《福州市鼓楼区人民政府房屋征收决定书》（以下简称32号《征收决定书》）并公告，居某3的房屋在征收范围内，居某3于2014年6月15日去世后，该房屋由其妻李某及其女居某1、居某2共同居住使用。2013年3月8日，鼓楼区房管局通过公开抽号方式，选定福建君健房地产评估咨询有限公司（以下简称君健公司）为涉案项目房屋补偿价格评估机构。因居某1等3人在征收补偿方案规定的签约期限内未与鼓楼区房管局达成征收补偿协议，君健公司对居某1等3人被征收房屋和产权调换房屋的房地产市场价格进行了评估，估价时点为2013年7月19日。君健公司于2013年11月5日作出的君健房评字〔2013〕054宸号《房地产估价报告》确定被征收房屋房地产市场价格为1 244 814元，单价为12 697元/㎡。对该估价报告使用有效期的表述为本估价报告为特定目的使用的有效期为一年，从报告出具之日开始计算，即从2013年11月5日至2014年11月4日。

根据福州市房地产价格评估专家委员会鉴定意见，君健公司于2015年6月5日重新出具君健房评字〔2013〕54G1宸号《房地产估价报告》，确定被征收房屋房地产市场价格为1 244 814元，单价为12 697元/㎡。该估价报告

① 最高人民法院（2018）最高法行再202号行政判决书。

使用有效期的表述为："本估价报告作为特定目的使用的期限从本报告出具之日算起，至该项目征收补偿工作结束之日。"君健公司于 2015 年 9 月 15 日作出君健房估字〔2015〕126 号《房地产估价报告》，确定产权调换的位于鼓楼区杨桥 ×× 号楼 ×× 单元拟建安置房屋房地产市场价格为 1 381 749 元，单价为 11 364 元 / ㎡。

2016 年 5 月 23 日，鼓楼区政府对居某 1 等 3 人作出鼓房征偿字〔2016〕13 号《福州市鼓楼区人民政府房屋征收补偿决定书》（以下简称 13 号《补偿决定书》），决定："一、区房屋征收部门应当对鼓楼区南营 ×× 号 × 座 ×× 单元房屋征收以产权调换方式安置现房鼓楼区杨桥 ×× 号楼 ×× 单元，建筑面积 121.59 ㎡的住宅，产权调换差价款为 136 935 元（计算方法：1 381 749 元 –1 244 814 元），安置房仍由你使用。同时，支付你搬迁补助费 1470.6 元，另给予增发 3 个月过渡费 2941.2 元。二、你应当在接到本征收补偿决定书之日起十五日内将位于鼓楼区南营 ×× 号 ×× 座 ×× 单元房屋腾空并交付区房屋征收部门。"居某 1 等 3 人不服，向法院提起行政诉讼。

法院认为，2013 年 7 月 19 日 32 号《征收决定书》公告后，鼓楼区政府迟至 2016 年 5 月 23 日才作出补偿决定，对此种不合理的迟延未能作出合理说明。作出 13 号《补偿决定书》时，被征收房屋与产权调换房屋的价格已经发生较大变化，如再坚持以 2013 年 7 月 19 日 32 号《征收决定书》公告之日作为评估时点，将不利于实现公平补偿。本案被征收房屋和产权调换房屋价值评估时点，不宜再确定为征收决定公告时点的 2013 年 7 月 19 日，而应当确定为补偿决定作出时点的 2016 年 5 月 23 日。遂判决撤销 13 号《补偿决定书》第一项中关于"产权调换差价款为 136 935 元（计算方法：1 381 749 元 –1 244 814 元）"的相关内容；责令鼓楼区政府以征收补偿决定作出的 2016 年 5 月 23 日作为评估时点的市场评估价值为基准，依法确定被征收房屋与产权调换房屋之间的差价款。

**【分析】**

《征补条例》第 13 条第 1 款规定："市、县级人民政府作出房屋征收决定后应当及时公告。公告应当载明征收补偿方案和行政复议、行政诉讼权利等事项。"第 19 条第 1 款和第 2 款规定："对被征收房屋价值的补偿，不得低于房屋征收决定公告之日被征收房屋类似房地产的市场价格。被征收房屋的价值，由具有相应资质的房地产价格评估机构按照房屋征收评估办法评估确定。对评估确定的被征收房屋价值有异议的，可以向房地产价格评估机构申请复核评估。对复核结果有异议的，可以向房地产价格评估专家委员会申请鉴定。”第 26 条第 1 款规定：“房屋征收部门与被征收人在征收补偿方案确定的签约期限内达不成补偿协议，或者被征收房屋所有权人不明确的，由房屋征收部门报请作出房屋征收决定的市、县级人民政府依照本条例的规定，按照征收补偿方案作出补偿决定，并在房屋征收范围内予以公告。”《征收评估办法》第 8 条规定：“被征收房屋价值评估目的应当表述为‘为房屋征收部门与被征收人确定被征收房屋价值的补偿提供依据，评估被征收房屋的价值’。用于产权调换房屋价值评估目的应当表述为‘为房屋征收部门与被征收人计算被征收房屋价值与用于产权调换房屋价值的差价提供依据，评估用于产权调换房屋的价值’。”第 10 条规定：“被征收房屋价值评估时点为房屋征收决定公告之日。用于产权调换房屋价值评估时点应当与被征收房屋价值评估时点一致。”第 11 条第 1 款规定：“被征收房屋价值是指被征收房屋及其占用范围内的土地使用权在正常交易情况下，由熟悉情况的交易双方以公平交易方式在评估时点自愿进行交易的金额，但不考虑被征收房屋租赁、抵押、查封等因素的影响。”第 30 条规定：“被征收房屋的类似房地产是指与被征收房屋的区位、用途、权利性质、档次、新旧程度、规模、建筑结构等相同或者相似的房地产。被征收房屋类似房地产的市场价格是指被征收房屋的类似房地产在评估时点的平均交易价格。确定被征收房屋类似房地产的市场价格，应当剔除偶然的和不正常的因素。”《房地产估价规范》第 5.7.3 条规定：“国有土地上房屋征收评估，包括被征收房屋价值评估、用于产权调换房屋价值评估、开发程度、交通条件、周围环境和景观、外部配套设施、利用现状、规划条件、权属状况等。”《房地产抵押估价指导意见》第 26 条规定：“估价报告应用有效期从估价报告出具之日起计，不得超过一年；房地产估价师预计估价对象的市场价格将有较大变化的，应当缩短估价报告应用有效期。超过估价报告应用有效期使用估价报告的，相关责任由使用者承担。在估价报告应用有效期内使用估价报告的，相关责任由出具估价报告的估价机构承担，但使用者不当使用的除外。”已经废止的《城市房屋拆迁估价指导意见》第 11 条第 2 款规定：“拆迁估价时点一般为房屋拆迁许可证颁发之日。拆迁规模大、分期分段实施的，以当期（段）房屋拆迁实施之日为估价时点。”

基于上述行政法规、规章等一系列规定，市、县级人民政府因公共利益征收国有土地上被征收人房屋时，应当对被征收人给予公平补偿；而公平补偿的基本要求即为不得低于房屋征收决定公告之日被征收房屋类似房地产的市场价格。但近年来由于房屋价格波动幅度较大，如果征收决定公告日、签订补偿协议日或者作出补偿决定日、强制搬迁日以及实际支付货币补偿金日之间差距较大，尤其是如果确定并支付货币补偿金时点明显迟延于房屋价值的评估时点（征收决定公告时点），则难以保障被征收人得到的货币补偿金能够购买被征收房屋类似房地产，无法体现公平补偿原则。即使是以产权调换方式进行的补偿安置，由于被征收房屋通常位于中心城区而产权调换房屋可能位于次中心城区，而中心城区房屋价格上涨幅度一般而言要高于次中心城区房屋价格的上涨幅度。因此，市、县级人民政府在以征收决定公告日作为评估时点后，应当尽可能快速通过签订补偿安置协议或者作出补偿决定的方式，及时对被征收人进行补偿，并固定双方的权利义务，确保补偿的实质公平。因此，对上述法律规定中有关"被征收房屋价值评估时点为房屋征收决定公告之日"的规定，就应当结合《征补条例》有关"公平补偿"条款，作统一的法律解释，而不能静止、孤立、机械地强调不论征收项目大小、征收项目实施日期以及是否存在市、县级人民政府及其职能部门的单方责任，也不考虑实际协议签订日或者补偿决定作出日甚至实际货币补偿款支付到位日的区别，均以征收决定公告之日作为评估时点。

显然，《征补条例》未明确规定市、县级人民政府与其职能部门应当在征收决定公告后何期限内必须以补偿安置协议或者补偿决定方式解决补偿安置问题，《征补条例》等法律文件也未规定如何判断相应的"合理期限"。因此，人民法院也不宜动辄轻率否定以"征收决定公告之日"作为评估时点的合理性，也不宜简单以"征收决定公告之日"起或者估价报告出具之日起的"一年"或者"两年"作为判断标准。但《征补条例》有关及时补偿的立法精神，第 26 条有关在征收补偿方案确定的签约期限内达不成补偿协议即应当作出补偿决定的规定，以及房地产市场价格波动的剧烈性，仍然可以为人民法院确定相应的合理期限提供指引。人民法院对在"征收决定公告之日"或者估价报告出具之日起的一年后作出的补偿决定是否仍应继续坚持以"征收决定公告之日"为确定补偿的评估时点，应结合以下因素综合判断：一是注意当地房地产市场价格波动的幅度。二是市、县级人民政府未在一年内作出补偿决定，是否存在可归责于被征收人的原因。如被征收人以种种理由拒绝配合征收补偿工作致使征收与补偿程序延误的、被征收人拒绝入户调查致使评估工作延误的、被征收人依法对评估报告复核、鉴定致使补偿决定迟延的、被征收人要求继续就补偿安置问题协商致使补偿决定未及时作出的，等等，在此等情形下，人民法院不宜以补偿决定未在一年内作出而另行确定补偿评估时点。三是补偿决定时点明显迟延且主要归责于市、县级人民政府及其职能部门自身原因的，同时房地产市场价格发生剧烈波动，按照评估报告补偿，明显不利于被征收人得到公平补偿。四是坚持《征补条例》第 27 条规定的实施房屋征收应当先补偿、后搬迁。即“作出房屋征收决定的市、县级人民政府对被征收人给予补偿后，被征收人应当在补偿协议约定或者补偿决定确定的搬迁期限内完成搬迁”。此处的“对被征收人给予补偿后”应当作限缩性理解，即不仅仅是签订协议或者作出补偿决定，而应理解为补偿协议约定或者补偿决定确定的款项已经交付（被征收人不接受的已经依法提存）、周转用房或者产权调换房屋已经交付（被征收人不接受的已经依法提存相关凭证与钥匙）。此时，市、县级人民政府申请强制搬迁的条件才符合《最高人民法院关于办理申请人民法院强制执行国有土地上房屋征收补偿决定案件若干问题的规定》。五是征收房屋范围是否过大，难以在一年内实施完毕，并存在分期实施征收决定情形，且被征收房屋在强制搬迁前仍然继续由被征收人正常使用等因素。如果通过支付延期付款利息足以弥补当事人实际损失的，也不宜否定按照征收决定发布之日的评估时点作出的评估报告效力。同时，还要认识到，评估报告的有效期不影响评估时点的房屋价值。超过有效期的评估报告，但房地产市场价格未发生明显波动，不需要另行确定评估时点再次进行评估的，人民法院仍然可以根据已经超过有效期的评估报告确定房屋补偿数额。

事实上，现行法律制度下的征收与房屋强制赎买有一定的相似性，而市场经济条件下的房屋买卖在交付房屋与交付购买金时间间隔过长情况下的定价机制，以房屋实际交付时点确定的价格更为公平合理，即以一方交付房屋另一方交付购买金更为适宜；而房屋征收中的产权调换类似于以房换房，以双方同时交付房屋时点更为适宜。而对于以补偿决定而非补偿协议方式进行的产权调换而言，在补偿决定明显存在不合理迟延的情况下，以补偿决定作出时点作为确定房屋价值的评估时点，也更有利于实现公平补偿；此时的补偿决定书类似于以房换房的交割书，征收人与被征收人权利义务自补偿决定书作出之日起，始得固定；被征收人有异议的，只能通过复议或者诉讼渠道解决。

此外仍需注意的是，被征收房屋的评估时点与产权调换房屋评估时点的一致性，即二者应当在同一时点同一市场条件下进行评估。实践中，部分被征收人未在签约期内确定产权调换房屋，嗣后选择另一新的征收项目的产权调换房的，因被征收房屋评估时点在前导致市场价格较低，产权调换房屋评估试点在后导致市场价格较高，对被征收人的补偿有失公平。由于房地产市场受政策、经济、周边地区发展、城市规划区调整等因素较大，将房地产向前评估存在一定的技术障碍，且各类因素在此前的状态很难复原，而将之前的房地产放到当下的时点进行评估更具有可操作性。故此时应调整被征收房屋的评估时点，使之与新的产权调换房屋的评估时点一致为宜。如作出征收决定时新的产权调换房屋已具备评估条件的，亦可调整产权调换房屋的评估时点，使之与被征收房屋的评估时点一致。

**【规范指引】**

《征补条例》第 19 条；《征收评估办法》第 10 条。

## 问题 2：补偿决定中补偿方式选择权的保障

**【案例】汪某诉青岛市市北区人民政府房屋征收补偿决定案**[①]

2017 年 7 月 22 日，市北区人民政府作出青北政发〔2017〕70 号《关于对市北区热河路棚户区改造项目房屋征收决定》，汪某的涉案房屋在上述房屋征收范围内。因就涉案房屋的征收补偿问题未与汪某达成一致意见，市北区人民政府于 2018 年 6 月 19 日作出青北补决字〔2018〕153 号《房屋征收补偿决定书》，主要内容为："一、房屋征收部门应按照《方案》对被征收人实行异地房屋补偿或货币补偿。被征收人应在本补偿决定书送达之日起十五日内向房屋征收部门提出异地房屋补偿或货币补偿的书面意见，逾期不提交书面意见，视为选择异地房屋补偿。二、被征收人选择异地房屋补偿的，房屋征收部门提供位于：1. 中海寰宇天下 E 地块项目新建高层住宅房屋（房屋建筑面积区间段：67.96~74.89 平方米，房屋均价 17 000 元 / 平方米）；2. 中南熙悦项目新建高层住宅房屋（房屋建筑面积区间段：92.81~137.22 平方米，房屋均价 14 000 元 / 平方米）；3. 宜昌路 31 号项目新建高层住宅房屋（房屋建筑面积区间段：76.61~109.22 平方米，房屋均价 16 600 元 / 平方米）；4. 海岸路 36 号项目新建高层住宅房屋（房屋建筑面积区间段：66.5~102.6 平方米，房屋均价 15 700 元 / 平方米）。被征收人搬家腾房后，按照《方案》规定的安

---

① 最高人民法院（2020）最高法行申 1302 号行政裁定书。

置定位方式可在上述项目公示的剩余安置房源中进行选择。逾期不选择，房屋征收部门提供位于市北区海岸路 ×× 楼 ×× 单元 ×× 户房屋一处，房屋建筑面积 67.24 平方米（最终以规划部门审批为准），房屋均价 15 700 元 / 平方米（最终以不动产登记中心备案价格为准）。房屋征收部门将产权调换房屋价值与被征收房屋价值的差额按照《方案》等规定进行结算。同时，根据《方案》规定，被征收人实行自行临时过渡……房屋征收部门支付被征收人搬迁补助费人民币 1200 元、装修补偿费人民币 5851.2 元、集中安装供暖设施补偿人民币 2671.2 元，产权调换房屋的产权归被征收人所有。三、被征收人选择货币补偿的，根据《方案》规定，被征收人实行自行临时过渡，过渡期限为 10 个月，房屋征收部门支付被征收人货币补偿数额为：1. 货币补偿金人民币：1 110 016.1 元；2. 货币补偿奖励费人民币：60 000 元；3. 搬迁补助费人民币：1200 元；4. 临时过渡补助费人民币：12 000 元；5. 装修补偿费人民币：5851.2 元；6. 集中安装供暖设施补偿人民币：2671.2 元；上述合计为人民币：1 191 738.5 元。四、被征收人应当自收到本补偿决定书之日起十五日内，腾空所住用房屋并将房屋所有权证一并交由房屋征收部门，由不动产登记机关依法注销房屋所有权证。”并告知复议及诉讼权利。汪某不服，向法院提起诉讼。

一审法院认为，该补偿决定提供了住宅、货币补偿的方式供汪某选择，该补偿决定内容全面、程序合法、依据得当。对于汪某主张的对于本案被诉补偿决定第一项，“被征收人应在本补偿决定书送达之日起十五日内向房屋征收部门提出异地房屋补偿或货币补偿的书面意见，逾期不提交书面意见，视为选择异地房屋补偿”。认为其中 15 日的规定，对于汪某的法定选择权限定了期限。庭审中汪某明确承认只是口头告知工作人员要求货币补偿，但是并没有提过书面申请。本院认为，现行规定虽未明确规定选择期限，但是出于保障整个征收活动的顺利进行，并使涉案房屋征收补偿决定具有确定力，被告在补偿决定中进行明确并无不当。判决驳回汪某的诉讼请求。

最高人民法院再审认为，被诉房屋征收补偿决定要求被征收人在补偿决定送达之日起 15 日内向房屋征收部门提出异地房屋补偿或货币补偿的书面意见，逾期则视为选择异地房屋补偿。现行法律法规对此问题并未作出明确规定，一审认为为保证征收活动顺利进行、使房屋征收补偿决定具有确定力，在补偿决定中确定该期限并无不当，本院予以认可。

【分析】

根据《征补条例》第25条、第26条的规定，征收补偿决定上载明的补偿安置事项均应明确具体，能够据以判断是否已充分保护被征收人的合法权益，同时也具有可执行性，为后续要求被征收人交付房屋并拆除，推进征收工作继续实施提供先决条件。

在征收补偿决定中，是否应当确定一种补偿方式，抑或提供多种补偿方式供被征收人选择，实践中对此有不同认识。一种观点认为，补偿决定可以限定被征收在合理期限内选择货币补偿或产权调换，否则径行按照其中一种补偿方式予以补偿。在被征收人未选择补偿方式的情况下，行政机关可以通知被征收人限期选择补偿方式，逾期未选择的视为放弃补偿方式选择权，征收主体可结合被征收人真实意愿、家庭住房情况、被征收人身体健康情况等因素，在补偿决定中径行确定一种更有利于被征收人的补偿方式。否则，行政机关仍需同时保留房源、补偿款以供后续补偿，无疑给行政机关增加不合理负担。

另一种观点认为，在双方没有达成征收补偿协议的情况下，行政机关作出补偿决定通常可以视为履行了补偿职责，但补偿决定不能限定被征收人在一定期限内必须行使补偿方式选择权。征收不降低生活水平，是征收补偿的基本原则。保障被征收人对补偿方式的选择权，是该原则的具体要求之一。补偿决定直接限定被征收人的补偿方式选择权，损害了被征收人的合法权益，不符合有关法律规定。

本书赞成第一种观点。任何权利的行使都不能没有边界。在征收补偿工作中，如被征收人迟迟不选择补偿方式，将不利于征收工作的继续推进。行政机关在作出补偿决定之前，可以催告被征收人限期对补偿方式作出选择，被征收人未作选择的，径行在补偿决定中明确一种补偿方式；亦可在补偿决定中分别明确货币补偿及产权调换的具体内容，限定被征收人选择补偿方式的期限，逾期不选择的，视为选择其中一种补偿方式。如此，在进入执行程序后，行政机关可以就确定的补偿内容进行提存，兼顾征收工作效率及被征收人的权益保障。

但行政机关未提前催告被征收人选择补偿方式，亦未在征收补偿决定中设定选择期限的，如补偿决定已明确了货币补偿的金额及产权调换的房源，充分保障了被征收人对补偿方式的选择权，亦应予以认可。虽在执行中需要对货币及产权调换房屋均进行提存，但并非不可执行，不能因行政司法成本较高而否定补偿决定的确定性。

**【规范指引】**

《征补条例》第 25 条、第 26 条。

# 第二章　集体土地征收与补偿纠纷

## 第一节　集体土地征收与补偿纠纷概述

集体土地征收是中国城乡融合发展中关乎农民切身利益的一项重要工作，征收补偿更是其中的工作重点。《全国土地利用总体规划纲要（2006—2020年）》提出，到2010年和2020年，新增建设占用耕地分别控制在100万公顷（1500万亩）和300万公顷（4500万亩）以内。国家统计局2021年5月11日公布的第七次全国人口普查公告显示，全国居住在乡村的人口为5.10亿人，占全国人口的36.11%。[①]可以说，在工业化、城镇化仍处于快速发展阶段，建设用地供需矛盾更加突出的当前阶段，集体土地征收工作因涉及广大人民群众的切身利益而日益引发关注。

2012年中共中央、国务院发文提到要加快推进征地制度改革，尽快出台农民集体土地征收补偿条例，提高农民在土地增值收益中的分配比例，合理确定补偿标准，严格征地程序；2014年提出要加快推进改革规范程序，完善对被征地农民保障机制，抓紧修订法律法规，对其住房、社保、就业等予以合理保障；2015年明确了宅基地制度改革的基本思路，探索农民住房保障新机制，宅基地“三权分置”“有偿退出”等制度。2019年中央1号文件提出，要“全面推开农村土地征收制度改革”，《土地管理法》《民法典》《土地管理法实施条例》先后出台修订，对集体土地征收制度进行了一定的补充和完善。《土地管理法》进一步从严维护农民权益，将农民的利益作为征地制度改革的出发点和落脚点。第45条规定了适用征收集体土地的情形，第46条规定

---

① 参见国家统计局网站，https：//www.stats.gov.cn/sj/zxfb/202302/t20230203_1901087.html，最后访问时间：2024年4月12日。

了征收的审批主体，第 47 条规定了征收实施主体及推进程序，第 48 条规定了征收土地应当保障被征地农民原有生活水平不降低、长远生计有保障的补偿原则及补偿项目，第 49 条规定了征收要接受监督。《土地管理法实施条例》第四章第三节专节用七个条文规定了“土地征收”，第 26 条、第 27 条、第 28 条、第 29 条、第 30 条、第 31 条规定了土地征收流程，主要包括发布土地预公告、土地现状调查、社会稳定风险评估、拟定征地补偿安置方案、公告并听取意见（听证）、报批、发布征收土地公告、作出征地补偿安置决定等程序性事项，第 32 条对补偿项目、分配及相关保障措施作出规定。应当说，对集体土地征收补偿的范围越来越宽、补偿项目越来越细、保护力度也越来越大，法律层面的基本框架业已搭建。①

开展集体土地征收与补偿时不合法、不合理的行为，农村居民故土难迁的心理以及对补偿利益的期待，导致在农村集体土地的规划调整、征收以及房屋拆迁等过程中产生了不少问题，引发了一些行政纠纷。一方面，此类案件事关被征地农民切身重大利益，矛盾易激化，纠纷周期长，化解难度大，社会关注度高。另一方面，现行法律法规有关农村集体土地征收的规定较为原则，且部分规定相对滞后，补偿标准和范围确定与计算方式不够合理，征收与补偿程序制度不完善等，导致被征地农民的知情权、参与权、表达权和监督权未能得到充分尊重，人民法院司法监督难度大。②

## 一、集体土地征收与补偿纠纷案件特点分析

因集体土地征收引起的纠纷主要包括征地补偿费的使用、分配方案产生的纠纷、村民委员会或者村民委员会成员作出的涉及农村土地征收事项的决定侵害村民合法权益产生的纠纷、征收补偿协议纠纷以及征收主体申请非诉强制执行等。该类案件的特点具体如下。

### （一）法律规范庞杂、执法尺度不一

在集体土地征收过程中，因为土地性质的不同，集体土地征收与国有土地上房屋征收在征收主体、征收对象、征收程序、征收补偿安置内容和方式等方面均存在明显区别，故而相关工作的开展并不能直接适用《征补条例》，

---

① 耿宝建、岑潇、王筱青：《新土地管理法征收补偿制度变化与司法应对》，载《法律适用》2022 年第 6 期。

② 张坚等：《集体土地征收补偿纠纷的现实困境及司法出路》，载《人民司法》2019 年第 22 期。

而是依据散见于《土地管理法》《土地管理法实施条例》的相关规定。而《土地管理法》《土地管理法实施条例》自二十世纪八九十年代施行以来进行了数次修改，其中对于不同层级政府的征地审批权限作了几次调整，在这些调整的过渡阶段会产生执法不统一的问题。现行法律法规未规定市、县级人民政府作出的征收决定、补偿决定的具体形式，各地所作的征收决定、补偿决定名称各不相同，各地法院对于审什么、如何审认识不一。为了推动地方经济发展，部分地方政府会针对征地权限、征地程序、补偿标准等出台试点性或临时性的政策，这些政策措施往往为追求效率因而较为灵活，有些甚至突破了法律法规的规定。目前关于集体土地征收的文件主要包括《国务院关于深化改革严格土地管理的决定》《国务院关于加强土地调控有关问题的通知》《国务院关于严格规范城乡建设用地增减挂钩试点切实做好农村土地整治工作的通知》《建设用地审查报批管理办法》《城乡建设用地增减挂钩试点管理办法》《最高人民法院关于在征收拆迁案件中进一步严格规范司法行为积极推进“裁执分离”的通知》等。法院对各地在改革和探索过程中不断调整的土地征收与补偿规则如何正确评价，如何才能既保障以往政策与法律发展的衔接，又能照顾现实情况，平衡各方当事人的利益，难度不小。

### （二）涉众型诉讼多、矛盾不易化解

集体土地是农村居民安身立命的根本，随着城市化进程进入“下半场”，城市开发转为城市经营，集体土地越来越少，征地的难度也越来越大。或是因村民故土难离，或是对征地补偿决定不服，虽经其所在村委会、地方政府等多次协商，但在诉求得不到回应和满足后，部分村民仍会不予配合，诉至法院。集体土地征收具有过程性、多阶段性的特点，涉及面较广。因农村集体土地征收是对成片土地的开发和利用，涉及人数众多，他们有着相同或相似的利益要求，经常出现的情形是：同一原告同时或分别针对一个征地项目中所涉及的批准、公告、补偿、裁决、强拆及相关房屋拆迁等不同环节行政行为提起诉讼；不同原告因受同一征地项目而实施的征地行为影响，前后分别起诉，从而形成“连环诉讼”，甚至会出现数人、十几人、几十人作为原告提起诉讼的情况。[①] 其中部分抵抗情绪激烈的村民还会在寻求司法救济的同时，

---

① 凌学东：《集体土地上房屋征收补偿价值的法律分析》，中国法制出版社 2014 年版，第 60 页。

通过其他途径反映其要求，扩大社会影响，也进一步激化了矛盾。审理过程中，还要妥善应对村民的上访，防止矛盾激化，裁判作出后还要做好解释答疑的工作。繁重的案内和案外工作，造成了法官较大的审判压力。

### （三）诉辩力量悬殊、审判工作量大

诉讼双方能力不对等现象较为突出，被征地农民就征地补偿纠纷提起行政诉讼，普遍存在对被诉行政行为表述不准确、诉讼请求不明确、起诉时机不恰当、证据材料不充分、不完整等问题，易于陷入重复诉讼、循环诉讼和程序空转，再加之极个别当事人和代理人不理性维权，不仅浪费了社会和司法成本，也给及时定分止争带来障碍。法院受理案件后，必须考虑各个阶段征地行为对本案被诉行政行为的影响，准确区分不同的法律关系和当事人，合理分配举证责任，保证不同案件法律适用标准和裁判尺度的统一。要达到上述要求，法官需要审核征地各环节的审批文件、相关附图、各类协议及其实施情况等证据材料，需要查找所有案涉征地及其相关审批活动应当适用的法律、法规、规章或规范性文件，需要对原告的诉讼请求进行甄别和释明。还需要法院积极延伸行政审判职能，用司法来引领和倒逼征收补偿工作法治化。

### （四）规范性文件多、审查任务繁重

《土地管理法》《土地管理法实施条例》对于集体土地征收补偿安置标准的规定均较为原则。为贯彻落实相关规定，各地区结合地方实际分别出台一系列关于补偿标准、补偿内容和补偿项目的地方性规定，有的还针对征地项目单独出台了补偿安置文件。[①] 比如，有的地方出台创新性举措，在土地补偿费、安置补助费以及青苗等地上附着物补偿费用之外，还采取社会保障以及其他安置补偿制度，有效建立了兼顾国家、集体、个人的土地增值收益分配机制以及合理提高个人收益机制。有的地方探索建立了社会稳定风险评估、预公告、预征收、预签补偿安置协议制度，即在正式报请省级政府征地批复之前，充分尊重被征地农户意见，确保绝大多数被征收人支持征收，及时调整和修改完善征收补偿安置方案，预防并减少可能分歧，保障征地批复后快速组织实施；有的地方尝试完善了被征收人补偿安置异议程序、安置补偿裁

---

① 韩怀清：《农村宅基地使用权制度研究》，中国政法大学出版社 2015 年版，第 167 页。

决甚至行政复议制度；等等。目前，除地方性法规、地方政府规章等立法外，常见的地方性规定还包括：各地自行制定的征收集体土地房屋拆迁办法、拆迁集体所有土地房屋价格评估办法、村镇房屋征收补偿实施细则、村镇房屋征收与补偿评估技术细则、被征地农民社会保障办法、征收集体所有土地房屋拆迁裁决工作有关问题的通知等。对这些地方性规定，尤其是市、县级人民政府及其土地行政主管部门制定的规范性文件，人民法院要依法审查是否符合法律法规规定，对不违反上位法且符合地方实际的实施性、细化性规定，可以依法参考适用。

## 二、集体土地征收与补偿案件审理原则

### （一）个人权益与公共利益衡平原则

集体土地征收是一种十分典型的公权对私权的限制和干预。在征地过程中，法律规定的缺位或缺陷，导致某些行政权力的运行缺乏法律边界，缺乏有效的监督和制约。尤其是各级政府在征地补偿法律关系中，集规则制定者和参与者、“裁判员”和“运动员”身份于一身，容易导致农民的公平受偿权受到不当限制和侵害。正因如此，各级法院审理征地行政案件，尤其应当注意私权和公权的平等保护，寻求原、被告双方利益衡平。一方面，将保障行政相对人合法权益作为行政权的行使的制约，将法定的征收范围、公平的征收补偿和正当的征收程序，作为征地权力的边界；另一方面，将社会公共利益作为私人财产权行使的限度，防止私权的行使对社会公共利益的实现形成障碍。

### （二）法律法规和关联政策衔接原则

从征地立法的现状看，国家立法机关至今尚未制定关于农村集体土地征收补偿的专门法律以调整征收补偿法律关系。为了解决“三农”问题和失地农民就业、安居等问题，各级政府陆续出台了一系列政策。更为灵活简便的行政规章甚至规章以下的其他规范性文件，成为征地执法和司法实践中更为频繁适用的依据。法院应当以是否有利于保护或是否有可能妨害被征收人的合法权益作为适用低效力层级规范性文件的标准，对于符合社会发展要求，授益性的、有利于保护被征收人合法权益的地方规章及其他规范性文件，予以肯定和适用。

（三）政治效果、法律效果和社会效果相统一原则

相对人就征地行为提起的各类行政诉讼，其最终目标大都是为了获得满意的补偿。而司法裁判只能就被诉具体行政行为的合法性作出评判，并不一定能够满足当事人的实际诉求。在案件审理中，应提高政治能力，强化个案公正与社会公正相统一的意识，寻求个案公正与社会公正的最佳结合点，以解决核心争议为目的，组织各方当事人充分协商，以合意的方式解决征地补偿问题，积极稳妥地寻求疑难问题的应对方案，积极促进土地资源的公平分配，努力减少社会冲突，在妥善化解矛盾的前提下，渐进性地推动土地征收制度的完善和社会治理水平的提升。

## 第二节　集体土地征收与补偿纠纷的起诉与受理

土地征收补偿是典型的多主体、多阶段、多环节、多个行政行为前后延续交织的复合程序，包括征地批前阶段、组卷报批阶段和批准后实施阶段。其中，可诉与不可诉行政行为如何区分，起诉时机是否成熟、审理后阶段行政行为时是否需要继续审查先前行政行为，各地有关征地补偿步骤程序也不完全一致。

### 一、审查要素

（一）受案范围

受案范围问题是行政诉讼的难点，在集体土地征收行政案件中，受案范围同样不易把握。集体土地征收包括发布征收土地预公告、开展拟征收土地现状调查和社会稳定风险评估、拟定征地补偿安置方案并公告（组织听证）、组织签订征地补偿安置协议、提出征收土地申请、作出征地补偿安置决定并组织实施等，上述行为牵涉不同的行政机关。实践中很多原告提出的诉讼请求是“撤销征地行为”或“确认征地行为违法”等笼统、不明确的诉讼请求。

所以，法院立案时首先要确定原告的诉讼意图，其究竟是对哪一个阶段的行政行为不服，想要达到什么样的诉讼目的。这就需要法院做好前期的诉讼指导和释明工作，以固定原告的诉讼请求，从而判定案件是否属于行政诉讼的受案范围。此外，集体土地征收中还涉及村集体经济组织自治权利问题，增加了农村集体土地征收引起的纠纷的复杂性。准确应对此类纠纷首先需要厘清人民法院审判权限与农村集体经济组织自治权限的边界，不应将自治权限内的事项纳入人民法院审判范围，也不能只要涉及农村集体经济组织的纠纷一概挡在人民法院之外。对于属于人民法院审判权限范围之内的农村集体土地征收引起的纠纷，根据法律关系的不同性质，分别作为民事案件或行政案件受理。对于因集体土地征收引起的纠纷应根据当事人诉讼请求确定属于人民法院主管范围后，继而根据法律关系的性质确定作为民事案件受理还是作为行政案件受理。

**【规范指引】**

《行政诉讼法》第 12 条、第 13 条;《行政诉讼法适用解释》第 1 条、第 2 条。

### （二）原告主体资格

集体土地征收行政案件中原告主体资格的确定主要是审查起诉人与被诉行政行为是否存在利害关系。行政诉讼法上有关“利害关系”的判断标准，重在考虑行政行为对相对人以及其他公民、法人或者其他组织的利益是否在法律上造成实际影响，进一步说就是看该当事人在行政机关作出行政行为时是否具有依法应予保护或者应予考虑的利益。相对人之外的人与行政行为有利害关系的情形非常复杂，难以尽列。征地案件中的原告主要有：作为土地所有权人的村集体，包括达到特定数量的村民以村集体名义提起的诉讼；土地使用权人和实际使用人，通常为村民个人。

**【规范指引】**

《行政诉讼法》第 25 条;《行政诉讼法适用解释》第 12 条、第 13 条、第 15 条、第 16 条、第 17 条、第 18 条。

### （三）被告主体资格

人民法院应当按照“谁行为、谁被告”的原则，准确确定征收补偿案件被告。但是集体土地征收是一项复杂庞大的工作，流程多而杂，涉及的有关部门或单位也各不相同，如村委，街道办，省、市、区、县政府以及经济开发区管委会等。故而对于被告主体资格的确定，还需要进一步细化。比如，征地机关委托其他行政机关实施征地行为的，委托征地的机关为被告。法院可以将受委托实施征地的行政机关列为第三人。实施征地行为的行政机关主张其与征地机关存在委托征地关系，但是无证据证明委托关系成立的，实施征地行为的行政机关为被告。实施被诉征地行为的行政机关或其他组织如辩称其行为系上级政府或有关部门“授权”，则其行为属于受委托实施的行为，应当将委托机关和受委托实施征地行为的单位作为共同被告。

**【规范指引】**

《行政诉讼法》第 26 条；《行政诉讼法适用解释》第 19 条、第 20 条、第 21 条、第 22 条、第 23 条、第 24 条、第 25 条。

### （四）具体的诉讼请求和事实根据

征收土地行为涉省级人民政府批准征收集体土地的批复、发布征收公告和征收补偿方案公告、签订征收补偿协议、发放征收补偿款、强制搬迁等许多各自独立的行政行为，各个行政行为的作出主体、行为内容、程序和依据等均不相同。当事人笼统起诉要求确认征地行为违法的，人民法院应当向起诉人释明，要求其明确被诉行政行为，否则起诉不符合《行政诉讼法》第 49 条第 3 项规定，依法应当裁定不予立案。

**【规范指引】**

《行政诉讼法》第 49 条第 3 项；《行政诉讼法适用解释》第 68 条。

### （五）起诉期限

集体土地征收案件中的起诉期限问题，应当注意以下几点：一是把握好起诉期限的起算日期。除 20 年或 5 年的最长保护期限外，准确认定知道或应当知道被诉征地行为的时间非常重要。被征收人对征收补偿等行为不服起诉的，原则上应当根据《行政诉讼法》第 46 条第 1 款规定，自知道或者应当知道作出行政行为之日起 6 个月内提起诉讼。征收补偿等行为作出时未告知公民、法人或者其他组织诉权或者起诉期限的，应当依据《行政诉讼法适用解释》第 64 条第 1 款规定：“起诉期限从公民、法人或者其他组织知道或者应当知道起诉期限之日起计算，但从知道或者应当知道行政行为内容之日起最长不得超过一年。”对知道或者应当知道征收补偿行为时间有分歧的，可以参照原国务院法制办《关于认定被征地农民“知道”征收土地决定有关问题的意见》（国法〔2014〕40号）规定：“在被征地村、组张贴征地公告（包括征收补偿安置公告）的书面证明或视听资料，被征地农民出具的已张贴公告的证明，其中公告中注明的届满日期为知道征地行为的起算日期，没有注明届满日期的，张贴满10个工作日为知道征地行为的起算日期。办理补偿登记、签订补偿协议、领取土地补偿款或收到补偿款等行为均可以相关行为发生之日为知道的起算日期。”二是把握好耽误起诉期限的正当理由。实践中有的行政机关在作出征地行为时，有意误导被征收人走信访途径，或先进行协商，或是错误告知应当复议前置等，导致被征收人耽误了起诉期限，这些都应当属于原告耽误起诉期限的正当理由。要重视发挥裁判的规范引导功能，积极引导相应的行政主体在征收补偿安置环节及早发现并及时固定证据，在行政程序中有效解决土地地类纠纷、土地面积纠纷、附着物及青苗数量纠纷，以及宅基地与房屋类型、面积及是否存在违法建设的纠纷等。依法经过评估程序的，要引导当事人穷尽评估异议程序，减少因相关证据被强制拆除灭失后，再诉请人民法院审查问题。通过引导当事人正确认识并在恰当的起诉时机起诉相应的行政行为，既为保护被征收人合法权益创造条件，又尽快稳定征收补偿法律秩序，预防并减少涉诉信访。

**【规范指引】**

《行政诉讼法》第45条、第46条、第47条、第48条；《行政诉讼法适用解释》第64条、第65条、第66条。

## 二、争点整理与认定

### （一）受案范围的认定

### 争点 1：被征地农民就村委会征收补偿款分配方案提起的诉讼，不属于行政诉讼受案范围

**【案例】李某与辽宁省抚顺市顺城区人民政府、辽宁省抚顺市顺城区河北乡人民政府、辽宁省抚顺市顺城区河北乡西戈村村民委员会征地补偿分配方案再审案**①

2009 年，李某等人所在的西戈村部分土地被征收，在发放土地补偿费的过程中，西戈村村民委员会确定的土地补偿款发放标准，以 1977 年 9 月 3 日落户为界限，将之前落户的确定为老户，之后落户的确定为外来户，落户时间不同，征地补偿标准不同。补偿款于 2011~2012 年间发放完毕。李某等人认为，在土地补偿费的分配上没有得到公正待遇，于 2015 年 7 月 7 日以顺城区人民政府、顺城区河北乡人民政府、西戈村村民委员会为被告，提起行政诉讼，请求撤销分配方案，获得平等补偿权利。经两审法院裁定驳回起诉后，李某向最高人民法院申请再审。最高人民法院认为，农村集体土地征收补偿款的分配行为，属于村委会行使自治权的行为，不属于行政行为。当事人就征收补偿款分配纠纷提起行政诉讼的，不属于行政诉讼的受案范围。

**【分析】**

《行政诉讼法》第 49 条第 4 项规定："提起诉讼应当符合下列条件：……（四）属于人民法院受案范围和受诉人民法院管辖。"根据该条规定，提起行政诉讼应当属于人民法院的受案范围。《农村土地承包纠纷案件司法解释》（2005 年施行）第 1 条第 1 款第 4 项规定："下列涉及农村土地承包民事纠纷，人民法院应当依法受理：……（四）承包地征收补偿费用分配纠纷……"②据此，承包地征收补偿款分配纠纷，属于涉及农村土地承包的民事纠纷，人民法院应当依法作为民事案件予以受理。农村集体土地征收补偿款的分配行为，

---

① 最高人民法院（2017）最高法行申 349 号行政裁定书。

② 该解释 2020 年修正后对应法条序号为第 1 条第 1 款第 6 项。

属于村委会行使自治权的行为，不属于行政行为。当事人就征收补偿款分配纠纷提起行政诉讼的，不属于行政诉讼的受案范围。

**【规范指引】**

《行政诉讼法》第49条第4项；《农村土地承包纠纷案件司法解释》第1条第1款第6项。

## 争点2：未发生法律效力的征收补偿协议，对当事人的权利义务不产生实际影响，不属于行政诉讼的受案范围

**【案例】苏某诉河北省唐县人民政府、河北省唐县仁厚镇人民政府集体土地征收补偿订立行政协议行为案**[①]

2018年4月16日，唐县人民政府在仁厚镇大马庄村张贴《集体土地征收决定》(以下简称征收决定)，对仁厚镇大马庄村棚户区改造项目涉及集体土地进行征收。苏某的土地在上述征收范围内。2018年5月，仁厚镇人民政府与苏某签订大马庄村棚户区改造征收补偿安置协议，协议第9条约定：签订征收补偿安置协议的比例达到全部被征收户数的98%后，仁厚镇人民政府发布房屋搬迁公告或通知，征收补偿安置协议生效。2018年12月21日，唐县人民政府在大马庄村张贴《关于大马庄棚户区改造项目告知书》，主要内容：2018年4月16日，唐县人民政府对仁厚镇大马庄村棚户区改造区域内集体土地进行预征收，现已基本达到组卷报批条件，准备对已签订协议的集体土地进行组卷报批，待省自然资源厅正式批复下达后，发布正式征收决定。苏某以征收未经河北省人民政府批复同意，2018年签订协议却以2016年评估结果进行补偿，严重侵犯其合法权益为由，提起本案行政诉讼，请求确认补偿协议无效。

河北省保定市中级人民法院一审判决认为，行政协议不同于一般的行政行为，兼具行政与合同的双重特征，对行政协议效力的判断可以适用相关民事法律规范的规定。基于合同双方自愿性原则和诚实信用原则，对合同的效力不宜轻易否定。从维护法律关系的稳定性和保障绝大多数被征地农民合法的安置补偿权益角度出发，以“未批先征”为由从根本上否定所有已签订的

---

① 最高人民法院（2020）最高法行申9651号行政裁定书。

安置补偿协议的效力，不仅不合理，而且在法律上也难以成立。补偿协议所依据的补偿标准是唐县大马庄村棚户区改造征收补偿安置方案，苏某如对征地标准不服，可以依照国法〔2011〕35号通知规定，通过行政复议途径主张救济。依照《行政诉讼法》第69条之规定，判决驳回苏某的诉讼请求。苏某不服，提出上诉。

河北省高级人民法院二审裁定认为，人民法院审理行政协议案件，在适用行政法律规范的同时，可以适用不违反行政法和行政诉讼法强制性规定的民事法律规范。《合同法》第45条第1款规定："当事人对合同的效力可以约定附条件。附生效条件的合同，自条件成就时生效。"苏某与仁厚镇人民政府签订的补偿协议附生效条件，且目前生效条件尚未成就，故该行政协议处于未生效状态。故协议设定的权利义务对苏某的利益尚不产生实际影响，不属于行政诉讼的受案范围。一审作出实体判决属于适用法律不当，依法应予纠正。依照《行政诉讼法适用解释》第123条第1项之规定，裁定撤销一审判决，驳回苏某的起诉。

苏某向最高人民法院申请再审。最高人民法院认为，二审裁定驳回苏某的起诉并无不当，驳回苏某的再审申请。

**【分析】**

《行政协议司法解释》第27条规定："人民法院审理行政协议案件，应当适用行政诉讼法的规定；行政诉讼法没有规定的，参照适用民事诉讼法的规定。人民法院审理行政协议案件，可以参照适用民事法律规范关于民事合同的相关规定。"行政协议同时具有行政性和协议性，但是，将其明确为行政诉讼受案范围，主要是基于其行政性特质，而非协议性。因此，前述司法解释规定，人民法院审理行政协议案件要优先适用行政法律规范。行政法律规范没有规定时，在不与行政法、行政诉讼法的基本原则相抵触的情况下，可以适用民事法律规范。不是说行政协议既有行政性又有协议性，所以既可以适用行政法律规范，也可以适用民事法律规范。当事人请求确认行政协议无效，实质是对订立行政协议行为不服提起行政诉讼，起诉是否符合法定起诉条件，应当依照行政诉讼法规定的起诉条件进行审查判断；订立协议行为是否合法有效，应当依照行政诉讼法和相关行政实体法律规范进行审查判断，民事法律规范的适用仅仅是行政法和行政诉讼法没有相应规定情形下的一种补充适用。要求确认补偿协议无效，实质是对订立行政协议行为不服提起的行政诉讼，其起诉是否符合法定条件，应当依照行政诉讼法规定的法定起诉条件进行审查判断，不能根据原《合同法》规定判断是否符合起诉条件。

《行政诉讼法适用解释》第1条第2款第10项规定："下列行为不属于人民法院行政诉讼的受案范围：……（十）对公民、法人或者其他组织权利义务不产生实际影响的行为。"在集体土地预征收过程中，征收管理部门与被征收人签订的征收补偿协议属于附条件的行政行为，只有在省级人民政府作出征收批复，市、县级人民政府发布正式的征收公告后，征收补偿协议才能够发生法律效力，对当事人的权利义务产生实际影响。未发生法律效力的征收补偿协议，对当事人的权利义务不产生实际影响，不属于行政诉讼的受案范围。预征收过程中签订的补偿协议，应当在省政府作出同意征收涉案土地的批复，县政府发布正式的征收公告后发生法律效力。未生效的补偿协议对当事人的权利义务不产生实际影响，不属于行政诉讼的受案范围。

**【规范指引】**

《行政诉讼法适用解释》第1条第2款第10项；《行政协议司法解释》第27条。

### （二）原告主体资格的认定

## 争点3：营业用房承租人的原告主体资格

**【案例】某宾馆诉海口市龙华区人民政府征收集体土地及房屋违法案**[①]

2011年6月19日，何某作为出租方，梁某作为承租方签订《房屋租赁合同》约定：何某将位于海口市坡博路十层建筑物一幢租给梁某，梁某将该房屋用于经营宾馆。合同中约定，如出现"政府征用"这一不可抗力，政府给予的不动产的补偿费用归何某所有，动产的补偿费用归梁某所有。2012年9月19日，海口市龙华区行政管理局金盘工商所给梁某颁发《个体工商户营业执照》，名称为某宾馆。2016年8月30日，龙华区人民政府作出《关于坡博、坡巷片区棚户区（城中村）改造项目房屋征收决定》，某宾馆经营场所位于该征收范围内。某宾馆认为龙华区人民政府征收海口市龙华区坡博棚户区（城中村）集体土地及房屋行政行为违法，其作为利害关系人于2016年12月5

① 最高人民法院（2017）最高法行申5387号行政裁定书。

日提起行政诉讼，请求：判决确认龙华区人民政府对坡博、坡巷棚户区（城中村）改造项目房屋征收行为违法。法院裁定不予立案后，某宾馆向最高人民法院申诉。

最高人民法院认为，根据《行政诉讼法》第49条第1项、第25条第1款的规定，提起行政诉讼的原告应当是行政行为的相对人以及其他与行政行为有利害关系的公民、法人或者其他组织。在征收过程中具有原告资格的应当是征收行为的相对人或者与征收行为具有利害关系的公民、法人或者其他组织。一般而言，承租人与房屋征收行为之间不具有利害关系，不能成为行政诉讼的原告。但是，如果用于经营的房屋被征收，承租人在行政补偿中提出的室内装修价值、机器设备搬迁、停产停业等损失，与补偿决定之间具有利害关系，此时承租人可以作为原告提起诉讼。本案中，某宾馆请求判决确认龙华区人民政府对坡博、坡巷棚户区（城中村）改造项目房屋征收行为违法，实质上是对龙华区人民政府作出的征收决定不服。某宾馆作为承租人，与征收决定之间不具有利害关系，不具有原告资格。

**【分析】**

根据《土地管理法》《土地管理法实施条例》等相关规定，土地征收补偿对象是被征收土地的所有权人、使用权人以及房屋所有权人，不包括房屋的承租人。因此，对于房屋承租人因土地征收导致的相关征地补偿，一般不宜由承租人直接向政府主张补偿。

但是，对于房屋价值的评估通常也包括装饰装修物的价值的经营性用房。如果经营性房屋的改建、装修费用未补偿给房屋所有权人，则应当允许房屋承租人直接就该项损失提起诉讼。首先，此时，房屋承租人的利益虽然也可以通过民事诉讼途径向房屋所有权人主张，但由于民事诉讼只能在出租人获得安置补偿的范围内，解决二者之间的费用分配问题，而不可能从根本上解决征收部门对该部分损失是否进行了合理补偿的问题。即民事诉讼只能解决“分蛋糕”的问题，而不能解决“做蛋糕”的问题。即使民事诉讼支持承租人的损失，要求出租人支付相关损失，但在出租人未取得经营性房屋改建、装修费用，且已经签订安置补偿协议或是超过起诉期限的情况下，就会导致房屋出租人承担本应由征收人承担的相关补偿费用，而这与房屋征收人应当对由征收行为引起的损失负总责的原则显然相悖，故应当允许经营性承租人直接提起复议或诉讼，向征收人主张相关权利。诉讼实践中，由于经营性房屋改建、装修装饰费用是否确为承租人支出，承租人在租赁合同中是否明确放弃了房屋改建、装修装饰费用以及出租人是否与征收人就房屋改建、装修装饰费用等达成一致均需通过实体审理方可查明，故从程序上讲，承租人以上述损失为由提起的安置补偿或国家赔偿诉讼，在符合《行政诉讼法》第 49 条规定的前提下，一般应当先予受理。其次，《土地管理法》第 63 条规定："土地利用总体规划、城乡规划确定为工业、商业等经营性用途，并经依法登记的集体经营性建设用地，土地所有权人可以通过出让、出租等方式交由单位或者个人使用。"这里的"出租"是集体经营性建设用地一级市场的一种流转和用地方式，承租人通过合同的约定以及后期相关立法还可能进一步获得不动产登记。在此情况下，其获得的虽然是承租期间集体经营性建设用地的使用权，但这类承租人是征地补偿行为的直接相对人（例如，对地上附着物及停产停业的补偿），对于征收补偿行为具有当然的诉讼主体资格。最后，《征补条例》第 17 条第 1 款第 2~3 项规定："作出房屋征收决定的市、县级人民政府对被征收人给予的补偿包括：……（二）因征收房屋造成的搬迁、临时安置的补偿；（三）因征收房屋造成的停产停业损失的补偿。"据此，作出房屋征收决定的市、县级人民政府对被征收人给予的补偿包括"因征收房屋造成的搬迁、临时安置的补偿""因征收房屋造成的停产停业损失的补偿"。在征收补偿案件中，通常而言，补偿的对象是被征收人，即房屋的所有权人，承租人与征收补偿行为不具有利害关系，因而不能成为行政诉讼的适格原告。但如果承租人在租赁的房屋上有难以分割的添附，且以其所承租房屋依法进行经营活动，那么在该房屋被征收时，对于承租人提出的室内装修、机器设备搬迁、停产停业等损失，依法应予考虑，此时承租人与征收补偿行为之间应视为具有利害关系，可以作为原告提起诉讼。综上，公民、法人或者其他组织只要与被诉行政行为有利害关系，其就具有原告主体资格。

**【规范指引】**

《土地管理法》第 47 条第 4 款、第 48 条、第 63 条第 1 款；《征补条例》第 17 条第 1 款第 2~3 项；《行政诉讼法》第 25 条第 1 款、第 49 条第 1 项。

### （三）被告主体资格的认定

## 争点 4：集体土地安置补偿职责主体的认定

**【人民法院案例库案例】宋某诉乌鲁木齐市某区某镇人民政府、乌鲁木齐市某区人民政府履行补偿安置职责案**[①]

**基本案情**

2003 年 3 月 10 日，宋某与某村村委会签订《承包合同》，承包某村黄渠东 344.4 亩土地。承包期限自 2003 年 3 月 10 日至 2028 年 12 月 31 日……2003 年 12 月 8 日，某区林业局颁发米林证字（2003）第 032 号林权证。2017 年 7 月 13 日，乌鲁木齐市某区某镇人民政府（以下简称某镇政府）出具《关于解决西延干渠引水渠系配套工程征地问题的答复》载明："卧龙岗村村民宋某：西延干渠引水渠系配套工程项目于 2015 年 9 月开工，10 月修到宋某所承包的耕地段，由于该项目为自治区重点工程，工期较紧，经镇政府与宋某协商，对于所征用的地会按照有关法律及条文规定进行合理补偿……现镇政府承诺会根据新国土资发〔2009〕131 号文件、乌政办〔2011〕272 号文件、新计价房〔2011〕500 号文件及某区征收管理办公室对以上文件的解释等相关规定，在 15 个工作日内给出解决西延干渠引水渠系配套工程征地问题补偿协议及相关说明，并以合法的方式将补偿协议及现场认定书交给宋某，希望宋某能在 5 个工作日内给予签字认定。政府一定会按照所承诺的内容给予补偿。"宋某称某镇政府未与其达成补偿协议，上述答复并未实际履行，故分别向乌鲁木齐市某区人民政府（以下简称某区政府）及某镇政府邮寄履行安置职责申请书，某区政府及某镇政府均未答复，遂诉至法院，请求人民法院判令二被告履行补偿安置职责。

庭审中某区政府、某区征收办称其均未发布征收补偿方案，未发布过任何征收相关文件，对涉案项目没有进行过征收。某镇政府在庭审中自认，某镇政府未与某村村委会签订过安置补偿协议，也未作出具体征收补偿方案，其对于宋某的安置补偿方案如下："15.6 万元 / 亩中，3.6 万元 / 亩是土地补偿费归村集体，9 万元 / 亩是安置补偿费，只给家庭联产承包责任田村民，宋

① 入库编号 2023-12-3-019-003。

某被征收土地属于经营承包地，故没有这9万元/亩的补偿，3万元/亩系对青苗及地上附着物按照实际种植情况补偿，超过3万元/亩的部分需要专业技术评估。”“该安置补偿方案系依据新国土资发〔2009〕131号文件、乌政办〔2011〕272号文件、新国土资发〔2011〕19号文件、新计价房〔2011〕500号文件执行。”宋某不同意上述安置补偿方案，故双方至今未签订安置补偿协议。某镇政府提供某镇国土资源所于2020年9月22日出具的《证明》载明：“经我镇国土所至某区国土分局现场调图，此块图斑权属单位为某乡直属，权属性质为国有土地，地类名称为其他林地、其他草地、坑塘水面。四至界限：东邻洪坝、南邻东方村稻地交界、西邻黄渠、北邻李某光稻地交界。”某区政府认可该证明内容，其陈述“涉案土地性质自一九八几年后属于国有土地，行政区划应属某乡，但因历史遗留问题，涉案土地一直由某镇某村作为集体土地管理”。

新疆维吾尔自治区乌鲁木齐市中级人民法院于2021年6月30日作出（2020）新01行初33号行政判决：责令乌鲁木齐市某区某镇人民政府于本判决发生法律效力之日起60日内针对西延干渠引水渠系配套工程因占用宋某林地、鱼塘作出安置补偿决定。宋某提出上诉。新疆维吾尔自治区高级人民法院于2021年11月29日作出（2021）新行终84号行政判决：一、撤销新疆维吾尔自治区乌鲁木齐市中级人民法院（2020）新01行初33号行政判决；二、责令被上诉人某区政府于本判决生效之日起15日内向上诉人宋某支付地上附着物、青苗补偿费及利息损失966 004.5元；三、驳回上诉人宋某的其他诉讼请求。

**裁判理由**

法院生效裁判认为：

一、在集体土地征收过程中，县级以上地方人民政府是法定的公告和组织实施主体。

集体土地经有权机关批准征收后，市、县级人民政府及其土地管理部门具体负责实施征收与补偿工作，应当积极主动履行补偿安置义务。本案中，某区政府为本案涉案土地的补偿安置义务主体，委托某镇政府实施具体安置补偿工作，但不能因此认定某镇政府据此取得了独立实施补偿安置的行政主体资格，亦不能因此免除某区政府法定的安置补偿义务。某镇政府在与被征收人达不成补偿协议的情况下，某区政府应当依法及时作出补偿安置决定并履行补偿安置职责，故某区政府系本案法定补偿义务主体，原审认定某镇政府为补偿安置义务主体无法律依据。

二、本案应当适用履行判决还是给付判决。

行政机关优先判断及处理权与司法机关监督及救济权的选择，应当从更有利于当事人权益保障的角度出发。如案件涉及大量技术性、政策性的问题，需要行政机关的知识、技能和经验来解决，对于专业性问题应当尊重行政机关首次判断权，行政处理有利于工作效率的提高，专业知识可更好地解决相对人之间的行政纠纷。如不涉及专业性问题，且行政机关明显怠于行使权力或履行义务引发诉讼，则应充分结合案件实际情况，判断争议案件是否具备司法裁决的条件，行政权力运行的机制及可能产生的后果，从而准确选择裁判类型，对于能够确定具体金额的金钱给付类案件，应当依照行政诉讼法及相关法律、法规规定，作出具有具体给付内容的实体判决，而非在行政机关已经怠于履行的情况下，依然以行政机关优先处理权为由，以履行判决替代给付判决。

本案各方当事人对于永久性占地补偿 36 000 元 / 亩、安置补偿费 9 万元 / 亩、青苗及地上附着物补偿费 3 万元 / 亩、鱼池 3 万元 / 亩的补偿标准无异议，仅就被征收人应当享有的补偿项目及面积存有争议。补偿项目属于法律适用问题，故在确定被征地面积后，进行简单的数学计算即可确定补偿数额，对涉案诉求的准确判断，并不需要利用行政机关专业知识与经验的优越性，即案件现有证据满足直接进行裁判的条件。宋某在本案诉讼前，多次要求某区政府履行补偿义务，某区政府均未予以答复，本案在审理过程中，原审法院及二审法院多次组织调解，双方均未达成一致意见，在调解过程中，某区政府已经充分表达其对涉案事务的处理结果，可以预判行政机关的最终决定，与相对人诉求差距较大，要求其进一步进行行政处理不利于司法审查或当事人权益保障，易造成当事人陷入循环诉讼，浪费行政资源和司法资源，增加当事人诉累。

因此，基于宋某诉讼请求为要求支付补偿款的金钱给付类请求，且本案满足直接进行司法判断的条件，应当适用给付类判决对补偿数额直接进行裁判，更有利于保障当事人的合法权益。综合全案证据，该院依法确认被征收土地面积为 30.74 亩，判决某区政府依法履行安置补偿职责，向宋某支付地上附着物及青苗补偿费 922 200 元，利息损失 43 804.5 元，共计 966 004.5 元。

**裁判要旨**

1. 关于集体土地征收中补偿安置职责的主体问题。法律、法规、规章没有赋予乡镇一级政府征收集体土地的法定职责，即便其有自认行为，也不能因其自认而具备独立实施土地征收、承担安置补偿职责的资格，亦不能因此免除市、县级人民政府法定的安置补偿义务。故对镇政府实施的集体土地征收行为应当视为委托，镇政府作为受托主体，可以与被征收人协商或达成征收补偿协议，在与被征收人达不成补偿协议的情况下，市、县级人民政府应当依法及时作出补偿安置决定并履行补偿安置职责。

2. 关于履行安置补偿职责之诉的裁判方式及裁判时机。履行法定职责之诉及给付之诉中，对于行政机关不需要先行处理又明显怠于行使权力或履行义务，且能够确定具体金额的金钱给付类案件，应当依照《行政诉讼法》及相关法律、法规规定，作出具有具体给付内容的实体判决，更有利于及时实质性解决行政争议，保障当事人的合法权益。行政机关明显存在不履行或者拖延履行法定职责、拒绝给付的情形，直接判令其作出特定行政行为更有利于保障行政相对人的合法权益，实质性化解行政争议。

**关联索引**

《土地管理法》第 47 条、第 48 条

《行政诉讼法》第 73 条

《行政诉讼法适用解释》第 91 条

一审：新疆维吾尔自治区乌鲁木齐市中级人民法院（2020）新 01 行初 33 号行政判决（2021 年 6 月 30 日）

二审：新疆维吾尔自治区高级人民法院（2021）新行终 84 号行政判决（2021 年 11 月 29 日）

## 争点 5：市、县级政府或其指定的土地部门的补偿安置义务主体资格

**【人民法院案例库案例】某开发部诉上海市闵行区人民政府不履行行政补偿法定职责案**①

**基本案情**

2017 年 1 月 27 日，某开发部向上海市第一中级人民法院提起行政诉讼称：某开发部于 2000 年与上海市闵行区塘湾村委会、上海申某实业有限公司（以下简称申某公司）签订《房地产权转让合同》，由某开发部有偿取得上海市莲花南路 × 号两块集体建设用地使用权，以及地上房屋等所有权。之后，上海市闵行区人民政府（以下简称闵行区政府）作出沪闵府征告〔2011〕第 73 号《征收土地方案公告》，征收包括上述集体建设用地在内的上海市吴泾镇莲花路西南潮浜南地块集体土地。因案涉地上房屋等建筑物于 2013 年 5 月被非法征收拆除未得到合理补偿，某开发部于 2016 年 7 月 24 日向闵行区政府申请履行土地房屋征收补偿法定职责，闵行区政府未予答复。请求判令闵行区政府依法履行案涉土地房屋征收补偿法定职责；采取补救措施，对上海市莲花南路 × 号两处建设用地上由某开发部经合同转让并独资建造的房屋、水泥场地等依法给予征收补偿。

上海市第一中级人民法院于 2017 年 3 月 16 日作出（2017）沪 01 行初 61 号行政裁定，对某开发部的起诉不予立案。

一审宣判后，某开发部不服，提起上诉。上海市高级人民法院于 2017 年 7 月 7 日作出（2017）沪行终 177 号行政裁定，驳回上诉，维持一审裁定。

二审宣判后，某开发部向最高人民法院申请再审。最高人民法院于 2018 年 12 月 19 日作出（2018）最高法行再 124 号行政裁定：一、撤销上海市高级人民法院（2017）沪行终 177 号行政裁定，撤销上海市第一中级人民法院（2017）沪 01 行初 61 号行政裁定；二、指令上海市第一中级人民法院受理本案。

**裁判理由**

现行集体土地征收制度的本质是国家基于公共利益需要实施征收，并由

① 入库编号 2023-12-3-021-004。

国家依法给予公平合理补偿的制度，市、县人民政府是代表国家负责具体征收与补偿的法定行政主体。职权之所在，即义务之所在，也即责任之所在。市、县人民政府有权代表国家组织实施征收，也负有确保被征收人通过签订协议或者以补偿决定等方式取得公平补偿的义务。市、县人民政府可以结合实际需要，要求土地管理部门具体组织实施本行政区域的土地房屋征收补偿工作，或者委托乡镇人民政府、区（县）征地事务机构等主体从事具体的补偿安置事宜，但市、县人民政府并不因此即免除法定补偿安置义务，在被征收人未签订补偿安置协议的情况下，市、县人民政府或其指定的土地管理部门依法应当以书面形式作出补偿安置决定，履行补偿安置义务。否则，被征收人可以依法请求市、县人民政府或其指定的土地管理部门依法履行补偿安置职责，要求依法作出包含补偿安置内容的补偿安置等决定。

本案中，某开发部与塘湾村委会于2000年4月签订协议，由某开发部自塘湾村委会处受让1.32亩集体建设用地使用权、两幢楼房及附属设施等地上建筑物产权，并约定由塘湾村委会负责办理房地产权过户手续。某开发部与塘湾村委会、申某公司还分别于2002年、2004年、2005年签订相关协议，就增加的集体土地使用权及相关费用作出约定，还约定塘湾村委会及申某公司均认可某开发部拥有对涉案房屋和土地相当于产权证书的相应物权。结合原上海县人民政府于1990年12月27日核发的《上海县土地使用权申请登记表》，案涉协议转让的是塘湾村委会所属的集体经营性建设用地上已经建成的房屋而非宅基地和耕地，不违反《土地管理法》禁止性规定。有关行政主体对申某公司未经批准建造上海某阀门厂而予行政处罚决定并批准补办土地使用手续及核发建设用地批准书等，表明协议主体对所涉土地已经依法取得建设用地使用权，而现行法律法规并不禁止特定情形下集体建设用地使用权可以依法流转。

塘湾村委会在案涉协议中均认可某开发部拥有对涉案房屋和土地的全部权利，且约定如遇拆迁由塘湾村委会负责某开发部依法应取得的全部的政策性补偿安置费用。某开发部未依约取得案涉集体建设用地使用权证和房屋所有权证，主要系塘湾村委会未依法及时履约所致。因长期以来案涉不动产均由某开发部占有、使用、收益及经许可自建部分房屋，某开发部是适格的被征收人和补偿安置相对人，而塘湾村委会、申某公司、吴泾镇规划办等相继与某开发部协商案涉补偿安置事宜。某开发部有权主张其依法应当获得的补偿安置权益，而闵行区政府作为案涉征收实施主体，依法也负有相应补偿安置义务。因某开发部先后提起过多起民事和行政诉讼，而其补偿安置争议问题仍未有效解决。且即便某开发部通过民事诉讼解决与塘湾村委会、申某公司之间的返还补偿安置款纠纷，某开发部所实际获得的补偿，仍将受限于塘湾村委会、申某公司因无权处分签订的案涉补偿协议所确定的补偿，而仍无法直接、一次性解决案涉补偿安置纠纷，无法有效保障某开发部合法权益，无法充分体现公平合理补偿原则。因案涉房屋已经被实际拆除而闵行区政府并未依法对再审申请人作出任何补偿，在此前提下，再审申请人依法既可以提起行政强制附带行政赔偿诉讼，也可以提起请求履行补偿安置法定职责诉讼，本案再审申请人起诉请求闵行区政府履行征收补偿法定职责，再审申请人对起诉权利、起诉对象、诉讼类型所进行的选择，人民法院应予尊重。

根据《行政诉讼法》第12条第1款第6项规定，申请行政机关履行保护人身权、财产权等合法权益的法定职责，行政机关拒绝履行或者不予答复的，公民、法人或者其他组织可以提起行政诉讼；第25条第1款规定，行政行为的相对人以及其他与行政行为有利害关系的公民、法人或者其他组织，有权提起诉讼；第26条第1款规定，公民、法人或者其他组织直接向人民法院提起诉讼的，作出行政行为的行政机关是被告；第51条第1款规定，人民法院在接到起诉状时对符合本法规定的起诉条件的，应当登记立案。本案某开发部提供的相应的证据能够证明案涉房屋系在闵行区政府组织实施征收过程中被拆除，而闵行区政府及闵行区土地管理部门也分别为《上海市征收集体土地房屋补偿暂行规定》第5条第1款、第2款所规定的负责征地房屋补偿工作主体和组织实施征地房屋补偿工作主体。因此，某开发部诉请闵行区政府履行补偿安置职责，符合法定登记立案条件。一、二审法院认为尚无生效裁判和证据可以证明闵行区政府征收、拆除了本案所涉的房屋等建筑物，从而并非补偿安置义务主体的认定，系对《土地管理法》确立的集体土地征收与补偿制度的错误理解，一、二审法院分别对某开发部的起诉不予立案及驳回上诉，适用法律确有错误，依法应予纠正。

**裁判要旨**

现行集体土地征收制度的本质是国家基于公共利益需要实施征收，并由国家依法给予公平合理补偿，市、县人民政府是代表国家负责具体征收与补偿的法定行政主体。职权之所在，即义务之所在，也即责任之所在。市、县人民政府有权代表国家组织实施征收，也负有确保被征收人通过签订协议或者以补偿决定等方式取得公平补偿的义务。市、县人民政府可以结合实际需要，要求土地管理部门具体组织实施本行政区域的土地房屋征收补偿工作，或者委托乡镇人民政府、区（县）征地事务机构等主体从事具体的补偿安置事宜，但市、县人民政府不因此即免除法定补偿安置义务，在被征收人未签订补偿安置协议的情况下，市、县人民政府或其指定的土地管理部门依法应当以书面形式作出补偿安置决定，履行补偿安置义务。否则，被征收人可以依法请求市、县人民政府或其指定的土地管理部门依法履行补偿安置职责，要求依法作出包含补偿安置内容的补偿安置等决定。

**关联索引**

《行政诉讼法》第 12 条第 1 款第 6 项、第 25 条第 1 款、第 26 条第 1 款、第 51 条第 1 款

一审：上海市第一中级人民法院（2017）沪 01 行初 61 号行政裁定（2017 年 3 月 16 日）

二审：上海市高级人民法院（2017）沪行终 177 号行政裁定（2017 年 7 月 7 日）

再审：最高人民法院（2018）最高法行再 124 号行政裁定（2018 年 12 月 19 日）

（四）具体的诉讼请求和事实依据的认定

## 争点 6：诉讼请求应当明确、具体

**【案例】陈某 1 因陈某 2 诉湖北省孝感市人民政府、汉川市人民政府、汉川市马口镇人民政府征地违法及行政赔偿、返还补偿金案**[①]

陈某 1 因陈某 2 诉湖北省孝感市人民政府、汉川市人民政府、汉川市马口镇人民政府征地违法及行政赔偿、返还补偿金一案，不服湖北省高级人民法院（2019）鄂行终 715 号行政裁定，向最高人民法院申请再审。陈某 1 申请再审称，涉案农用地被占用成为建设用地无批准文件，违法占地事实清楚。

---

① 最高人民法院（2020）最高法行申 13225 号行政裁定书。

本案与前案是不同的案件，其并未重复起诉。

最高人民法院认为，根据《行政诉讼法》第 49 条的规定，提起诉讼应当有具体的诉讼请求和事实根据。根据陈某 2 一审提交的起诉材料及一、二审法院审理情况，其诉请确认白石湖开发违法，实质上是对案涉白石湖地区农村集体土地征收及开发行为不服，但其并未明确所诉行为是土地征收程序中的哪个行政行为，笼统地以孝感市人民政府、汉川市人民政府、马口镇人民政府为被告，诉请确认白石湖开发违法，属于诉讼请求不明确不具体，不符合《行政诉讼法》第 49 条规定的起诉条件。另外，在案涉征地开发行为未被确认违法之前，陈某 1 提出对 0.972 亩基本农田赔偿损失 9 万元的赔偿请求，亦缺乏事实根据和法律依据。故一审法院裁定驳回起诉，二审法院予以维持，并无不当。

**【分析】**

《行政诉讼法》第 49 条第 3 项规定："提起诉讼应当符合下列条件：……（三）有具体的诉讼请求和事实根据。"《行政诉讼法适用解释》第 68 条规定："行政诉讼法第四十九条第三项规定的'有具体的诉讼请求'是指：（一）请求判决撤销或者变更行政行为；（二）请求判决行政机关履行特定法定职责或者给付义务；（三）请求判决确认行政行为违法；（四）请求判决确认行政行为无效；（五）请求判决行政机关予以赔偿或者补偿；（六）请求解决行政协议争议；（七）请求一并审查规章以下规范性文件；（八）请求一并解决相关民事争议；（九）其他诉讼请求。当事人单独或者一并提起行政赔偿、补偿诉讼的，应当有具体的赔偿、补偿事项以及数额；请求一并审查规章以下规范性文件的，应当提供明确的文件名称或者审查对象；请求一并解决相关民事争议的，应当有具体的民事诉讼请求。当事人未能正确表达诉讼请求的，人民法院应当要求其明确诉讼请求。"根据上述规定，对于当事人诉讼请求不明确的，应结合补偿安置具体情况、补偿安置分歧原因、被征收人实质诉求等情况，引导被征收人正确选择被诉行政行为、适格被告及有利于补偿安置争议实质化解的诉讼请求：（1）签订补偿安置协议后，认为补偿安置协议违法或遗漏法定补偿安置内容的，引导起诉补偿安置协议。（2）对补偿安置义务主体作出的补偿决定不服，认为补偿决定违法或者遗漏法定补偿安置内容的，引导起诉补偿决定。（3）无补偿安置协议或补偿决定且尚未被强制交出土地的，引导提起履行补偿安置职责诉讼或请求作出补偿决定诉讼。（4）无补偿安置协议或补偿决定且已被强制交出土地，被征收人对补偿安置不服，引导提起履行补偿安置职责诉讼或请求作出补偿决定诉讼；对强制拆除行为不服的，引导提起确认强制拆除行为违法并赔偿动产、不动产等损失诉讼。被征收人对补偿标准、补偿安置方案、被征收房屋和土地的地类与面积认定、地上附着物与青苗补偿费计算等有异议的，可以在提起上述相关类型诉讼时一并提出。

【规范指引】

《行政诉讼法》第49条；《行政诉讼法适用解释》第68条。

### （五）起诉期限的认定

## 争点7：知道或者应当知道的认定

**【案例】区某诉广东省江门市江海区人民政府礼乐街道办事处、广东省江门市公安局江海分局、广东省江门市江海区住房城乡建设和水务局土地行政强制案**[①]

2015年9月21日，在广东省江门市江海区国土规划和环境保护局的见证下，广东省江门市江海区人民政府礼乐街道办事处（以下简称礼乐街道办）与江门市江海区礼乐街道办事处威东股份合作经济联合社（以下简称威东经联社）签订《征地补偿协议书》。区某是威东村村民。2015年9月30日，经广东省人民政府审核同意，广东省国土资源厅作出批复，同意将礼乐街道办武东、向荣、威东、威西股份合作经济联合社属下的集体农用地21.3393公顷转为建设用地，并征收为国有。2015年10月28日，江门市人民政府发布《征收土地公告》，公告载明征地用途、范围、补偿标准、公告期限、救济途径等内容。同日，江门市国土资源局亦发布《征地补偿安置方案公告》。两公告在江门市国土资源局网站公告和威东村公告栏进行了公示。两公告均明确，礼乐街道办是本次征地的实施单位。2015年12月4日，经广东省人民政府审核同意，广东省国土资源厅作出批复，同意将威东经联社属下的集体农用地4.311公顷（均为耕地）转为建设用地，并征收为国有。2015年12月20日，江门市人民政府发布《征收土地公告》。2016年4月5日，江门市国土资源局

① 最高人民法院（2019）最高法行申10506号行政裁定书。

发布《征地补偿安置方案公告》。两公告在江门市国土资源局网站公告和威东村公告栏进行公示。两公告均明确，礼乐街道办为本次征地的实施单位。

2016年6月29日和30日，礼乐街道办分别与江门市某机电设备有限公司、广东某纺织有限公司和广东某感光材料股份有限公司签订《交地确认书》。礼乐街道办已按协议约定，将全部征地补偿款分两笔划入威东村委会和威东经联社账户。2016年7月22日，威东村委会发布通知，告知村民将于2016年8月1日后，对已被征收的土地开展填土工程。2016年9月7日，威东村委会通知村民，涉案地块已完成征地手续，征地补偿款已发放到村民的账户，请村民到村委会核实，并签收领取青苗补偿款。2016年9月下旬，礼乐街道办等相关部门对威东村被征收土地进行填土。2018年2月8日，区某提起行政诉讼，请求确认礼乐街道办、江门市公安局江海分局、江门市江海区住房城乡建设和水务局强占区某承包地进行填土的行政行为违法。

江门市中级人民法院（2018）粤07行初27号行政裁定认为，礼乐街道办按照《征收土地公告》《征地补偿安置方案公告》的要求，与涉案集体土地所有权人威东经联社签订征地补偿协议。征地补偿款全额划入威东村委会和威东经联社账户后，涉案集体土地的征收工作已经完成，土地性质已由农村集体土地转为国有建设用地，所有权人不再是集体经济组织。礼乐街道办对国有建设用地实施的填土行为，与区某不产生任何利害关系。依照《行政诉讼法适用解释》第69条第3款和第101条第1款第2项规定，裁定驳回区某的起诉。上述裁定经二审法院裁定维持。最高人民法院认为，区某系被征收土地集体经济组织成员，生活在被强制填土的承包地区域，十分关心自己的承包地，威东村委会于2016年7月22日已经发布通知，告知全体村民将于2016年8月1日后对已被征收的土地开展填土工程，礼乐街道办实施强制填土行为系大规模公开行动，运用逻辑推理和生活经验，完全可以推定区某在其承包地被强制填土之日即已知道被诉行政行为。区某于2018年2月8日提起本案行政诉讼，超过法律规定的6个月起诉期限。

**【分析】**

《行政诉讼法》第46条第1款规定："公民、法人或者其他组织直接向人民法院提起诉讼的，应当自知道或者应当知道作出行政行为之日起六个月内提出。法律另有规定的除外。"正常情况下，行政机关作出行政行为，应当告知相对人行政行为的内容，以期得到相对人的配合或者履行，实现行政行为的目的。但实践中也有不少案件，由于行政机关作出行政行为时没有告知相对人及利害关系人以及其他方面的原因，导致相对人及利害关系人迟迟不知道已作出行政行为。在此情况下，如果因为当事人无法“知道或者应当知道”而无法开始计算起诉期限，就会导致行政法律关系无限期地处于不稳定状态。为了解决这一问题，有必要确定一个最长保护期限，即作出的行政行为到某一时间点后，不论当事人是否知道或者应当知道，都不能再提起诉讼。“作出行政行为”包含两个要素：一是作出的主体；二是行政行为的内容。所谓“知道”，应当是指有充分证据证明，起诉人知道作出被诉行政行为的时间；所谓“应当知道”是指遵循法官职业道德，运用逻辑推理和生活经验，根据相关证据，推定起诉人知道作出被诉行政行为的时间。

**【规范指引】**

《行政诉讼法》第 46 条第 1 款。

## 三、法律适用中的疑难问题

### 问题 1：集体经济组织成员个人对土地征收补偿不服提起诉讼，不具有原告资格

**【案例】刘某等人诉辽宁省锦州市太和区人民政府履行职责案**[①]

刘某等人不服辽宁省高级人民法院（2019）辽行终 616 号行政裁定，向最高人民法院申请再审。最高人民法院经审查认为：本案争议焦点是刘某等是否具有提起本案诉讼的原告资格。根据《土地管理法实施条例》（2014 年修订）第 26 条第 1 款的规定：“土地补偿费归农村集体经济组织所有；地上附着物及青苗补偿费归地上附着物及青苗的所有者所有。”根据本案业已查明的事实，刘某等人提起本案诉讼的诉讼请求是要求太和区人民政府履行补偿职责给付征用土地补偿款，其作为集体经济组织成员不具有以个人名义提起本案诉讼，要求太和区人民政府给付土地补偿款的原告资格。一审裁定驳回起诉，二审裁定驳回上诉，维持原裁定，并无不当。

**【分析】**

《土地管理法》第 9 条第 2 款规定：“农村和城市郊区的土地，除由法律

---

① 最高人民法院（2019）最高法行申 14372 号行政裁定书。

规定属于国家所有的以外，属于农民集体所有；宅基地和自留地、自留山，属于农民集体所有。”第 47 条第 4 款规定：“拟征收土地的所有权人、使用权人应当在公告规定期限内，持不动产权属证明材料办理补偿登记。县级以上地方人民政府应当组织有关部门测算并落实有关费用，保证足额到位，与拟征收土地的所有权人、使用权人就补偿、安置等签订协议；个别确实难以达成协议的，应当在申请征收土地时如实说明。”《村民委员会组织法》第 24 条第 1 款第 7 项规定：“涉及村民利益的下列事项，经村民会议讨论决定方可办理：……（七）征地补偿费的使用、分配方案。”《农村集体土地若干问题规定》第 3 条规定：“村民委员会或者农村集体经济组织对涉及农村集体土地的行政行为不起诉的，过半数的村民可以以集体经济组织名义提起诉讼。农村集体经济组织成员全部转为城镇居民后，对涉及农村集体土地的行政行为不服的，过半数的原集体经济组织成员可以提起诉讼。”根据上述规定，集体土地所有权归属村集体经济组织，征收部门系与土地所有权人即村集体经济组织签订补偿协议。土地补偿费用依法应归属于村集体经济组织。土地补偿费和安置补偿费的分配方式以及数额的确定，属于村民通过村民会议行使自治权利的范畴，其虽影响村民个人利益，但却并非针对村民个人。村民个人无权以此为由对村民委员会与征收部门就土地补偿问题签订协议的行为提起行政诉讼。作为村集体成员的个别村民认为村民集体享有的土地所有权受到行政行为侵害，需要对有关行政机关主张权利的，应通过法定的途径和形式，将个别村民的意愿转化为村民集体的意愿，以村民集体的名义主张权利。

**【规范指引】**

《土地管理法》第 9 条第 2 款；《村民委员会组织法》第 24 条第 1 款第 7 项；《土地管理法实施条例》第 32 条。

## 问题 2：批复公告后，被征收人对后续权证注销、土地出让、颁证等行为的原告资格问题

**【案例】广东省中山市坦洲镇永一村合兴村民小组诉中山市人民政府颁发国有土地使用权证案**①

中山市人民政府于 2006 年 5 月 24 日向中山市某俊企业有限公司（以下简称某俊公司）颁发了中府国用〔2006〕第 330518 号《国有土地使用权证》，将位于中山市坦洲镇永一村合兴队的 12 100.65 平方米土地办证至某俊公司名下。广东省中山市坦洲镇永一村合兴村民小组（以下简称合兴村民小组）认为，涉案土地自中华人民共和国成立后一直是其名下的耕地，从未有行政机关表示该宗地已被征收或由农用地转为商业用地以出让。合兴村民小组村民也从未领取过任何关于该宗土地的征地补偿款。近来，某俊公司在永一村意欲建设施工，合兴村民小组才得知中山市人民政府的土地发证行为，随即以中山市人民政府未经补偿就擅自将合兴村民小组赖以生存的土地发证至某俊公司的名下侵犯了其权益为由，请求法院判令撤销中山市人民政府给某俊公司颁发的《国有土地使用权证》。本案中，虽然涉案土地已由原广东省国土资源厅经广东省人民政府同意作出粤国土资（建）字〔2006〕65 号《关于中山市 2005 年度第四十三批次城镇建设用地的批复》，可以由集体农用地转为建设用地，但是，中山市人民政府没有提供证据证明其向合兴村民小组支付了征地补偿款，且现涉案土地仍然由合兴村民小组进行耕种，故应认定征地程序尚未完成，合兴村民小组具有就后续颁证行为提起诉讼的原告资格。

**【分析】**

有观点认为，根据《民法典》第 229 条规定“因人民法院、仲裁机构的法律文书或者人民政府的征收决定等，导致物权设立、变更、转让或者消灭的，自法律文书或者征收决定等生效时发生效力”，征地过程中，人民政府的征地决定作出并依法公告送达后，土地的所有权主体就由集体经济组织转变为国家，故而被征收人对国有土地上的转让和颁证行为，也就相应失去了法律上的利害关系，不具有对后续相关行政行为提起行政诉讼的原告资格。

---

① 最高人民法院（2014）粤高法行终字第 1025 号行政裁定书。

但是本书持相反意见，具体理由如下：第一，《民法典》第240条规定："所有权人对自己的不动产或者动产，依法享有占有、使用、收益和处分的权利。"《民法典》第243条规定："为了公共利益的需要，依照法律规定的权限和程序可以征收集体所有的土地和组织、个人的房屋以及其他不动产。征收集体所有的土地，应当依法及时足额支付土地补偿费、安置补助费以及农村村民住宅、其他地上附着物和青苗等的补偿费用，并安排被征地农民的社会保障费用，保障被征地农民的生活，维护被征地农民的合法权益。征收组织、个人的房屋以及其他不动产，应当依法给予征收补偿，维护被征收人的合法权益；征收个人住宅的，还应当保障被征收人的居住条件。任何组织或者个人不得贪污、挪用、私分、截留、拖欠征收补偿费等费用。"《民法典》第327条规定："因不动产或者动产被征收、征用致使用益物权消灭或者影响用益物权行使的，用益物权人有权依据本法第二百四十三条、第二百四十五条的规定获得相应补偿。"根据上述规定，所有权是一个包含占有、使用、收益、处分等多个权能的权利。由于上述权能可能分属于不同主体，因此，即使取得所有权也不意味着所有权人可以完全行使对物的支配权。

第二，《土地管理法》第48条规定："征收土地应当给予公平、合理的补偿，保障被征地农民原有生活水平不降低、长远生计有保障。征收土地应当依法及时足额支付土地补偿费、安置补助费以及农村村民住宅、其他地上附着物和青苗等的补偿费用，并安排被征地农民的社会保障费用。征收农用地的土地补偿费、安置补助费标准由省、自治区、直辖市通过制定公布区片综合地价确定。制定区片综合地价应当综合考虑土地原用途、土地资源条件、土地产值、土地区位、土地供求关系、人口以及经济社会发展水平等因素，并至少每三年调整或者重新公布一次。征收农用地以外的其他土地、地上附着物和青苗等的补偿标准，由省、自治区、直辖市制定。对其中的农村村民住宅，应当按照先补偿后搬迁、居住条件有改善的原则，尊重农村村民意愿，采取重新安排宅基地建房、提供安置房或者货币补偿等方式给予公平、合理的补偿，并对因征收造成的搬迁、临时安置等费用予以补偿，保障农村村民居住的权利和合法的住房财产权益。县级以上地方人民政府应当将被征地农民纳入相应的养老等社会保障体系。被征地农民的社会保障费用主要用于符合条件的被征地农民的养老保险等社会保险缴费补贴。被征地农民社会保障费用的筹集、管理和使用办法，由省、自治区、直辖市制定。"《土地管理法实施条例》第32条规定："省、自治区、直辖市应当制定公布区片综合地价，确定征收农用地的土地补偿费、安置补助费标准，并制定土地补偿费、安置补助费分配办法。地上附着物和青苗等的补偿费用，归其所有权人所有。社会保障费用主要用于符合条件的被征地农民的养老保险等社会保险缴费补贴，按照省、自治区、直辖市的规定单独列支。申请征收土地的县级以上地方人民政府应当及时落实土地补偿费、安置补助费、农村村民住宅以及其他地上附着物和青苗等的补偿费用、社会保障费用等，并保证足额到位，专款专用。有关费用未足额到位的，不得批准征收土地。"根据上述规定，集体土地自征收决定公布生效后，被征收人即取得了要求征收部门进行安置补偿的权利。征收人所拥有的被征收土地的所有权和使用权转化为安置补偿请求权的过程，从法律性质上看，实质是被征收人所享有的原土地所有权或使用权这一物权转化为债权请求权的过程。而对于这种安置补偿请求之债的保护，《土地管理法实施条例》第62条规定："违反土地管理法律、法规规定，阻挠国家建设征收土地的，由县级以上地方人民政府责令交出土地；拒不交出土地的，依法申请人民法院强制执行。"据此，土地征收的最后环节——交出土地，要由人民法院来审查执行。而《农村集体土地若干问题规定》第14条第1款第3项、第2款规定："县级以上人民政府土地管理部门根据土地管理法实施条例第四十五条的规定，申请人民法院执行其作出的责令交出土地决定的，应当符合下列条件：……（三）被征收土地所有权人、使用人已经依法得到安置补偿或者无正当理由拒绝接受安置补偿，且拒不交出土地，已经影响到征收工作的正常进行……人民法院对符合条件的申请，应当裁定予以受理，并通知申请人；对不符合条件的申请，应当裁定不予受理。"该条虽然是对责令交出土地之后人民法院对非诉执行申请审查的规定，但它明确将原土地使用人已经依法得到安置补偿（包括已经依法安置补偿但被征收人无正当理由拒绝接受的情形），作为人民法院准许自然资源主管部门执行其作出的责令交出土地决定的前置要件，从而使依法安置补偿与否，成为征收人能否实现土地所有权的要件之一。这一点在上述《土地管理法》第48条中也得到了体现。换而言之，征收人不依法进行安置补偿，就不能强令被征收人交出土地，从而也就无法完整地实现其所享有的国有土地所有权的权能。故而可以理解为，虽然集体土地被征收，土地所有权性质发生了改变，但改变后的国有土地使用权在被征收人所享有的安置补偿之债尚未实现前，依然实际掌握在被征收人手中，在安置补偿尚未依法落实的情况下，被征收人在征收人实施的后续出让、颁证等行为直接侵害其对土地和房屋占有的情况下，被征收人具有法律上的利害关系。

第三，征地行为是一个多阶段性的行为。取得征地批准文件并公布生效，并不意味着征地工作必然会完成，如遇到特殊情况也有可能不能继续实施征地行为。在此情况下，由于没有继续进行法定的征收程序，从而导致其他相关权利没有发生及时转移。此时，原土地权利人仍然合法享有土地的使用权，因此，其对于后续的用地行为不服，仍然可以提起复议或诉讼。

第四，在征地公告已经发布，土地所有权已经发生转移，但并未实际开发利用的情况下，原农村集体经济组织及其成员依然可以享有土地使用权，只不过此时的土地使用权已经在性质上从集体土地使用权转化为国有土地使用权。对此，《确定土地所有权和使用权的若干规定》第13条规定："国家建设对农民集体全部进行移民安置并调剂土地后，迁移农民集体原有土地转为国家所有。但移民后原集体仍继续使用的集体所有土地，国家未进行征用的，其所有权不变。"这种情况下，被征收人显然是可以在后续的土地利用行为侵害其合法权益的情况下，对相关行为提起行政诉讼的。

综上，土地征收案件中，只有在作出征收决定或签订征收补偿协议后，被征收人超过法定起诉期限未对补偿决定或补偿协议行为提起行政诉讼，对补偿决定或补偿协议的起诉期限届满之日，或者被征收人不服补偿决定或补偿协议依法提起行政诉讼，终审判决生效之日，被征收人丧失对已经获得补偿的被征收土地、青苗、房屋及其他建筑物、构筑物的所有权之后，被征收人对行政机关后续权证注销、土地出让、颁证等行为不服提起行政诉讼，与被诉行政行为没有利害关系，不具有原告资格。

**【规范指引】**

《民法典》第229条、第240条、第243条、第327条；《土地管理法》第48条；《土地管理法实施条例》第32条；《农村集体土地若干问题规定》第14条；《确定土地所有权和使用权的若干规定》第13条。

## 问题 3：履行被征地农民社会保障职责的职能主体认定

**【案例】高某某、郑某某诉辽宁省庄河市人民政府履行法定职责案**[①]

高某某、郑某某系龙王庙社区庙后屯居民。2002 年庄河市城关工业园区征用龙王庙社区平房屯庙后屯承包土地。2008 年确认集体经济组织成员对适龄人员办理养老保险和失地农民生活补助时，该村委会工作人员到高某某、郑某某家宣传相关政策，庄河市城关街道龙王庙社区居民委员会出具证明“郑某某与妻子可以办理失地农民生活补助”，但截至诉讼时，高某某、郑某某的失地保障待遇至今未办理。为此，高某某、郑某某将庄河市人民政府起诉到法院，要求庄河市人民政府履行法定职责，为高某某、郑某某办理失地保险。法院认为，《物权法》第 42 条第 2 款规定：“征收集体所有的土地，应当依法足额支付土地补偿费、安置补助费、地上附着物和青苗的补偿费等费用，安排被征地农民的社会保障费用，保障被征地农民的生活，维护被征地农民的合法权益。”[②]《土地管理法》（2004 年修正）第 46 条第 1 款[③]规定：“国家征收土地的，依照法定程序批准后，由县级以上地方人民政府予以公告并组织实施。”《辽宁省被征地农民社会保障暂行办法》第 27 条规定：“市级政府负责本地被征地农民社会保障办法的制定、组织推进和监督指导工作。县（市、区）政府负责本地被征地农民社会保障的组织实施和社会保障各项资金的落实工作。”根据上述规定，庄河市人民政府作为土地征收的组织实施主体，负有落实被征地农民社会保障的法定职责。《辽宁省被征地农民社会保障暂行办法》第 5 条规定：“符合条件的被征地农民，男年满 45 周岁、女年满 40 周岁以上的，应全部纳入养老保障范围，其他人员是否纳入养老保障范围，需征得农民本人同意。”高某某、郑某某符合办理失地保障条件，且在办理失地保障时二人均已达到该暂行办法规定的应全部纳入养老保障范围的年龄。法院判决庄河市人民政府针对高某某、郑某某的失地保险履行法定职责。庄河市人民政府向最高人民法院申请再审，最高人民法院认为，原审法院判决庄河市人民政府对高某某、郑某某的失地保险履行法定职责，并无不当。

---

① 最高人民法院（2020）最高法行申 5815 号行政裁定书。

② 对应新法为《民法典》第 243 条第 2 款。

③ 现为《土地管理法》第 47 条第 1 款。

【分析】

征收集体土地应当给予公平、合理的补偿，保障被征地农民原有生活水平不降低、长远生计有保障。县级以上地方人民政府应当将被征地农民纳入相应的养老等社会保障体系，被征地农民的社会保障费用主要用于符合条件的被征地农民的养老保险等社会保险缴费补贴；被征地农民社会保障费用的筹集、管理和使用办法，由省、自治区、直辖市制定。

为失地农民办理社会保险的具体条件和费用安排等，目前没有法律、行政法规的统一规定，地方政府制定的有效规范性文件可以作为判断政府相关行政行为合法性的根据。征收土地的人民政府应当严格履行征地实施程序，按照经批准的征收土地方案及时足额支付补偿费用，安排被征地农民社会保障费用，落实安置措施，解决好被征地农民的生产和生活。人力资源和社会保障部门作为社会保障主管部门，负责被征地农民社会保障身份的审核和参保缴费、登记、待遇发放以及养老保险关系的转移接续等工作。

被征地农民社会保障工作是一项复杂的系统工作，需要由政府主导，人力资源和社会保障部门统筹协调，各相关部门各司其职、密切配合、协调联动。对于被征地农民而言，如果提起要求行政机关履行社会保障法定职责的行政诉讼，则应根据各个行政机关的行政行为是否对其权利义务产生实际影响为前提来判断是否符合起诉条件。人力资源和社会保障部门作为社会保障工作的主管部门，确实负有对被征地农民参加社会保险工作的指导、监督和管理职责，但这种职责属于行政机关内部的监督管理职责，并不对被征地农民社会保障的实现产生直接影响。

当前我国的农村社会保险制度仍在不断完善之中，各地根据中央确定的基本原则和主要政策均出台了实施办法。该项工作目前仍然是政府主导和农民自愿相结合，个人、集体、政府合理分担责任，权利与义务相对应。政府应当多措并举，加强沟通，结合当地实际，尽力解决仍未参保被征地农民的社会保障遗留问题。作为被征地农民，也应当主动配合地方政府，依法依规，在合理范围内维护自己的权益。

《民法典》第243条第2款规定："征收集体所有的土地，应当依法及时足额支付土地补偿费、安置补助费以及农村村民住宅、其他地上附着物和青苗等的补偿费用，并安排被征地农民的社会保障费用，保障被征地农民的生活，维护被征地农民的合法权益。"《土地管理法》第47条第1款规定："国家征收土地的，依照法定程序批准后，由县级以上地方人民政府予以公告并组织实施。”根据上述规定，县级以上地方人民政府作为土地征收的组织实施主体，负有落实被征地农民社会保障的法定职责。《辽宁省被征地农民社会保障暂行办法》第5条规定：“符合条件的被征地农民，男年满45周岁、女年满40周岁以上的，应全部纳入养老保障范围，其他人员是否纳入养老保障范围，需征得农民本人同意。”各地根据中央确定的基本原则和主要政策出台的实施办法等有效规范性文件可以作为土地征收的组织实施主体履职行为合法性的依据。土地征收组织实施主体负责本地被征地农民社会保障的组织实施和社会保障各项资金的落实工作，应履行主体责任，责令相关部门积极作为，将保障被征收人合法权益的政策落实到位，切实维护被征收人的合法权益。

**【规范指引】**

《土地管理法》第47条第1款；《民法典》第243条第2款。

## 第三节　集体土地征收与补偿纠纷的审理与认定

### 一、审查要素

坚持对征地补偿行为合法性全面审查原则，准确把握实体审查与形式审查区别，按照不同种类行政行为合法性构成要件依法裁判。

#### （一）对征地行为合法性审查

对市、县级人民政府征地公告（或省级人民政府征地批复、征地决定）等征收土地行为，一般主要审查是否符合土地利用总体规划；土地权属、地类、面积、四至是否准确；占用农用地和未利用地的，是否符合土地利用年度计划确定的控制指标；占用耕地的，是否落实耕地占补平衡要求；是否已履行征地前的告知、确认和听证程序；征收土地的补偿标准和安置方式是否符合法律法规规定；是否属于省级人民政府审批权限范围；单独选址的建设项目用地，是否符合产业政策和供地政策，是否符合用地预审控制规模，供地方式是否符合法律法规规定等。

【规范指引】

《土地管理法》第35条、第45条、第46条、第47条；《行政诉讼法》第6条、第70条、第74条、第75条、第76条、第77条、第78条；《土地管理法实施条例》第25条、第26条、第30条、第31条；《行政诉讼法适用解释》第96条、第97条、第98条、第99条。

（二）对补偿安置行为的合法性审查

对于市、县人民政府以及土地行政主管部门作出的具体的补偿安置行为，一般主要审查被征收土地房屋是否在征地批复批准或者征地公告确定的范围内；土地补偿费、安置补助费、土地附着物和青苗补偿费的支付标准、数额、对象和方式，是否符合法律法规、省级人民政府规章等规定，是否符合市、县人民政府土地行政主管部门征地统一年产值标准或者征地区片综合地价标准，相关标准是否及时进行调整；本次征地所适用的补偿安置方案所确定的标准是否符合省级人民政府的要求，是否公平合理，是否全面执行了省级人民政府文件规定；地上附着物和青苗的数量、规格是否正确，补偿标准、计算方式以及支付方式是否适当。

对被征收房屋的面积，一般以房屋权属证书记载为准；未经登记但有批准文件的，以批准文件记载的面积，并结合实际测量情况认定；小于批准面积的，按实际建筑面积计算；大于批准面积的按批准文件计算，超出部分可适当补偿；未登记亦无批准文件但根据当地政策系合法建筑的，应当尊重当地政策规定；对被征收房屋的用途，一般以房产证、土地使用权证登记的用途为准；登记为住宅而实际一直用于经营，已经取得营业执照并且提供纳税凭据的房屋，可以根据《国务院办公厅关于认真做好城镇房屋拆迁工作维护社会稳定的紧急通知》（国办发明电〔2003〕42号）第4条规定，结合经营情况、经营年限及纳税等实际情况，给予适当补偿；以货币方式进行补偿的，补偿款能否保障被征收人的基本居住权，补偿安置的确定方式是否公平合理。

对征收时点与补偿时点间隔期间过长，补偿超过合理期限，补偿标准明显偏低的，要依法予以调整；人民法院认为安置补偿遗漏法定补偿项目和补偿内容的，可以在裁判时直接增加相应补偿内容，而无需责令重新作出新的补偿决定，及时化解征迁纠纷，减少讼累；补偿决定部分内容合法、部分内容不合法的，人民法院可结合案件具体情况，作出部分撤销判决，维持合法的补偿内容，并责令市、县人民政府支付或者提存合法的补偿内容，以避免当事人胜诉后，因不动产价格上涨产生新的损失；征地决定作出前，市、县人民政府应当组织有关部门对征收范围内未经产权登记的建筑进行调查、认定和处理；未取得房屋所有权证和土地使用证的，由法律规定的城乡规划主管等部门进行或者根据当地政策由多部门联合认定，一般以批地建房审批表等批准建房材料确定的面积为依据；对于认定和处理结果，被征收人可以申请行政复议或提起行政诉讼。

对于经认定属于违章建筑的，原则上不予补偿或者赔偿，但对于无所有权证房屋是否构成违章建筑的认定，应结合个案具体情况，综合考虑土地历史使用情况和现状、是否符合土地利用规划以及有关用地政策、当地对类似房屋的补偿政策等因素，综合作出判断；合理补偿安置宅基地上住房，切实解决被拆迁农户的居住问题。

征地涉及拆迁农民宅基地住房的，应先安置后拆迁，并做到被征地农户居住水平不降低。宅基地上住房的补偿应因地制宜采取多元化安置方式，既可重新安排宅基地建房，也可采取迁建安置方式；既可以采取货币，也可以由被拆迁农户自行选购房屋或选择政府提供的安置房。拆迁补偿既要考虑被拆迁的房屋，还要考虑被征收的宅基地。城乡接合部和城中村被拆迁农户合法房屋的补偿，虽不宜按照邻近国有土地上房屋的市场交易价格作为评估基础，但拆迁补偿以及政府补贴等补偿总和，应能保障其选购面积相当、位置适中的国有划拨土地或者国有出让土地上建成的房屋。

**【规范指引】**

《土地管理法》第48条、第49条；《行政诉讼法》第6条、第70条、第74条、第75条、第76条、第77条、第78条；《土地管理法实施条例》第27条、第28条、第29条、第32条；《行政诉讼法适用解释》第96条、第97条、第98条、第99条。

### （三）对责令交地行为的合法性审查

征收土地方案是否已经有权机关依法批准。依据《土地管理法》第46条、《土地管理法实施条例》第30条规定，征收土地批准文件应由国务院、省、自治区、直辖市人民政府批准。若没有征地批准，征收项目即违法，责令交出土地显然亦没有合法依据，依法应当予以撤销。

市、县人民政府和土地管理部门是否依照《土地管理法》和《土地管理法实施条例》规定的程序实施征地行为。市、县级人民政府应当发布征收预公告、征地补偿安置方案公告，并对房屋进行测量评估。若未按照《土地管理法》的程序规定进行征收，责令交出土地决定亦不合法。

被征收土地所有权人、使用人是否已经依法得到安置补偿或者无正当理由拒绝接受安置补偿，且拒不交出土地，已经影响到征收工作的正常进行。依据《土地管理法》第48条规定，征收土地应当给予公平、合理的补偿，保障被征地农民原有生活水平不降低、长远生计有保障。在补偿安置合法的前提下，如果被征收土地所有权人、使用人已经依法得到安置补偿（或者无正当理由拒绝接受安置补偿），且拒不交出土地，已经影响到征收工作的正常进行，权利人的合法权益已经得到保障或者补偿，其拒绝交出土地的，属于《行政诉讼法》第97条规定的“不履行”义务的情形。

**【规范指引】**

《土地管理法》第46条、第48条；《行政诉讼法》第6条、第70条、第74条、第75条、第76条、第77条、第78条、第97条；《土地管理法实施条例》第30条、第62条；《行政诉讼法适用解释》第96条、第97条、第98条、第99条、第155条。

## 二、争点整理与认定

### （一）征地补偿标准的认定

### 争点1：集体土地上的房屋被征收时，所在区域已经纳入城市规划区，可以参照执行国有土地上房屋征收补偿标准

**【案例】隋某诉山东省聊城市东昌府区人民政府行政赔偿案**[①]

隋某不服山东省高级人民法院（2018）鲁行第655号行政赔偿判决，向最高人民法院申请再审称，作为赔偿依据的房屋鉴定结果中房屋鉴定价值与实际价值不符，明显低于实际价值。一、二审法院对赔偿方式采用货币补偿与房屋产权调换二者进行选择的处理方式属适用法律错误。二审法院未对二审听证会及上诉状中隋某所提出的证据问题进行审查，证据采信存在问题，

① 最高人民法院（2018）最高法行申8511号行政裁定书。

定案证据存在瑕疵。二审法院适用法律错误，行政赔偿不能取代行政补偿。请求撤销一、二审判决。

最高人民法院经审查认为，根据《农村集体土地若干问题规定》第 12 条第 2 款的规定："征收农村集体土地时未就被征收土地上的房屋及其他不动产进行安置补偿，补偿安置时房屋所在地已纳入城市规划区，土地权利人请求参照执行国有土地上房屋征收补偿标准的，人民法院一般应予支持，但应当扣除已经取得的土地补偿费。"本案中，隋某虽然持有集体土地使用权证，但涉案房屋强拆时，涉案房屋坐落在已被征收的国有土地上，且所在区域已经纳入城市规划区，原审法院依据国有土地上房屋征收补偿标准对隋某诉求予以判决行政赔偿，并无不当。

**【分析】**

实践中，有些农村集体土地虽然已经批准被征收，但是由于种种原因，有关政府征收部门对农村集体土地上的房屋没有补偿也未能实际实施征收，一直由原使用权人继续居住使用。若干年后，有关政府部门再次实施国有土地上房屋征收时，房屋所在地的地块已经被纳入城市规划区，并且周围的房屋价格已经城市化，如果仍然按照集体土地上附着物的标准进行补偿安置，难以解决农民群众的生活居住问题。对这类房屋如何补偿，行政机关和司法部门存有不同意见。

第一种意见认为，被征收集体土地上房屋的拆迁补偿标准应当适用土地管理法有关农村集体土地的补偿标准。集体土地上的房屋修建在宅基地上，宅基地的免费划拨使用与农民的身份挂钩，且农村房屋的权属流动性差，不具有市场价值，不能参考适用国有土地上房屋的补偿标准，即参照周边房价进行补偿。

第二种意见认为，虽然存在土地性质不同的情形，征收集体土地上房屋的补偿标准不能直接适用《征补条例》的规定，但是由于农村土地已经城市化，如果还是按照征收集体土地地上附着物的标准进行补偿，无法保障农民群众的居住保障问题，严重损害了农民群众的合法权益。因此，虽然因为土地性质不同，但是可以参考适用《征补条例》规定的补偿标准和方式进行补偿。

第三种意见认为，被征收的集体土地已经纳入城市规划区，应当直接适用《征补条例》的标准进行补偿，以充分保护农民群众的切身利益，体现公平公正原则。

对此，最高人民法院既考虑到农民利益的维护，也考虑到征地补偿现实情况，最终以司法解释的形式规定：征收农村集体土地时未就被征收土地上的房屋及其他不动产进行安置补偿，补偿安置时房屋所在地已纳入城市规划区，土地权利人请求参照执行国有土地上房屋征收补偿标准的，人民法院一般应予支持，但应当扣除已经取得的土地补偿费。

应当注意的是，如果是被征收人与征收管理部门长期协商未达成补偿安置协议，政府亦未及时作出补偿安置决定，该批次的集体土地征收因此一直未能完成，建设项目无法动工建设，即便补偿安置时房屋所在地已纳入城市规划区，对迟迟未补偿安置的被征收人的补偿安置仍然是集体土地征收补偿安置的持续，不能按照国有土地上房屋征收补偿标准予以补偿安置，否则对按照合法的集体土地征收标准及时与征收管理部门达成补偿安置协议的被征收人不公平。如果是因为政府不及时作出补偿安置决定导致补偿安置过于迟延，按照多年前征收补偿方案的标准补偿安置无法保障被征收人得到公平合理安置，可以按照补偿安置时的当地同类类似地段的集体土地征收补偿标准予以补偿安置。

**【规范指引】**

《农村集体土地若干问题规定》第 12 条第 2 款。

### （二）补偿安置行为合法性的认定

## 争点 2：集体土地征收补偿时，地上附着物的所有权人享有对土地上的附着物获得补偿的权利

**【人民法院案例库案例】云南某某公司诉嵩明县人民政府、第三人嵩明县人民政府嵩阳街道办事处行政补偿案**[①]

**基本案情**

原告云南某某公司是一家以绿化苗木种植为主的民营企业，法定代表人为刘某永，刘某系刘某永的父亲。2010 年 6 月 30 日，嵩明县某镇某社区居民委员会第一居民小组居民刘某与某社区居民委员会某居民小组签订《土地承

① 入库编号 2023-12-3-019-001。

包合同》，双方在合同中约定，某居民小组将其所有的坐落于昆曲高速公路下的水田 42 亩（以双方实际丈量的为准）出租给刘某，用作种植苗木。承包期限 5 年，自 2010 年 6 月 1 日至 2015 年 5 月 31 日。承包金：头两年每年每亩 1000 元，后三年每年每亩 1100 元。临近承包期满，2015 年 4 月 1 日，刘某又与某居民小组继续签订了《土地承包合同》，双方在合同中约定，某居民小组继续将上述土地出租给刘某，用作种植绿化苗木。承包期限 5 年，自 2015 年 6 月 1 日至 2020 年 5 月 30 日。承包费：每亩每年 3500 元，以后每年在前年的基础上以 5% 递增。双方还对其他权利、义务进行了约定。上述刘某承包的土地实际上用于云南某某公司种植绿化苗木进行经营使用，土地使用的承包费由刘某按照合同约定直接支付给某居民小组。某居民小组知晓上述租用的土地作为云南某某公司绿化苗木种植用地的事实。

云南省人民政府于 2016 年 1 月 14 日作出云国土资复〔2015〕654 号《云南省国土资源厅关于嵩昆路（嵩四路与哨关路连接线）一期项目建设用地的批复》，批准对嵩明县 1 个街道 10 个居委会 39 个居民小组的集体农用地 43.0058 公顷转为建设用地并办理征地手续，作为嵩昆路（嵩四路与哨关路连接线）一期项目建设用地。其中，刘某向某居民小组承包的部分水田就属于上述被批准征收的集体土地。2016 年 1 月 20 日，嵩明县发布征地公告对上述集体土地实施征收。嵩明县人民政府已经将征地补偿款支付给了某居民小组，但没有对云南某某公司涉及被征收村集体土地上种植的绿化苗木进行补偿。

昆明铁路运输中级法院于 2020 年 12 月 16 日作出（2020）云 71 行初 23 号行政判决：一、嵩明县人民政府于本判决生效之日起 60 日内对云南某某公司在嵩阳街道办某社区居民委员会某居民小组被征收集体土地上种植绿化苗木履行征收补偿职责，向云南某某公司作出征收补偿决定。二、驳回云南某某公司的其他诉讼请求。宣判后，各方均未提出上诉，该判决已经发生法律效力。

**裁判理由**

根据《土地管理法实施条例》（2014 年修订）第 26 条第 1 款的规定："地上附着物及青苗补偿费归地上附着物及青苗的所有者所有。"原告云南某某公司是案涉集体土地地上附着物的所有权人，享有对涉案土地上的附着物（种植的绿化苗木）获得补偿的权利。被告嵩明县人民政府有义务向所有者支付相应合理补偿。审理过程中，被告嵩明县人民政府亦认可就涉案土地地上附着物并未向任何主体进行过补偿。关于被告提出的原告的《土地承包合同》

期限已于 2020 年 5 月 30 日到期，原告应当无条件搬走地上附着物，被告无须再给予征收搬迁补偿等的意见，法院认为，云南某某公司作为涉案集体土地地上附着物的所有者，行政征收补偿法律关系已然形成，并不因之后土地承包合同期限届满而消灭。嵩明县人民政府已经将征收某居民小组集体土地的征地补偿款支付给了居民小组，依法亦应当对被征收集体土地的地上附着物，也就是云南某某公司的绿化苗木进行合理补偿。

**裁判要旨**

1. 人民政府在集体土地征收补偿中，应切实依法履职，保障地上附着物所有人的财产权益，对土地上附着物的所有权人给予相应的合理补偿。

2. 地上附着物的所有权人享有的获取征地补偿的权利，不因案涉土地承包合同期限届满或即将届满而丧失。

**关联索引**

《土地管理法实施条例》第 26 条

一审：昆明铁路运输中级法院（2020）云 71 行初 23 号行政判决（2020 年 12 月 16 日）

## 争点 3：青苗费、附着物补偿应在评估基础上结合安置方案进行

**【案例】庞某诉广西壮族自治区北海市合浦县人民政府行政赔偿案**[①]

1998 年 2 月 1 日，庞某与广西壮族自治区北海市合浦县人民政府廉东社区钟屋居民委员会钟屋居民小组（以下简称钟屋居民小组）就租用军头岭 15 亩土地签订《租地使用协议书》，庞某在租用的土地上开办花木苗圃场，并办理了经营花木种子、种苗、花木的《营业执照》《税务登记证》。2014 年 6 月 13 日，合浦县人民政府（以下简称合浦县政府）土地房屋征收管理办公室（甲方）与钟屋居民小组（乙方）签订《征收土地协议书》，约定征收钟屋居民小组集体土地 8.87 亩（含庞某租用的 7.884 亩土地），由甲方支付乙方土地补偿费、安置补助费及青苗和地上附着物补偿费。因补偿标准问题，庞某与合浦县政府未就青苗及地上附着物补偿问题达成协议。经催告，合浦县政府组织人员对庞某涉案土地上的花木苗圃实施清场。北海市中级人民法院于

① 最高人民法院（2020）最高法行赔再 9 号行政裁定书。

2016 年 12 月 30 日作出行政判决，确认合浦县政府于 2015 年 9 月对庞某经营的 7.884 亩土地上附着物及青苗强制清场的行为违法。

2017 年 3 月 1 日，庞某向合浦县政府提出赔偿申请。合浦县政府在法定期限内未作出是否赔偿的决定，庞某遂提起行政赔偿诉讼，请求人民法院按其所列《被毁财物赔偿清单》等，判决合浦县政府赔偿其被毁地上附着物损失、被毁苗木损失、应获补偿的未被毁苗木、应获补偿的未被毁的地上附着物损失 6 804 125.7 元。

北海市中级人民法院作出行政赔偿判决，认为合浦县政府强制清除庞某经营涉案花木苗圃场的行为，已被生效判决确认违法，庞某合法财产因此遭受损害，其有权获得行政赔偿，并对其要求一并补偿的请求予以准许。地上附着物已由《房屋征收估价分户报告》认定价值为 77 952 元，故合浦县政府应赔偿庞某已列入征收补偿范围内的地上附着物损失为 77 952 元；又基于公平、公正及符合常理原则，酌情确定庞某未列入征收补偿范围内的地上附着物损失为 6000 元。因合浦县政府在强制清场过程中对涉案土地所作出的《清场通知》《催告通知》均有按照 100 号文规定执行的内容，故其应参照 100 号文规定的标准对庞某所列该部分青苗损失予以赔偿。判决合浦县政府在判决生效之日起 90 日内按照该判决确定的赔偿标准对庞某依法予以行政赔偿。庞某不服，提起上诉。广西壮族自治区高级人民法院作出（2019）桂行赔终 46 号行政判决，驳回上诉，维持原判。

庞某向最高人民法院申请再审，最高人民法院裁定提审本案。最高人民法院认为，一、二审关于已登记地上附着物及物品按评估价格认定赔偿金额，未登记物品依据证据规则和公平原则酌定赔偿金额，对地上青苗的赔偿和补偿一并处理并无不当。合浦县政府承诺适用 68 号文确定的按“株”计算被征收土地上青苗的赔偿和补偿数额。另外，100 号文第 7 条规定的内容显示，合浦县政府在实际工作中允许当事人在 2014 年 8 月 1 日前签订协议并履行手续的，可以继续按“株”补偿。本案中，政府在未达成补偿协议的情形下，未及时对青苗及地上附着物所有人作出征收补偿决定，而后续出台的补偿方案有减损当事人利益的情形，一、二审法院直接适用后续不利文件，采用按“亩”计算赔偿，未对前述事实调查核实，存在认定事实不清，适用法律错误的情形。综上，一、二审法院未考虑庞某是否存在抢栽抢种及明显不合理的超密度种植情形，属于对本案基本事实审查不清，依法应予撤销。依照《行政诉讼法》第 89 条和《行政诉讼适用解释》第 119 条、第 122 条之规定，裁定撤销一、二审行政判决，将本案发回北海市中级人民法院重新审理。

【分析】

考虑到我国各地经济社会发展水平不同，由各省结合实际情况因地制宜制定补偿标准，能更好地保障农民的合法利益。因此，《土地管理法》第 48 条第 4 款规定："征收农用地以外的其他土地、地上附着物和青苗等的补偿标准，由省、自治区、直辖市制定。"地上附着物的补偿费，包括地上地下的各种建筑物、构筑物，如房屋、水井、道路、地上地下管线、水渠的拆迁和恢复费用，以及林木的补偿或砍伐费用等。青苗补偿费，是指因征收土地致使农作物不能收获而使农民造成损失的补偿，青苗补偿费的补偿标准，一般根据农作物的生长期按一季的产值予以计算，或者按一季作物产值的一定比例予以补偿。

政府在未达成补偿协议的情形下，未及时对青苗及地上附着物所有人作出征收补偿决定，而后续出台的补偿方案有减损当事人利益的情形，在确定本案青苗补偿标准时，不宜直接适用对当事人不利的补偿标准，应综合考虑全案因素，确保青苗补偿标准能最大限度地保护当事人的合法权益，又符合当地政府根据经济发展现状调整补偿政策的目的。

【规范指引】

《土地管理法》第 48 条第 4 款。

## 争点 4：集体土地尚未取得征地批复，所签订的房屋补偿协议是否无效

**【案例】徐某诉贵州省毕节市织金县人民政府确认房屋征补协议无效案**[①]

贵州省毕节市织金县官寨乡人民政府（以下简称官寨乡政府）受织金县人民政府委托与徐某签订《房屋征补协议》，约定由官寨乡政府向徐某支付房屋征收补偿款。协议签订后，政府已按约定将补偿款转入徐某银行账户。徐某诉至法院，认为案涉征收决定已被人民法院生效判决确认违法，《房屋征补协议》因织金县人民政府未取得征地批复，应被确认为无效。该案一审判决驳回徐某的诉讼请求。徐某后向最高人民法院提起上诉。最高人民法院认为，

---

① 最高人民法院（2020）最高法行申 13542 号行政裁定书。

涉案集体土地征收尚未获得相关部门批准的情形下，并不必然导致涉案房屋补偿协议无效。涉案房屋补偿协议系双方自愿签订，其本身的内容并不存在法律规定的重大明显违法，损害国家利益、公共利益或他人合法权益等无效情形。更为重要的是，协议签订后，政府已按协议约定将补偿款转入当事人个人银行账户，当事人已经收到该补偿款，协议已经实际履行。一审法院判决驳回徐某的诉讼请求并无不当。徐某以本案案涉土地征收尚未获得相关部门的批复为由主张《房屋征补协议》无效，不予支持。

**【分析】**

《民法典》第 153 条规定："违反法律、行政法规的强制性规定的民事法律行为无效。但是，该强制性规定不导致该民事法律行为无效的除外。违背公序良俗的民事法律行为无效。"第 154 条规定："行为人与相对人恶意串通，损害他人合法权益的民事法律行为无效。"《行政诉讼法》第 75 条规定："行政行为有实施主体不具有行政主体资格或者没有依据等重大且明显违法情形，原告申请确认行政行为无效的，人民法院判决确认无效。"

行政协议是行政机关为了实现行政管理或者公共服务目标，与公民、法人或者其他组织协商订立的具有行政法上权利义务内容的协议，是双方当事人的合意结果，体现了当事人对自身权利的处分，兼具行政性和合同性。对行政协议效力的审查，既要以《行政诉讼法》第 75 条关于确认行政行为无效的规定为基础，同时也要参照适用《民法典》关于合同无效的规定，在依法行政原则与保护相对人信赖利益、诚信、意思自治等基本原则之间进行利益衡量。只有在行政协议存在重大、明显违法，违反法律法规的强制性规定，损害国家利益、公共利益及他人合法权益时才能确认无效，否则应当认可行政协议的效力。动辄将双方经磋商达成合意的行政协议退回原点，既阻碍行政协议功能的发挥，也有悖于行政协议当事人权利义务的及时有效实现。

**【规范指引】**

《行政诉讼法》第 75 条。

## 争点5：集体土地房屋可结合当地实际采用多种方式安置

**【案例】徐某诉云南省曲靖经济技术开发区管理委员会、云南省曲靖经济技术开发区城市综合行政执法局及云南省曲靖市麒麟区人民政府西城街道办事处行政赔偿案**[①]

徐某不服云南省高级人民法院（2023）云行终60号行政判决，向最高人民法院申请再审，认为一、二审判决认定的赔偿方式错误，应当优先适用落地时一户一宅安置方式。

最高人民法院认为，关于赔偿方式的问题，根据《国家赔偿法》第32条规定，国家赔偿以支付赔偿金为主要方式。能够返还财产或者恢复原状的，予以返还财产或者恢复原状。本案中，案涉房屋所在集体土地已被用于教育中心及医疗中心建设项目，不具备返还或恢复原状的条件，故对案涉房屋的赔偿以回迁安置住房和支付赔偿金的方式予以解决，在维护公共利益的同时，也满足了被征收人住房保障及其他合法权益。因涉案赔偿系适用支付赔偿金和回迁安置房结合的方式，除本案赔偿判决确定的赔偿金外，再审申请人仍然有权依据安置补偿方案回迁安置。徐某的再审申请不符合《行政诉讼法》第91条规定的情形。

**【分析】**

《土地管理法》第48条第1款规定："征收土地应当给予公平、合理的补偿，保障被征地农民原有生活水平不降低、长远生计有保障。"第4款规定："征收农用地以外的其他土地、地上附着物和青苗等的补偿标准，由省、自治区、直辖市制定。对其中的农村村民住宅，应当按照先补偿后搬迁、居住条件有改善的原则，尊重农村村民意愿，采取重新安排宅基地建房、提供安置房或者货币补偿等方式给予公平、合理的补偿，并对因征收造成的搬迁、临时安置等费用予以补偿，保障农村村民居住的权利和合法的住房财产权益。"《最高人民法院行政法官专业会议纪要（五）（集体土地补偿领域）》规定："宅基地上的合法房屋或者虽未取得合法权证但符合'一户一宅'建设标准房屋的补偿安置，应当坚持居住水平不降低原则。被征收人对房屋的补偿安置有异议的，人民法院应当引导双方通过协商方式解决。无补偿安置协议又无

---

① 最高人民法院（2023）最高法行申1563号行政裁定书。

法协商一致的，人民法院可以根据案情并结合补偿安置方案，判决责令补偿安置义务主体采取重置价格补偿加异地安排重建、产权调换或者货币补偿等方式给予公平合理补偿。”

司法实践中，应充分保障对被征收人安置方式的选择权。当然，对安置方式的选择也有限制和例外，如村集体土地已全部被征收为国有或者根据规划要求无法批地建房的，则采取重新安排宅基地建房客观上不能实现。被征收人也应给予相应的理解和支持。

**【规范指引】**

《土地管理法》第 48 条第 1 款、第 4 款。

## 争点 6：宅基地转让后遇拆迁，出让方反悔，即使宅基地转让协议无效，买受人签订的补偿安置协议仍有效

**【案例】李某诉郑州市中原区人民政府、第三人张某确认行政行为无效及补偿案**[①]

李某因诉郑州市中原区人民政府、张某确认行政行为无效及补偿一案，不服河南省高级人民法院作出的（2016）豫行终 2471 号行政判决，向最高人民法院申请再审。

最高人民法院经审查认为，根据原审查明的事实，李某要求确认《房屋及宅基地转让协议》无效的民事诉讼是在柿园村拆迁指挥部与张某签订《拆迁补偿安置协议》以后提起的。基于张某在此长期实际使用居住及拆迁改造时的房屋也为其重新改建的事实，中原区人民政府根据张某提供的《房屋及宅基地转让协议》、《集体土地使用证》原件、《柿园村附属物普查表》、《承诺书》、《空房验收单》等材料，与房屋的实际使用人张某签订涉案《拆迁补偿安置协议》，已履行了审慎审查的职责，并无不当。另外，李某与张某签订的《房屋及宅基地转让协议》中专门约定了如遇国家、政府征收，出让方必须无条件协助受让方领取全部补偿款及房屋等内容，该约定意味着双方在签订协议时已经预见到涉案房屋被征收、征用的可能，也是协议双方对拆迁安置中所涉经济利益作出的自由处分。虽然双方签订的转让协议已经司法程序确认

---

① 最高人民法院（2017）最高法行申 6998 号行政裁定书。

无效，但李某在已将房屋及宅基地转让交付多年并已取得对价的情况下，要求确认中原区人民政府与张某签订的《拆迁补偿安置协议》无效并对其进行安置补偿，有违诚信和合理原则，亦不符合法律规定，本院不予支持。目前，涉案宅基地及房屋因被拆迁已丧失了居住和使用功能，已转化为拆迁利益，如李某对拆迁安置补偿利益分配有异议，可另寻救济途径解决。

【分析】

宅基地使用权作为中国特色的用益物权，具有极强的人身福利属性，只有村民才能取得，具有无偿、无期的特点，严厉限制转让。宅基地转让合同无效是司法实践的一贯观点。但现实中，在经济发达地区披着合作建房、长期租赁等外衣的宅基地转让大量存在。在城中村改造项目动迁工作中，经常会遇到宅基地受让方拿着转让协议主张拆迁权益，征拆主体依据转让协议进行补偿后，原宅基地转让协议一旦被认定无效，拆迁权益如何分配，值得深思。

虽然双方签订的宅基地转让协议已经司法程序确认无效，但出让方在已将房屋及宅基地转让交付多年并已取得对价的情况下，要求确认政府与受让方签订的《拆迁补偿安置协议》无效并对其进行安置补偿，有违诚信和合理原则，亦不符合法律规定，该裁判观点体现了诚信原则。拆迁补偿安置协议并不属于宅基地转让协议的从合同，在拆迁补偿安置协议依法成立生效的前提下，宅基地转让协议经确认无效后，并不会导致拆迁补偿安置协议无效。

2019 年 11 月 8 日，最高人民法院印发的《全国法院民商事审判工作会议纪要》第 32 条第 2 款规定："在确定合同不成立、无效或者被撤销后财产返还或者折价补偿范围时，要根据诚实信用原则的要求，在当事人之间合理分配，不能使不诚信的当事人因合同不成立、无效或者被撤销而获益。"《民法典》也将诚信原则作为明确规定的基本原则，民事主体应当遵守这一原则，秉持诚实、恪守承诺。

虽然上述案例中，最高人民法院并没有对拆迁权益如何分配进行明确，但是从裁判结果可以看出，宅基地转让无效，出让方主张由其取得全部拆迁补偿安置权益，是不符合法律规定的，也是不合理的，受让方仍可主张拆迁补偿利益。

【规范指引】

《民法典》第 7 条；《全国法院民商事审判工作会议纪要》第 32 条第 2 款。

### （三）责令交地行为合法性的认定

## 争点 7：责令交地程序合法性的审查

**【案例】王某、缪某、王甲等诉云南省昆明市呈贡区人民政府责令交还土地案**[①]

王某等人的土地在征收范围内，案涉地块征收项目已经批复同意。王某等人长期未能与呈贡区人民政府（以下简称呈贡区政府）达成补偿安置协议，呈贡区政府对其作出《补偿决定》并送达。王某等未按补偿决定限定期限腾空房屋、交出土地，呈贡区政府遂向其作出责令交出土地决定。

最高人民法院认为，《土地管理法实施条例》第 62 条规定，违反土地管理法律、法规规定，阻挠国家建设征收土地的，由县级以上地方人民政府责令交出土地；拒不交出土地的，依法申请人民法院强制执行。因此，在土地已经完成征收、补偿程序，土地权利人的征收补偿利益得到有效保障的情况下，土地权利人拒不交出土地的，行政机关可以依法作出责令交出土地决定，并申请人民法院强制执行。本案中，案涉土地的征收经批复同意，且经呈贡区政府发布征收公告和安置补偿方案，符合法律规定。在长期未能达成补偿安置协议的情况下，呈贡区政府依法对再审申请人作出《补偿决定》并送达，能够保障再审申请人的征收补偿利益。再审申请人未按《补偿决定》限定期限腾空房屋、交出土地，阻碍了案涉征收工作的正常进行，呈贡区政府有权依法作出责令交出土地决定。再审申请人以补偿安置标准过低为由拒不腾空房屋、交出土地，要求撤销被诉责令交出土地决定的诉讼请求，不符合法律规定。一、二审法院未支持其主张，并无不当。综上，王某等 4 人的再审申请不符合《行政诉讼法》第 91 条规定的情形。

**【分析】**

土地的征收经批复同意，且经区政府发布征收公告和安置补偿方案，符合法律规定。在长期未能达成补偿安置协议的情况下，区政府依法对当事人作出补偿决定并送达，能够保障其征收补偿利益。当事人未按补偿决定限定期限腾空房屋、交出土地，阻碍了案涉征收工作的正常进行，区政府有权依

---

① 最高人民法院（2023）最高法行申 3668 号行政裁定书。

法作出责令交出土地决定。对责令交出土地决定的合法性审查，首先，要看有没有保障相对人或利害关系人相关权利。征地有严格的法定程序，发出《责令交出土地决定》之前，要审查有无保障被征收人的知情权、参与权、选择权、陈述申辩权。其次，要看有没有收到征收补偿安置决定。一般情况下，征收方在作出责令交出土地决定之前，需要先作出征收补偿安置决定。最后，要看补偿有没有到位。有征收就有补偿，先补偿后征收，补偿没有到位之前，任何人不能实际占用土地，可以拒绝交出土地。

**【规范指引】**

《土地管理法实施条例》第 62 条；《农村集体土地若干问题规定》第 14 条第 1 款。

## 三、法律适用中的疑难问题

### 问题 1：安置补偿方式是否合法合理的判断

**【案例】颜某等诉湖南省长沙市岳麓区人民政府征地补偿安置标准案**[①]

颜某等不服湖南省高级人民法院于 2017 年 2 月 21 日作出的（2016）湘行终 616 号行政判决，向最高人民法院申请再审。（2016）湘行终 616 号行政判决认为，双方争议的焦点是岳麓区人民政府（以下简称岳麓区政府）批准的长沙市国土资源局岳麓分局于 2010 年 4 月 15 日发布的 2 号补偿方案中的安置补偿标准是否合法。涉案项目征地补偿费用明细项目包括土地补偿费总计 11 223 021 元（专业菜地、农村宅基地、安置补助费、青苗补偿及附着物补偿费）。各项补助费均按照《长沙市征地补偿实施办法》规定的年产值和最高倍数标准计算，并没有违反该规定。且实际支付时的年产值计算标准略高于湖南省人民政府湘政发（2009）43 号文件规定。对于房屋补偿问题，因《长沙市征地补偿实施办法》（第 103 号令）附表 4–1 对于房屋补偿也有明确标准，涉案项目征收房屋建筑面积 49 317.255 平方米，其中住宅房屋 47 411.285 平方米，非住宅 1959.97 平方米，私人房屋征地实际补偿 74 228 296.43 元（依据房屋建筑结构、建筑年份、房屋属性区分补偿），符合

① 最高人民法院（2017）最高法行申 6511 号行政裁定书。

第 103 号令 4–1 住宅房屋补偿费标准。对于安置方式问题，《长沙市征地补偿安置条例》第 29 条第 2 款规定：“征地安置主要采取以下两种方式：（一）货币安置；（二）由农村集体经济组织统一安置。”第 3 款规定：“对实行货币安置的人员，应当纳入城镇就业服务和社会保障体系。”涉案安置项目采取货币安置，对颜某等的房屋及附属设施均按照规定进行补偿，对安置人员全部纳入城镇就业服务和社会保障体系，并将土地补偿费的 25% 缴纳社会保障费，直接进入社保账户，同时提供人均 80 平方米的保障性住房由颜某等安置对象选购。故上述安置亦没有违反法律规定。岳麓区政府在案件审理中提供送达回证及照片等证据证明岳麓区政府已将相关征收及补偿方案公告在当地进行告示，颜某等人提出程序违法的理由不成立。根据《行政诉讼法》第 89 条第 1 款第 1 项的规定，判决驳回上诉，维持一审判决。

最高人民法院认为，一、二审判决驳回颜某等人的诉讼请求，认定事实清楚，适用法律正确，本院予以支持。颜某等人的再审主张均不能成立。

**【分析】**

安置补偿方式是否合法合理可从以下四个方面进行判定。

第一，关于征收土地所涉补偿标准的判定。《土地管理法》第 48 条规定：“征收土地应当给予公平、合理的补偿，保障被征地农民原有生活水平不降低、长远生计有保障。征收土地应当依法及时足额支付土地补偿费、安置补助费以及农村村民住宅、其他地上附着物和青苗等的补偿费用，并安排被征地农民的社会保障费用。征收农用地的土地补偿费、安置补助费标准由省、自治区、直辖市通过制定公布区片综合地价确定。制定区片综合地价应当综合考虑土地原用途、土地资源条件、土地产值、土地区位、土地供求关系、人口以及经济社会发展水平等因素，并至少每三年调整或者重新公布一次。征收农用地以外的其他土地、地上附着物和青苗等的补偿标准，由省、自治区、直辖市制定。对其中的农村村民住宅，应当按照先补偿后搬迁、居住条件有改善的原则，尊重农村村民意愿，采取重新安排宅基地建房、提供安置房或者货币补偿等方式给予公平、合理的补偿，并对因征收造成的搬迁、临时安置等费用予以补偿，保障农村村民居住的权利和合法的住房财产权益。县级以上地方人民政府应当将被征地农民纳入相应的养老等社会保障体系。被征地农民的社会保障费用主要用于符合条件的被征地农民的养老保险等社会保险缴费补贴。被征地农民社会保障费用的筹集、管理和使用办法，由省、自治区、直辖市制定。”根据上述规定，征收土地的，按照被征收土地的原用途给予补偿；征收耕地的补偿费用包括土地补偿费、安置补助费以及地上附着物和青苗的补偿费；征收农用地的土地补偿费和安置补助费标准由省、自治区、直辖市通过制定公布区片综合地价确定；被征收土地上的附着物和青苗的补偿标准，由省、自治区、直辖市规定。在省、自治区、直辖市作出相关规定后，应当结合《土地管理法》《土地管理法实施条例》及地方性法规、规章的规定，着重审查以下内容：（1）被征收土地房屋是否在征地批复批准或者征地公告确定的范围内；（2）土地补偿费、安置补助费、土地附着物和青苗补偿费的支付标准、数额、对象和方式，是否符合法律法规、省级人民政府规章等规定，是否符合市、县人民政府土地行政主管部门征地统一年产值标准或者征地区片综合地价标准，相关标准是否及时进行调整；（3）补偿安置方案所确定的标准是否符合省级人民政府的要求，是否公平合理，是否全面执行了省级人民政府文件规定；（4）地上附着物和青苗的数量、规格是否正确，补偿标准、计算方式以及支付方式是否适当。

第二，关于房屋补偿标准的判定。对被征收房屋的面积，一般以房屋权属证书记载为准；未经登记但有批准文件的，以批准文件记载的面积，并结合实际测量情况认定；小于批准面积的，按实际建筑面积计算；大于批准面积的按批准文件计算，超出部分可适当补偿；未登记亦无批准文件但根据当地政策系合法建筑的，应当尊重当地政策规定；对被征收房屋的用途，一般以房产证、土地使用权证登记的用途为准；登记为住宅而实际一直用于经营，已经取得营业执照并且提供纳税凭据的房屋，可以根据《国务院办公厅关于认真做好城镇房屋拆迁工作维护社会稳定的紧急通知》（国办发明电〔2003〕42号）第4条规定，结合经营情况、经营年限及纳税等实际情况，给予适当补偿。以货币方式进行补偿的，补偿款能否保障被征收人的基本居住权，补偿安置的确定方式是否公平合理。对征收时点与补偿时点间隔期间过长，补偿超过合理期限，补偿标准明显偏低的，要依法予以调整。法院认为安置补偿遗漏法定补偿项目和补偿内容的，可以在裁判时直接增加相应补偿内容，而无需责令重新作出新的补偿决定，及时化解征迁纠纷，减少讼累。

第三，关于方案制定的程序是否合法的判定。安置补偿方案发布的一般程序包括市、县人民政府土地行政主管部门发布征地补偿、安置方案征求意见，听取被征收人的意见，批准征地补偿安置方案，并发布征地补偿安置方案实施公告符合法定程序。被征收人若主张征地补偿安置方案没有依法征求被征地村民的意见，没有告知村民申请听证的权利，没有依法公示公告的，还应结合行政机关是否将相关公告在被征收土地所在村委会进行张贴，有无送达回证及照片等证据进行评判。

第四，关于安置方式的合法性问题。结合《土地管理法》《土地管理法实施条例》及地方性法规、规章等规定，结合征地安置对安置方式的合法性进行审查认定。征地安置主要采取两种方式，即货币安置或者由农村集体经济组织统一安置，着重审查是否需要纳入城镇就业服务和社会保障体系，有无提供人均保障性住房，发放购房补助等。

**【规范指引】**

《土地管理法》第48条；《土地管理法实施条例》第26条第1~2款，第8条。

## 问题2：办理失地农民社会保险的条件

**【案例】辽宁省灯塔市张台子镇白三家子村民委员会与辽宁省灯塔市人民政府不履行法定职责案**①

2010年9月2日，辽阳市人民政府发布辽市政办发〔2010〕42号《关于被征地农民参加城镇基本养老保险有关问题的通知》（以下简称42号通知），对被征地农民参加养老保险的参保范围、缴费办法和参保登记等有关问题作出具体规定，符合参保条件的失地农民，可以自愿申请参保，并按规定缴纳社保费用，达到法定退休年龄时，办理退休手续，享受基本养老保险待遇。2010年10月13日，辽阳市人力资源和社会保障局印发辽市人社发（2010）122号《被征地农民参加城镇基本养老保险操作程序》（以下简称122号《操作程序》），对该市被征地农民参加城镇基本养老保险操作程序作出具体规定。2011年9月20日，辽阳市人民政府向辽宁省人民政府呈报《关于灯塔市2011年度第18批次规划建设用地的请示》。同年11月4日，辽宁省人民政府作出批复，同意将灯塔市32.9148公顷农用地转为建设用地，同时征收白三家子村旱地、水田、坑塘水面、宅基地合计33.1089公顷，作为灯塔市实施乡级规划建设用地。2011年11月10日，灯塔市人民政府发布征收土地公告，公开征收白三家子村集体土地的位置、面积、补偿标准和安置途径等内

① 最高人民法院（2016）最高法行申1525号行政裁定书。

容。11 月 16 日，灯塔市国土资源局发布征地补偿安置方案公告，公布征收土地批准文号、征地面积、征地补偿价格、实际补偿标准等。白三家子村土地全部被征收，征地补偿费已发放完毕。为落实全市被征地农民社会保障资金问题，灯塔市财政局建立被征地农民社会保障基金专户，2013 年 7 月时专户余额为 8000 多万元。2013 年、2014 年白三家子村民委员会（以下简称白三家子村委会）向灯塔市人民政府口头申请办理失地农民社会保险，请求享受城镇居民最低生活保障待遇，于 2015 年向辽阳市中级人民法院提起行政诉讼，请求判决灯塔市人民政府从 2011 年 11 月 4 日起，给被征地农民办理社会保险，费用从农民社会保障基金专户中支出。辽阳市中级人民法院判决驳回白三家子村委会诉讼请求后，白三家子村委会上诉至辽宁省高级人民法院，辽宁省高级人民法院驳回上诉，维持原判。白三家子村委会向最高人民法院申请再审。

最高人民法院认为，根据《最高人民法院关于审理行政案件适用法律规范问题的座谈会纪要》（法〔2004〕96 号）规定：行政机关制定的规章以下的其他规范性文件合法、有效并合理、适当的，在认定被诉具体行政行为合法性时，应承认其效力。为失地农民办理社会保险，目前没有法律、行政法规的统一规定，地方政府制定的有效规范性文件可以作为判断政府相关行政行为合法性的根据。辽阳市人民政府制定的 42 号通知、辽阳市人力资源和社会保障局制定的 122 号《操作程序》以及灯塔市人民政府制定的 35 号《补贴办法》，均属于规章以下的规范性文件，文件内容合法、合理，不存在与上位法相冲突的情形，可以作为判断灯塔市人民政府落实失地农民社会保险待遇相关行政行为是否合法的依据。根据上述行政规范性文件规定，被征地农民参加养老保险是自愿行为，须经过参保申请、资格审核、公示备案、参保登记、缴费办理等一系列程序予以确认；参保资金由政府、集体、个人按照一定比例共同承担。白三家子村委会要求由灯塔市人民政府承担该村被征地农民社会保险的全部费用，实质是对已经按照上述文件规定落实失地农民社会保险行为不服提出的口头申诉，其请求不符合前述规范性文件的规定，没有法律依据。

【分析】

行政审判涉及的法律规范层级和门类较多，《立法法》施行以后有关法律适用规则亦发生了很大变化，在法律适用中经常遇到如何识别法律依据、解决法律规范冲突等各种疑难问题。这些问题能否妥当地加以解决，直接影响行政审判的公正和效率。而且，随着我国法治水平的提高，行政审判在解决法律规范冲突、维护法制统一中的作用越来越突出。

《立法法》第98条规定："宪法具有最高的法律效力，一切法律、行政法规、地方性法规、自治条例和单行条例、规章都不得同宪法相抵触。"第99条规定："法律的效力高于行政法规、地方性法规、规章。行政法规的效力高于地方性法规、规章。"第100条规定："地方性法规的效力高于本级和下级地方政府规章。省、自治区的人民政府制定的规章的效力高于本行政区域内的设区的市、自治州的人民政府制定的规章。"第101条规定："自治条例和单行条例依法对法律、行政法规、地方性法规作变通规定的，在本自治地方适用自治条例和单行条例的规定。经济特区法规根据授权对法律、行政法规、地方性法规作变通规定的，在本经济特区适用经济特区法规的规定。"第102条规定："部门规章之间、部门规章与地方政府规章之间具有同等效力，在各自的权限范围内施行。"第106条规定："地方性法规、规章之间不一致时，由有关机关依照下列规定的权限作出裁决：（一）同一机关制定的新的一般规定与旧的特别规定不一致时，由制定机关裁决；（二）地方性法规与部门规章之间对同一事项的规定不一致，不能确定如何适用时，由国务院提出意见，国务院认为应当适用地方性法规的，应当决定在该地方适用地方性法规的规定；认为应当适用部门规章的，应当提请全国人民代表大会常务委员会裁决；（三）部门规章之间、部门规章与地方政府规章之间对同一事项的规定不一致时，由国务院裁决。根据授权制定的法规与法律规定不一致，不能确定如何适用时，由全国人民代表大会常务委员会裁决。"《行政诉讼法》第63条规定："人民法院审理行政案件，以法律和行政法规、地方性法规为依据。地方性法规适用于本行政区域内发生的行政案件。人民法院审理民族自治地方的行政案件，并以该民族自治地方的自治条例和单行条例为依据。人民法院审理行政案件，参照规章。"根据上述规定，人民法院审理行政案件，依据法律、行政法规、地方性法规、自治条例和单行条例，参照规章。在参照规章时，应当对规章的规定是否合法有效进行判断，对于合法有效的规章应当适用。根据《立法法》等相关规定，全国人大常委会的法律解释，国务院或者国务院授权的部门公布的行政法规解释，人民法院可以作为审理行政案件的法律依据；规章制定机关作出的与规章具有同等效力的规章解释，人民法院审理行政案件时可以参照适用。

现行有效的行政法规有以下三种类型：一是国务院制定并公布的行政法规。二是《立法法》施行以前，按照当时有效的行政法规制定程序，经国务院批准、由国务院部门公布的行政法规。但在《立法法》施行以后，经国务院批准、由国务院部门公布的规范性文件，不再属于行政法规。三是在清理行政法规时由国务院确认的其他行政法规。

行政审判实践中，经常涉及有关部门为指导法律执行或者实施行政措施而作出的具体应用解释和制定的其他规范性文件，主要包括：国务院部门以及省、自治区、直辖市和较大的市的人民政府或其主管部门对于具体应用法律、法规或规章作出的解释；县级以上人民政府及其主管部门制定发布的具有普遍约束力的决定、命令或其他规范性文件。行政机关往往将这些具体应用解释和其他规范性文件作为具体行政行为的直接依据。这些具体应用解释和规范性文件不是正式的法律渊源，对人民法院不具有法律规范意义上的约束力。但是，人民法院经审查认为被诉具体行政行为依据的具体应用解释和其他规范性文件合法、有效并合理、适当的，在认定被诉具体行政行为合法性时应承认其效力；人民法院可以在裁判理由中对具体应用解释和其他规范性文件是否合法、有效、合理或适当进行评述。

根据《最高人民法院关于审理行政案件适用法律规范问题的座谈会纪要》（法〔2004〕96号）规定："行政机关制定的规章以下的其他规范性文件合法、有效并合理、适当的，在认定被诉具体行政行为合法性时，应承认其效力。"为失地农民办理社会保险，目前没有法律、行政法规的统一规定，地方政府制定的有效规范性文件可以作为判断政府相关行政行为合法性的根据。

**【规范指引】**

《行政诉讼法》第63条；《最高人民法院关于审理行政案件适用法律规范问题的座谈会纪要》。

## 问题3：外嫁女的安置补偿问题

**【案例】王某诉辽宁省大连长兴岛经济技术开发区管理委员会履行行政补偿职责案**[①]

再审申请人大连长兴岛经济技术开发区管理委员会（以下简称长兴岛管委会）因王某诉其履行行政补偿职责一案，不服辽宁省高级人民法院（2019）辽行终522号行政判决，向最高人民法院申请再审称，《大连瓦房店

① 最高人民法院（2020）最高法行申10652号行政裁定书。

太平湾临港工业区征地征海补偿安置暂行办法》第 5 条规定：“具有征地区域内农业户口的人员享受土地补偿费和安置补助费，每人 8 万元（其中土地补偿费 5 万元，安置补助费 3 万元）。”补偿安置费的发放对象应为征地区内农业户口人员。王某婚后迁出原居住地，户口性质变更为非农业户口，不符合获得补偿的条件。王某出嫁后并不以原村土地为主要生活来源，与原集体经济组织成员已不存在较为固定的生产生活关系，不应将其认定为该集体经济组织成员，应驳回其要求给付土地补偿费的诉讼请求。最高人民法院认为：王某一审诉求长兴岛管委会给付土地补偿费 5 万元，安置补助费 3 万元。辽宁省高级人民法院二审认为，长兴岛管委会负有给付王某土地补偿费的补偿职责，王某无权获得安置补助费。因此，本案的争议焦点为长兴岛管委会是否负有给付王某土地补偿费的职责。《农村土地承包法》第 17 条规定：“承包方享有下列权利：……（四）承包地被依法征收、征用、占用的，有权依法获得相应的补偿；……”第 31 条规定：“承包期内，妇女结婚，在新居住地未取得承包地的，发包方不得收回其原承包地；妇女离婚或者丧偶，仍在原居住地生活或者不在原居住地生活但在新居住地未取得承包地的，发包方不得收回其原承包地。”本案中，王某系征地前家庭联产承包成员，对案涉被征收的 2.9 亩承包地具有土地使用权。在长兴岛管委会未能提供合法有效的证据证明王某案涉承包地在征收前已因其外嫁被收回或王某已在新居住地另行取得承包地的情况下，王某有权要求长兴岛管委会履行给付其土地补偿费的补偿职责。

【分析】

随着我国城市化建设的推进，社会传统观念与现代法治理念的相互交融碰撞，落实“外嫁女”征地拆迁安置补偿待遇引发的纠纷日渐增多。“外嫁女”并非严格意义上的法律用语，而是农村根据婚俗惯例而来的习惯性称谓。由于“外嫁女”纠纷在司法实践中有着各种各样的表现样态，各地农村又有着不同的风土民情和乡规民约。因此，如何公平、理性、稳妥地解决“外嫁女”纠纷问题，在我国社会转型的较长时期内，将是政府和法院需要共同应对的难点问题。保障户有所居是行政机关补偿安置所应遵循的原则，避免被征收人流离失所也是其应予考虑的因素。就“外嫁女”而言，她们通常表现为出嫁后户籍仍然留在娘家，抑或离婚后户籍重迁回娘家，具体包括“外嫁女”嫁农村男、“外嫁女”嫁城市男以及离婚等情形。无论何种情形，其家庭或者离婚后本人享有的“在农村或者城镇享受一次分配宅基地建房或者福利性购房”这一基本居住权益均应得到保障。行政机关在实施征地拆迁活动中，对“外嫁女”的居住权势必产生直接影响，行政机关有责任也有义务保障其基本居住权益不受侵害。因此，行政机关在处理“外嫁女”的安置补偿问题时，不能单纯以婚姻或者户籍情况作为是否给予安置补偿的条件，而是在综合考量多种因素的同时作区分处理，以其基本居住权益是否得到保障作为衡量和判断的原则。

《村民委员会组织法》第 27 条规定：“村民会议可以制定和修改村民自治章程、村规民约，并报乡、民族乡、镇的人民政府备案。村民自治章程、村规民约以及村民会议或者村民代表会议的决定不得与宪法、法律、法规和国家的政策相抵触，不得有侵犯村民的人身权利、民主权利和合法财产权利的内容。”《妇女权益保障法》第 55 条第 1 款规定：“妇女在农村集体经济组织成员身份确认、土地承包经营、集体经济组织收益分配、土地征收补偿安置或者征用补偿以及宅基地使用等方面，享有与男子平等的权利”；第 56 条第 1 款规定：“村民自治章程、村规民约，村民会议、村民代表会议的决定以及其他涉及村民利益事项的决定，不得以妇女未婚、结婚、离婚、丧偶、户无男性等为由，侵害妇女在农村集体经济组织中的各项权益。”《农村土地承包纠纷案件司法解释》第 22 条规定：“征地补偿安置方案确定时已经具有本集体经济组织成员资格的人，请求支付相应份额的，应予支持。”《农村土地承包法》第 6 条规定“农村土地承包，妇女与男子享有平等的权利”；第 31 条规定“承包期内，妇女结婚，在新居住地未取得承包地的，发包方不得收回其原承包地；妇女离婚或者丧偶，仍在原居住地生活或者不在原居住地生活但在新居住地未取得承包地的，发包方不得收回其原承包地”。最高人民法院 2018 年发布的行政诉讼附带审查规范性文件典型案例之五认为，涉案房屋迁建补偿安置办法将“已经出嫁的妇女及其子女”排除在申请个人建房用地和安置人口之外与《妇女权益保障法》等上位法规定精神不符。可见，与国家政策和法律法规相抵触，以侵犯妇女权益为代价作出的补偿安置方案或者村民会议决定，均不能作为判断“外嫁女”是否享受与其他村民同等拆迁补偿安置待遇的证据或依据。另外，在补偿安置方案规定内容并不明确，行政机关对此难以作出合法有据的解释时，人民法院应当结合案件情况和客观实际等因素作出对被拆迁人有利的解释。

**【规范指引】**

《村民委员会组织法》第 27 条；《妇女权益保障法》第 55 条第 1 款、第

56 条第 1 款;《农村土地承包法》第 6 条、第 17 条、第 31 条;《农村土地承包纠纷案件司法解释》第 22 条。

# 第三章　征收补偿协议纠纷

## 第一节　征收补偿协议纠纷概述

征收补偿协议是行政征收部门为实施不动产行政征收，在前期调查、评估、确认等行政活动的基础上，确定不动产的权属、共有情况及权利人状况，通过与权利人磋商并就不动产的补偿方案及安置方案达成一致所签订的协议。征收补偿协议本质上是行政协议，具备主体要素、目的要素、意思要素和内容要素，兼具行政性、协议性。在推进行政征收程序中，有利于最大化地实现行政征收的目的，消解在征收程序中可能产生的对抗和矛盾，充分发挥行政协议这一“软行政”的积极作用，是常用的一种征收方式。

正是因为行政协议兼具行政性和协议性，所以在司法审查过程中，既要依照行政法律规范审查行政协议签订过程中行政机关签订协议、履行协议是否具有职权、是否具有事实基础、是否符合法定程序等，也要参照民事法律规范审查双方当事人签订行政协议时意思表示是否真实、自由，协议内容是否公允合法，履行协议是否适当、充分、及时。

近年来，随着征收补偿协议在征收程序中的广泛适用，引起的相关诉讼呈现多发趋势，主要成因包括行政相对人认为签订协议时遭受行政机关的胁迫或强制而违背真实意思，签订协议时协议内容全部或部分为空白，协议签订后认为行政机关调查认定错误、遗漏，进而导致安置补偿利益不足，行政机关拖延给付安置补偿利益，安置房屋不符合合同约定的要求或存在质量问题等。

## 一、征收补偿协议案件特点分析

### （一）协议签订主体多元化

从征收部门的范围来看，《征补条例》第 25 条第 1 款规定："房屋征收部门与被征收人依照本条例的规定，就补偿方式、补偿金额和支付期限、用于产权调换房屋的地点和面积、搬迁费、临时安置费或者周转用房、停产停业损失、搬迁期限、过渡方式和过渡期限等事项，订立补偿协议。"即征收补偿条例签订主体为房屋征收部门与被征收人。《土地管理法实施条例》第 29 条第 1 款规定："县级以上地方人民政府根据法律、法规规定和听证会等情况确定征地补偿安置方案后，应当组织有关部门与拟征收土地的所有权人、使用权人签订征地补偿安置协议。征地补偿安置协议示范文本由省、自治区、直辖市人民政府制定。"即县级以上地方人民政府组织有关部门与被征收人签订征地补偿安置协议。上述法定征地补偿协议的签订主体较为明确、稳定。而在实践中，搬迁协议的签订主体则较为多元，通常包括乡镇政府、街道办事处、开发区管委会，甚至还包括村集体经济组织、拆迁公司等。这对当事人及时、正确维权产生了一定影响，也容易引发搬迁协议是否属于行政协议的争议。

从被征收人的范围来看，被征收房屋的所有权和使用权状态更为复杂，当事人可能以房屋产权人、公有房屋承租人（执行政府规定租金标准、与公有房屋产权人或者管理人建立租赁关系的个人和单位）、继承人、同住人、私有房屋承租人，甚至抵押权人的身份，针对房屋征收补偿协议提起行政诉讼。如何准确判定原告主体是否适格，同样存在较大难度。

### （二）民行交叉法律适用难

相较于传统的民事合同或行政行为，征收补偿协议作为行政协议属性非常鲜明，它既具有"行政性"的特殊属性，又具有"协议性"的一般属性，故而在审判实践过程中，既不能忽视其行政性，将行政协议与普通民事协议等量齐观，否则极易因"遁入私法"而损害国家利益、公共利益与行政秩序；又不能无视其"协议性"，把行政协议"降格"为一般具体行政行为。[①] 因此，应当将之作为双方行政行为进行整体性审查，审查的标准和内容要兼顾行政

① 参见张青波：《可撤销行政协议的价值与认定》，载《法商研究》2022 年第 1 期。

法与民法。但是，行政协议案件涉及行政管理职能的履行和公共管理目标的实现，人民法院在审查行政协议案件时，首先应优先从行政角度考虑，依据我国行政诉讼法及司法解释的相关规定，对行政机关订立行政协议是否具有法定职权、是否滥用职权、适用法律法规是否正确等进行合法性审查。

此外，根据《行政协议司法解释》第 27 条第 2 款规定：人民法院审理行政协议案件，可以参照适用民事法律规范关于民事合同的相关规定。行政协议撤销判决的实体裁判规则，不但包括撤销事由的法律规定，亦涉及撤销权的取得、消灭、放弃规则以及撤销权行使的法律后果等多种实体法规则。而这些规则在行政法规范中尚有欠缺，相对行政法规的不足，民事法律有关协议的规定则较为完善。依据上述规定，在优先适用行政法律规定的相关实体裁判规则的基础上，可借助民事法律的规定来填补漏洞，从而统一行政协议撤销判决的法律适用，促进契约行政实现依法行政原则的基本价值，并实质性化解行政协议纠纷。

正因为行政协议存在民行交叉的双重法律属性，决定了在审理此类协议纠纷案件时，可能会出现同时适用行政法律规范与民事法律规范的情形。如何准确适用行政法律规范及民事法律规范，是司法实务中的难点问题。

### （三）审查内容多、判决方式复杂

征收补偿协议作为行政协议的双重属性，决定了人民法院对于该类案件的审理既要全面审查，又要区分处理，既有主观诉讼，又有客观诉讼，既有传统的行政行为之诉，又有新型的关系之诉。此外，鉴于房屋征收补偿前置环节较多，协议内容复杂，涉诉争议点密集，诉讼类型多样，在征收补偿协议的审理中，出现给付诉讼、确认诉讼、形成诉讼等多重样态，在单方行政行为诉讼或履职诉讼中不会出现的违约金请求，也会在国有土地上房屋征收补偿协议案件中出现，这意味着人民法院在审理此类案件时需适用不同的审理思路及判决方式，以此处理好私益与私益之间、私益与公益之间的关系，考虑的因素也因此更加复杂，这无形中增加了案件审理的难度。

### （四）协议搬迁项目和法定征收拆迁项目交织

实践中，有的协议搬迁项目与法定征收拆迁项目重叠。如何在契约自由与公法监管之间找到最佳的平衡点，是行政协议案件审理的难点。行政机关在行政协议的订立过程中，应秉持公平、公正原则，合理利用自身的资源优势，与相对人展开平等协商，达到既实现公共治理，又有效保护和实现相对人合法权益的目的。在拆迁补偿协议中，拆迁补偿属于被征收人的法定权利，如行政机关利用其强势地位为协议相对人设定明显不对等的条件或者义务，实质上并不具有合意基础，则违反了签订这类协议的行政管理根本目标。即使相关地块被纳入征收范围，行政机关仍优先选择协议搬迁，直到出现无法达成协议的“钉子户”再采用法定征收途径。此种方式容易引发相同地块不同被征收人之间补偿的不公平、不透明。

### （五）协议内容缺乏具体化审查标准

《征补条例》第 17 条第 1 款规定：“作出房屋征收决定的市、县级人民政府对被征收人给予的补偿包括：（一）被征收房屋价值的补偿；（二）因征收房屋造成的搬迁、临时安置的补偿；（三）因征收房屋造成的停产停业损失的补偿。”第 27 条第 3 款规定：“任何单位和个人不得采取暴力、威胁或者违反规定中断供水、供热、供气、供电和道路通行等非法方式迫使被征收人搬迁。禁止建设单位参与搬迁活动。”第 28 条第 1 款规定：“被征收人在法定期限内不申请行政复议或者不提起行政诉讼，在补偿决定规定的期限内又不搬迁的，由作出房屋征收决定的市、县级人民政府依法申请人民法院强制执行。”征收补偿协议约定的内容，显然不包括因违法强制拆除可能给被拆迁人造成的不应有的包括屋内动产在内的其他人身、财产损失。对此，根据《行政诉讼法》第 12 条①以及《国家赔偿法》第 4 条②的规定，被征收人可在强制拆除行为被确认违法的情况下，取得相应的赔偿。因该利益独立于合法征收行为产生的补偿利益，故被征收人即使签订了征收补偿协议，也依然与可能存在的违法强制拆除行为存在法律上的利害关系，可以作为适格原告就此提起行政诉讼。行政机关实施协议搬迁项目的法律规定缺位，是导致安置补偿协议案件行政机关败诉率较高的主要原因。有的行政机关为尽早签订协议、推进项目，加之具体实施搬迁的人员素质参差不齐，导致在签订协议过程中更容易滋生恣

---

① 《行政诉讼法》第 12 条规定：“人民法院受理公民、法人或者其他组织提起的下列诉讼：……（二）对限制人身自由或者对财产的查封、扣押、冻结等行政强制措施和行政强制执行不服的；……”

② 《国家赔偿法》第 4 条规定：“行政机关及其工作人员在行使行政职权时有下列侵犯财产权情形之一的，受害人有取得赔偿的权利：……（二）违法对财产采取查封、扣押、冻结等行政强制措施的；（三）违法征收、征用财产的；（四）造成财产损害的其他违法行为。”

意，甚至采用暴力逼迁行为，或因协议要素不齐全、内容违反法律规定、优益权的不当行使等导致协议被法院撤销、确认无效或者违法。

## 二、征收补偿协议案件审理原则

### （一）信赖利益保护原则

行政机关因其权威性而为行政相对人所信赖，行政相对人因信赖行政机关而根据其政策指引或行政指导作出一定的行为，行政机关应当珍视并保护行政相对人对其的信赖，这便是信赖利益保护原则的价值。从监督行政权、保护行政相对人合法权益、维护国家政策和相关法律规定精神能够全面贯彻落实的需要以及信赖利益保护原则的要求考量，行政相对人基于对公权力的信任而作出一定的行为，此种行为所产生的正当利益应当予以保护。

关于行政协议中的信赖利益，当前审判实务中存在各种各样的理解和用法。行政协议签订生效后，需要行政机关和行政相对人秉承诚实信用的原则切实履行各自协议义务，尤其是行政机关一方应当作为诚信履责的典范，发挥示范效应，保证行政协议的有效履行。对不遵守协议约定的失信一方，人民法院应当判决其遵守协议约定，继续履行协议。当行政协议被确认无效后，行政相对人的信赖利益能否获得赔偿，应当以行政相对人基于合理信赖而实际履行了协议为前提，即一般而言，人民法院审理行政协议案件，可以参照适用民事法律规范的相关规定。根据《民法典》第157条规定，民事法律行为无效、被撤销或者确定不发生效力后，因该法律行为取得的财产，应当予以返还；不能返还或者没有必要返还的，应当折价补偿。有过错的一方应当赔偿对方因此所受到的损失，双方都有过错的，应当各自承担相应的责任。对于因行政协议被确认无效后所引发的赔偿之诉，信赖利益所产生的赔偿，应当以行政相对人基于合理信赖而实际履行了协议为前提。

### （二）禁止“不当联结”原则

行政协议既具有民事合同的私法契约性又具有行政事务的公法管理性，在处理行政协议事务或案件中，如何在契约自由与公法监管之间找到最佳的平衡点，是保证行政协议公平性的基础。

行政协议的发起和签订、监管等均是以行政机关一方为主导，政府主导的行为必然有国家公权力的运作，而国家公权力的运作必须公正合理且与立法目的相关联、相吻合，禁止公权力主体将不相关的行为、因素相关联、相捆绑（即不能将某一种行政手段与另外的行政目的相挂钩）。“禁止不当联结”原则是行政法中的重要原则之一。

行政机关在行政协议的订立过程中，应秉持公平公正、“禁止不当联结”等原则，合理利用自身的资源优势，与相对人展开平等协商，达到既实现公共治理，又有效保护和实现相对人合法权益的目的。如何发现行政协议的条款设定和实际履行中是否存在“不当联结”，并运用“禁止不当联结”原则处理行政协议纠纷，是制约公权力滥用、践行法治政府的必然要求，是协议相对人维护自身权益、赢得胜诉结果的重要武器，是裁判者准确认定事实、作出公正裁判的必修功课。如福建某时装有限公司诉莆田市荔城区人民政府行政协议案[①]中，获得拆迁补偿属于被征收人的法定权利，其与被征收人是否完成投资额等义务之间没有合理关联。涉案行政协议的订立，虽在形式上符合平等协商的要求，但因行政机关利用其强势地位为协议相对人设定明显不对等的条件或者义务，实质上并不具有合意基础，违反了“禁止不当联结”原则。因此，针对协议相对人提出行政协议存在显失公平情形之主张，人民法院除可以参照适用民事法律规范的相关规定对是否属于合意进行审查外，还应当适用行政行为的合法性标准对是否存在“不当联结”进行判断。经审查认定存在显失公平或者不当联结情形的，人民法院应当依法支持协议相对人主张撤销行政协议的诉讼请求。

### （三）全程监督原则

《行政诉讼法》第6条明确规定，人民法院审理行政案件，对行政行为是否合法进行审查。故在行政诉讼中，监督行政机关依法行使职权是人民法院的法定职责。行政诉讼程序一经启动，人民法院即应对被诉行政行为是否合法进行审查监督，这种司法审查监督不受原告是否提出相应请求的影响，其审查范围和裁判方式亦不完全受原告诉讼请求的限制。在行政协议案件中，人民法院不仅仅在行政机关单方变更、解除行政协议时才予以监督，对行政机关签订、履行等行为都应进行全程监督。这种监督充分体现了行政诉讼法将行政协议纳入受案范围的核心价值，是行政协议诉讼最独特于民事诉讼的特点。

---

① 福建省高级人民法院（2018）闽行终130号行政判决书。

# 第二节　征收补偿协议纠纷的起诉与受理

## 一、审查要素分析

行政协议这一柔性的行政管理方式伴随着经济社会的快速发展和人民群众对政府依法行政水平的要求不断提高，将会越来越多地使用，行政协议也将发挥其独特的功能价值。由于存在双方性、协商性和契约性，行政协议与传统的行政行为有很大不同，行政协议的认定标准以及行政机关权利救济方面应当与行政协议的特征和诉讼类型的多样化相适应。本部分主要就行政协议认定和受理问题，从受案范围、管辖、诉讼主体资格、起诉期限等领域分析，探讨了行政协议在认定标准的范围、行政协议中行政机关救济方式的完善，以期对目前行政协议案件立案难和审理程序较为混乱的情况有所助益。

### （一）受案范围

《行政诉讼法》规定将行政协议争议以行政诉讼的方式解决，“行政机关不依法履行、未按照约定履行或者违法变更、解除政府特许经营协议、土地房屋征收补偿协议等协议的”① 属于行政诉讼受案范围。《行政协议司法解释》对行政协议的定义作了进一步完善。②《行政协议司法解释》第 2 条对行政协议进行了详细列举，包括：政府特许经营协议；土地、房屋等征收征用补偿协议；矿业权等国有自然资源使用权出让协议；政府投资的保障性住房的租赁、买卖等协议；符合司法解释规定的政府与社会资本合作协议；其他行政协议。

房屋征收补偿协议是房屋征收部门与被征收人就补偿方式、补偿金额、支付期限等进行约定而签订的协议，是一种典型的行政协议。明确行政协议的受案范围和起诉条件，能够最大限度保护房屋征收补偿协议相对人的起诉权，从而充分保护行政相对人的合法权益，使其所受侵害在行政诉讼中得到及时有效的救济。

---

① 《行政诉讼法》第 12 条。

② 《行政协议司法解释》第 1 条规定：“行政机关为了实现行政管理或者公共服务目标，与公民、法人或者其他组织协商订立的具有行政法上权利义务内容的协议，属于行政诉讼法第十二条第一款第十一项规定的行政协议。”

【规范指引】

《行政协议司法解释》第 2 条、第 3 条。

（二）原告主体资格

《行政协议司法解释》第 4 条和第 5 条就行政协议诉讼中的原被告主体资格问题作出了明确规定，就原告资格而言，除了作为行政协议一方当事人的公民、法人或其他组织具有原告资格外，与行政协议有利害关系的公民、法人或其他组织也可以作为原告提起行政诉讼。

1. 作为行政协议一方当事人的公民、法人或其他组织

《行政协议司法解释》第 4 条第 1 款规定："因行政协议的订立、履行、变更、终止等发生纠纷，公民、法人或者其他组织作为原告，以行政机关为被告提起行政诉讼的，人民法院应当依法受理。"故作为行政协议一方当事人的公民、法人或其他组织，因协议的订立、履行、变更、终止等原因与行政机关发生纠纷的，可以作为原告依法提起行政诉讼。

2. 与行政协议有利害关系的公民、法人或其他组织

《行政协议司法解释》第 5 条规定，与行政协议有利害关系的公民、法人或者其他组织也可以作为原告依法提起行政诉讼，具体包括以下几类：一是参与招标、拍卖、挂牌等竞争性活动，认为行政机关应当依法与其订立行政协议但行政机关拒绝订立，或者认为行政机关与他人订立行政协议损害其合法权益的公民、法人或者其他组织；二是认为征收征用补偿协议损害其合法权益的被征收征用土地、房屋等不动产的用益物权人、公房承租人；三是其他认为行政协议的订立、履行、变更、终止等行为损害其合法权益的公民、法人或者其他组织。

以上三类主体虽然不是行政协议的当事人，但因其与相关行政协议具有利害关系，故可以作为原告依法提起行政诉讼。此类主体主观上"认为"相关行政协议损害其合法权益的，就可以提起诉讼，法院应当依法受理，至于起诉后其实体权利是否确实受到损害，则由法院根据案件审理情况予以认定。

【规范指引】

《行政诉讼法》第 2 条、第 25 条；《行政协议司法解释》第 4 条、第 5 条。

### （三）被告主体资格

行政协议诉讼属行政诉讼范畴，“民告官”是其最明显的特点，故行政协议诉讼的被告只能是行政机关，具体来说，就是作为协议一方当事人的行政机关。现实中，可能出现行政机关委托的组织与他人订立行政协议的情况，此时根据《行政协议司法解释》第 4 条第 2 款的规定，因行政机关委托的组织订立的行政协议发生纠纷的，委托的行政机关是被告。这一规定也与行政诉讼法规定的对行政机关委托的组织作出的行政行为提起诉讼的，应当以委托的行政机关为被告的立法精神是一致的。

**【规范指引】**

《行政诉讼法》第 2 条、第 25 条；《行政协议司法解释》第 4 条。

### （四）管辖范围

1. 法定管辖

当事人对行政协议行为提起诉讼的，原则上由最初作出行政行为的行政机关所在地人民法院管辖，经复议的也可以由复议机关所在地人民法院管辖；对国务院部门或者县级以上地方人民政府所作的行政协议行为提起诉讼的案件，海关行政协议案件，本辖区内重大、复杂的行政协议案件，以及其他法律规定由中级人民法院管辖的行政协议案件，由中级人民法院管辖；因不动产提起行政协议案件诉讼的，由不动产所在地人民法院管辖；经最高人民法院批准，高级人民法院确定若干人民法院跨行政区域管辖行政案件的，相关行政协议案件应当由跨行政区域审理行政案件的人民法院管辖。行政协议案件的地域管辖、级别管辖、集中管辖等均适用行政诉讼法的规定，不参照民事诉讼法关于合同纠纷案件管辖的规定。

2. 协议管辖

《行政协议司法解释》第 7 条规定：“当事人书面协议约定选择被告所在地、原告所在地、协议履行地、协议订立地、标的物所在地等与争议有实际联系地点的人民法院管辖的，人民法院从其约定，但违反级别管辖和专属管辖的除外。”根据上述条文，当事人协议选择管辖法院应当符合以下条件：

（1）协议管辖应具有范围限制。当事人协议选择的管辖法院应当具有一定范围限制，只限于被告所在地、原告所在地、协议履行地、协议订立地、标的物所在地的人民法院等与争议有实际联系地点的人民法院。该范围规定与《民事诉讼法》第35条规定中对于合同或者其他财产权益纠纷的双方当事人可以协议选择管辖法院的范围保持一致。特别需要说明的是，“与争议有实际联系的地点”是对选择管辖法院范围进行的必要限制，当事人不可以协议选择与行政争议没有实际联系地点的人民法院，如存在该类情形，那么，该选择应为无效。

（2）协议管辖仅适用一审案件。无论是民事合同案件的协议管辖还是行政协议案件的协议管辖，都仅仅适用于人民法院审理的第一审案件，在二审案件中则禁止适用。如果允许二审案件以协议的方式选择管辖法院，会扰乱司法秩序，造成审级的混乱，进而影响司法的公信力，也不利于协议管辖制度的发展。

（3）不得违反行政诉讼法关于级别管辖和专属管辖的规定。首先，当事人协议选择的法院仅为一审法院，不能协议选择二审法院和再审法院，而且，协议选择的一审法院应当符合法律确定的管辖标准。其次，当事人协议选择的管辖法院也不能违反行政诉讼法关于专属管辖的规定。专属管辖具有强制性和排他性，不允许当事人协议变更管辖，必须由特定法院管辖，其他法院无权管辖。如根据《行政诉讼法》第20条规定：“因不动产提起的行政诉讼，由不动产所在地人民法院管辖。”

（4）协议管辖形式为书面协议。书面协议是协议管辖的形式要件，可参照适用《民事诉讼法》《民法典》的相关规定。从形式上，书面协议可以采取合同书的形式，包括书面合同中的协议管辖条款，也可以采取信件和数据电文（包括电报、电传、传真、电子数据交换和电子邮件）等可以有形地表现当事人双方协议选择管辖法院意思表示的形式。从协议内容上，应当体现协议双方当事人选择管辖法院的真实意愿，一方不能将自己的意志强加给另一方。另外，当事人达成的选择管辖法院的协议内容也要合法。

当然，双方当事人在订立有效的选择管辖法院的协议后，可以在协商一致的情况下，对已经选择的管辖法院进行变更，选择其他与争议有实际联系地点的人民法院处理其争议。

**【规范指引】**

《行政协议司法解释》第7条。

### （五）诉讼时效和起诉期限

《行政协议司法解释》第25条规定：“公民、法人或者其他组织对行政机关不依法履行、未按照约定履行行政协议提起诉讼的，诉讼时效参照民事法律规范确定；对行政机关变更、解除行政协议等行政行为提起诉讼的，起诉期限依照行政诉讼法及其司法解释确定。”本条是关于起诉期限和诉讼时效的规定。

根据《行政诉讼法》第 12 条第 1 款第 11 项的规定，行政协议具有实现行政机关行政管理的“单方性”的一面，也有尊重双方当事人协商一致“合意性”的一面，《行政诉讼法》规定了两类行政协议纠纷：一类是“违法变更、解除行政协议”纠纷，这类纠纷属于单方行政行为纠纷。对于这类纠纷，按照一般行政行为进行全面审查。这类纠纷实际上属于侵权纠纷，《行政诉讼法》也作了不同于履约纠纷处理的单独规定。另一类是“行政机关不依法履行、未按照约定履行”纠纷，此类纠纷属于履约纠纷，实质上是行政机关不履行协议约定职责或法定职责的行为。诉讼时效是实体法规则，对不履行法定职责的案件，实体审理中参照民事诉讼时效确有必要，可以防止行政相对人过于延迟主张权利，造成行政法律关系不确定。但是，从行政诉讼法上看，不履行法定职责的案件同样需要遵守起诉期限的规定，行政协议案件中起诉人不服行政机关不履行协议约定的职责亦不例外。因此，不能将《行政协议司法解释》第 25 条规定理解为只有起诉变更、解除行政协议等行政行为需要遵守行政诉讼法及其司法解释有关起诉期限的确定，而对行政机关不依法履行、未按照约定履行行政协议提起诉讼无需遵守法定起诉期限。

**【规范指引】**

《行政协议司法解释》第 25 条。

## 二、争点整理与认定

### （一）受案范围的认定

### 争点 1：因征收补偿行政协议的订立、履行、变更、终止等产生的各类纠纷均属人民法院的受案范围

**【案例】蒋某诉重庆高新区管理委员会、重庆高新技术产业开发区征地服务中心行政协议案**[①]

2016 年 7 月 12 日，蒋某不服其与重庆高新技术产业开发区征地服务中心签订的《征地拆迁补偿安置协议》，以重庆高新区管委会为被告向重庆市第五中级人民法院提起诉讼，请求撤销征地服务中心于 2015 年 12 月 25 日与其签订的《征地拆迁补偿安置协议》。

最高人民法院经审理后认为，通过对行政诉讼法、合同法及相关司法解释有关规定的梳理，行政协议争议类型，除《行政诉讼法》第 12 条第 1 款第 11 项列举的四种情形外，还包括协议订立时的缔约过失，协议成立与否，协议有效无效，撤销、终止行政协议，请求继续履行行政协议，采取相应的补救措施，承担行政赔偿和行政补偿责任，以及行政机关监督、指挥、解释等行为产生的行政争议。将行政协议案件的行政诉讼受案范围仅理解为《行政诉讼法》第 12 条第 1 款第 11 项规定的四种情形，既不符合现行法律及司法解释的规定，亦在理论上难以自圆其说且在实践中容易造成不必要的混乱。故裁定撤销一、二审裁定，指令一审法院继续审理该案。

**【分析】**

《行政诉讼法》第 12 条列举了四种行政协议争议类型，而将其他行政协议争议一概排除在外。《行政协议司法解释》第 4 条第 1 款规定："因行政协议的订立、履行、变更、终止等发生纠纷，公民、法人或者其他组织作为原告，以行政机关为被告提起行政诉讼的，人民法院应当依法受理。"该条文对于行政协议纠纷主要类型予以明确，即行政协议类型还应包括协议订立时的缔约过失，协议成立与否，协议有效无效，撤销、终止行政协议，请求继续

---

① 最高人民法院（2017）最高法行再 49 号行政裁定书。

履行行政协议、采取相应的补救措施、承担赔偿和补偿责任以及行政机关监督、指挥、解释等行为产生的行政争议。

**【规范指引】**

《行政协议司法解释》第4条。

## 争点2：拆迁人与被拆迁人依据《拆迁条例》的规定达成的拆迁安置补偿协议属于民事协议

**【案例】刘某诉淮北市相山区人民政府拆迁安置补偿协议案**①

刘某因不服安徽省高级人民法院作出的（2017）皖行终316号行政裁定，向最高人民法院申请再审。刘某申请再审认为：刘某与淮北市相山区人民政府存在合同权利义务，原审法院认定淮北市土地发展中心为本案争议补偿协议的合同相对方错误。淮北市土地发展中心虽取得了刘庄社区地块的拆迁许可证，但其对外公布的委托书已经推掉了自己的全部责任，告知再审申请人此次拆迁是由再审被申请人负责的，而再审申请人基于对再审被申请人作为一级人民政府的信任才签订了本案争议的拆迁安置补偿协议。根据合同相对性的原理，再审申请人与再审被申请人存在合同权利义务关系才是正确的。原审法院适用法律过程中违背了"实体从旧、程序从新"的基本原则，本案属于行政诉讼的受案范围。原审法院认定事实不清，适用法律错误。请求：依法撤销（2017）皖行终316号与（2016）皖06行初90号行政裁定，提审或指令安徽省淮北市中级人民法院审理本案。

最高人民法院经再审认为：《征补条例》第35条规定，该条例施行前已依法取得房屋拆迁许可证的项目，继续沿用原有的规定办理。由于2010年5月，淮北市相山区人民政府土地发展中心已经取得拆迁许可证，故该案不应适用《征补条例》，而应继续沿用《拆迁条例》规定的程序和补偿方式办理。《最高人民法院关于受理房屋拆迁、补偿、安置等案件问题的批复》（法复〔1996〕12号）规定："拆迁人与被拆迁人因房屋补偿、安置等问题发生争议，或者双方当事人达成协议后，一方或者双方当事人反悔，未经行政机关裁决，仅就房屋补偿、安置等问题，依法向人民法院提起诉讼的，人民法院应当作

① 最高人民法院（2017）最高法行申8235号行政裁定书。

为民事案件受理。”据此，针对安置补偿问题，被拆迁人对裁决不服的，可以提起行政诉讼；而对拆迁补偿安置协议不服的，则应提起民事诉讼。据此，依据《拆迁条例》实施的城市房屋拆迁过程中形成的补偿安置协议，应当属于人民法院民事案件的受理范围。故驳回刘某的再审申请。

**【分析】**

国务院于1991年3月22日颁布的《拆迁条例》(国务院令第78号)第3条规定:“本条例所称拆迁人是指取得房屋拆迁许可证的建设单位或者个人。”该条例所建立的拆迁模式是“市场主导、政府引导”，拆迁的实施主体是企业。嗣后，国务院于2011年1月21日颁布的《征补条例》(国务院令第590号)第4条第1款、第2款规定:“市、县级人民政府负责本行政区域的房屋征收与补偿工作。市、县级人民政府确定的房屋征收部门组织实施本行政区域的房屋征收与补偿工作。”该条例所建立的征收模式是“政府主导”，征收的实施主体是政府。

在《拆迁条例》主导的企业拆迁时代，拆迁补偿安置协议多是由拆迁公司与被拆迁人签订的，而拆迁公司是民事主体，签订的协议应属于民事主体之间签订的协议。因而，《最高人民法院关于受理房屋拆迁、补偿、安置等案件问题的批复》(法复〔1996〕12号)第2条规定:“拆迁人与被拆迁人因房屋补偿、安置等问题发生争议，或者双方当事人达成协议后，一方或者双方当事人反悔，未经行政机关裁决，仅就房屋补偿、安置等问题，依法向人民法院提起诉讼的，人民法院应当作为民事案件受理。”而且与此同时，最高人民法院《民事案件案由规定》也明确将“房屋拆迁安置补偿合同纠纷”作为合同编项下的民事案由之一，以此也印证了该类案件应当属于民事诉讼受案范围。

**【规范指引】**

《拆迁条例》第4条、第6条;《征补条例》第35条。

## 争点 3：征收中作出补偿决定后又签订补偿协议的情形如何处理

**【案例】连某等人诉湖北省武汉市汉阳区人民政府房屋征收补偿决定案**①

连某等人因不服湖北省高级人民法院（2019）鄂行终 808 号行政裁定，向最高人民法院申请再审。连某申请再审称，（1）其对被诉补偿决定具有起诉的价值和实体利益。房屋征收补偿决定一旦作出并送达即对当事人产生确定力和执行力，事关被征收人的重大财产利益。虽然在房屋征收补偿决定作出后签订了补偿协议，但补偿协议的签订存在重大问题，其已对补偿协议提起诉讼。倘若补偿协议被撤销或者确认无效，那么房屋补偿就按房屋征收补偿决定的内容确定并执行。（2）二审法院认为由于房屋强拆行为已经被确认违法进入赔偿程序，补偿法律关系转为赔偿法律关系，涉案房屋拆迁补偿事宜由赔偿程序一并解决。该规则是未签订补偿协议、未作出补偿决定的情形下所应当遵循的，而本案则不同。一、二审法院驳回其起诉，适用法律错误。请求撤销一、二审裁定，再审本案。

最高人民法院经审查认为，根据一、二审法院查明的事实，汉阳区人民政府对于案涉原属肖某的被征收房屋先是于 2016 年 11 月 4 日作出 458 号补偿决定，后肖某之子连某代其与房征收部门协商签订了《汉阳区国有土地上房屋征收补偿协议书》，该补偿协议书设定的补偿内容优于 458 号补偿决定，且补偿款已支付至肖某开立的银行账户。即本案中，补偿协议书已经取代补偿决定，补偿决定对当事人权益不再产生影响。一、二审法院裁定驳回起诉，并无不当。综上，连某等人的再审申请不符合《行政诉讼法》第 91 条规定的情形。最高人民法院据此裁定驳回连某等人的再审申请。

**【分析】**

《行政诉讼法》第 49 条第 4 项规定，属于人民法院受案范围和受诉人民法院管辖，系相对人提起诉讼应当符合的条件之一。《行政诉讼法适用解释》第 1 条第 2 款第 10 项规定，对公民、法人或者其他组织权利义务不产生实际影响的行为，不属于人民法院行政诉讼的受案范围。根据《征补条例》的相关规定，国有土地上房屋征收后的补偿问题，主要涉及被征收人受损财产权益的填补，因该财产权益的补偿具有可协商性和有限度的自由处置权，因此，

---

① 最高人民法院（2020）最高法行申 9015 号行政裁定书。

法律并不禁止即使作出补偿决定后，当事人各方在一定条件下就补偿问题达成协议。在此情形下，当事人各方的权利义务为达成后的补偿协议所明确，原补偿决定被替代，当事人将不再受其约束。换言之，原补偿决定此时对相对人的权利义务不产生实际影响，不属于人民法院行政诉讼的受案范围。行政协议的双方可就协议内容履行并承担相应后果。

**【规范指引】**

《行政诉讼法》第 49 条第 4 项；《行政诉讼法适用解释》第 1 条第 2 款第 10 项。

### （二）原告主体资格的认定

## 争点 4：非协议当事人的户内其他成员的原告主体资格认定

**【案例】张某 4 诉河南省商丘市梁园区市政建设局、河南省商丘市梁园区八八街道办事处确认行政协议无效案**[①]

案外人张某 1（张某 2 父亲，已去世）名下有房产一处，并办理有房屋所有权证。自 1999 年起黄某与张某 2 以夫妻名义共同生活，并于 2001 年育有一女张某 3。张某 2 于 2010 年 8 月 22 日购买取得了该房产。2015 年 9 月 29 日，梁园区市政建设局（以下简称梁园区建设局）按照《商丘市国有土地上房屋征收与补偿暂行办法》《商丘市国有土地上房屋征收与补偿实施细则》等有关规定，依法对该房屋征收，并与黄某签订了《房屋征收安置补偿协议（国有）》（以下简称案涉补偿协议）。2016 年 8 月 29 日，张某 2 因病去世。张某 4（张某 2 儿子）认为因张某 2 去世，其是合法继承人，梁园区建设局和黄某签订的案涉补偿协议应属无效。

原审法院认为，梁园区建设局、梁园区八八街道办事处对涉案房产进行征收前，应查明其合法继承人从而明确签订案涉补偿协议的相对人。梁园区建设局、梁园区八八街道办事处在没有调查核实的情况下与黄某签订案涉补偿协议，明显主体不当，依法应予撤销。遂判决撤销梁园区建设局与黄某于 2015 年 9 月 29 日签订的案涉补偿协议；驳回张某 4 的其他诉讼请求。

---

① 河南省商丘市中级人民法院（2019）豫 14 行终 219 号行政裁定书。

黄某向商丘市中级人民法院提起上诉。商丘市中级人民法院经审理认为：行政行为的相对人以及其他与行政行为有利害关系的公民、法人或者其他组织，有权提起诉讼。行政诉讼中的利害关系，为行政机关在作出行政行为之时应当予以考虑的利益。本案中，存在以下两个问题：

1. 关于黄某是否是签订案涉补偿协议的适格主体。黄某与张某 2 未办理结婚登记，其是否有权以自己名义对涉案房屋签订案涉补偿协议关键要看涉案房屋是否属于其与张某 2 共有。首先，黄某自 1999 年起与张某 2 以夫妻名义共同生活，直至张某 2 去世。在此期间，张某 2 通过购买其他继承者继承份额的方式获得了涉案房屋所有权，系在与黄某共同生活期间取得的财产，应属共有财产。其次，黄某的户籍登记为张某 2 的妻子，且二人长期在该房屋居住生活，梁园区建设局据此认定黄某与张某 2 存在家庭关系，对其有权签订案涉补偿协议的身份不存在合理怀疑，其与黄某签订案涉补偿协议的行为并无不当。最后，案涉补偿协议签订前，梁园区建设局两次对房屋情况进行调查核实，张某 2 均签名，可知其对征收安置事项知情。案涉补偿协议签订至张某 2 去世有 11 个月之久，其间张某 2 并未对黄某签订案涉补偿协议的行为表示异议，亦未对该行为提起撤销之诉，可以推断张某 2 对黄某作为共有人签订案涉补偿协议的行为是认可的。综上，黄某作为该房屋的共有人签订案涉补偿协议的身份适格。

2. 关于张某 4 是否具备对涉案行政行为提起行政诉讼的主体资格。依《行政诉讼法》第 2 条、第 25 条第 1 款的规定可知，对行政协议提起行政诉讼的原告有两类：一是行政行为的相对人；二是其他对行政行为有利害关系的公民、法人或者其他组织。提起行政诉讼的条件为认为行政机关和行政机关工作人员的行政行为侵犯了其合法权益。即以起诉人主观意愿为标准赋予起诉人原告主体资格，同时以“与行政行为有利害关系”作为确定原告主体资格的客观要件。在该标准下，需审查被诉行政行为与起诉人权益之间是否存在特定的联系，该权益能否通过特定联系成为法律规范保护的权益，从而使起诉人取得主体资格。

本案中，张某 4 与涉案行政行为是否有法律上的利害关系，要看行政机关的具体行政行为是否对其权利义务已经或将会产生实际影响。张某 4 主张其是张某 2 的合法继承人，应依法继承涉案房屋及相关合法权益。然而，依据《继承法》第 2 条规定：“继承从被继承人死亡时开始。”案涉补偿协议签订于张某 2 去世前，此时继承尚未开始，张某 4 无法通过继承取得案涉房屋所有权，案涉补偿协议的签订未对张某4的合法权益造成侵害或侵害的危险。故其对该行政行为不具有利害关系，不具备对涉案行政协议提起行政诉讼的主体资格。

综上，河南省商丘市中级人民法院裁定驳回被上诉人张某4的起诉。

**【分析】**

行政协议究其根本还是一种行政管理的手段。在行政诉讼中，若过度适用民法规则势必忽略其特殊性，必然背离行政协议相关法律规制的初衷。因此，审理行政协议案件应当优先适用行政法和行政诉讼法的规定，只有在行政法、行政诉讼法没有规定，且不违背行政法基本原则的情况下可以补充适用民事法律规范。在原告资格问题上，依据《行政诉讼法》第25条规定，行政行为的相对人以及其他与行政行为有利害关系的公民、法人或者其他组织，均有权提起诉讼。据此，如果未签字的家庭成员应当作为协议相对人或协议内容应当取得其同意，订立行政协议行为将实质影响其权利义务的，其与被诉订立行政协议行为产生利害关系时，应当承认其原告资格。给予当事人充分且合理的法律救济，有利于切实保护其合法权益。

**【规范指引】**

《行政诉讼法》第2条、第25条。

## 争点5：房地分离情形下土地使用权人的原告主体资格认定

**【案例】凤冈县某工贸有限责任公司诉贵州省凤冈县人民政府请求撤销补偿安置协议案**[①]

2001年3月7日，凤冈县某工贸有限责任公司（以下简称某工贸公司）取得案涉土地国有土地使用证，修建厂房从事水泥电线杆的生产，后因经营不善停产。2006年10月，某工贸公司与周某订立《协议书》，约定某工贸公司将电杆厂空地租给周某使用，租金按月计退补。同时约定某工贸公司需用厂房时，应提前一旬告知周某。2013年12月，某工贸公司与周某再次订立《协议书》，约定租赁范围及租金。2014年9月，因某工贸公司土地上房屋涉及征收，凤冈县人民政府（以下简称凤冈县政府）与周某订立《凤冈县城

---

① 最高人民法院发布的第二批行政协议诉讼典型案例之四。

市棚户区改造项目房屋征收与补偿安置协议书》(以下简称《安置协议》),并将相应补偿款支付给周某。某工贸公司认为《安置协议》中的房屋及构筑物等属其所有,凤冈县政府与周某订立《安置协议》并支付补偿款的行为侵犯了其财产权,遂提起诉讼,请求撤销《安置协议》。

贵州省遵义市中级人民法院一审认为,凤冈县政府仅依据案涉租赁协议及对周某的调查笔录即认定案涉房屋及构筑物等属周某所有,并在未通知某工贸公司参与,亦未听取其陈述意见的情况下,与周某订立《安置协议》可能对某工贸公司的合法权益造成损害。一审法院遂判决撤销《安置协议》。周某不服,提起上诉。

贵州省高级人民法院二审认为,某工贸公司认为《安置协议》所涉房屋及构筑物等属其所有,凤冈县政府就案涉房屋及构筑物等与周某订立《安置协议》并向其支付补偿费侵犯其合法权益,其有权提起本案诉讼。房屋征收部门对征收范围内房屋的权属应当进行调查登记,调查登记时,应当依照法定程序要求被征收人提供相应证据。本案中,周某及某工贸公司对案涉房屋及构筑物等的归属各执一词,在案涉房屋及构筑物等的权属存在异议,且无合法有效证据证明属周某所有的情况下,凤冈县政府直接与周某订立《安置协议》缺乏事实根据。此外,依据程序正当原则,凤冈县政府在明知周某系承租人,某工贸公司系出租人的情况下,其订立《安置协议》前应当就案涉房屋及构筑物等的归属充分听取周某及某工贸公司的意见,必要时可引导租赁双方就案涉房屋及构筑物等的权属进行明确后再予补偿安置。凤冈县政府在未通知某工贸公司参与并听取其意见的情况下,直接与周某订立《安置协议》,亦违反正当程序。二审法院遂判决驳回上诉,维持一审判决。

**【分析】**

基于合同的合意性,合同原则上仅对订立合同的当事人具有效力,当事人之外的其他主体通常不能就合同主张权利,通常称之为合同相对性原则。但在法律有明确规定的情形下,亦可以突破合同相对性原则。行政协议的合意性特征,决定其同样应当遵循相对性原则。但行政协议同时具有行政性特征,具有公定力、确定力等,在未依法否定其效力之前,受其影响的主体应当予以尊重及执行。当订立行政协议属于行政机关履行法定职责的法定形式时,行政机关则可以其已订立行政协议作为其已经履行相应法定职责的正当抗辩事由。因此,传统行政行为的利害关系人制度,原则上也可以适用于行政协议诉讼。相比于民事合同,行政协议突破合同相对性原则的法定情形相对更多。本案中，若某工贸公司不理会《安置协议》的存在，而是提供证据证明其具有法定的补偿权益，进而主张行政机关应当与其订立补偿安置协议抑或履行补偿安置职责的，行政机关则可以其已与法定的被征收人订立补偿安置协议或者已经履行补偿安置职责为由予以拒绝。某工贸公司对此不服提起行政诉讼，在《安置协议》效力被否定之前，人民法院通常认定行政机关的主张成立，对诉讼请求不予支持。因此，某工贸公司需要主动就《安置协议》提起行政诉讼，否定其效力以救济自身的合法权益。《行政协议司法解释》第5条第2项规定即明确肯定了被征收征用土地、房屋等不动产的用益物权人、公房承租人的原告主体资格。行政机关通过订立行政协议方式履行法定职责的，应当严格遵循合法性要求，查明其对协议相对人是否具有相应的法定职责等事实，并依法约定双方当事人之间的权利义务。行政机关在未查明有关事实情形下订立行政协议，由此对协议相对人之外的其他主体合法权益造成损害，利害关系人请求撤销或部分撤销行政协议的，人民法院应当依法支持。这样，既可以“一揽子”解决行政协议争议，减少当事人的诉讼成本，又可以避免重复支付，防止国有资产不当流失。

**【规范指引】**

《行政协议司法解释》第5条。

## 争点6：公房承租人的原告主体资格认定

**【案例】曾某1、曾某2诉江西省南昌市人民政府行政复议案**[①]

再审申请人曾某1、曾某2不服江西省南昌铁路运输中级法院（2018）赣71行初229号行政判决、江西省高级人民法院（2019）赣行终106号行政判决，向最高人民法院申请再审，要求确认其是拆迁安置补偿行政行为利害关系人，判决南昌市人民政府重新作出决定。主要事实和理由为：（1）其从原权利人刘某处购买了房屋，2009年6月30日南昌市中山路×号房屋因遭受火灾被烧毁，其在原地独资重建39.2平方米店面，故与本案行政行为具有利害关系。（2）征收补偿的房屋面积正是其重建的房屋面积，安置补偿与房屋的重建行为具有必然的联系，原审引用的《南昌市火灾房屋补偿政策》没有

① 最高人民法院（2020）最高法行申1096号行政裁定书。

法律依据。

最高人民法院认为：涉案《南昌市国有土地上房屋征收补偿货币补偿协议书》是对南昌市中山路 × 号房屋进行征收的补偿协议，该房屋系政府直管公房，所有权人为原审第三人江西省南昌市西湖区西湖住房保障和房产管理所（以下简称西湖房管所），公房承租人为原审第三人某五金厂。本案争议焦点即再审申请人曾某 1、曾某 2 与涉案征收补偿协议是否具有利害关系。该争议焦点涉及两层法律关系：一是直管公房的物权归属问题；二是租赁期间重建建筑物或构筑物的物权归属问题。

直管公房租赁权是国家为了保障居住权而提供的一项具有重大财产利益的权利。不同于平等民事主体之间通过签订房屋租赁合同而取得房屋的承租权，直管公房承租人是通过向行政机关申请或行政机关统一调配而获得承租权。直管公房承租人得以长期缴纳低房租居住该房屋，对该房屋享有长期的占用和使用权，其经济地位近似于房屋所有权人。因此，考虑到直管公房承租人的特殊地位，以及征收补偿行为对直管公房承租人权益的直接且重大影响，应当对其合法权益予以充分保护。本案中，原审第三人某五金厂作为公房承租人，是房屋征收行为的补偿对象。原审第三人某五金厂与再审申请人订立的租赁合同，是民事意义上的租赁关系，在法律上并不能以民事租赁合同直接替代公房承租关系，即再审申请人与公房所有权人西湖房管所之间并未形成公房承租关系，其二人不能基于普通民事租赁合同取得对涉案征收补偿协议的起诉或复议的资格。

案涉房屋在租赁期间，因发生火灾由再审申请人重建。再审申请人称其购买了案外人刘某的房屋且一直占有、使用，但案外人刘某原有的房屋为二楼住宅，其并非案涉一楼店面房的所有权人。因此，再审申请人的上述理由不能成为其取得涉案行政协议起诉或复议资格的理由。针对案涉一层建筑，在土地使用权、公房承租权均未以明示方式转移，原审第三人某五金厂又明确表示其愿意承担重修费用的情况下，不能认定再审申请人基于重建而直接取得了房屋的所有权或公房承租权。再审申请人与原审第三人某五金厂也曾因履行租赁协议发生争议提起了民事诉讼，在人民法院作出明确裁判前，无法直接认定再审申请人与涉案征收补偿协议之间存在利害关系。

综上，曾某 1、曾某 2 的再审申请不符合《行政诉讼法》第 91 条规定的情形。最高人民法院裁定驳回再审申请人曾某 1、曾某 2 的再审申请。

【分析】

房屋是公民生存的最基本保障。根据产权单位的不同，公房可以分为国家直管的公房和单位自管的公房以及经营单位托管、代管的公房。近几年随着危改项目的逐步推进，老旧公房都被列入拆迁改造区进行拆迁，危改中往往涉及公房承租人资格及补偿对象问题，由于相关法规不多，容易带来公房承租人变更、拆迁补偿安置引起的矛盾。

根据《征补条例》第2条的规定，被征收人是房屋所有权人，补偿的对象也是房屋所有权人。因此，承租人与房屋征收决定一般不具有法律上的利害关系。但公房所有权和使用权的分离系计划经济时代房屋政策带来的遗留问题，具有社会福利的性质，不同于一般民事法律关系中的房屋承租人。公房承租人享有的低于市场价格占有、使用房屋的权利，可以视为"准物权"，且在房屋征收补偿过程中，公房承租人享有的补偿份额远远大于所有权人。赋予公房承租人原告主体资格，不仅有利于保障该群体的合法权益，也有利于解决此类历史遗留问题。

【规范指引】

《行政诉讼法》第2条、第25条；《征补条例》第2条。

### （三）被告主体资格的认定

## 争点7：拆迁公司与被征收人、搬迁人签订协议，视为受职能部门的委托

**【案例】王某1、王某2诉浙江省义乌市国有土地上房屋征收管理办公室、浙江省义乌市人民政府、义乌市城市投资建设集团有限公司房屋征收补偿协议案**[①]

王某1、王某2因不服浙江省金华市中级人民法院（2018）浙07行初203号行政裁定、浙江省高级人民法院（2018）浙行终1308号行政裁定，向最高人民法院申请再审。主要事实和理由：义乌市国有土地上房屋征收管理办公室具有被告主体资格；案涉《房屋征收补偿协议》的签订存在显失公平、

① 最高人民法院（2019）最高法行申8788号行政裁定书。

重大误解的情形，本案是撤销协议之诉。

最高人民法院认为：一般而言，判断行政诉讼的被告是否适格，既要审查该机关是否是行政行为的作出者，亦应审查行为者是否具有行政主体资格。倘若存在授权、委托等职权转移情形的，则应当按照《行政诉讼法》第 26 条第 5 款、《行政诉讼法适用解释》第 20 条等条款的规定，确定适格被告。

由于征收补偿工作步骤环节多、工作量大，在征收补偿程序中往往涉及多个部门。《行政诉讼法适用解释》第 25 条针对征收补偿程序，专门规定了适格被告的确定规则。即市、县级人民政府确定的房屋征收部门组织实施房屋征收与补偿工作过程中作出行政行为，被征收人不服提起诉讼的，以房屋征收部门为被告。征收实施单位受房屋征收部门委托，在委托范围内从事的行为，被征收人不服提起诉讼的，应当以房屋征收部门为被告。本案中，义乌市住房和城乡建设局委托义乌市城市投资建设集团有限公司签订被诉行政协议，是本案适格被告。义乌市城市投资建设集团有限公司并非行政机关或法律、法规授权实施征收补偿的主体，不具有承担行政责任的主体资格，当然不是本案适格被告。浙江省义乌市人民政府作为征收人，非被诉行政协议的签订主体，也不是本案适格被告。据此可知，再审申请人起诉的三个主体均非本案适格被告，经原审法院释明告知其以浙江省义乌市住房和城乡建设局为被告另行提起行政诉讼，但再审申请人拒绝变更被告。因此，一审法院裁定驳回再审申请人的起诉，二审法院裁定驳回上诉、维持原裁定，均无不当。综上，最高人民法院驳回王某 1、王某 2 的再审申请。

**【分析】**

根据《征补条例》第 5 条有关“房屋征收部门可以委托房屋征收实施单位，承担房屋征收与补偿的具体工作。房屋征收实施单位不得以营利为目的。房屋征收部门对房屋征收实施单位在委托范围内实施的房屋征收与补偿行为负责监督，并对其行为后果承担法律责任”以及《行政诉讼法适用解释》第 25 条有关“征收实施单位受房屋征收部门委托，在委托范围内从事的行为，被征收人不服提起诉讼的，应当以房屋征收部门为被告”等规定，房屋征收部门可作为强制拆迁行为的责任承担主体。

判断行政诉讼的被告是否适格，既要审查该机关是否是行政行为的作出者，亦应审查行为者是否具有行政主体资格。不宜简单以市、县政府的征收决定为依据确定被告。

【规范指引】

《征补条例》第5条;《行政诉讼法司法解释》第25条。

## 争点8：村委会签订的拆迁补偿安置协议是否属于行政协议

**【案例】刘某诉济南高新技术产业开发区管理委员会行政协议案**[①]

刘某不服山东省高级人民法院（2017）鲁行终1907号行政裁定，向最高人民法院申请再审。刘某申请再审称：一、二审法院认定事实不清、适用法律错误。根据再审申请人一审中提交的济高章办发（2013）1号及济综筹发〔2014〕1号第2条可以看出，负责章锦村拆迁安置的主体及涉案协议义务的主体为济南高新技术产业开发区管理委员会（以下简称高新区管委会）及其设立的章锦街道办事处（现已被撤销）。在没有取得任何拆迁手续、没有拆迁公告的前提下，高新区管委会下设的章锦街道办事处欺骗再审申请人签订安置补偿协议。涉案拆迁安置补偿协议的签订是建立在再审被申请人未取得合法拆迁手续、再审申请人被欺骗的基础上的，再审被申请人通过停水欺骗、逼迫再审申请人签订协议违法，该协议属于无效协议。涉案协议于2014年3月签订，2014年10月24日济南市国土资源局对章锦村民出具的告知书写明“章锦村宅基地尚未进行征收”，故涉案协议属于无效协议。综上，请求撤销一、二审裁定，依法再审并重新作出判决，支持再审申请人的全部诉讼请求。

最高人民法院认为，《行政诉讼法》第12条第1款第11项规定的行政协议是指行政机关为实现公共利益或者行政管理目标，在法定职责范围内，与公民、法人或者其他组织协商订立的具有行政法上权利义务内容的协议。本案中，《章锦村拆迁安置补偿协议》虽然由包括章锦街道办事处在内的三方当事人签订，但协议的主要目的和内容是约定章锦村委会与再审申请人之间在拆迁过程中的安置补偿事宜，章锦街道办事处仅“负责指导协助甲乙双方在拆迁各环节的工作落实及安全保障工作”，该项约定没有改变各方当事人之间行政法上的权利义务关系，也没有表明章锦街道办事处或者高新区管委会对案涉宅基地及房屋实施了征收。因此，原审法院以被诉的《章锦村拆迁安置补偿协议》不属于《行政诉讼法》第12条第1款第11项规定的行政协议为

---

① 最高人民法院（2018）最高法行申8208号行政裁定书。

由，裁定驳回再审申请人的起诉并无不当。再审申请人如对相关安置补偿行为不服，可按照二审法院的指示，另行主张权利。综上，最高人民法院裁定驳回再审申请人刘某的再审申请。

【分析】

补偿安置协议一般由市、县政府土地行政主管部门或者其委托部门作为主体与被征收人签订。因此，如果村委会接受政府土地主管部门的委托，履行了相关手续，并取得了委托书，则是有权签订补偿安置协议的，如果发生协议纠纷，则由委托方即被征地的市、县土地行政主管部门承担责任。若村委会没有相关的委托，与本村农民签订补偿安置协议的，则应当视具体情形讨论。

如村委会未履行相应手续而自行组织协议征收，则该协议无效，村民可以要求相关部门查处村委会的行为，或者起诉要求法院确认协议无效。

如村委会仅作为民事主体与被拆迁人签订拆迁安置补偿协议，协议的主要目的和内容约定的是双方之间在拆迁过程中的安置补偿事宜，没有证据表明有关部门对土地及房屋实施了征收；或虽有街道办参与协议签订，但协议约定街道办仅是“负责指导协助拆迁各环节的工作落实及安全保障工作”，那么协议约定没有改变各方当事人之间行政法上的权利义务关系，不属于《行政诉讼法》第12条第1款第11项规定的行政协议。被拆迁人对此可另行主张权利。

【规范指引】

《行政诉讼法》第12条。

## 三、法律适用中的疑难问题

### 问题1：行政协议撤销权诉讼可参照适用民事法律规范中撤销权消灭期间的规定

**【案例】张某某诉山东省五莲县住房和城乡规划建设局、山东省五莲县人民政府房屋征收行政协议案**[①]

2013年6月17日，山东省五莲县人民政府（以下简称五莲县政府）作出涉案房屋征收决定及附件《洪凝街道和子沟居城中村改造工程建设房屋征收补偿方案》（以下简称涉案补偿方案）。2013年6月24日，张某某之夫何某某与山东省五莲县住房和城乡规划建设局（以下简称五莲县住建局）签订《和子沟居城中村改造工程建设房屋征收补偿协议》（以下简称被诉补偿协议），协议对房屋征收的依据、被征收房屋的基本情况、补偿方式、被征收房屋的搬迁腾空交付、乙方（张某某）的保证、抵押及租赁关系处理、违约责任、争议处理、协议生效、未尽事宜、附件效力等事项作出了约定。何某某在该补偿协议中署名"张某某、何某某"。补偿协议签订后，张某某按照补偿协议的约定腾空了涉案房屋并支取了补偿费。庭审中，张某某的委托诉讼代理人何某某陈述补偿协议系其所签，支取补偿费凭证和征收房屋腾空验收单系张某某本人签字。张某某以其夫因被欺诈、被胁迫而签订补偿协议且协议内容显失公平为由，向山东省日照市中级人民法院提起行政诉讼，提出撤销上述补偿协议等诉讼请求。山东省日照市中级人民法院一审判决驳回张某某的诉讼请求。张某某不服，向山东省高级人民法院提起上诉，二审法院经审理判决驳回张某某的上诉，维持一审判决。

张某某向最高人民法院申请再审。最高人民法院经审查认为，本案的争议焦点包括：（1）原审法院主动审查再审申请人行使撤销权的期限是否合法；（2）原审法院关于再审申请人知道或应当知道撤销事由的时间起点的认定是否准确。

关于法院应否主动审查当事人行使撤销权的期限的问题。所谓除斥期间，是指法律对某种权利规定的存续期间，主要适用对象为形成权，如撤销权、

---

① 最高人民法院（2018）最高法行申3414号行政裁定书。

追认权等，其制度目的在于督促权利人尽快行使权利，以维护交易秩序和合同的稳定性。除斥期间与诉讼时效在制度设计上虽具有一定共性，但也存在不同之处，比如人民法院可依职权主动审查以确定除斥期间是否届满。根据《合同法》第55条之规定，权利人行使撤销权应自知道或应当知道撤销事由之日起一年内行使，该期间系除斥期间，不存在中止、中断或延长情形，超出该期限即丧失撤销权的行使权利。本案中，原审法院依职权主动审查再审申请人张某某行使被诉补偿协议撤销权是否超过期限，符合法律规定。

关于原审法院确定再审申请人知道或应当知道撤销事由的时间起点是否准确的问题。根据原审法院查明的事实，再审申请人张某某在原审中提交了部分村民的宅基地使用证，而其提交的和子沟居委会于2011年8月18日作出的“和子沟居2011年国家征用土地安置费分配方案及说明”中引用《山东省土地征收管理办法》第22条时提到“农民集体所有土地全部被征收或者被征收土地后没有条件调整土地的，土地征收安置费的80%支付给承包户，主要用于被征收土地农民的社会保障、生产生活安置”。此后五莲县政府作出的涉案征收决定及补偿方案征求意见公告均载明涉案房屋征收系依据《征补条例》，且表明和子沟居为“城中村”。以上材料均形成于张某某签订被诉补偿协议之前，而被诉补偿协议亦载明系“根据《征补条例》及相关法律法规的规定”签订，基于上述材料所反映的信息，张某某在签订协议时应足以判断可能存在其所称的被欺诈的事实和理由。至于协议内容是否显失公平，应基于特定时间节点予以考量，就本案而言，择取协议签订之时以考察协议内容是否公平乃是合理的选择。考虑到张某某认可其夫与五莲县住建局签订的补偿协议，腾空房屋并支取搬迁补偿费等，实际履行了被诉征收补偿协议，嗣后其主张协议显失公平，但未能举证证明其主张的显失公平情形签订协议时不知道或不应知道而后期方才知晓，即应承担举证不能的法律后果。而涉案土地实际性质的认定，并不足以影响张某某行使协议撤销权。原审法院认定张某某行使协议撤销权应自被诉补偿协议签订之日起算，并无不当。张某某于2015年5月27日提起本案诉讼，已超出撤销权行使期限，原审法院以此为由判决驳回其诉讼请求，亦无不当。最高人民法院裁定驳回再审申请人张某某的再审申请。

【分析】

《行政协议司法解释》第14条规定：“原告认为行政协议存在胁迫、欺诈、重大误解、显失公平等情形而请求撤销，人民法院经审理认为符合法律规定可撤销情形的，可以依法判决撤销该协议。”《行政协议司法解释》规定了行政协议撤销权之诉，但未对相关审理规则作进一步规定。行政协议虽然仍属于一种行政活动方式，但它却借用了民法合同的方式，行政机关与协议相对人之间虽然本质上不属于平等的民事主体，但却是以平等协商的方式订立并履行协议，正是基于这种平等性和双方性，当因为行政协议的订立和履行产生争议时，可以适用不违反行政法和行政诉讼法强制性规定的民事法律规范。《行政协议司法解释》第 27 条第 2 款规定：“人民法院审理行政协议案件，可以参照适用民事法律规范关于民事合同的相关规定。”《民法典》第 152 条规定：“有下列情形之一的，撤销权消灭：（一）当事人自知道或者应当知道撤销事由之日起一年内、重大误解的当事人自知道或者应当知道撤销事由之日起三个月内没有行使撤销权；（二）当事人受胁迫，自胁迫行为终止之日起一年内没有行使撤销权；（三）当事人知道撤销事由后明确表示或者以自己的行为表明放弃撤销权。当事人自民事法律行为发生之日起五年内没有行使撤销权的，撤销权消灭。”要正确适用除斥期间，应当注意以下几个问题：

1. 正确理解除斥期间的概念。除斥期间是法律规定或者当事人约定的撤销权、解除权等权利的存续期间。无论是撤销权还是解除权均属于形成权，形成权赋予了权利人以自己的单方行为得行使之力，从保护相对人角度以及维护法律关系的稳定性出发，形成权的行使也应当受到一定的限制。包括以下几个方面：第一，形成权的行使，原则上不得附有条件或者期限；第二，行使形成权的意思表示不得撤回，但撤回的通知同时或者先于形成权的意思表示到达的，不在此限；第三，形成权得在一定期间内行使，得以行使形成权的期间称为除斥期间。我国相关法律亦对形成权的行使期间作了限制。

2. 正确区分除斥期间和诉讼时效。除斥期间和诉讼时效都是以设定一定的期间，且期间经过后都会对原告产生某种不利的后果，督促权利人及时行使权利的制度，但二者还是存在较大的差异。

（1）作用的权利不同。除斥期间主要适用于形成权。而诉讼时效主要适用于债权请求权，债权请求权是特定的债权人请求债务人为一定的行为或不为一定行为的权利，具体包括基于合同履行的请求权，违约损害赔偿请求权、缔约过失请求权、无因管理请求权、侵权的请求权、不当得利所产生的请求权。

（2）法律效力不同。除斥期间届满，实体权利本身当然消灭。而诉讼时效届满后，实体权利本身并不因此而消灭，对于已经完成的时效利益，可以抛弃。《民法典》第 192 条规定：诉讼时效期间届满的，义务人可以提出不履行义务的抗辩。诉讼时效期间届满后，义务人同意履行的，不得以诉讼时效期间届满为由抗辩；义务人已经自愿履行的，不得请求返还。抛弃时效利益的行为，可视为权利人权利的实现，而不是创设了新的权利。而除斥期间届满，权利人不仅丧失了实体权利，还意味着可以创设某种权利。

（3）期间起算点不同。诉讼时效期间自权利人知道或应当知道权利被侵害之日即权利人能行使权利之日起开始计算；而撤销权是当事人自知道或者应当知道撤销事由之日起计算。

（4）期间是否可变不同。除斥期间属不变期间，除法律有特殊规定者外，不能中止、中断和延长，且期间较短，以早日确定当事人间的关系为目的。诉讼时效为可变期间，可以适用中止、中断和延长的规定，且期间较长。

（5）法院是否可依职权主动适用不同。除斥期间是否经过直接关系到当事人相关实体权利的有无，人民法院应依职权主动调查适用。时效利益实现采用的是当事人主义，时效利益是否抛弃纯属义务人的利益，按照意思自治原则，完全应由义务人自行决断。

【规范指引】

《民法典》第 152 条、第 199 条；《行政诉讼法适用解释》第 94 条；《行政协议司法解释》第 25 条。

## 问题 2：涉征收补偿的息诉罢访协议的可诉性问题

以息诉罢访行政协议为例，实践中因息诉罢访的处理条件、方式等不同，对该类行政协议是否属于行政案件受案范围存在不同的观点。

观点一：行政协议必须具备以下几个法定条件：一是协议一方恒定是行政机关，包括法律、法规、规章授权的组织；二是签订协议的目的是实现公共利益或者行政管理目标；三是协议事项必须符合行政机关的法定职责权限；四是协议内容必须具有行政法上的权利义务；五是协议履行过程中行政机关享有单方解除、变更协议的行政职权。行政机关与上访人签订的息诉罢访协议，实质上是行政机关为了维护社会和谐稳定、公共利益和实现行政管理职能的需要，根据属地主义原则在其职责权限范围内，与上访人达成的有关政府出钱或者是给予其他好处、上访人息诉罢访等具有行政法上权利义务内容的协议，属于可诉的行政协议范畴。[①]

观点二：附条件的息诉罢访协议属于行政协议。行政协议兼具“行政性”与“合同性”，是行政机关为管理行政事务，实现公共利益或者管理目标与公民、法人或者其他组织协商订立的具有行政法上权利义务内容的协议。本案中，大庆市政府委托大庆市信访法律服务中心解决姜某信访事项，信访服务中心与其签订《附条件息诉罢访协议》。形式上，《附条件息诉罢访协议》系行政主体与相对人之间经协商一致签订的协议。在实质上，维护当地社会和谐稳定与处理信访事宜系政府的法定职责，该协议的签订是为了维护社会和谐稳定，是为了行政管理职能的需要，在政府职责权限的范围内，协议内容具有行政法上权利义务的性质。因此，《附条件息诉罢访协议》系可诉的行政协议的范畴。[②]

观点三：申请人诉请虹口区政府履行“息诉罢访协议”等事项，本身不属于人民法院行政诉讼的受案范围，且申请人提起本案诉讼的实质是对相关部门所作信访处理结果不服，仍属于信访事项。根据《最高人民法院关于不服县级以上人民政府信访行政管理部门、负责受理信访事项的行政管理机关以及镇（乡）人民政府作出的处理意见或者不再受理决定而提起的行政诉讼人民法院是否受理的批复》（〔2005〕行立他字第4号）有关“信访人对信访工作机构依据《信访条例》处理信访事项的行为或者不履行《信访条例》规定的职责不服提起行政诉讼的，人民法院不予受理”的规定，申请人以信访事项起诉，同样不属于行政诉讼受案范围。[③]

**【分析】**

实践中，应注意息诉罢访协议与信访处理事项的区别。《最高人民法院关于不服县级以上人民政府信访行政管理部门、负责受理信访事项的行政管理机关以及镇（乡）人民政府作出的处理意见或者不再受理决定而提起的行政诉讼人民法院是否受理的批复》载明：“信访工作机构是各级人民政府或政府工作部门授权负责信访工作的专门机构，其依据《信访条例》作出的登记、受理、交办、转送、承办、协调处理、监督检查、指导信访事项等行为，对信访人不具有强制力，对信访人的实体权利义务不产生实质影响。信访人对信访工作机构依据《信访条例》处理信访事项的行为或者不履行《信访条例》

---

① 最高人民法院（2016）最高法行申45号行政裁定书。

② 最高人民法院（2019）最高法行申11819号行政裁定书。

③ 最高人民法院（2018）最高法行申384号行政裁定书。

规定的职责不服提起行政诉讼的，人民法院不予受理。对信访事项有权处理的行政机关根据《信访条例》作出的处理意见、复查意见、复核意见和不再受理决定，信访人不服提起行政诉讼的，人民法院不予受理。”上述批复内容主要针对的是信访负责部门单方面作出的登记、受理、交办、转送、处理意见、复查意见和复核意见等不对相对人产生实质性影响的单方行为，其实质是根据《信访条例》作出的信访处理事项，不属于行政诉讼受案范围。但一般当事人与信访部门签订的附条件的息诉罢访协议，非信访部门的单方处理行为，而是双方协商一致的结果，双方协商的内容对当事人的权利义务产生了实质上的约束力。因此，附条件的息诉罢访协议不属于上述批复的规定范围，为可诉行政协议范畴。

此外，行政行为应由行政主体作出，公民个人作出的行为并非可诉的行政行为。当事人本人单方作出的息诉罢访承诺，并非行政机关和行政机关工作人员对其作出的行政行为，不属于行政诉讼的受案范围。[①]

**【规范指引】**

《行政诉讼法适用解释》第 11 条；《最高人民法院关于不服县级以上人民政府信访行政管理部门、负责受理信访事项的行政管理机关以及镇（乡）人民政府作出的处理意见或者不再受理决定而提起的行政诉讼人民法院是否受理的批复》。

## 第三节　征收补偿协议纠纷的审理与认定

### 一、审查要素分析

有关征收补偿协议的行政诉讼，一般包括协议效力诉讼、行政机关单方行使变更解除权引发的诉讼及协议履行诉讼等。

---

① 最高人民法院（2019）最高法行申 2861 号行政裁定书。

## （一）协议效力诉讼的审查要素

1. 确认征收补偿协议无效

行政协议作为一种特殊的行政行为，兼具“行政性”和“合同性”。《行政协议司法解释》第12条第1~2款规定：“行政协议存在行政诉讼法第七十五条规定的重大且明显违法情形的，人民法院应当确认行政协议无效。人民法院可以适用民事法律规范确认行政协议无效。”据此，人民法院在审理行政协议效力认定的案件时，首先要根据《行政诉讼法》规定的无效情形进行审查，此外，还要遵从相关民事法律规范对于合同效力认定的规定。

需要审查被诉行政协议是否存在《行政诉讼法》规定的无效情形。《行政诉讼法》第75条规定：“行政行为有实施主体不具有行政主体资格或者没有依据等重大且明显违法情形，原告申请确认行政行为无效的，人民法院判决确认无效。”根据《行政诉讼法》的规定可知，无效行政行为是指该行为存在“重大且明显”的违法情形。“重大”一般是指行政行为的实施将给公民、法人或者其他组织的合法权益带来重大影响；而“明显”一般是指行政行为的违法性已经明显到任何有理智的人都能够作出判断的程度。行政行为只有同时存在“重大且明显”违法的情形，该行为才能被认定为无效。《行政诉讼法适用解释》对行政行为无效的情形亦作了列举式规定。该解释第99条规定：“有下列情形之一的，属于行政诉讼法第七十五条规定的‘重大且明显违法’：（一）行政行为实施主体不具有行政主体资格；（二）减损权利或者增加义务的行政行为没有法律规范依据；（三）行政行为的内容客观上不可能实施；（四）其他重大且明显违法的情形。”

对行政协议效力的审查，一方面要严格按照法律及司法解释的相关规定，另一方面，基于行政协议的订立是为了进行行政管理和提供公共服务的目的，从维护国家利益和社会公共利益的角度出发，对行政协议无效的认定要采取谨慎的态度，如果可以通过瑕疵补正的，应当尽可能减少无效行政协议的认定，以推动协议各方主体继续履行义务。

2. 因受欺诈、胁迫或协议显失公平而要求撤销征收补偿协议的，订立协议行为被依法撤销，协议同样自始无效

《行政诉讼法》第70条规定：“行政行为有下列情形之一的，人民法院判决撤销或者部分撤销，并可以判决被告重新作出行政行为：（一）主要证据不足的；（二）适用法律、法规错误的；（三）违反法定程序的；（四）超越职

权的；（五）滥用职权的；（六）明显不当的。”《行政协议司法解释》第14条规定：“原告认为行政协议存在胁迫、欺诈、重大误解、显失公平等情形而请求撤销，人民法院经审理认为符合法律规定可撤销情形的，可以依法判决撤销该协议。”由上述法律规定可知，行政诉讼中，行政协议可撤销的情形包括胁迫、欺诈、重大误解、显失公平以及适用法律、法规错误、违反法定程序、超越职权、滥用职权和明显不当的情形。

《行政诉讼法》第70条规定的情形，主要审查的要点在于：（1）协议的签订主体是否有资格签订，即主体是否具有《土地管理法》或者《征补条例》等法律法规赋予的权利，是否存在没有职权、超越职权、滥用职权等情形。（2）对于集体土地上的房屋是否是依据《土地管理法》及其实施条例的规定进行征收并签订协议，国有土地上房屋是否是按照《征补条例》等相关规定进行征收或者签订协议。（3）是否存在明显不当的情形。明显不当一般是指签订主体之间因为存在不平等性，行政机关利用职权给被征收人增设义务，且同样情况没有平等对待。

《行政协议司法解释》与《民法典》中所规定的可撤销情形实质上具有相通之处。胁迫一般是指限制人身自由，对被征收人本人、家人等生命健康有侵害的紧急情况等情形；欺诈一般是指因为行政机关的引导致使被征收人陷入错误的认识，并基于错误认识签订了协议；显失公平即双方当事人的给付对价关系明显失衡且一方利用对方处于危困状态、缺乏判断能力等情形。

**【规范指引】**

《民法典》第146条、第153条、第154条；《行政诉讼法》第70条、第75条；《行政协议司法解释》第12条。

### （二）单方变更、解除权引发的诉讼的审查要素

根据《行政诉讼法》第12条第11项的规定，当事人可以请求判决撤销行政机关变更、解除行政协议的行政行为，也可以请求确认行政机关变更、解除行政协议的行为违法，还可以请求判决行政机关依法履行或者按照行政协议约定履行义务。由于行政协议具有行政性和协议性的双重属性，实践中，人民法院在审理行政机关单方变更、解除行政协议案件时，在行为性质、适用法律、解除程序、裁判方式等方面存在认知和处理标准不一致的问题。《行政协议司法解释》进一步明确了单方变更、解除行政协议案件的审理裁判标准。

一是行政机关依据协议约定行使单方变更解除权。《民法典》第 543 条规定，当事人协商一致，可以变更合同。《民法典》第 562 条规定，当事人协商一致，可以解除合同。当事人可以约定一方解除合同的条件。解除合同的条件成就时，解除权人可以解除合同。因此，行政机关及当事人可以在行政协议履行过程中协商一致，变更或者解除合同；也可以在行政协议中约定变更、解除合同的条件，待条件成就时，行使解除权、变更权。

二是行政机关依据法律规定行使单方变更解除权。此处的法律规定既包括《民法典》的相关规定，也包括其他法律规定。《民法典》第 563 条规定了当事人在不可抗力、预期违约、根本违约等情形下，可以解除合同。行政协议履行过程中，行政机关可以根据《民法典》的相关规定行使单方变更解除权，但需注意履行通知程序和注意除斥期间。

三是行政机关行使优益权单方变更、解除行政协议。《行政协议司法解释》进一步明确了单方变更、解除行政协议案件的审理裁判标准，主要体现为：（1）明确将请求撤销变更、解除行政协议行为案件作为诉讼种类；（2）明确对于行政机关行使优益权的行为应当进行合法性审查；（3）对于行政机关行使优益权单方变更、解除行政协议规定了不同裁判方式。《行政协议司法解释》第 16 条规定中的“严重损害国家利益、社会公共利益的情形”是行政机关得以行使优益权的情形。

**【规范指引】**

《行政诉讼法》第 12 条；《行政协议司法解释》第 16 条。

### （三）行政协议履行之诉的审查要素

1. 继续履行行政协议的审查

对诉请行政机关继续履行协议的案件的审查，应当从行政协议的行政性和协议性出发，准确把握价值取向和裁判尺度，即重视协议的安定性和稳定性，审慎认定协议效力，对协议内容作正当解释，把握合约性审查规则。（1）行政协议具有安定性，行政协议的安定性和稳定性是审理行政协议案件过程中应予重点考量的价值。行政协议一经签订，对协议双方均有拘束力，非因法定事由、非经法定程序不得随意变更协议。某种意义上，契约安定性优于形式上的合法性。（2）诉请履行行政协议案件，不能仅因行政机关未提供签订协议的依据，即认定协议无效。行政协议是双方协商一致的体现，诚信守约是协议双方应当遵守的基本要求。在行政机关未能提供证据或依据证明行政协议依法无效或撤销，或者存在其他不应当履行的正当事由时，应认定协议合法有效。（3）在行政协议履行过程中，行政机关对约定内容事先没有作出明确界定，协议签订后又不能作出合法有据的解释，此种情形下应作出对行政相对人一方有利的解释，以防止行政机关借此反悔侵害相对人的合法权益。（4）行政机关应当按照协议约定全面履行义务。但在行政相对人确实存在欺诈、胁迫等主要归责于相对人的事由，或者协议内容可能显失公平而损害国家和社会公共利益等情形下，行政机关应当享有一定的单方变更或解除权。

2. 原告认为被告未依法或者未按照约定履行行政协议的审查

行政协议是行政机关和行政相对人通过协商订立的具有行政法上权利义务内容的协议。通常认为，基于实现公共利益或者行政管理的目标，行政机关具有一定的管理权。在特定情形下行政机关有权变更、解除行政协议，但该行政优益权的行使须受到严格限制。行政协议签订后，非因胁迫、欺诈、重大误解、显失公平以及履行协议会给国家利益和社会公共利益带来重大损失等情形不得随意解除，从而最大程度地维护行政协议的稳定性以及行政机关的公信力。行政协议案件中协议的订立、履行等都是双方合意的产物，当事人在提起的行政协议案件中所提诉讼请求常常不限于针对行政机关的行政行为。因此，行政协议案件中的法律关系较为复杂。人民法院审理行政协议案件，应当对被告订立、履行、变更、解除行政协议的行为是否具有法定职权、是否滥用职权、适用法律法规是否正确、是否遵守法定程序、是否明显不当、是否履行相应法定职责进行合法性审查。原告认为被告未依法或者未按照约定履行行政协议的，人民法院应当针对其诉讼请求，对被告是否具有相应义务或者履行相应义务等进行审查。

3. 行政协议履行之诉中行政机关撤销行政协议的审查

当事人提起诉讼要求行政机关履行行政协议，行政机关在诉讼过程中单方撤销行政协议的，人民法院应当就该撤销行为一并进行合法性审查并依法作出裁判，而不能直接以行政协议已被撤销，当事人所诉继续履行行政协议的前提条件及事实依据已不存在为由，裁定驳回其诉讼请求。即使当事人撤回本案起诉，另行就行政机关撤销行政协议的行为提起诉讼，其核心诉求并未发生变化，仍是要求行政机关继续履行行政协议。这也必然要求人民法院对撤销行为进行合法性审查，故其与本案实质上并无区别。

**【规范指引】**

《行政协议司法解释》第24条。

## 二、争点整理与认定

### （一）行政协议的效力认定

### 争点1：损害国家公共利益情形的审查

**【案例】徐某诉山东省安丘市人民政府房屋补偿安置协议案**[①]

1993年12月，徐某以非本村集体经济组织成员身份在王五里村购得一处宅基地，并盖有占地2间房屋的二层楼房。2013年，安丘市人民政府（以下简称安丘市政府）设立指挥部，对包括徐某房屋所在的王五里村实施旧村改造，并公布安置补偿政策为"……房屋产权调换：每处3间以上的合法宅基地房屋在小区内安置调换200㎡楼房，分别选择一套80㎡、一套120㎡的十二层以下小高层楼房；2间以下的安置一套100㎡的小高层楼房。实际面积超出或不足部分，按安置价找差……"同年8月5日，指挥部与徐某签订《产权调换补偿协议书》，该协议第2条约定的补偿方式为"徐某选择住宅楼回迁，选择住宅楼两套均为十二层以下小高层，户型以120㎡和80㎡户型设计……"协议签订后，徐某领取房屋及地上附着物补偿款、临时安置费、搬迁费等共计152 984元。2017年7月，指挥部交付徐某一套100㎡楼房安置。对此，相关部门答复称"根据当时的拆迁政策，徐某只能享受100㎡安置房一套"。徐某不服，遂起诉请求判令安丘市政府继续履行《产权调换补偿协议书》，交付剩余的100㎡楼房。

潍坊市中级人民法院一审认为，根据《行政诉讼法》第75条的规定，行政行为有实施主体不具有行政主体资格或者没有依据等重大且明显违法情形的，人民法院判决确认行政行为无效。本案中，安丘市政府作为旧城改造项目的法定实施主体，制定了安置补偿政策的具体标准，该标准构成签订安置补偿协议的依据，而涉案《产权调换补偿协议书》关于给徐某两套回迁安置

① 最高人民法院2019年12月10日发布的行政协议解释参考案例之十。

房的约定条款严重突破了安置补偿政策，应当视为该约定内容没有依据，属于无效情形。同时考虑到签订涉案协议的目的是为改善居民生活条件、实现社会公共利益，如果徐某依据违反拆迁政策的协议条款再获得 100 ㎡的安置房，势必增加政府在旧村改造项目中的公共支出，侵犯整个片区的补偿安置秩序，损害社会公共利益。因此，根据《合同法》第 52 条之规定，涉案争议条款关于给徐某两套回迁安置房的约定不符合协议目的，损害社会公共利益，亦应无效。故徐某在按照安置补偿政策已获得相应补偿的情况下，其再要求安丘市政府交付剩余 100 ㎡的安置楼房，缺乏事实和法律依据，人民法院遂判决驳回徐某的诉讼请求。双方当事人未上诉。

**【分析】**

《行政协议司法解释》根据行政协议的特点，结合《行政诉讼法》关于无效行政行为和民事规范关于无效的规定，对行政协议无效作了明确。其第 12 条规定，行政协议存在《行政诉讼法》第 75 条规定的重大且明显违法情形的，人民法院应当确认行政协议无效。人民法院可以适用民事法律规范确认行政协议无效。行政协议无效的原因在一审法庭辩论终结前消除的，人民法院可以确认行政协议有效。该条文为目前行政协议无效情形的相关规定。

行政机关在履行行政管理职责过程中，为实现公共服务或者行政管理目标，可以通过与公民、法人或者其他组织协商的方式达成具有行政法上权利义务内容的协议。相较于传统的民事合同或行政行为，行政协议属性非常鲜明，它具有"行政性"的特殊属性，又具有"协议性"的一般属性，故而在审判实践过程中，既不能忽视其行政性，将行政协议与普通民事协议等量齐观，否则极易因"遁入私法"而损害国家利益、公共利益与行政秩序；又不能无视其"协议性"，把行政协议"降格"为一般具体行政行为。[①] 因此，应当将之作为双方行政行为进行整体性审查，审查的标准和内容要兼顾行政法与民法。根据《行政诉讼法》以及《民法典》等法律规定，认定行政协议是否具有无效情形，既要审查行政行为是否存在实施主体不具有行政主体资格或者没有依据等重大且明显违法和行政协议特有的无效情形，还应审查行政机关在与相对人签订合同过程中有无遵循平等、自由、公平、诚信等原则以及是否存在民事法律规范上的无效情形。如本案中，人民法院首先依据《行政诉讼法》第 75 条的规定，认为本案争议条款突破"每处 3 间以上的合法宅

---

① 参见张青波：《可撤销行政协议的价值与认定》，载《法商研究》2022 年第 1 期。

基地房屋在小区内安置调换 200 平方米楼房，分别选择一套 80 平方米、一套 120 平方米的十二层以下小高层楼房；2 间以下的安置一套 100 平方米的小高层楼房”的政策标准，应当视为争议条款的约定没有依据，属于无效的情形。同时，又依据《合同法》第 52 条的规定，认为本案所争协议侵犯整个旧村改造的房屋补偿安置秩序，损害社会公共利益，为无效行政协议。综合上述两点，争议条款的约定应属无效。本案结合《行政诉讼法》及民事法律规范中关于合同无效的规定，综合得出案涉协议条款为无效的结论，对相关案例具有典型参考意义。

此外，本案仍涉及了关于行政协议部分无效的处理问题。《德国行政程序法》第 59 条第 3 款对合同的部分无效情形作了规定：合同部分无效的，其全部无效；但如认定删除无效部分，合同仍可订立的，不在此限。在具体案件审理中，可参考此条文的规定，如行政协议部分无效，则全部无效。但如删除无效部分，协议仍可订立或者协议双方仍愿订立的除外。在类似案件中，如果行政相对人依据违反拆迁政策、未作改动的模板合同获得安置补偿，势必增加政府在旧村改造项目中的公共支出，侵犯整个房屋补偿安置秩序，损害社会公共利益。根据《合同法》第 52 条之规定，相关约定应属无效。

**【规范指引】**

《行政诉讼法》第 75 条；《民法典》第 153 条、第 154 条、第 155 条、第 156 条；《行政协议司法解释》第 17 条、第 27 条。

## 争点 2：行政补偿协议不因无征收决定或征地批复必然被撤销而被认定无效

**【案例】杨某诉贵州省三都水族自治县人民政府确认协议无效案**[①]

杨某因不服贵州省高级人民法院（2018）黔行终 2279 号行政判决，向最高人民法院申请再审。杨某申请再审称，其与贵州省三都水族自治县人民政府签订《贵州省三荔高速公路项目建设房屋、附属设施、装饰装修和构筑物等拆迁补偿协议书》（以下简称拆迁补偿协议）。其认为，集体土地征收行为与征收集体土地上个人所有的房屋行为不是相对独立的两个行政行为。本案

---

① 最高人民法院（2020）最高法行申 2119 号行政裁定书。

中无合法的土地征收文件以及程序，征地行为表现为签订案涉协议的行为，两者重合，且被诉协议补偿项目不全，补偿标准严重违法。故向最高人民法院申请再审。

最高人民法院经审查认为，本案被诉协议属于行政协议。行政协议是行政机关为了实现行政管理或者公共服务目标，与公民、法人或者其他组织协商订立的具有行政法上权利义务内容的协议，是双方当事人的合意结果，体现了当事人对自身权利的处分，因此兼具行政性和合同性。对行政协议效力的审查，要以《行政诉讼法》第 75 条关于确认行政行为无效的规定为基础，同时也可以适用《行政诉讼法》第 70 条规定。如果订立的协议违法但是存在符合《行政诉讼法》第 74 条第 1 款规定的情形，撤销将会严重损害国家利益、公共利益，或者订立协议为轻微程序违法并不侵犯协议相对人合法权益，应当判决确认订立协议行为违法，不撤销保留协议效力的，应当认可行政协议的效力。动辄将双方经磋商达成合意的行政协议退回原点，既阻碍行政协议功能的发挥，也有悖于行政协议当事人权利义务的及时有效实现。本案被诉拆迁补偿协议系双方自愿签订，且已经实际履行完毕，其内容并不存在前述法律规定的重大明显违法，损害国家利益、公共利益或他人合法权益等无效情形，原审判决驳回关于确认无效的诉讼请求并无不当。杨某申请再审时以本案案涉三荔高速公路建设项目的土地征收尚未获得相关部门的批复为由，主张被诉拆迁补偿协议因签订前相关征地程序不合法而无效，理据尚不充分，人民法院不予支持。

**【分析】**

行政协议是行政机关为了实现行政管理或者公共服务目标，与公民、法人或者其他组织协商订立的具有行政法上权利义务内容的协议，是双方当事人的合意结果，体现了当事人对自身权利的处分，因此兼具行政性和合同性。对行政协议效力的审查，既要以《行政诉讼法》第 75 条“行政行为有实施主体不具有行政主体资格或者没有依据等重大且明显违法情形，原告申请确认行政行为无效的，人民法院判决确认无效”这一关于确认行政行为无效的规定为基础，同时也要适用《行政诉讼法》第 70 条撤销被诉行政行为的相关规定，以及《行政诉讼法》第 74 条第 1 款有关确认被诉行政行为不撤销保留效力的相关规定，在依法行政原则与保护相对人信赖利益、诚实信用、意思自治等基本原则之间进行利益衡量。订立行政协议行为违法，但是撤销将会损害国家利益、公共利益，或者订立协议行为仅仅是轻微程序违法不损害协议相对人合法权益的，应当认可行政协议的效力。动辄将双方经磋商达成合意的行政协议退回原点，既阻碍行政协议功能的发挥，也有悖于行政协议当事人权利义务的及时有效实现。

土地征收批复是签订安置协议合法的基础和依据，土地征收存在尚未批复或征收批复被撤销之情形，订立协议行为违法。但是如果征收范围内多数被征收人的房屋已经被拆除，建设项目已经开始建设甚至建成，撤销被诉的订立协议行为将会严重损害国家利益、公共利益的，人民法院应当按照《行政诉讼法》第 74 条第 1 款第 1 项规定判决确认订立协议行为违法，保留协议的法律效力，协议继续履行。当然，为了实现县级人民政府征收的行政目的，县级人民政府可以依据补偿安置协议等相关材料，依照法定程序申请或者重新申请征收批复。

**【规范指引】**

《民法典》第 146 条、第 153 条、第 154 条;《行政诉讼法》第 75 条。

## 争点 3：协议相对方应当就其诉称的欺诈、胁迫、显失公平等情形举证

**【案例】曹某诉山东省菏泽市东明县菜园集镇人民政府房屋补偿协议案**[①]

再审申请人曹某因诉被申请人东明县菜园集镇人民政府房屋补偿协议一案，曹某以其申请符合《行政诉讼法》第 91 条第 3 项、第 4 项规定的情形为由申请再审，请求撤销原审判决并依法改判支持其诉讼请求或发回重审。

山东省高级人民法院经审理认为：本案的争议焦点为被诉房屋补偿协议是否应予撤销。被诉房屋补偿协议系被申请人为保障群众居住安全，推进村庄搬迁所形成，属于行政协议。行政协议是行政机关为了实现行政管理或者公共服务目标，与公民、法人或者其他组织协商订立的具有行政法上权利义务内容的协议，是双方当事人的合意结果，体现了当事人对自身权利的处分，兼具行政性和协议性，一经签订即具有公信力和既定力，非因法定事由不得随意撤销。《行政协议司法解释》第 14 条规定，原告认为行政协议存在胁迫、欺诈、重大误解、显失公平等情形而请求撤销，人民法院经审理认为符合法

---

① 山东省高级人民法院（2023）鲁行申 1325 号行政裁定书。

律规定可撤销情形的，可以依法判决撤销该协议。根据上述规定，当事人请求撤销行政协议，应当提供相应的证据证明协议存在胁迫、欺诈、重大误解、显失公平等情形。否则，撤销双方经磋商达成合意的行政协议，既阻碍行政协议功能的发挥，又有悖于行政协议当事人权利义务的及时有效实现。本案中，被诉房屋补偿协议系双方自愿签订，其内容不存在重大且明显违法之处，未损害国家利益、公共利益或他人合法权益，应认定为合法有效。再审申请人请求撤销该协议，但未提供有效证据证明协议存在前述规定的胁迫、欺诈、重大误解、显失公平等情形。且再审申请人按协议约定腾空房屋交付拆除，并领取了搬迁费、临时安置费、奖励等相关的款项，协议已经实际履行。因此，原审判决驳回再审申请人的诉讼请求，并无不当。再审申请人以涉案村庄土地未被征收为由主张撤销被诉房屋补偿协议，应不予支持。

**【分析】**

《行政诉讼法》第 34 条规定："被告对作出的行政行为负有举证责任，应当提供作出该行政行为的证据和所依据的规范性文件。被告不提供或者无正当理由逾期提供证据，视为没有相应证据。但是，被诉行政行为涉及第三人合法权益，第三人提供证据的除外。"第 37 条规定："原告可以提供证明行政行为违法的证据。原告提供的证据不成立的，不免除被告的举证责任。"上述条款规定，被告对作出的行政行为负有举证责任，原告可以提供证明行政行为违法的证据。《行政协议司法解释》第 10 条第 2 款规定的"原告主张撤销、解除行政协议的，对撤销、解除行政协议的事由承担举证责任"进一步明晰了原告主张撤销行政协议时的举证责任，即其应对撤销行政协议的事由承担举证责任。

在行政协议诉讼中，实务中承认行政诉讼中当事人的对等性观念，认为行政诉讼中的举证责任分配，可以采用民事诉讼上举证责任分配原则，在按照行政协议诉讼的特点进行修正后，可以适用于行政协议诉讼之中。在行政协议诉讼中，可以适用法律要件分配当事人的举证责任。首先，主张权利存在者，应当就权利发生的法律构成要件事实承担举证责任。其次，主张法律行为因有无效或撤销事由而不发生权利者，应当对于权利障碍规定的构成要件承担举证责任。撤销权的行使即属此类情形。再次，主张存在使实体法上已发生的权利归于消灭的事实的，主张者负举证责任。如在协议履行过程中，主张存在提存、抵销、免除等导致权利消灭事实的一方应承担举证责任。最后，主张存在使实体法上已发生的权利一时阻却或永久阻却事实的，主张者负举证责任。如同时履行抗辩权的行使属此类情形。

概言之，在举证责任分配的操作顺序上，首先，法官应当使当事人尽到提供主张事实及证据的义务，必要的情况下要依法尽到职权调查职责，以便查明事实真相，避免真伪不明的情况发生。其次，如果还有要件事实陷于真伪不明情形，法官应审查法律就该陷于真伪不明的要件事实，是否有明确规定的举证责任分配。再次，如果法律对陷于真伪不明的要件事实有明确的举证责任分配的规定，则应该适用该规定。最后，如果没有明确的法律规定，法官应该先根据基本规则及规范理论决定该陷于真伪不明的要件事实的不利后果应由哪一方当事人承担，然后判断对于争议的事实，如果按照法律要件来分配举证责任是否违背基本的公平和正义。确实存在证据地位不平等，即存在违背基本公平正义情形，且此方当事人依照基本规则应承担事实不明不利后果的，应该认定此种情形属于显失公平，转而将举证责任确定为由另一方承担。具体到本案中，当事人请求撤销行政协议，应当提供相应的证据证明协议存在胁迫、欺诈、重大误解、显失公平等情形。否则，撤销双方经磋商达成合意的行政协议，既阻碍行政协议功能的发挥，也有悖于行政协议当事人权利义务的及时有效实现。

**【规范指引】**

《行政诉讼法》第34条、第37条；《行政协议司法解释》第10条、第14条。

## 争点4：真实意思表示情形下签订的行政协议，可依法予以撤销

**【案例】王某诉江苏省仪征枣林湾旅游度假区管理办公室房屋搬迁协议案**①

为加快铜山小镇项目建设，改善农民居住环境，推进城乡一体化建设和枣林湾旅游产业的发展，2017年，原仪征市铜山办事处（现隶属于省政府批准成立的江苏省仪征枣林湾旅游度假区管理办公室）决定对包括铜山村在内的部分民居实施协议搬迁，王某所有的位于铜山村王营组×号的房屋在本次搬迁范围内。2017年8月4日早晨，仪征市某房屋拆迁服务有限公司工作人

① 最高人民法院2019年12月10日发布的行政协议解释参考案例之五。

员一行到王某家中商谈搬迁补偿安置事宜。2017 年 8 月 5 日凌晨 1 时 30 分左右，王某在本案被诉的《铜山体育建设特色镇项目房屋搬迁协议》上签字，同时在《房屋拆除通知单》上签字。2017 年 8 月 5 日凌晨 5 时 20 分，王某被送至南京鼓楼医院集团仪征医院直至 8 月 21 日出院，入院诊断为“1. 多处软组织挫伤；……”因认为签订协议时遭到了胁迫，王某于 2017 年 9 月 19 日向扬州市中级人民法院提起诉讼。

扬州市中级人民法院一审认为，行政协议兼具单方意思与协商一致的双重属性，对行政协议的效力审查自然应当包含合法性和合约性两个方面。在签订本案被诉的搬迁协议过程中，虽无直接证据证明相关拆迁人员对王某采用了暴力、胁迫等手段，但考虑到协商的时间正处于盛夏的 8 月 4 日，王某的年龄已近 70 岁，协商的时间跨度从早晨一直延续至第二日凌晨 1 时 30 分左右等，综合以上因素，难以肯定王某在签订搬迁协议时系其真实意思表示，亦有违行政程序正当原则。据此，判决撤销本案被诉的房屋搬迁协议。双方当事人未上诉。

**【分析】**

《行政协议司法解释》第 14 条规定：原告认为行政协议存在胁迫、欺诈、重大误解、显失公平等情形而请求撤销，人民法院经审理认为符合法律规定可撤销情形的，可以依法判决撤销该协议。第 27 条第 2 款规定：人民法院审理行政协议案件，可以参照适用民事法律规范关于民事合同的相关规定。行政协议撤销判决的实体裁判规则，不但包括撤销事由的法律规定，亦涉及撤销权的取得、消灭、放弃规则以及撤销权行使的法律后果等多种实体法规则。而这些规则在行政法规范中尚有欠缺，相对行政法规的不足，民法有关协议的规定则较为完善。依据上述规定，在优先适用行政法律规定的相关实体裁判规则的基础上，可借助民法的规定来填补漏洞，从而统一行政协议撤销判决的法律适用，促进契约行政实现依法行政原则的基本价值，并实质性化解行政协议纠纷。

行政协议属于可撤销的情形包括胁迫、欺诈、重大误解、显失公平等。与民事合同的规定不同，行政协议只有行政相对人才享有撤销权，而行政机关可以通过行使行政优益权的方式维护相关权益。

本案属于典型的意思表示瑕疵的行政协议撤销案件。农村集体土地征收往往涉及国家、省、市政府的重大工程、重点项目，行政机关往往由于工期紧、任务重等因素寻求与当事人尽快签订拆迁补偿协议，推动征地工作的进展。在一时不能通过友好协商签订补偿安置协议的情况下，有的行政机关会采用跟踪被征收人、长时间商谈等方式给被征收人施加压力，强迫被征收人签订补偿协议。就签订的补偿安置协议，原告往往主张是被胁迫、欺诈而签订。行政协议的签订应当遵循自愿、合法原则。人民法院在考量当事人是否系被胁迫签订行政协议时，可综合考虑签订协议的场所、签订时长、当事人个人身体状况及当事人是否提供受伤就医资料等因素予以综合认定。必要时人民法院也应当依职权主动调查相关事实，保障当事人征收补偿合法权益，促进政府依法行政。

**【规范指引】**

《行政诉讼法》第70条；《行政协议司法解释》第14条。

## 争点5：违反法律规定的协议效力认定

**【案例】陈某、王某诉余杭区人民政府良渚街道办事处变更拆迁补偿安置协议案**[①]

余杭区人民政府良渚街道办事处（以下简称良渚街道办）（甲方）与王某户（乙方）订立《集体所有土地、房屋征迁补偿安置协议书》（以下简称《安置协议》），其中第6条第1项约定：经初步审核乙方安置人口6人（未包括王某的女婿陈某），该户可享受安置建筑面积480平方米。《安置协议》订立后，王某户领取《安置协议》项下的拆迁补偿款并腾房。陈某系现役军人，现户籍在部队驻地（杭州市拱墅区），陈某与王某之女于2006年11月7日登记结婚，并生育两个子女。涉案房屋补偿安置协商过程中，王某户多次要求将陈某作为安置人口，均遭良渚街道办拒绝。陈某、王某遂诉至法院，请求将《安置协议》中确定的安置人口6人变更为7人，增加安置面积80平方米。

浙江省杭州市余杭区人民法院一审认为，良渚街道办与王某户经协商订立协议对安置事项作出约定，系双方真实意思表示，该协议合法有效，对双方均具有约束力。陈某非王某户内人员，且其户籍不在辖区范围内，自然也非属该集体所有土地上房屋拆迁安置对象。一审法院遂判决驳回陈某、王某

---

① 最高人民法院2022年4月20日发布的第二批行政协议诉讼典型案例之二。

的诉讼请求。陈某不服，提起上诉。

浙江省杭州市中级人民法院二审认为，案涉房屋因所占集体土地被征收而需要补偿安置，应当适用《杭州市征收集体所有土地房屋补偿条例》的相关规定。《杭州市征收集体所有土地房屋补偿条例》第 20 条第 2 款规定："被补偿人家庭成员在本市市区虽无常住户口，但属下列情形之一的人员，可以计入安置人口：（一）结婚三年以上的配偶；……"陈某在杭州市余杭区虽无常住户口，但其属于王某户内被补偿人员结婚三年以上的配偶，根据《杭州市征收集体所有土地房屋补偿条例》上述规定，可以计入安置人口。良渚街道办与王某户订立协议时，拒绝将陈某列入安置人口，不符合上述规定，也造成显失公平的后果，依法应予纠正。二审法院遂判决撤销一审判决，将《安置协议》第 6 条第 1 项中确定的安置人口 6 人变更为 7 人，安置面积 480 平方米相应变更为 560 平方米。

【分析】

协议系当事人之间合意的成果，其所约定的内容应当符合双方当事人的意思表示，任何一方当事人原则上不能迫使另一方当事人违背意愿接受其意思表示。行政协议具有合意性特征，同样应当遵循前述法律精神，严格限制协议变更的适用，对于协议当事人之间达成的合意，应当予以尊重而不能随意变更。但与民事合同区别的是，行政协议的行政性优先于协议性、合法性优先于合约性，行政协议应当优先适用合法性原则。当行政协议的合约性与合法性相冲突，即约定的内容不符合法律规定时，人民法院对该内容的效力应当不予认可。若行政协议所依据的法律规定已作出具体明确要求，协议当事人均应遵守而没有协商空间，协议当事人请求按照法律规定予以变更的，人民法院可以依法支持。类似案件中，对安置补偿协议约定内容不符合法律或规范性文件的相关规定，法院根据协议相对人的请求，判决按照法定标准变更协议内容，可以高效、充分地保障协议相对人的合法权益。

【规范指引】

《行政诉讼法》第 75 条；《行政协议司法解释》第 12 条。

## 争点 6：行政协议条款约定不明的审查

**【案例】宁某诉甘肃省定西市安定区住房和城乡建设局房屋征收补偿安置协议案**[①]

2013 年 10 月，甘肃省定西市安定区住房和城乡建设局（以下简称安定区住建局）下设的凤翔镇征收办（甲方）与被征收人宁某（乙方）订立《房屋征收补偿安置协议》（以下简称《补偿安置协议》），约定甲方向乙方提供 6 套房屋（待建）作为安置补偿，乙方如不能按照协议约定的期限腾空并交付被征收房屋，每逾期一日应向甲方承担 1000 元的违约金；产权调换房屋在竣工验收后 10 日内交付，施工期自开工建设之日不得超过 15 个月（有效施工天数），甲方如不能按照协议约定的期限交付产权调换房屋，每逾期一日应向乙方承担 1000 元的违约金。2013 年 11 月，宁某将被征收房屋交给征收部门。定西某房地产开发有限公司系上述安置房屋的建设单位，分别于 2015 年 7 月、2016 年 10 月向宁某交付 2 套房屋，其余 4 套房屋一直未交付。宁某遂提起诉讼，请求判令安定区住建局立即交付《补偿安置协议》约定的 4 套房屋；如在判决生效后不能立即交付上述 4 套房屋，则按市场价赔偿，并承担自 2015 年 2 月 9 日起按每日 1000 元计算至房屋实际交付之日的违约金。

兰州铁路运输法院一审认为，《补偿安置协议》合法有效，双方应全面履行。安定区住建局未按照协议约定按期向宁某交付安置房屋，应当承担违约责任。《补偿安置协议》的违约金条款约定不明确，且约定的违约金明显高于宁某的实际损失，应当以实际损失即安置房屋可以产生的收益计算。一审法院遂判决：一、安定区住建局于判决生效后 30 日内向宁某交付已经竣工的 3 套房屋，对于尚未竣工的房屋，由安定区住建局用同等位置、相同面积的房屋给予置换，差价按《补偿安置协议》执行。二、安定区住建局于本判决生效后 30 日内向宁某支付违约金 21 000 元。宁某不服，提起上诉。

兰州铁路运输中级法院二审认为，根据《补偿安置协议》相关内容和双方交接第一套房屋时宁某提交的申请，6 套安置房屋分属两个住宅小区不同楼宇，分别以各楼宇开工建设之日计算施工期限及交付期限，符合订立协议时当事人明知的范围和真实意思，宁某主张 6 套安置房屋一次性同时交付的

---

① 最高人民法院 2022 年 4 月 20 日发布的第二批行政协议诉讼典型案例之八。

主张不能成立。关于违约金数额的确定，《补偿安置协议》约定，交付产权调换房屋，每逾期一日应向宁某承担1000元的违约金。该约定的违约金明显过高，依法可予以调整。调整违约金应以实际损失为基础，兼顾合同的履行情况、当事人的过错程度以及预期利益等综合因素，根据公平原则和诚信原则予以衡量。本案中，房屋所在区域房屋价格呈上涨趋势，迟延交付不存在交易机会丧失带来的价格损失。以房屋租金收益计算损失，较为客观合理。关于房屋迟延交付的租金收益损失，既要考虑房屋所在区域租金水平，也要考虑房屋达到相应租金水平尚需出租人装修投入等成本因素，还要考虑适度体现违约金的惩罚功能，结合双方在庭审中陈述的房屋所在区域的租金水平，确定以每平方米每月10元的租金收益损失计算违约金。二审法院遂判决：一、撤销一审判决第一项、第二项。二、安定区住建局向宁某交付剩余4套房屋。已竣工的3套房屋限于判决后10日内履行，尚未竣工的1套房屋限于2020年10月31日前履行。三、安定区住建局向宁某支付违约金84 993元（计算明细详见清单），限于判决后10日内履行。四、自2019年12月31日起，安定区住建局向宁某每月支付违约金1006元，当月月底前付清，至判决确定的未竣工房屋履行期内的实际交付之日（实际交付之日计期不足一月的，按一月支付）。

**【分析】**

在履行行政协议过程中，协议当事人对协议约定的内容发生争议的，可能有两类情形：一是约定明确，但当事人之间的理解存有分歧；二是约定不明确，当事人之间事后亦无法达成合意。基于行政协议的行政性与协议性双重属性，协议当事人对协议内容的理解发生争议的，应当按照先行政、后协议的顺序进行认定。有效规范性文件对争议的内容已作出明确规定的，按照该规定确定争议内容的含义；有效规范性文件未作出明确规定、属于协议当事人合意范围的内容，则可以参照民事合同法律规范关于意思表示解释的法律规则，即按照协议所使用的词句，结合相关条款、协议的目的、习惯以及诚信原则等确定争议内容的含义。根据前述方法仍无法确定争议内容含义的，则属于协议约定不明的情形，可以由协议当事人达成补充协议，达不成补充协议的，则可以参照民事合同法律规范关于合同约定不明确时履行的法律规则确定争议内容的含义。本案中，协议当事人之间对合意的事项即产权调换的6套房屋是否一次性交付发生争议，人民法院即根据前述法律规则，认定宁某在其订立协议时对产权调换房屋非一次性交付已有预期且属明知，并在此基础上计算行政机关所应承担的违约责任。行政机关不依法依约履行行政协议约定义务，给协议相对人合法权益造成损失的，从行政性角度应当承担行政赔偿责任，从协议性角度应当承担违约责任。但无论何种角度，二者所遵循的法律精神并无不同，即应当弥补协议相对人遭受的损失。其中，损失包括已经发生的利益减损以及协议履行后依法可以而未获得的利益，《民法典》及新修改的行政赔偿司法解释对此亦予以明确。协议约定的违约金低于或者过分高于造成的损失，当事人请求按照损失的标准进行调整的，人民法院依法可以支持。本案中，人民法院认定约定的违约金计算标准明显超出给协议相对人造成的损失，按照损失填补原则，确定以房屋租金收益为计算标准，更符合违约责任或行政赔偿责任的法律精神。

**【规范指引】**

《民法典》第470条。

## 争点7：协议履行完毕后以知晓他人补偿标准更高或原补偿文件已被废止为由要求确认协议无效的处理

**【案例】刘某诉山西省霍州市人民政府、第三人霍州市大张镇上乐坪村民委员会确认土地征收补偿协议无效案**[①]

刘某不服山西省高级人民法院（2023）晋行终392号行政判决，向最高人民法院申请再审。

刘某申请再审称，本案征收程序严重违法，签订安置补偿协议的依据不合法，侵害申请人合法权益；涉案安置补偿协议中对被征收土地性质认定错误，从而导致补偿标准错误，极大地减损了申请人的征收利益。一、二审法院认定事实不清、适用法律有误。请求撤销一、二审判决，依法再审本案。

最高人民法院经审查认为，涉案征收补偿安置协议的签订时间为2020年5月，晋政发〔2020〕16号文件的发布时间为2020年8月。涉案补偿安置协议签订时，新的补偿标准文件还未发布，故协议按照当时有效的晋政办发〔2018〕60号文件的标准确定补偿数额，不违反相关法律规定。且在本案二审审理期间，被申请人已经按照山西省人民政府晋政地（挂）字〔2020〕25号

① 最高人民法院（2024）最高法行申452号行政裁定书。

《关于霍州市二〇一八年第一批次增减挂钩项目建设用地的批复》的要求和晋政发〔2020〕16号文件的标准，对申请人的补偿数额重新进行了核定，并由霍州市大张镇人民政府将补偿款差额部分打入申请人银行账户，再审申请人的合法补偿权益已得到相应的保障。本案中，并无证据表明协议存在法定无效情形。再审申请人诉请确认涉案补偿协议无效缺乏事实根据，原审法院判决驳回其诉讼请求并无不当。据此，最高人民法院裁定驳回再审申请人刘某的再审申请。

**【分析】**

一般而言，行政诉讼当事人以他人补偿标准更高或原补偿文件被废止为由要求确认行政协议无效，其实质是对补偿标准不满，要求提高安置补偿的数额，而非一味全面推翻行政协议的效力。

法院在面对被搬迁人以他人补偿标准更高，或采用最新补偿文件标准等要求增加补偿金额的请求时，应当考察多重因素，以审慎的态度进行评判。

首先，法院会考查被搬迁人的请求权基础，即拆迁补偿协议中对于调整补偿费是否存在合同约定。如存在约定，需判断该约定是否限制在同一项目、同一时期、同一地块、同一搬迁主体的情况下，才能够进行调整。如合同没有约定，则应当尊重双方的真实意思表示，原则上按照合同约定的补偿标准执行，被搬迁人要求调整补偿标准，可能缺乏相应的合同依据。其次，即使搬迁补偿合同中约定搬迁人负有按照更高补偿标准补足的义务，但法院会判断其他被搬迁人是否与该被搬迁人处于同一拆迁项目、同一时期，是否符合合同约定的补足差额条件，具体包括对拆迁项目审批部门、拆迁目的、拆迁时间、拆迁范围、实施主体等因素的比较与判断。再次，法院会考量其他被搬迁人补偿标准较高的影响因素，以及其他被搬迁人补偿标准较高的证据是否充足等。如因政策原因调整了补偿费用的计算标准或规则，且搬迁人将新标准适用在了同一项目的其他被搬迁人的补偿中，则法院基于公平原则，对于被搬迁人增加补偿费用的请求，趋向于支持。而若非政策等公开、客观因素的影响，则需要被搬迁人提供的证据足够充足，能够证明同一项目的其他被搬迁人受到了更优惠待遇。实务中，因为该类因素具有私人性，通过非公开渠道难以获取，举证难度往往较大，被搬迁人常因证据不足，无法得到法院支持。最后，即使是同一地块的拆迁项目，如时间跨度较大，基于房屋价格的波动、拆迁成本的增加、权利义务的对等性以及如支持被搬迁人诉请则搬迁人的义务将长期处于不稳定状态等因素的考量，法院会倾向于不予支持被搬迁人增加补偿金额的请求。

**【规范指引】**

《行政诉讼法》第75条；《行政协议司法解释》第12条。

（二）单方解除、变更协议的效力认定

## 争点8：行政优益权的合法性认定

**【案例1】王某诉海原县海城镇人民政府行政协议案**[①]

王某是海原县海城镇某行政村村民，承包位于海原县海城镇的土地共计24.76亩。2019年4月12日，某县人民政府给王某颁发农村土地承包经营权证。海原县海城镇人民政府（以下简称海城镇政府）分两次对王某的01093宗地8.52亩土地进行征收并与其签订《土地征用及地上附着物补偿协议》。2020年4月21日，海城镇政府与王某签订《土地征用及地上附着物补偿协议》，征收3.28亩土地，共计补偿36 080元。2021年5月25日，海城镇政府与王某签订《土地征用及地上附着物补偿协议》，又征收3.4亩土地，征用土地补偿37 400元、地上附着物补偿122 400元，共计159 800元。后海城镇政府工作人员在对征收情况核查时发现涉案土地上无任何附着物，但在海城镇政府工作人员分解逐户丈量时，王某在涉案土地上抢栽抢种了松树苗，导致地上附着物补偿金额有误。2022年3月11日，海城镇政府作出《关于变更海原县海城镇人民政府与王某签订的"土地征用及地上附着物补偿协议"的决定》，将2021年5月25日王某与海城镇政府签订的《土地征用及地上附着物补偿协议》内容第2项中"地上附着物补偿122 400元"变更为"地上附着物补偿金额为0元"；根据《某县人民政府关于公布某县征收农用地区片综合地价的通知》将该协议第3项第1条中征用土地补偿37 400元变更为54 672元。

另查明，海城镇政府与王某签订的01093宗地中3.28亩的土地补偿款已领取，签订的3.4亩的土地补偿款未领取。

宁夏回族自治区海原县人民法院于2022年11月21日作出（2022）宁

① 宁夏回族自治区中卫市中级人民法院（2023）宁05行终28号行政判决书。

0522行初29号行政判决：驳回王某的诉讼请求。宣判后，王某不服一审判决提起上诉。宁夏回族自治区中卫市中级人民法院于2023年3月30日作出（2023）宁05行终28号行政判决：驳回上诉，维持原判。

法院生效裁判认为：本案的争议焦点在于海城镇政府在发现协议约定的内容不符合客观事实，且无法与王某协商一致的情况下，能否单方变更协议。行政协议是行政机关为履行行政职责、实现行政管理目标，与行政相对人经过协商一致达成的协议，行政协议作为公共管理和服务的一种方式，具有鲜明的公权力属性，其特征之一就是具有行政优益性，即行政协议当事人的地位不完全平等，行政主体享有合同履行的指挥权、监督权，当继续履行协议会影响公共利益或者行政管理目标实现时，行政机关可以单方行使合同变更权和解除权。本案海城镇政府与王某于2021年5月25日签订的《土地征用及地上附着物补偿协议》，征收王某3.4亩土地，约定征用土地补偿款为37 400元、地上附着物补偿为122 400元，共计补偿159 800元。后海城镇政府工作人员在对征收情况核查时发现涉案土地上无任何附着物，但在海城镇政府工作人员分解逐户丈量时，王某在涉案土地上抢栽抢种了松树苗，导致地上附着物补偿金额有误。海城镇政府遂作出《关于变更海原县海城镇人民政府与王某签订的"土地征用及地上附着物补偿协议"的决定》，对相关补偿数额进行了变更。海城镇政府与王某2021年5月25日签订的协议依据的基础事实发生重大变化，如果继续履行变更前的协议会导致国家财政多支出土地征收补偿款105 128元。《行政协议司法解释》第16条第1款规定："在履行行政协议过程中，可能出现严重损害国家利益、社会公共利益的情形，被告作出变更、解除协议的行政行为后，原告请求撤销该行为，人民法院经审理认为该行为合法的，判决驳回原告诉讼请求。"本案中，海城镇政府与王某2021年5月25日签订的《土地征用及地上附着物补偿协议》在履行过程中，出现严重损害国家利益、社会公共利益的情形，且影响行政机关实现土地征收的行政管理目标，海城镇政府依法可以依职权进行更正。因此海城镇政府作出的《关于变更海原县海城镇人民政府与王某签订的"土地征用及地上附着物补偿协议"的决定》事实清楚、证据确凿，依法应予维持。

**【分析】**

关于行政机关在行政协议中的行政优益权。行政协议强调行政性是必要的，唯有如此才能解释为什么行政协议需要在行政程序相关法律中进行规定，并且应获得行政复议、行政诉讼救济，也能解释在行政协议中行政机关为什么享有单方变更、解除行政协议等有别于民事合同的优益权。与民事合同主体签订合同是为了自身利益不同，行政机关签订行政协议是为实现公共利益或者行政管理目标。不仅签订行政协议本身是实现公共利益或者行政管理目标的方式，而且在履行协议过程中，行政机关可以根据实现公共利益或者行政管理目标的需要单方变更、解除协议，甚至可以依法单方作出行政强制、行政处罚的决定。

但需要注意的是，行政优益权的行使须符合比例原则。行政机关单方面调整合同标的的权力只能在公共利益需要的限度内行使。主要包括以下三方面：一是尽可能在行政协议范围内解决问题，不轻易行使行政优益权。行政优益权是行政机关在《民法典》的框架之外作出的单方处置，也就是说，行政协议本来能够依照约定继续履行，只是出于公共利益考虑才人为地予以变更或解除。如果是因为相对方违约致使合同目的不能实现，行政机关完全可以依照《民法典》的规定或者合同的约定采取相应的措施，尚无行使行政优益权的必要。二是不能变更和公共利益无关的协议条款。三是行政机关单方面的变更超过一定限度，或接近一个全新的义务时，只能解除行政协议，对方当事人也可以请求另订合同，或请求行政法院判决解除合同。[①]

在行政协议履行的过程中，如果发生了不可抗力，或者法律、法规及政策的变动等客观原因导致协议无法履行时，行政主体出于公共利益的需要，有单方变更或解除行政协议的权利。行政主体因行使行政优益权，单方变更或者解除行政协议，行政相对人不服提起诉讼的，人民法院在审查过程中应当审查这种单方变更和解除权的行使是否具备以下条件：第一，确属公共利益的需要；第二，必须是出于情势变更等非协议双方原因而导致的情形；第三，没有其他手段可以代替；第四，要对行政相对方给予补偿。人民法院经过审理，如果认为行政机关行使行政优益权符合法律规定和协议约定，符合公共利益的需要，可以适用驳回原告诉讼请求的判决方式。如果合法行使行政优益权的行为对行政相对人的权益造成损害的，应当判令行政主体承担相应的补偿责任。当然，尊重行政优益权并不意味着要放弃监督，放任行政优益权滥用，一旦发现行政优益权被滥用，人民法院应当判决撤销、确认违法或无效，并且判决采取补救措施，判决承担赔偿责任等。

本案的争议焦点是行政机关是否能单方变更行政协议。行政协议是行政

---

① 最高人民法院（2017）最高法行申 3564 号行政裁定书。

机关为履行行政职责实现行政管理目标，与行政相对人经过协商一致达成的协议，行政协议作为公共管理和服务的一种方式，具有鲜明的公权力属性，其特征之一就是具有行政优益性，即行政协议当事人的地位不完全平等，当继续履行协议会影响公共利益或者行政管理目标实现时，行政机关可以单方行使合同变更权和解除权。类似案件中，行政当事人通过修建房屋、临时装修、抢种抢栽等形式致使其与行政机关签订的协议标的发生变化，若行政机关继续履行案涉协议将导致国家财政多支出土地征收补偿款，从而损害国家利益、社会公共利益，故行政机关在此情形下，可单方行使合同变更权和解除权。结合《行政协议司法解释》第 16 条第 1 款“在履行行政协议过程中，可能出现严重损害国家利益、社会公共利益的情形，被告作出变更、解除协议的行政行为后，原告请求撤销该行为，人民法院经审理认为该行为合法的，判决驳回原告诉讼请求”之规定，法院判决驳回王某的诉讼请求，支持了行政机关依法行政，维护了国家利益及社会公众利益。

**【规范指引】**

《行政诉讼法》第 69 条；《行政协议司法解释》第 16 条第 1 款。

**【案例 2】马某诉黑龙江省齐齐哈尔市龙沙区人民政府不履行房屋征收补偿协议案**[①]

2011 年，齐齐哈尔市龙沙区人民政府（以下简称龙沙区政府）对城中村三合地段实施征收。马某在该地段有两处有证非住宅房屋，面积分别为 610 平方米、352.6 平方米。2011 年 10 月，马某与齐齐哈尔市龙沙区城中村改造领导小组办公室（以下简称城中村改造办）订立了两份非住宅房屋征收补偿安置协议书，就房屋安置面积、停产停业损失、临时安置补偿费计算标准等进行了约定。2016 年 5 月，城中村改造办未征得马某同意，就两处被征收房屋为马某预留三合家园商服一套，面积为 928.84 平方米。马某不同意将两户房屋合成一户，故未接收该房。后马某与城中村改造办约定将原 352.6 平方米房屋分成三户安置，并分别订立了三份非住宅房屋征收安置补偿协议书。将原 610 平方米房屋分成三户安置，并分别订立了三份非住宅房屋征收安置补偿协议书。涉案协议系其中一份补偿协议。该协议约定，从搬迁验收之日起至通知进户止，按月计发停产停业损失、临时安置费。2018 年 9 月，齐齐哈尔市龙沙区房屋征收与补偿办公室（以下简称龙沙区征收办）下发三合村地

---

① 最高人民法院 2021 年 5 月 11 日发布的第一批行政协议典型案例之七。

段征收安置（期房）选房进户通知单。城中村改造办认为 2016 年 5 月已通知马某进户，停产停业损失、临时安置费应给付至 2016 年 5 月。马某不服提起行政诉讼，请求给付停产停业损失、临时安置补偿费，计算至 2018 年 9 月。

黑龙江省齐齐哈尔市中级人民法院一审认为，马某被征收的 352.60 平方米房屋系商服，双方对此无异议。双方订立的涉案协议，约定了回迁房屋面积、回迁地点、停产停业损失及临时安置补偿费，该协议不违反法律、法规规定，合法有效，城中村改造办应当依照协议约定对马某进行安置。而城中村改造办为马某提供的房屋面积 928.84 平方米，系城中村改造办未经马某同意将两份协议约定的房屋合为一处安置，与协议约定不符。马某于 2016 年 5 月未入住，系城中村改造办未按照约定履行协议导致。龙沙区政府向齐齐哈尔市人民政府请示，对马某原 352.60 平方米房屋分三户进行安置，并与马某重新订立了三份协议，对安置地点及安置户型进行变更，该变更不违反法律、法规规定，合法有效。因龙沙区征收办于 2018 年 9 月 28 日通知马某入户，停产停业损失及临时安置补偿费应计算至 2018 年 9 月 28 日。遂判决：责令龙沙区政府在判决生效之日起 20 日内补偿马某停产停业损失 245 916 元，补偿临时安置费 98 366.4 元，合计 344 282.4 元。龙沙区政府提起上诉。

黑龙江省高级人民法院二审认为，在协议履行过程中，城中村改造办将本应依约为马某安置的 610 平方米及 352.6 平方米两套房屋变更为安置一套 928.84 平方米房屋，该行为构成违约，马某拒绝接收。后经双方协商，重新订立非住宅房屋征收安置补偿协议书。协议中确认了停产停业损失及临时安置费的计发期间从搬迁验收之日起至通知进户时止，而本协议安置房屋通知进户日期为 2018 年 9 月。龙沙区政府应当依据法律规定及协议约定履行给付马某至 2018 年 9 月的停产停业损失及临时安置补偿费义务。遂判决驳回上诉，维持一审判决。龙沙区政府已履行生效判决确定的义务。

**【分析】**

“行政优益权”作为一项行政权，该权力设置的初衷是为了使国家利益免受重大损失，其行使需要遵循“公益优先”和“程序正当”原则。首先，当可能出现严重损害国家利益、社会公共利益的情形时，行政机关有单方变更或解除行政协议的权力，禁止行政机关为不当目的或规避协议义务而随意滥用行政优益权。其次，尽管我国法律未对行政机关行使行政优益权的法定程序作出具体规定，但行政机关行使行政优益权单方作出行政行为，势必会对当事人的利益产生不利的影响，理应遵循行政程序正当原则，保障当事人的陈述、申辩等程序权利。

《行政诉讼法》第 12 条第 1 款第 11 项虽将行政机关违法变更、解除行政协议纳入行政诉讼受案范围，但法律、司法解释未对行政机关单方行使变更、解除权的条件进行明确规定，除基于一般行政优益权外，行政机关在不能通过提起行政诉讼或者民事诉讼进行救济，又面临行政协议因正当理由需要变更或解除时，是否可以单方变更或解除行政协议的问题。一般认为，行政机关对协议内容单方变更、解除权只能在国家法律政策和协议基础事实发生变化，履行协议会给国家利益或者社会公共利益带来重大损失这一特定情形下行使。也就是说，行政机关单方变更、解除行政协议必须基于行政优益权，从而最大限度维护行政协议的稳定及行政机关的公信力。

在不具备可以行使的法定情形时，行政机关不能单方变更协议内容，而应当严格按照行政协议约定全面履行义务，否则应当依法承担违约责任。行政协议的当事人协商一致变更行政协议，且不违反法律规定的，双方当事人应当按照变更后的协议予以履行。本案中，行政机关单方变更安置房屋情况，不能发生补偿协议变更的法律效果，行政机关的行为属于未按照约定履行义务的情形，对协议相对人合法权益造成损害的，应当依法承担违约责任。协议双方当事人经协商后重新订立的协议，属于对原补偿协议的变更，人民法院在认定变更协议合法有效的基础上，判令行政机关按照变更后的补偿协议履行义务，即限期给付停产停业损失、临时安置费等义务，既可以保障被征收人的补偿权益及时实现，又可以督促行政机关依法依约履行行政协议。

**【规范指引】**

《行政协议司法解释》第 16 条第 1 款。

**【案例 3】陈某诉湖南省株洲市渌口区人民政府单方撤销房屋征收补偿协议决定案**[①]

2014 年 7 月 21 日，湖南省株洲县人民政府（后更名为株洲市渌口区人民政府，以下分别简称为株洲县政府、渌口区政府）发布《关于王家洲棚户区改造项目房屋征收决定的通告》，决定对株洲县渌口镇桔园居委会范围内房屋进行征收。陈某的案涉房屋位于征收范围内，房产证登记面积为 387.68 平方米。2015 年 9 月 17 日，株洲县渌口镇人民政府（以下简称渌口镇政府）与陈某订立了《房屋征收补充协议》（以下简称《补充协议》），约定补偿

---

① 最高人民法院 2021 年 5 月 11 日发布的第一批行政协议典型案例之六。

陈某 378 206 元。同日，渌口镇政府与陈某订立了第一份《房屋征收遗漏补充协议》（以下简称《遗漏补充协议》），约定补偿陈某 1 362 575 元。同日，渌口镇政府又与陈某订立了第二份《遗漏补充协议》，约定补偿陈某 362 575.5 元。2015 年 9 月 18 日，渌口镇政府（甲方）与陈某（乙方）订立《国有土地上房屋征收补偿安置协议书》（以下简称《补偿安置协议书》）。该协议载明：甲方应付乙方房屋征收补偿安置款 1 522 717 元，奖励费 535 502 元，合计 2 058 219 元。陈某根据《补充协议》、第一份《遗漏补充协议》及《补偿安置协议书》共计获得补偿款 3 779 000 元。第二份《遗漏补充协议》约定的 362 575.5 元并未支付。2017 年 5 月 3 日，株洲县政府主要以"渌口镇政府作为订立行政协议的主体不适格、涉案协议损害了公共利益"为由，向渌口镇政府、陈某作出《关于撤销株洲县渌口镇人民政府与陈某签订的〈房屋征收补充协议〉决定书》（以下简称《撤销决定书》）。该决定书载明：（1）撤销渌口镇政府与陈某签订的两份《遗漏补充协议》和一份《补充协议》；（2）责令株洲县住房和城乡规划建设局或受其委托组织依法重新与陈某签订房屋征收补偿相关协议，渌口镇政府应在其职权范围内全力协作。2017 年 6 月 12 日，株洲县房产管理局向陈某作出《关于拟责令陈某退还超范围征收补偿款的告知书》，责令陈某限期退还超范围征收补偿款 1 740 781 元。陈某不服，遂起诉请求撤销株洲县政府作出的前述《撤销决定书》。2019 年 8 月 22 日，湖南省株洲市中级人民法院作出的刑事裁定书认定：在王家洲储备地项目征拆过程中，渌口镇政府工作人员收受贿赂，擅自决定为陈某提高补偿标准，导致公共财产损失 80 万元。

湖南省株洲市中级人民法院一审认为，两份《遗漏补充协议》设定的补偿项目不符合客观事实，缺乏法律、法规、政策依据，存在重复、不当补偿，且损害了国家利益、社会公共利益，违反了行政法规的强制性规定，属于违法补偿。但株洲县政府作出的《撤销决定书》将两份《遗漏补充协议》及一份《补充协议》均予撤销，依据不足。遂判决：一、撤销株洲县政府作出的《撤销决定书》中第一点关于"撤销渌口镇政府于 2015 年 9 月 17 日与陈某签订的一份《补充协议》"的部分；二、驳回陈某其他诉讼请求。陈某不服一审判决，提出上诉。

湖南省高级人民法院二审认为，涉诉三份协议均由渌口镇政府与陈某所签，株洲县政府明知并同意由渌口镇政府负责征收工作，应视为对渌口镇政府的委托，由此产生的法律责任应由株洲县政府承担。株洲县政府本应依法征收，其委托渌口镇政府实施征收工作，属征收程序不规范，亦属未完全依法履职；现其又以渌口镇政府不具备订立征收补偿协议法定职权为由，主张协议无效并予撤销，有违诚信原则，亦不利于诚信政府、法治政府的建设。关于相关协议的效力问题。已有生效刑事裁定认定渌口镇政府工作人员收受贿赂，擅自决定为陈某提高补偿标准，导致公共财产损失80万元。故补偿协议中涉及80万元金额的部分依法无效，对该80万元应予以追回。但涉诉《撤销决定书》对案涉三份协议均予撤销依据不足，行政机关据此又责令陈某退还补偿款1 740 781元，同样依据不足。鉴于《撤销决定书》有“责令与陈某重新签订征收补偿协议”的内容，具体金额可在重新订立协议时考量，故对一审的判决结果可予维持。遂判决驳回上诉，维持一审判决。

**【分析】**

行政协议具有行政性与协议性特征，人民法院在审理行政协议案件时，应当同时兼顾两种属性，正确理解和妥善处理政府依法行政与诚信守约之间的关系。司法实践中，确有可能出现行政机关若严格按照行政协议约定履行义务，则违反相关法律规定的情形，即形式上可能出现依法行政与诚信守约之间相互冲突的情形。造成前述冲突的根本原因在于行政协议行为不符合法律规定。行政协议的订立、履行等均不能违反法律规定，这是“公序良俗”的基本要求，也是行政协议的根本属性，行政协议的各方当事人都应当合理预见并严格遵循。因此，在行政协议不违反法律规定的前提下，人民法院应当监督行政机关依约履行义务，实现依法行政与诚信守约的有机统一。行政机关以损害公共利益为由撤销行政协议的，人民法院应当要求行政机关提供相应证据，并综合各方因素予以审查，而不宜简单地以存在损害公共利益的可能为由否定协议的效力。本案中，在已有生效刑事裁定认定相关行政机关工作人员收受贿赂，擅自决定为被征收人提高补偿标准、通过订立征收补偿协议超额支付补偿款、导致公共财产损失后，人民法院应当依法认定征收补偿协议的相关内容违法而不具有法律效力。但株洲县政府先委托渌口镇政府订立征收补偿协议，后又以订立协议主体不适格为由主张协议无效，有违诚信原则，依法不予支持。

## 争点 9：单方作出调整未告知相对人的行为无效

**【案例】某保险公司诉陕西省渭南市临渭区人民政府未按约定履行行政补偿协议案**[①]

某保险公司不服陕西省渭南市中级人民法院（2017）陕 05 行初 167 号行政判决，向陕西省高级人民法院提起上诉。

2014 年 5 月 26 日，指挥部与某保险公司签订协议约定：拆迁补偿方式为产权调换，安置办公房 1695.06 平方米，商业房屋 395.26 平方米，过渡期限为 30 个月等。2017 年 3 月，渭南市临渭区人民政府（以下简称临渭区政府）发现签订协议时用房产证第五幢楼总面积 1581.04 平方米按四层平均得出 395.26 平方米商用房面积的错误，立即与某保险公司沟通未果。同年 4 月开始回迁，临渭区政府在面北从西往东第二户为某保险公司预留房屋作为回迁安置房。某保险公司因对一楼商业房位置、面积提出异议，不同意接收房屋。

双方二审确认：涉案协议未经双方协商一致变更，或者依法经确认无效或者撤销，该协议约定的交房时间为 2016 年 11 月 26 日；交付房屋总面积、5 个停车位、涉案协议补偿款数额及已经履行等双方均无异议；协议约定的赔偿损失的计算标准为涉案项目过渡费的标准，某保险公司要求按照每年 39 万元的标准赔偿损失；涉案协议中的 2 号楼即现在的 4 号楼；4 号楼一层临 ×× 街位置现分别为太和堂药店（双方均称为 4 号楼 102 铺，190.59 平方米）及售楼部（双方均称为 4 号楼 101 铺，153.22 平方米）；双方同意商业房屋之外的其他房屋可以在 4 号楼三层及与 5 号楼三层连接的部分交付。对上述事实，有涉案协议及双方陈述证明，本院予以确认。

陕西省高级人民法院审理认为：本案中，涉案协议由某保险公司与涉案指挥部签订，该指挥部系临渭区政府为实施涉案项目征收工作成立的临时机构，签订该协议的行为应当视为临渭区政府的委托行为，该行为后果依法由临渭区政府承担。涉案协议是临渭区政府在征收过程中与相对人就征收补偿安置事项达成的协议，属于行政协议。该协议是双方的真实意思表示，不违反法律法规的强制性规定，虽然临渭区政府在涉案协议履行过程中对该协议约定的商业房屋面积有异议，但该面积经过评估公司评估，在某保险公司对

---

① 陕西省高级人民法院（2020）陕行终 671 号行政判决书。

评估结果有异议、认为商业房屋面积为650平方米的情况下，涉案指挥部书面答复某保险公司原一楼临街门面房为395.26平方米，且双方并未就商业房屋面积变更达成一致意见，临渭区政府亦未行使行政优益权变更该协议，涉案协议合法有效，双方当事人应当按照协议约定履行义务。因此，某保险公司要求临渭区政府履行涉案协议，交付395.26平方米商业房屋及其他房屋，符合该协议约定。陕西省高级人民法院最终判决：由临渭区政府向某保险公司交付位于临渭区 ×× 花园 ×× 号 ×× 楼（28层公寓楼）一楼东边靠 ×× 街位置，回迁面积不少于395.26平方米。依据一楼范围为基础向上延伸至建筑面积为2090.32平方米（含一楼面积，每层设置独立楼梯和洗手间），无偿为某保险公司提供五个停车位，并赔偿某保险公司2016年11月26日至2018年2月3日及2018年2月3日至2021年3月8日的损失，共计585 743.08元。

**【分析】**

关于行政机关在未告知相对人变更协议的情形下，行政协议的效力问题。《行政协议司法解释》第27条规定："人民法院审理行政协议案件，应当适用行政诉讼法的规定；行政诉讼法没有规定的，参照适用民事诉讼法的规定。人民法院审理行政协议案件，可以参照适用民事法律规范关于民事合同的相关规定。"第28条规定："2015年5月1日后订立的行政协议发生纠纷的，适用行政诉讼法及本规定。2015年5月1日前订立的行政协议发生纠纷的，适用当时的法律、行政法规及司法解释。"行政协议具有行政行为的属性，又具有合同性质。对于行政协议的合同性质而言，根据《民法典》的相关规定，依法成立的合同受法律保护，当事人应当按照合同约定全面履行合同义务；经当事人协商一致，可以变更，变更后的合同同样对当事人具有约束力。就行政协议的行政行为性质来说，行政机关可以单方行使行政优益权，在符合法律规定情况下，可以单方变更行政协议，但应当以合理方式告知行政协议相对人。

在类似案件中，在协议约定未经双方协商一致变更，也未经依法撤销或者确认无效、行政机关亦未单方依法变更的情况下，行政机关应当按照签订协议的约定履行义务。此外合同一方不履行合同义务，给对方造成损失的，应当按照实际损失赔偿，同时应当考虑双方是否存在过错。

**【规范指引】**

《民法典》第543条、第544条。

## 争点 10：因单方变更协议造成损失的，应依法予以补偿

**【案例】向某与贵州省铜仁市碧江区人民政府、贵州省铜仁市碧江区灯塔街道办事处、原审第三人铜仁市某房屋拆迁安置有限公司房屋征收补偿协议案**[①]

2011 年 8 月 23 日，原贵州省铜仁市人民政府（以下简称原铜仁市政府）以铜府办发〔2011〕168 号《市人民政府关于印发灯塔办事处龙田村下龙田片区房屋征收补偿安置实施方案的通知》，公布了《灯塔办事处龙田村下龙田片区房屋征收补偿安置实施方案》，该方案确定原铜仁市碧江区灯塔街道办事处（以下简称灯塔街道办）为实施征收单位，对灯塔街道办龙田村下龙田片区用地规划范围内的所有建（构）筑物及附属物进行征收，房屋征收补偿实行货币补偿、产权调换、异地安置三种方式。2011 年 9 月 30 日，灯塔街道办、铜仁市某房屋拆迁安置有限公司（以下简称某拆迁公司）与向某签订《房屋搬迁补偿安置协议书》，其中约定对向某实行异地安置，安置地在原贵州省铜仁市九龙大道原龙田小学至杨家湾安置区，安置宅基地面积为 120 ㎡，宅基地编号为 04 #，灯塔街道办负责完成安置地“三通一平”工作等。2011 年 11 月，国务院下发国函〔2011〕131 号文件，撤销铜仁地区建制，设立地级铜仁市。原铜仁市政府为了推进城镇化战略步骤，调整和重新制定市域城镇体系规划和城市总体规划，于 2012 年 4 月 23 日以特急·明电方式向所辖区县人民政府下发了《铜仁市人民政府关于在铜仁城市规划区范围内停止私人建房的紧急通知》（铜府发电〔2012〕3 号）。通知要求：“即日起，铜仁城市规划区范围内停止审批私人建房申报，已批准但还未开工建设的，由审批部门通知建房户停止建设；今后在铜仁城市规划区内农村居民确因困难或因拆迁需要安置建房的，必须分别由各区、县政府进行统一规划，并经市人民政府批准后方可实施。”2012 年 11 月 22 日，铜仁市碧江区人民政府（以下简称碧江区政府）作出碧府办发〔2012〕272 号《碧江区人民政府办公室关于印发灯塔办事处龙田村下龙田片区房屋拆迁参与式开发建设安置补偿方案的通知》（以下简称碧府办发〔2012〕272 号《通知》），该通知对原来的安置方式进行了变更，取消了用宅基地进行安置的方式，实行参与式开发建设安置。

---

① 最高人民法院（2017）最高法行申 4595 号行政裁定书。

同时明确对原按铜府办发〔2011〕168 号《通知》签订的异地安置拆迁合同废止。2013 年 11 月，贵州省铜仁市国土资源局向铜仁市政府提出审查、请示意见，对贵州省铜仁市川硐城市快速路南部沿线控制性详细规划 C–04–OS 地块（包含本案协议约定安置地）进行挂牌出让。2013 年 12 月 3 日，铜仁市政府作出了铜府函〔2013〕369 号批复，同意将上述地块进行挂牌出让。2014 年 4 月 14 日，经过招投标，该地块由铜仁市碧江区城市建设开发投资有限公司（以下简称碧江城投公司）竞得。同年 4 月 25 日，贵州省铜仁市国土资源局碧江分局与碧江城投公司签订了《国有建设用地使用权出让合同》。碧江区政府对征收向某房屋的相关补偿已全部付清。后向某多次要求碧江区政府交付按原协议约定安置区的宅基地。因碧江区政府无法履行原协议，向某于 2014 年 11 月提起民事诉讼，请求碧江区政府履行原协议，经过一、二审，向某的起诉被驳回。后向某向人民法院提起行政诉讼。

最高人民法院经审查认为，本案审查的焦点是 2011 年 9 月 30 日灯塔街道办、某拆迁公司与向某签订的《房屋搬迁补偿安置协议书》应如何履行的问题。行政协议是指行政机关为实现公共利益或者行政管理目标，在行使行政职责过程中，与公民、法人或者其他组织协商订立的具有行政法上权利义务内容的协议。行政协议是一种新型且重要的行政管理和公共服务方式。现在多数人认为，行政协议既有行政性又有合同性，是行政性和合同性的创造性结合，其因行政性有别于民事合同，又因其合同性不同于一般行政行为。行政协议因协商一致而与民事合同接近，但又因其为实现行政管理和公共服务的一种方式而具有行政性而有别于一般民事合同。行政协议强调行政性是必要的，唯有如此才能解释为什么行政协议需要在行政程序相关法律中进行规定，并且应获得行政复议、行政诉讼救济，也能解释在行政协议中行政机关为什么享有单方变更、解除行政协议等有别于民事合同的优益权。与民事合同主体签订合同是为了自身利益不同，行政机关签订行政协议是为实现公共利益或者行政管理目标。不仅签订行政协议本身是实现公共利益或者行政管理目标的方式，而且在履行协议过程中，行政机关可以根据实现公共利益或者行政管理目标的需要单方变更、解除协议，甚至可以依法单方作出行政强制、行政处罚。当然，行政机关只有在协议订立后出现了由于实现公共利益或者行政管理目标的需要或者法律政策的重大调整，必须变更或者解除时，才能行使单方变更、解除权，由此造成公民、法人或者其他组织合法权益损失的，亦应依法予以补偿。

本案中，2011年9月30日灯塔街道办、某拆迁公司与向某签订的《房屋搬迁补偿安置协议书》并不违反法律、行政法规强制性规定，合法有效，当事人本应当按照约定全面履行自己的义务。但根据原审法院查明的事实，2011年11月，国务院下发国函〔2011〕131号文件，撤销铜仁地区建制，设立地级铜仁市。新的铜仁市政府为了统筹经济社会的发展，加快城市建设，提升城市品位和形象，调整和重新制定了市域城镇体系规划和城市整体规划，案涉《房屋搬迁补偿安置协议书》涉及的安置宅基地的土地规划已变更，该市规划区范围内禁止私人建房。碧江区政府据此于2012年11月22日作出的碧府办发〔2012〕272号《通知》，对原协议的安置方式进行变更，取消用宅基地进行安置的方式，实行参与式开发建设安置。二审法院据此认定该变更行为系为了公共利益的需要，该单方变更行为合法，并无不当。与此同时，本案所涉地块亦已挂牌出让，碧江城投公司经过投标竞得该地块，并签订了《成交确认书》《国有建设用地使用权出让合同》，向某请求按原《房屋搬迁补偿安置协议书》约定的宅基地进行安置建房已无实现的可能。故向某要求碧江区政府按照《房屋搬迁补偿安置协议书》的约定向其交付安置宅基地的请求，原审法院不予支持，不违反法律规定。

《行政诉讼法》第78条第2款规定，被告变更、解除本法第12条第1款第11项规定的协议合法，但未依法给予补偿的，人民法院判决给予补偿。《行政诉讼法若干问题的解释》第15条第3款规定，被告因公共利益需要或者其他法定理由单方变更、解除协议，给原告造成损失的，判决被告予以补偿。作为国家机关，维护公共利益是行政机关的重要职责，在公共利益与私人利益发生矛盾时，应优先考虑公共利益的实现，但是承认公共利益优先并不否认个人利益的存在及实现。碧江区政府出于公共利益的需要，单方变更、解除协议，必须对相对人进行补偿。二审法院判决碧江区政府对向某房屋被征收拆迁履行行政补偿的法定职责，并无不当。该行政补偿既包括碧江区政府依据变更后的碧府办发〔2012〕272号《通知》对向某进行安置补偿，亦包括碧江区政府因单方变更协议给向某造成损失的补偿。碧江区政府应及时履行上述补偿的法定职责，向某亦可就上述补偿依法要求碧江区政府履行法定职责。

**【分析】**

1. 行政机关因单方变更行政协议造成行政相对人损失，应当承担行政补偿责任。作为国家机关，维护公共利益是行政机关的重要职责，在公共利益与私人利益发生矛盾时，应优先考虑公共利益的实现，但是承认公共利益优先并不否认个人利益的存在及实现。行政协议订立后，只有出于实现公共利益或者行政管理目标的需要或者法律政策的重大调整，必须变更或者解除时，行政机关才能行使单方变更、解除权，并对由此造成的公民、法人或者其他组织合法权益的损失，依法予以补偿。

因缔结行政协议的目的在于满足某种公共利益，在公共利益所需要的范围内，行政主体对于行政协议的履行必须具有特权。同样为了公共利益的需要，也必须维持对方当事人的经济利益的平衡。行政协议中为了补偿对方当事人接受行政主体的特权所受到的损失，对方当事人也具有私法合同中所没有的权利。对方当事人在履行行政协议的过程中，由于自己行为以外的原因而受到不能预见的重大损失时，即使行政主体没有过失也应得到补偿，以恢复履行协议时的经济平衡。

2. 行政机关单方变更协议而承担的行政补偿责任的范围。行政机关因公共利益需要或者其他法定理由，单方变更、解除房屋征收补偿协议，但未依法给予被征收人房屋安置补偿的，应给予房屋安置补偿；造成损失的，亦应予以补偿。

3. 相对方的行政补偿请求权。行政机关因公共利益需要或者其他法定理由，单方变更、解除房屋征收补偿协议，但未依法给予被征收人房屋安置补偿的，被征收人可以就因此而造成的损失，请求行政机关履行相应的法定补偿职责。

**【规范指引】**

《行政诉讼法》第78条第2款；《行政协议司法解释》第16条。

### （三）协议履行的审查认定

## 争点 11：行政机关未按行政协议约定履行义务的行为违法，造成相对人合法财产利益损失的，应当赔偿其直接损失

**【案例】刘某 1、刘某 2 诉潍坊市高新技术产业开发区管理委员会不履行行政协议案**[①]

潍坊市高新技术产业开发区管理委员会（以下简称潍坊高新区管委会）因不服山东省高级人民法院（2019）鲁行终 1398 号行政判决，向最高人民法院申请再审。2003 年 9 月 30 日，潍坊高新区管委会与某电器公司签订潍高土协（2003）49 号土地出让协议书（以下简称 49 号土地出让协议），约定潍坊高新区管委会在高新区金马路与卧龙东街交叉口给某电器公司提供 43.7 亩建设高压电器项目，土地价格为每亩 5 万元，某电器公司按约定付清 131.1 万元地价款后 6 个月内，潍坊高新区管委会要为其办理完土地使用权证。同时还约定，因潍坊高新区管委会原因使项目不能按时开工建设，每延迟一天按某电器公司交付地价款的 5% 缴纳违约金。签订协议当日，某电器公司依约定缴纳土地款 131.1 万元，刘某 1、刘某 2 为某电器公司股东。同年 4 月 29 日，国务院办公厅下发《关于深入开展土地市场治理整顿严格土地管理的紧急通知》，导致 49 号土地出让协议中约定的土地未能及时办理农用地转用和土地征收审批，致某电器公司未能按约定的时间开工建设。2007 年 12 月 28 日，山东省人民政府批准该地块农用地转用和土地征收实施方案。2008 年 5 月 4 日，潍坊市国土资源局高新区分局（以下简称国土高新分局）分别与新城街道李家朱茂和玄家朱茂签订《征收土地协议书》，并拨付征地补偿款。2008 年 6 月 6 日，经高新区管委会研究同意，国土高新分局经潍坊市人民政府批准，在《潍坊日报》发布《国有建设用地使用权公开出让公告》，以拍卖（挂牌）方式公开出让。公告发布后，某电器公司未在规定的时间向高新区土地分局提交《竞买申请书》。2008 年 7 月 7 日，某科技公司以每亩 31 万元的价格，竞得该地块的国有建设用地使用权。2014 年 3 月 27 日，潍坊高新区管委会向某电器公司出具《关于某电器公司土地有关问题的复函》，主要内容

---

① 最高人民法院（2020）最高法行申 5229 号行政裁定书。

包括:（1）退还某电器公司已缴纳的206.677万元，并按银行同期贷款利率支付利息。（2）该项目可继续在高新区建设，高新区将根据项目情况安排用地，出让给该公司，并享受高新区招商引资优惠政策。某电器公司收到该函件后回复，认为因潍坊高新区管委会违约，造成直接经济损失达2500多万元，对上述处理意见，该公司不能接受，同时提出处理方案。2018年5月25日，潍坊高新区管委会向某电器公司出具《告知函》：贵公司于2003年与我方签订的49号土地出让协议，后因国家法律政策调整，导致合同不能实际履行。贵公司缴纳的款项及利息予以返还。请接到本函后，及时与我方联系返还事宜。2018年10月26日，因某电器公司已经被注销，刘某1、刘某2作为公司股东以潍坊高新区管委会未履行协议约定的义务为由，提起本案行政诉讼，请求判令潍坊高新区管委会返还缴纳的土地款和税款、承担违约责任并赔偿各项损失。潍坊高新区管委会申请再审称：49号土地出让协议是无效协议。损失赔偿不应包括协议无效情形下的可期待利益。签订协议过程中双方均有过错，应按过错比例承担赔偿责任。请求撤销一、二审判决，依法再审本案。

最高人民法院经审查认为，本案中，2018年5月25日潍坊高新区管委会出具《告知函》，明确因为国家法律政策调整，不再履行49号土地出让协议义务，协商补偿事宜。对于不履行协议义务行为的合法性，人民法院应当依法作出判断，在此基础上才能考虑对原告的赔偿或补偿问题。本案中，2003年9月30日潍坊高新区管委会与某电器公司签订49号土地出让协议时，涉案土地仍为集体土地，未办理农用地转用审批手续；签订国有土地使用权出让协议的主体为潍坊高新区管委会，而非市、县人民政府土地管理部门。2007年山东省政府作出批复，同意征收包括涉案土地在内的集体土地。但是，2007年10月1日起《物权法》的施行，在涉案集体土地征收程序完成后，经营性用地应当采取招拍挂方式出让，无法按照协议出让。经法定程序，最终涉案土地被某科技公司拍得。鉴于此，尽管49号土地出让协议是一个违法并非无效的行政协议，原本可以在完善手续后继续履行。但是，因法律对出让土地程序的变更，最终导致继续履行49号土地出让协议没有实际可能。此时，人民法院应当依法判决确认潍坊高新区管委会未按照约定履行国有土地出让协议义务的行为违法。

潍坊高新区管委会未按照49号土地出让协议约定履行办理国有土地使用证义务行为违法，协议无法继续履行，应当返还刘某1、刘某2交付的土地出让金；同时，土地增值利益属于土地权利人的必得利益，由于潍坊高新区管委会补办征地手续过于延迟，未按约定履行土地出让协议约定的办证义务，并最终因土地出让法律程序改变导致土地受让人不能取得协议约定的国有土地使用权，一、二审判决按照涉案土地 2008 年出让给他人的市场拍卖价款减去 49 号土地出让协议约定土地价款的差价作为直接损失予以赔偿，符合《国家赔偿法》的规定，本院予以支持。一、二审判决认为，已支付土地出让金的利息损失包含在土地增值价值之中，二者不能重复计算，进而驳回刘某 1、刘某 2 关于利息损失的诉讼请求，并无不当。

**【分析】**

1.《行政诉讼法》第 78 条规定："被告不依法履行、未按照约定履行或者违法变更、解除本法第十二条第一款第十一项规定的协议的，人民法院判决被告承担继续履行、采取补救措施或者赔偿损失等责任。被告变更、解除本法第十二条第一款第十一项规定的协议合法，但未依法给予补偿的，人民法院判决给予补偿。"根据前述规定，"继续履行、采取补救措施或者赔偿损失等责任"或者"判决给予补偿"均是法律责任条款，适用前述责任条款的前提是要对被告不依法履行、未按照约定履行或者违法变更、解除行政协议行为的合法性作出判断。该条第 1 款的适用条件是被诉行政协议行为违法情形下的责任判决方式；第 2 款是被诉行政协议行为合法情形下的责任判决方式。责任判决方式不能单独适用。对于不履行协议义务行为的合法性，人民法院应当依法作出判断，在此基础上才能考虑对原告的赔偿或补偿问题。

2.《国家赔偿法》第 4 条、第 36 条规定，行政机关及其工作人员在行使行政职权时，违法行政行为造成财产损害的，受害人有取得赔偿的权利。财产损害按照直接损失给予赔偿。"直接损失"就是实际损失，包括已经发生的财产损失和必将发生的可得利益损失。未按约定履行协议义务行为违法，造成行政协议相对人合法财产利益损失的，人民法院应当判决行政机关赔偿直接损失。

关于违约损失。行政协议案件的赔偿责任实质是行政协议行为侵权的国家赔偿责任与行政协议违约责任的法律竞合。民事诉讼中，发生民事侵权与违约赔偿法律责任竞合的情况下，当事人只能选择其一提起民事诉讼。根据《行政诉讼法》第 2 条规定，行政诉讼只能是行政行为侵权的国家赔偿责任，除非法律、法规或规章另有规定，行政机关一般不承担违约责任，更不能判决行政机关既承担行政赔偿责任，又承担协议违约责任。

3. 行政协议案件具有行政性和协议性双重属性。但是，突出的是它的行政性特征。因此，行政协议争议属于行政争议，要通过行政诉讼途径解决。行政协议案件属于行政案件，在法律适用上当然要优先适用行政诉讼法和行政实体法律规范，而不是既可以适用行政法律规范，又可以适用民事法律规范。民事法律规范仅仅是人民法院审理行政协议案件的补充规则。即行政法律规范没有规定的，在不与行政法的基本原则相抵触的情况下，人民法院可以补充适用民事法律规范。人民法院审理行政机关不依法履行、未按照约定履行，或者单方变更解除行政协议案件时，往往会涉及协议本身的合法有效性问题。被告不依法履行、未按约定履行协议或单方变更、解除协议的主要理由，就是认为协议无效。在对行政机关不依法履行、未按约定履行协议或单方变更、解除协议提起诉讼的案件中，行政协议仅仅是案件的主要证据和依据，并非被诉行政行为。这与征收案件中，当事人对征收补偿决定提起行政诉讼，理由是征收决定违法或无效，情形是一样的。在此情形下，人民法院应当对作为本案证据的前置行政行为是否存在重大且明显违法情形进行审查。不属于重大且明显违法的，一般不宜否定其证据效力。行政协议作为行政机关履行行政职责的一种方式，应当适用《行政诉讼法》第 75 条规定的重大且明显违法标准判断其是否属于无效，进而判断协议约定内容是否可以作为判断被诉行政行为是否合法的证据和依据。

**【规范指引】**

《民法典》第 577 条；《行政协议司法解释》第 21 条、第 27 条第 2 款。

## 争点 12：协议相对人死亡后的协议履行问题

**【案例】张某 1 诉北京市门头沟区人民政府房屋征收办公室、北京市门头沟区龙泉镇人民政府不履行行政协议案**[①]

张某 2 系北京市门头沟区龙泉镇滑石道村村民。1967 年 6 月，张某 2 与李某结婚，婚后育有两子：张某 3、张某 1。1985 年 4 月，李某去世。1999 年，张某 2 申请宅基地并建设本案被征收房屋，该房屋属张某 2 一人所有。2012 年 6 月 15 日，张某 2 作为被征收人与北京市门头沟区房屋征收事务中心（以下简称门头沟征收中心，相关职责已由北京市门头沟区人民政府房屋

① 最高人民法院 2021 年 5 月 11 日发布的第一批行政协议典型案例之四。

征收办公室承担)、门头沟区龙泉镇人民政府(以下简称龙泉镇政府)订立房屋征收补偿安置协议。2015年5月11日，张某2与门头沟征收中心、龙泉镇政府订立补充协议，约定安置张某2两居室一套、一居室一套，其中两居室安置房一套已交付被征收人。2015年6月26日，由张某3代张某2选择了安置房屋。张某2于2015年12月7日去世，张某3于2016年7月2日去世，此时安置房屋尚未交付。张某1提起行政诉讼，主张其为张某2的唯一合法继承人，请求判令门头沟区人民政府房屋征收办公室(以下简称门头沟征收办)与龙泉镇政府向其交付涉案安置房屋。

北京市门头沟区人民法院一审认为，张某2去世后，其作为协议一方当事人的权利应当由其继承人依法继承。现张某1主张其为张某2的唯一合法继承人并要求两被告向其履行协议，但其提交的现有证据不足以证明其为张某2的唯一合法继承人。因此，张某1以张某2唯一合法继承人的身份，要求法院判决两被告向其交付涉案安置房屋并以自己名义领取钥匙的诉讼请求缺乏事实与法律依据，遂判决驳回张某1的诉讼请求。

北京市第一中级人民法院二审时依法向属地派出所、民政局、档案馆等单位查询张某2、张某3的户籍、婚姻登记信息，张某3与张某1属于同一户籍，未发现张某3的婚姻登记信息。至二审判决作出，未发现存在与张某1处于同等地位的继承人。二审认为，结合张某1提交的证据以及法院调取的证据材料，可以认定被征收房屋属张某2一人所有，在张某2去世后，不存在与张某1处于同等地位的继承人，且门头沟征收办与龙泉镇政府对此亦不持异议，因此张某1可以继承张某2在被诉协议和被诉补充协议中享有的权利。如果事后出现新的证据，能够证明张某2尚存在与张某1处于同等地位的其他继承人，该继承人亦有权向张某1主张涉案安置房屋的相关权利，有权要求共同分割该部分利益。遂撤销一审判决，并判令门头沟征收办与龙泉镇政府向张某1交付涉案安置房屋。

**【分析】**

行政协议履行过程中，协议当事人去世后其继承人有权继承其在行政协议中享有的权利，法院审理过程中为确认继承的民事法律关系可依职权向行政主管部门核实，减少当事人自证的讼累，维护当事人的合法权益。同时告知潜在权利人(其他继承人)可通过另行起诉的方式保障其继承权的救济途径。

促进行政争议实质性化解是行政诉讼制度的一项重要功能。司法实践中，行政协议当事人之间的争议可能根源于基础民事法律关系的确认。根据法律规定以及已有证据可以直接认定或者推定基础民事法律关系的，人民法院不宜再要求当事人另行提起民事诉讼。本案中，二审法院为确认基础民事法律关系是否真实存在，依职权向有关行政主管部门核实，并在案件事实部分直接予以认定，可以减少当事人进一步证明“我就是我”的诉累，确保当事人的合法权益及时兑现，促进行政争议的实质性化解。同时，因可能存在推翻推定事实的证据，为保障潜在权利人的合法权益，二审法院为后续可能产生的争议明确解决方案或者救济路径，可以实现裁判公平与效率的有机统一，切实增强人民群众获得感。

**【规范指引】**

《行政协议司法解释》第 11 条。

## 争点 13：协议中原告履责诉求客观不能实现的，应予以驳回

**【案例】高某诉北京市朝阳区人民政府房屋征收办公室履行征收补偿协议案**①

2017 年 2 月 24 日，某区政府发布《房屋征收决定》，决定对某旧城区改建项目用地红线范围内的房屋及其附属物实施征收，房屋征收的实施单位为朝阳区征收事务中心。2016 年 12 月 12 日，朝阳区征收事务中心与高某签订了《征收补偿协议》，约定高某同意按照《征收补偿方案》中确定的产权调换方案进行产权调换，协议中同时对被征收房屋情况、人口情况、补偿方式及内容、结算、搬迁期限、付款期限及方式、产权调换房屋的办理手续、争议解决方式、协议生效、变更或解除等事项进行约定。2017 年 3 月 14 日，朝阳区征收事务中心与高某签订了《征补协议（一）》。协议中，高某自愿选择涉案房屋作为产权调换房屋之一，并在规定的时间内进行了选房确认工作，取得了《产权调换房源选房确认单》，并签署了产权调换房屋拟登记权利人确认声明。2017 年 4 月 7 日，相关单位向高某交付涉案房屋，交房时的《入住交房验收表》中载明“主卫设施不完善，没有水管，没有地漏、坐便管道，没有下水管道”等内容。朝阳区人民政府房屋征收办公室（以下简称朝阳区房

① 北京市第三中级人民法院（2019）京 03 行终 898 号行政判决书。

屋征收办）向高某提供的涉案房屋的户型图显示，位于主卧室的小间为“卫生间”，规划设计图上载明的为“储藏”。涉案房屋的建设单位某置业公司及规划单位某工程设计公司分别出具了《说明》，认定涉案房屋不具备将储藏间改造为卫生间的条件。北京市朝阳区人民法院曾于 2018 年 3 月 30 日作出（2017）京 0105 行初 501 号行政判决，判决：一、判令朝阳区房屋征收办于判决生效之日起 7 日内支付高某违约金 5000 元；二、驳回高某要求朝阳区房屋征收办将涉案房屋南面卫生间进行修复，恢复到卫生间使用功能的诉讼请求。高某不服提起上诉。北京市第三中级人民法院于 2018 年 8 月 23 日作出（2018）京 03 行终 397 号行政裁定，认为相关证据材料能够证明涉案房屋中位于主卧室的小间的卫生间不具有改造的现实可能性，高某的该项诉讼请求事实上不能履行，高某是否坚持该项诉讼请求或是否主张朝阳区房屋征收办承担其他形式的违约责任，原审法院对此未向高某进行相关释明，最终裁定撤销一审判决，发回北京市朝阳区人民法院重审。本案庭审中，经向高某当庭释明，高某表示仍坚持要求朝阳区房屋征收办继续履行协议，涉案房屋主卧室的小间可以修复为卫生间，朝阳区房屋征收办应向其交付具有两个卫生间的房屋，并支付逾期修复期间的相应补偿和损失赔偿。北京市朝阳区人民法院于 2019 年 6 月 26 日作出（2018）京 0105 行初 675 号行政判决：驳回原告高某的全部诉讼请求。宣判后，高某提起上诉。北京市第三中级人民法院于 2019 年 9 月 3 日作出（2019）京 03 行终 898 号行政判决：驳回上诉，维持原判。

法院经裁判认为，第一，行政协议被告的履行不能采取严格审查标准。可引入第三方中立标准考察行政权力的行使，根据相关证据认定是否存在确系非被告的违约行为导致履行不能的情形。第二，当事人请求继续履行协议约定的职责义务，但是不具备现实可能性，在法院已进行释明的情况下，当事人仍坚持继续履行合同的诉讼请求，理由不能成立，人民法院可以依照《行政诉讼法》第 69 条规定，判决驳回原告诉讼请求。如果其提出的其他违约或损失赔偿的请求，是在要求继续履行的基础上要求被告承担填补相应损失的责任，亦应一并予以驳回。第三，法官需尽到基本释明的责任。法官通过释明可能存在的履行不能情况，让原告采取有目标但又留后路的“继续履行 + 如果不能继续履行则赔偿损失”诉讼策略以便充分保护当事人的诉权、提高诉讼效率，同时也有利于类案同判。

**【分析】**

签订行政协议后，行政机关明确表示无法履行协议内容，此情况类似于民事合同中的明示预期违约。审查行政机关行为是否构成明示的预期违约，首先，需要对双方签订的行政协议进行审查。行政协议必须合法有效，这是协议约定内容对行政机关和相对人产生法律上约束力的前提。如果行政协议无效，那么预期违约就无从谈起。其次，行政机关拒绝履行的提出必须在合同成立后至合同履行期限届满之前这一时间内，否则构成实际违约，而不是预期违约。这些情况都需要在对行政机关不履行行为的合法性审查中查明，以确定判决的方式和赔偿的数额。

针对此类案件的裁判方式。如果行政机关不履行协议内容合法，如行政协议在履行过程中，可能出现严重损害国家利益、社会公共利益的情形，行政机关单方明确表示无法履行协议内容，或者行政协议成立后，发生行政机关在订立协议时无法预见的重大变化，无法履行行政协议或者不能实现协议目的的，人民法院经审理认为行政行为合法的，判决驳回原告诉讼请求。被告无法履行或者继续履行无实际意义的，人民法院可以判决被告采取相应的补救措施；因存在情势变更的情形，导致原告履行不能、履行费用明显增加或者遭受损失，原告请求被告给予补偿的，人民法院应予支持，可以依据《行政诉讼法》第 78 条第 2 款的规定判决被告予以补偿，但因原告自身原因造成损失的除外。如果行政机关不履行协议内容不符合法律规定，存在主要证据不足，适用法律、法规错误，违反法定程序等《行政诉讼法》第 70 条情形的，且行政机关具备继续履行的实际条件的，人民法院可以依据《行政诉讼法》第 78 条规定判决被告继续履行，并明确继续履行的具体内容；给原告造成损失的，判决被告予以赔偿。原告要求按照约定违约金条款或者定金条款予以赔偿的，人民法院应予支持。

**【规范指引】**

《行政诉讼法》第 69 条、第 70 条、第 78 条第 1 款；《民法典》第 580 条第 1 款第 1 项；《行政协议司法解释》第 27 条。

## 三、法律适用中的疑难问题

### 问题 1："空白协议"效力的认定

**【案例】季某涛诉南通市通州区先锋街道办事处确认行政协议无效案**[①]

季某涛户籍地为南通市 ×× 号，该户人口有季某涛及其妻子吴某梅、女儿季某楠。1987 年，季某涛父亲季某新申请建房，获批宅基地 187 平方米，三棚 42 平方米，建筑占地 92.5 平方米，三棚占地 15 平方米。后季某涛在其父亲获批的宅基地上翻建楼房，但未取得相应的审批手续，亦未办理村镇房屋所有权证。

因南通市通州区宁启铁路站前广场工程需要，南通市通州区先锋街道办事处（以下简称先锋街道办）拟对季某涛户所在区域进行协议搬迁，并制定了南通市通州区宁启铁路站前广场地块搬迁补偿安置方案。先锋街道办委托中证房地产评估造价集团有限公司（以下简称中证公司）对季某涛户进行房屋搬迁评估，中证公司于 2017 年 11 月 29 日作出初步评估报告，该报告显示季某涛户搬迁补偿金额总计 395 411 元。季某涛于 2018 年 1 月 3 日对该份评估报告进行拍照。后季某涛与先锋街道办多次协调未果。2018 年 6 月 7 日 23 时 58 分，季某涛在先锋街道办已加盖公章的空白搬迁协议书上签字，并在空白的先锋镇拆迁补偿经费结算联系单，先锋镇拆迁按期交房奖励结算联系单，先锋镇拆迁搬迁费、过渡费付款联系单，搬迁安置购房凭证，交房验收证明单上签字捺印。

先锋街道办提交了落款时间为 2017 年 12 月 8 日的由中证公司出具的通中证房估〔2017〕字第 010—006 号房屋搬迁估价报告，该报告显示季某涛户搬迁补偿金额总计 499 918 元。

季某涛以签订的是空白合同，合同中没有填写确定的数字和内容，协议损害其补偿利益等为由向一审法院提起本案诉讼，请求确认案涉搬迁安置协议书无效。

江苏省南通市中级人民法院认为：本案的争议焦点在于案涉搬迁补偿安置协议是否存在无效情形。行政协议是行政机关在履行行政管理职责过程中，为实现公共利益或者行政管理目标，通过与公民、法人或者其他组织协商的方式达成的具有行政法上权利义务内容的一种协议。行政协议作为一种特殊

---

① 江苏省南通市中级人民法院（2021）苏 06 行终 19 号行政判决书。

的行政管理活动，既具有行政管理活动“行政性”的一般属性，也具有“协议性”的特别属性。因此，行政协议区别于单方行政行为的一个重要特点即是协议双方对协议内容在平等自愿的基础上达成一致意见，这是行政协议的效力基础。就本案中被诉协议所涉及的房屋搬迁安置补偿事项而言，安置面积与补偿金额是确定季某涛在房屋搬迁中所享受的安置补偿利益的最主要的条款，双方可以就此协商达成一致意见，并通过一定形式予以约定，以确定双方权利义务。被诉协议是以书面形式形成，根据协议签订时施行的《合同法》第 11 条规定，书面形式是指合同书、信件和数据电文（包括电报、电传、传真、电子数据交换和电子邮件）等可以有形地表现所载内容的形式。第 32 条规定，当事人采用合同书形式订立合同的，自双方当事人签字或者盖章时合同成立。由此可见，协议双方的合意内容应当体现在书面协议中，由当事人签字确认。而如果协议中无以上内容，则无法确定协议双方所达成的关于行政法上的权利义务，对于此类缺乏基本合议要素的协议，应当认定存在重大且明显违法的情形。本案中，先锋街道办虽然提供了内容填写完整的《搬迁安置协议书》，但先锋街道办在二审中陈述季某涛签字前只填写了安置面积 180 平方米以及补偿总金额 499 918 元，其余内容均是季某涛签字之后予以补充完善。而从季某涛签字时的视频中可以看出，协议第二页补偿金额合计一栏中并无填写的字迹。故本院对季某涛提出的签字之时被诉协议内容空白的主张予以采纳。虽然季某涛作为成年人，应当知道签字的法律效力，但先锋街道办作为协议的一方，是案涉搬迁工作的实施单位，在搬迁过程中起主导作用，更应当明白协议条款的约定对于确定和保护被搬迁人的利益具有重要的影响，因此，在与被搬迁人就安置补偿问题达成一致意见后，应当将合意的内容在协议中写明后交由被搬迁人签字。先锋街道办让季某涛在空白协议上签字，现也不能提供其他证据证明在季某涛签字之时双方确已就安置面积 180 平方米以及补偿总金额 499 918 元达成一致意见。在本案审理中，季某涛明确表示对被诉协议的内容不予追认。综上，被诉《搬迁补偿协议书》未就双方的权利义务内容进行约定，属于重大且明显违法的情形，依法应当确认无效。一审法院虽然认定季某涛在空白协议上签字，但以协议约定的安置面积与补偿金额未侵犯季某涛的安置补偿利益为由驳回季某涛的诉讼请求，忽略了行政协议的合意性特征。在协议签订时内容空白、合意性基础不存在的情况下，人民法院也无权代替当事人判断行政机关添加的内容是否对当事人有利。综上，江苏省南通市中级人民法院作出判决，确认上诉人季某涛与被上诉人先锋街道办于2018年6月7日签订的《搬迁安置协议书》无效。

【分析】

行政协议作为一种特殊的行政管理活动，既具有行政管理活动“行政性”的一般属性，也具有“协议性”的特别属性。因此，行政协议区别于单方行政行为的一个重要特点即是协议双方对协议内容在平等自愿的基础上达成一致意见，这是行政协议的效力基础。在协议搬迁中，有的行政机关会与相对人签订空白协议，主要表现为协议中相关补偿方式、费用均为空白或者仅填写总金额。此种方式严重违背了征地拆迁公开、公正、公平原则，容易导致暗箱操作、补偿不公，一般应当认定为缺乏事实根据而可撤销。实践中，除空白协议的内容缺乏事实根据外，签订空白协议的过程通常存在欺诈、胁迫等情形，这既属于民事行为的可撤销情形，也可以视为签订协议违反法定程序的情形。因此，在民商事合同纠纷中，可能出现的“将留有空白内容的合同交予对方，视为对合同内容中约定事项的无限授权”的观点，在搬迁协议中一般不能适用。

相关案件审理中，需要根据案件情况酌情分别处理，如果原告有证据证明协议明显不符合补偿安置方案确定的补偿标准，或明显低于被征收不动产市场价值的、明显不利于保障被征收人合法补偿安置权益的，依法确认空白协议无效。如果被告能够提供相应的证据证明原告在起诉前已经实际完全取得补偿、协议已经完全履行到位的，或原告在诉讼中对补偿安置的内容不持异议的，一般不以“空白协议”为由确认无效。

【规范指引】

《行政诉讼法》第75条；《行政协议司法解释》第12条。

## 问题2：共有权未分割的，应依法提存搬迁补偿利益

**【案例】许某1诉如皋市人民政府城北街道办事处及佘某、许某2房屋搬迁补偿安置协议案**[①]

许某1、许某2系许某3、吴某子女，佘某系许某2姐姐之子。1985年5月，许某3作为户主申请在原如皋县东风村十二组建造房屋，经批准新建房屋两间，家庭成员载明为妻子吴某、女儿许某1、儿子许某2。1985年8月

① 江苏省南通市中级人民法院（2022）苏06行终907号行政判决书。

14日的《如皋县邓元乡村镇建房准建证》中的房屋位置平面示意图载明，东西长约8.5米，南北宽约5米。上述房屋建成后，由佘某实际居住使用。1994年3月15日，佘某领取了上述房屋的宅基地使用权证，证书载明土地坐落于邓园乡东风村十二组，案涉两间平房东西长约8.6米，南北宽约4.85米。2021年，如皋市人民政府城北街道办事处（以下简称城北街道办）在东风村十二组实施协议搬迁。在此过程中，佘某向城北街道办提交了户口簿、身份证、宅基地使用权证等材料。

2021年11月5日，佘某与城北街道办签订《如皋市房屋搬迁补偿安置协议》，协议载明，乙方为佘某（现使用人），补偿合计932 810.35元。协议还约定了房屋产权调换安置方式及其他相关约定事项。

2022年4月7日，许某1提起行政诉讼，请求确认城北街道办与佘某就位于如皋市城北街道东风居十二组18号两间房屋签订的房屋搬迁补偿安置协议无效。

法院认为，房屋搬迁补偿安置协议是对不动产物权权利人进行的搬迁补偿，行政主体依法应当履行调查职责，在查明房屋产权归属的基础上，与权利人签订搬迁补偿安置协议，除非有证据证明协议缔约一方具有家庭成员代表权等特殊情形。行政机关在未查明房屋所有权人的情形下所签订的搬迁补偿安置协议属于认定事实不清，依法应予撤销。被诉补偿安置协议将案涉房屋的补偿安置利益确认由佘某享有，等于在事实上确认了案涉两间房屋的权属，这种确认缺乏充分的证据支持，当属事实不清，应当依法予以撤销。故判决撤销案涉协议并责令城北街道办依法重新作出处理。

【分析】

在法律范畴中，共有房屋指的是两个或两个以上的权利人共同享有房屋所有权的情形。我国法律承认的共有形式包括按份共有和共同共有两种。按份共有意味着共有人按照各自的份额共同享有房屋所有权。按份共有人有权对外转让自己的份额，在相同条件下，其他共有人享有优先购买的权利；对于共有房屋，按份共有人有权随时要求进行分割。共同共有则表示共有人共同享有房屋所有权。在处置共有房屋时，需要获得全体共同共有人的同意，而在共有关系持续期间，共同共有人则无权要求对共有房屋进行分割。

《征补条例》第2条规定："为了公共利益的需要，征收国有土地上单位、个人的房屋，应当对被征收房屋所有权人（以下称被征收人）给予公平补偿。"根据上述规定，在房屋征收过程中，对于按份共有房屋，在共有人同意的情况下，原则上应采取共同签约的方式进行补偿。这意味着由全体共有人共同与房屋征收部门签订补偿协议，房屋征收补偿款仍归按份共有人共同所有。若按份共有人要求单独补偿其份额，且房屋可按份额进行实物分割，那么可以采取分别签约的方式进行补偿。即由按份共有人与房屋征收部门就其份额分别签订补偿协议，协议项下的补偿款归按份共有人单独所有。对于共同共有房屋，由于共有人并无权要求实物分割，因此，补偿应当以共同签约的方式进行，房屋征收补偿款仍归共有人共同所有。

除了按份共有房屋可以按分别签约方式进行补偿外，其他共有房屋应采取共同签约的方式。如果共有人对补偿方式无法达成一致，并导致在补偿方案规定的签约期限内无法签订补偿协议，则在签约期限届满后，房屋征收部门应根据征收补偿方案作出补偿决定，并依法提存搬迁补偿利益。

**【规范指引】**

《征补条例》第 2 条。

## 问题 3：与部分产权人或同居家属签订协议的效力问题

**【案例】姚某诉商洛市商州区人民政府、黄某芹行政协议案**[①]

商州区通信路北延项目征迁及环境保障办公室（以下简称征迁办）作为甲方，与乙方黄某芹签订了第 28 号《商州区通江路东侧棚户区改造通信路北延项目房屋征收实物安置与货币补偿协议书》，姚某主张黄某芹越权处分了其房产，故请求确认该协议无效。经一审法院向姚某释明，姚某仍坚持确认被诉协议无效的诉讼请求。

最高人民法院审理认为，本案的核心争议是被诉协议是否存在无效情形。

关于签订被诉协议的被征收主体确定问题。实践中，国有土地上房屋征收一般将产权证书中明确记载的权利人确定为被征收人，并签订补偿协议。而本案所涉房屋为集体土地上房屋，未进行产权登记；同时，农村村民一户只能拥有一处宅基地，农村集体土地上房屋安置补偿一般以一处宅基地作为确定一户的基础，且通常确定家庭成员中一人作为户主签订安置补偿协议。本案中，经原审法院审理认定，案涉房屋所对应的宅基地系黄某芹和其丈夫

① 最高人民法院（2020）最高法行申 5519 号行政裁定书。

姚某1于20世纪80年代申请，当时姚某尚未成年；在签订协议时，姚某与黄某芹就家庭内部财物并未分家析产，案涉房屋实际未予分割，由姚某与其母亲黄某芹共同居住，该房屋属家庭成员共同财产。同时，被诉协议的安置补偿内容均以“该户”作为安置补偿对象，姚某对于被诉协议中涉及的安置房和货币补偿等合同内容亦无异议，该协议实质上未损害姚某的合法权益，商州区人民政府经审查确认黄某芹作为宅基地使用权人及户主可代表该户签订协议并无不当。对于无产权登记的房屋，行政主体在补偿安置中实难以明晰房屋所有权人各自份额；同时，亦难以苛责行政主体就尚未分家析产的某户房产分别与被征收人签订各自具体份额的安置补偿协议。

关于被诉协议是否存在其他无效情形的问题。《行政诉讼法》第75条规定：“行政行为有实施主体不具有行政主体资格或者没有依据等重大且明显违法情形，原告申请确认行政行为无效的，人民法院判决确认无效。”《行政诉讼法适用解释》第99条规定：“有下列情形之一的，属于行政诉讼法第七十五条规定的‘重大且明显违法’：（一）行政行为实施主体不具有行政主体资格；（二）减损权利或者增加义务的行政行为没有法律规范依据；（三）行政行为的内容客观上不可能实施；（四）其他重大且明显违法的情形。”如前所述，行政主体具有相应法定职权，被征收人姚某和黄某芹对其所签协议内容均无异议，该协议亦未损害被征收人的合法权益。同时，该协议签订后已进入实际执行阶段，客观上可以实施，本案有效证据难以证明被诉协议存在上述法律规定的无效情形。

关于本案实质争议及权利救济途径问题。被诉协议系根据原有住房面积进行产权调换，并予以补偿。该协议虽由被征收户户主黄某芹与征迁办签订，但协议系对该户整体进行的补偿安置，并未否定姚某的合法财产权。姚某提起本案诉讼的实质是家庭内部财产分配纠纷，姚某可通过家庭内部协商、人民调解或者民事诉讼分家析产等途径主张其财产权利。据此，一审法院判决驳回诉讼请求，二审法院驳回上诉、维持原判，均无不当。姚某的再审申请理由不能成立，最高人民法院对其再审请求不予支持。

**【分析】**

1. 户主签订安置补偿协议的效力

我国行政管理中往往以家庭作为行政单元进行管理，如户籍管理、房贷政策管理、房屋限购政策管理等，家庭也在很多经济活动中发挥着重要作用，能够以整体的名义参与生产、投资、经营、消费等活动，并以家庭财产承担这些行为的后果。在农村生活中，基于习惯形成的生活生产方式，“户”仍然是一个整体性较强的组织体。《民法典》规定了以家庭为责任主体的农村承包经营户的法律地位，《农村土地承包法》第16条规定，农户为承包主体，农户内家庭成员依法平等享有承包土地的各项权益。在农村家庭关系中，家庭成员这种特殊的共同关系，类似于我国的合伙制度。

根据《户口登记条例》第5条的规定，同主管人共同居住一处的立为一户，以主管人为户主。《户口登记条例》规定的“主管人”对内、对外的管理行为与交易行为来自全体家庭成员的授权，而家庭成员也正是在这一基础上承认其为户主。就“户主”而言，虽然其身份地位并不来源于某一确定的约定协议，但通过其实际的影响力与社会风俗习惯足以固化其代表地位。在集体土地征收过程中，对于安置补偿是以户为单位进行的，这本身就显示出强大的户主代表性，或者说正是因为这种以户为单位划分的安置补偿权益，使得户主的代表权具有了公信力。此外，各地的户口登记办法也基本上规定了家庭的户主一般由户内常住人口中有合法稳定住所的所有人或者使用人担任，基于农村家庭户“一户一宅”的原则，农村家庭的户主和宅基地使用人往往是同一人。户主对外代表家庭，与合伙企业中的代表行为有着天然的相似性，被代表者具有法律拟制的集合性主体地位，在农村家庭这样的组织体中，户主是户的当然代表，其对外代表本户所作行为产生的法律后果应由户的全体成员承担。因此，在集体土地征收过程中，户主有权代表家庭对宅基地及地上的房屋进行处分，也应当认可户主具有代表其家庭接受行政机关履行保障义务的权利。

2. 非户主家庭成员签订安置补偿协议的效力

关于非户主家庭成员签订安置补偿协议的效力问题，难以从行政法律规范中找到直接依据，可以参照适用民事法律规范予以认定。根据《土地管理法》第62条的规定，农村村民一户只能拥有一处宅基地。宅基地使用权属于农村家庭户成员共同共有，家庭成员对宅基地使用权享有平等的权利、承担平等的义务，没有份额的划分。根据《民法典》第301条的规定，处分共有的不动产或者动产以及对共有的不动产或者动产作重大修缮的，应当经占份额三分之二以上的按份共有人或者全体共同共有人同意，但共有人之间另有约定的除外。非户主家庭成员是宅基地的共同使用权人，也是地上房屋的共同所有权人，但并没有像户主那样拥有基于习惯形成的天然代表家庭其他成员进行重大民事活动的地位，也不具有单独对家庭重大财产的处分权利，无权单独就宅基地及房屋补偿事项签订安置补偿协议。

非户主家庭成员在未取得其他成员同意的情况下签订安置补偿协议的性质属于无权处分还是无权代理，实践中存在不同的观点。有观点认为，无权代理和无权处分的根本区别在于行为人是以自己的名义还是以他人的名义对他人财产实施民事行为。非户主家庭成员大多数情况下都是以自己的名义而非其他家庭成员代理人的名义签订安置补偿协议的，故此种行为属于无权处分行为。也有观点认为，安置补偿协议中虽然没有载明代理内容，但协议签订时，双方均已知晓其他家庭成员的存在，事实上双方对“协议签订人代表其家庭共同意思”已经达成了一致。协议签订人在取得其他家庭成员同意的情况下签订安置补偿协议时，是以家庭成员代表或代理人的身份签订安置补偿协议的，可认定构成代理行为。因此，如果协议签订人并未取得其他家庭成员授权的，可认定为无权代理行为。我们认为，非户主家庭成员签订安置补偿协议的性质从不同角度可以进行不同的理解，与其对行为性质进行争辩，不如从更有利于解决纠纷的角度对安置补偿协议的性质及如何处理进行分析判断。

3. 房屋共有权人签订安置补偿协议的效力

被征收房屋所有权存在多人共有时，征收部门履行征收补偿职责，理应将所有共有权人确定为被征收人，与之签订补偿协议。然而房屋征收安置补偿行为与一般的民事行为不完全等同。在征收安置补偿过程中，既要考虑到所有被征收人的利益，同时也要考虑到相关的征收政策与房屋征收部门的实际工作情况。如果要求房屋征收部门在未与个别共有人达成一致的情况下就不得签订协议，不利于征收项目的整体推进，有损公共利益。因此，在房屋征收部门与被征收人签订补偿安置协议的过程中，共有人一方未签订协议，如果协议的内容没有损害该户的合法补偿利益，不宜对该协议效力作出无效评价。

涉征收补偿案件是行政诉讼领域的高发案件也是重难点案件。而对被拆房屋产权的确定是开展拆迁工作的首要环节也是难点所在。实践中因房屋产权纠纷而引发的确认拆迁协议无效的行政诉讼案件频发。在房屋有多个共有人且己方并未对房屋实际占有使用时，要定期查看房屋状态，关注房屋所在地是否发布拆迁公告等，如发现房屋存在被拆情况，及时向相关部门提出异议。如发现另一方共有人已与相关部门签订拆迁补偿协议，根据土地性质及签订协议等实际情况，如案涉房屋是否进行产权登记、签约人员有无权利代表该户、一方共有人是否实际占有使用房屋、拆迁部门对涉案房屋是否做好尽职调查等，选取合适的维权方式，以降低维权成本。拆迁部门在房屋确权阶段要注重对房屋产权的调查，明确该房屋的建设者及去世后的继承情况，同时做好对拆迁协议签约主体的审查工作，从源头减少此类案件的发生。

**【规范指引】**

《土地管理法》第62条;《行政诉讼法》第75条;《行政诉讼法适用解释》第99条。

# 第四章　涉征收行政强制纠纷

## 第一节　涉征收行政强制纠纷概述

实践中，对被征收人房屋的拆除主要有两种不同的方式：一是被征收人自愿拆除或者被征收人同意后由行政机关拆除；另一种是被征收人因故拒绝拆除而被强制拆除。前一种情况通常是在被征收人与行政机关双方达成协议的情况下进行的，所以实践中矛盾不突出。而后一种情况，由于被征收人与行政机关没有达成协议，需借助国家强制力进行，容易侵犯被征收人的合法权益。从现实情况看，行政机关违反法律法规，侵犯被征收人合法权益的现象时有发生。行政机关对被征收人房屋的强制拆除所引发的被征收人与行政机关之间的纠纷，不利于和谐社会的建设。概括而言，涉征收补偿行政强制中的违法情形，可分为以下两类：一是行政机关对不符合强制拆除的房屋实施强制行为；二是行政机关在实施强制拆除过程中不严格按照法定程序进行，造成被征收人财产损失。为此，有必要对涉征收补偿中的行政强制行为进行严密的法律控制，通过成熟和完善的程序规定，将失范的涉征收补偿行政强拆行为进行规范，一方面保障涉征收补偿行政强制行为的顺利进行，另一方面保障被征收人的合法权益。

### 一、涉征收行政强制案件特点分析

#### （一）案件类型多样化

拆违行为的阶段性特征导致各级法院受理的拆违案件中涉诉拆违行为类型多样。从涉诉拆违行为种类看，主要包括不服具体行政行为和不服行政事实行为两类。不服具体行政行为包括不服限拆决定、不服强拆决定、不服代为履行拆除违法建筑决定等；不服行政事实行为主要是指不服行政机关实施的强拆行为，其中又分为不服根据前置的限拆决定或强拆决定实施的强拆执行行为和不服未经任何法定程序直接实施的强拆行为两种情形。从诉讼请求类型看，主要包括起诉拆违行为的作为类拆违案件和要求行政机关履职的不作为类拆违案件两类。作为类拆违案件，主要针对行政机关作出的三个阶段拆违行为，起诉要求撤销或确认违法；不作为类拆违案件，主要是针对违法建筑，要求行政机关履行查处、拆除的法定职责。

### （二）同告同诉现象明显

涉征收地段违法建设的治理呈现集中查处、集中执法现象，同一区域内大量违法建筑在同一时间段内被拆除，由此引发特定征收地段内的当事人在同一时间段内以大致相同的诉讼请求和理由集中提起诉讼。从涉诉原告看，相当一批案件原告隶属同一街镇、涉案违法建筑位置相邻、强拆行为发生时间相近。从涉诉行政机关看，多集中在住建、城管、乡镇街道等拆违实施部门和作出强拆决定的县区级政府，同一行政机关同一时间段集中被诉现象突出，且被诉行政机关为乡镇街道比例畸高。此外，当事人起诉时以多个行政机关为共同被告的案件相对较多。上述情况多发生于多个行政机关事先联合发文就某一区域进行综合治理，要求限期搬迁、拆除等，而后直接实施强拆行为的案件中，由于实施主体不明确或拆违现场有多个行政机关参与，当事人往往把公告（通告）上所列所有的行政机关作为共同被告提起诉讼。

### （三）争议焦点相对集中

涉征收行政强制案件中，当事人对未取得建设工程规划许可证等相关证照进行建设的事实并无较大争议，争议多集中于执法程序及拆除违法建筑的合理性等问题上。在执法程序上，主要争议为行政机关未依法进行调查、未事先告知及听取当事人的陈述申辩、未履行合法送达等程序。在查处违法建筑的合理性问题上，部分案件中违法建筑的形成有其历史成因和政策因素，如有的案件中当事人系在得到当地有关部门及工作人员的准许或在先行改革试点过程中实施了搭建建筑物行为；有的案件中违法建筑物已存续很长时间，甚至在城乡规划法等颁布前建造完成，而行政机关在其建设时直至在长期的存续过程中一直未予管理，该违法建筑已成为居民日常的生活场所。

### （四）程序违法情形突出

涉征收行政强制案件的执法中，行政机关越权执法、调查取证不充分、程序意识不强、执法方式对行政相对人合法权益保护不够等问题频发，尤其是行政主体在执法过程中不能够准确把握拆除程序以及缺乏相应的司法实践指导等原因导致行政主体在行政强制拆除程序被诉案件中，屡屡被认定为拆除程序违法。且多数案件被诉行政机关均为乡镇街道，说明基层政府在查处及强制拆除违法建筑过程中没有处理好公正与效率的关系。另外，因赔偿责任的决定不仅是合法性审查的逻辑结果，而且是行政争议的最终法律解决，故起诉时涉案违法建筑已被拆除的，无论是强制拆除还是自行拆除，相对人大都会提起行政赔偿之诉。且赔偿请求名目繁多、数额较大，动辄百万元、千万元，大多数案件需要法院综合考量，根据案件具体情况对当事人的损失进行酌定赔偿。

## 二、涉征收行政强制案件审理原则

### （一）强制行为合法性的全面审查原则

法院审理行政案件，对行政行为是否合法进行审查，即从职权依据、执法程序、事实认定、法律适用等方面进行全面的合法性审查。涉征收补偿行政强制案件的司法审查，总体仍应遵循一般行政案件审理思路，但尤其要注意：一是坚持“法定职责必须为、法无授权不可为”的原则，依据法律、法规严格审查。行政机关推诿、不履行法定职责或越权违法、不当实施的拆违行为，均要承担相应的法律责任。此外，随着行政执法权下沉式改革不断推进，执法领域所涉法律法规不断变化，人民法院在审理此类案件时应当予以充分注意。二是强化程序合法性审查，兼顾公平与效率。对于相关法律法规有明确规定的程序性环节严格审查，既保障公民的知情权、参与权和抗辩权，也有利于行政执法的准确性和公正性。对于违法事实客观存在但执法程序明显缺失的案件，判决确认行为违法并对造成的损失给予合理赔偿，从而兼顾公平和效率。

### （二）合理性的适当审查原则

行政行为是否适当，体现了行政执法兼顾行政目标的实现和对行政相对人权益的保护。涉征收补偿行政强制案件的司法审查，法院要考量行政机关实施强制行为的适当性、是否违反比例原则，即一方面审查作出的强制行为与违法行为的事实、性质、情节及社会危害程度相适应，另一方面要审查是否将可能对行政相对人权益造成的损害尽可能地限制在最小的范围和限度之内。比如，行政机关应妥善拆违，注意拆除方式的适当性、合理性，采用对行政相对人权益损害最小的方式；在拆除过程中应当清点、妥善保管建筑内的财物并及时通知领取，避免造成重大损害。

（三）注重行政争议实质性化解原则

行政争议实质性化解对法院工作提出了新要求，人民法院在依法裁判的基础上，通过协调化解方式维护当事人的实质性诉求，尽最大可能化解矛盾，实现案结事了。涉征收补偿行政强制案件案情一般较为复杂，所涉利益较大，矛盾易激化，易引发关联诉讼，在审理该类案件中更应当树立实质性解决行政争议的工作理念，将争议实质性解决贯穿于诉讼全流程，立足协调化解与依法裁判有机结合，特别是对涉及违法建筑的进行仔细甄别、查明案件事实，并依托行政争议多元调处、司法行政联席互动、负责人出庭应诉等工作机制，融合各类资源，积极回应当事人的合理诉求，力促行政机关采取各种补救措施，为当事人解决实际困难和问题，妥善解决行政争议。

## 第二节 涉征收行政强制纠纷的起诉与受理

### 一、审查要素分析

人民法院对起诉条件的司法审查内容在国有土地上房屋征收与补偿纠纷部分已作分析，具体到涉征收行政强制纠纷的起诉与受理，主要包括以下方面的审查要素。

### （一）原告主体资格

原告必须是其合法权益受到行政行为影响的个人或组织，即原告需要证明其与被拆除的建筑或设施有直接的法律关系，如是被强拆建筑的所有权人或使用权人。

**【规范指引】**

《行政诉讼法》第 25 条、第 26 条。

### （二）被告主体资格

原则上，适格的被告应是作出行政行为的行政机关。负责并具体实施征收的市县级政府与房屋征收部门、作出违建认定与拆除决定的城管等执法部门、房屋征收属地管理的街道、乡镇等行政主体，根据自身的职能职责与工作分工，均可能实施或参与强拆。起诉时原告所列的被告可能是一个或多个，该被告可能适格也可能不适格。首先，可以有条件地以自认强拆主体为适格被告，综合考虑其房屋征收、违建认定拆除上的职责与任务等情况认定。其次，尊重相对人根据自身认知以及掌握的证据认定选择的强拆被告，结合强拆照片、调查结论、信访答复等材料，可以选择可能实施强拆的一个或多个主体为被告提起诉讼。最后，可以将负有房屋征收、违建认定拆除等直接职权的主体推定为强拆适格被告。

**【规范指引】**

《土地管理法》第 47 条；《行政诉讼法适用解释》第 20 条；《最高人民法院关于正确确定县级以上地方人民政府行政诉讼被告资格若干问题的规定》第 2 条、第 3 条。

### （三）起诉期限

相对人往往因收集不到充足的证据，难以认知或确信不了强拆行为的作出主体，可能没有及时迈出诉讼的门槛维权。实务上多发以知道或应当知道强拆行为的发生时间作为起诉期限计算始点，然后以起诉已经超过一年为由裁定驳回起诉的司法裁判。首先，起诉期限计算始点的不确定，应由强拆行为的行政机关采取告知等方式予以确定。其次，相对人知道或应当知道强拆行为的主体，如行政机关自认或通过调查结论、信访答复等形式获知强拆主体，若该主体未告知起诉期限，则应从知道强拆行为主体（内容）之日起计算起诉期限始点，最长不超过一年。最后，行政主体以书面形式或其他途径告知其作出强拆行为的内容并告知了起诉期限，可以从告知行为发生之日起计算6个月的起诉期限。

**【规范指引】**

《行政诉讼法》第46条、第48条。

## 二、争点整理与认定

### （一）受案范围的认定

### 争点1：违约型拆除纠纷不属于行政诉讼受案范围

**【案例】穆某诉河南省焦作市马村区人民政府房屋行政强制案**[①]

2017年1月18日，河南省焦作市马村区委办公室、马村区人民政府办公室下发关于《东海大道项目征迁工作方案》的通知，明确马村区东海大道项目征迁工作指挥部总体负责征迁安置工作，安阳城街道办事处为征迁责任主体单位。马村区安阳城乡义庄村村民穆某的宅基地及房屋位于东海大道征迁安置范围内。2017年5月15日，穆某与马村区安阳城街道办事处义庄村村民委员会、马村区安阳城街道办事处签订征迁安置协议，明确采取货币安置，补偿金额共计263 948.5元，穆某须在签订协议后7日内自行拆除房屋及其他地上附着物。协议签订后，穆某分两次收到上述补偿金额，但未在约定期限内自行拆除房屋，而是腾空房屋后自愿交由行政机关予以拆除。2018年11月16日，穆某原宅基地上的房屋被拆除。2019年1月16日，穆某向焦作市中级人民法院提起诉讼，请求确认拆除行为违法。一审法院认为，该案证据可以证明穆某签订协议及收到补偿款的事实，同时征迁安置协议也载明穆某须在签订协议后7日内自行拆除房屋。故穆某要求确认拆除行为违法缺乏事实根据，裁定驳回起诉。

穆某不服，向河南省高级人民法院提起上诉。二审法院认为，根据该案证据，可以认定权利人因履行协议而自愿交出房屋由政府拆除的事实，因而

---

① 最高人民法院（2020）最高法行申4731号行政裁定书。

不存在强制拆除房屋的行为，裁定驳回上诉，维持一审裁定。穆某不服，向最高人民法院申请再审。再审法院认为，穆某已签订征迁安置协议并领取补偿款，但未按照协议约定自行拆除房屋，应当视为放弃拆除，故本案不存在强制拆除房屋的行为，裁定驳回再审申请。

**【分析】**

涉征收行政强制领域的违约型拆除纠纷是指当事人已与行政机关签订协议，但未履约腾空交房后的拆除行为引发的纠纷。对于当事人已签订征迁安置协议并领取补偿款，但未按照协议约定自行拆除房屋及地上附着物，而是自愿腾空房屋交由行政机关组织拆除的，应当视为放弃自行拆除，同意由行政机关予以拆除，不存在强制拆除。当事人对此种拆除行为提起行政诉讼的，因为不存在行政机关的职权行为，更不存在强制拆除行为，不属于行政诉讼受案范围，应当裁定驳回起诉。

**【规范指引】**

《行政诉讼法》第 49 条第 3 项；《行政诉讼法适用解释》第 69 条第 1 款第 1 项。

## 争点 2：法院已裁定准予执行的强制行为纠纷不属于行政诉讼受案范围

**【案例】温某诉辽宁省凌源市人民政府强制拆除行为案**[①]

辽宁省人民政府于 2014 年 2 月 10 日作出辽政地（2014）373 号《辽宁省人民政府关于凌源市 2013 年度第 30 批次建设用地的批复》，同意将凌源市 6.7723 公顷农用地转为建设用地，同时征收城关街道凌河村水浇地 6.5924 公顷、农村道路 0.1799 公顷、水工建筑用地 0.0391 公顷，合计批准征收集体土地 6.8114 公顷，作为凌源市实施县级规划建设用地。温某的房屋、大棚及附属物在征收范围内。2014 年 5 月 6 日，凌源市政府作出《关于公布凌源市大河南鑫盛花园小区征收补偿实施方案的通告》，并予以公开发布。温某与凌源市房屋征收管理部门未达成征收补偿协议。2014 年 6 月 23 日，凌源市国土资源局作出凌国土资交字（2014）93 号《关于温某强限期交付土地的决定》，责

---

① 最高人民法院（2016）最高法行申 729 号行政裁定书。

令温某腾空并交付土地，逾期不履行将依法申请人民法院强制执行，并告知申请行政复议及提起行政诉讼的权利和期限。温某在法定期限内既没有申请行政复议或提起行政诉讼，也没有履行搬迁义务，凌源市国土资源局向凌源市人民法院申请强制执行。凌源市人民法院作出（2015）凌行审字第 29 号行政裁定，准予强制执行，由凌源市政府组织实施。2015 年 4 月 23 日，凌源市政府对温某的房屋、大棚及附属设施予以强制拆除。温某不服，向朝阳市中级人民法院提起诉讼，请求确认凌源市政府强制拆除行为违法。朝阳市中级人民法院（2015）朝行初字第 28 号行政裁定认为，温某的房屋、大棚及其附属物被强制拆除，是基于人民法院的司法行为，不是凌源市政府的强制拆除行为。因此，温某的诉讼不属于行政诉讼的受案范围。依照《行政诉讼法若干问题的解释》第 3 条第 1 款第 1 项、第 2 款的规定，裁定驳回温某的起诉。温某不服，提起上诉。辽宁省高级人民法院（2015）辽行终字第 270 号行政裁定认为，温某所诉的强制拆除行为，是凌源市政府依据凌源市人民法院行政裁定实施的行为，该行为受发生法律效力的行政裁定羁束。依照《行政诉讼法》第 89 条第 1 款第 1 项的规定，裁定驳回上诉，维持原裁定。温某不服，申请再审。最高人民法院认为，《行政诉讼法》第 2 条第 1 款规定，公民、法人或者其他组织认为行政机关和行政机关工作人员的行政行为侵犯其合法权益，有权依照本法向人民法院提起诉讼。也就是说，可以提起行政诉讼的行为应当是行政机关或行政机关的工作人员所作出的行政行为，司法行为不属于行政诉讼的受案范围。本案中，温某所诉的强制拆除行为，是凌源市政府按照凌源市人民法院的准予执行裁定实施的司法行为，并非行政行为，故不属于行政诉讼的受案范围。一、二审裁定驳回起诉，并无不当。温某申请再审的理由不能成立，裁定驳回温某的再审申请。

**【分析】**

根据法院协助执行通知书实施的强拆行为是否可诉问题，最高人民法院对某些强拆行为的可诉性作出明确解释及批复的，应当根据相关解释及批复的精神执行。如根据《最高人民法院关于行政机关根据法院的协助执行通知书实施的行政行为是否属于人民法院行政诉讼受案范围的批复》规定，行政机关根据人民法院的协助执行通知书实施的行为，是行政机关必须履行的法定协助义务，不属于人民法院行政诉讼受案范围。但当事人认为行政机关在协助执行时扩大了范围或违法采取措施造成其损害，所提起的行政诉讼人民法院应当受理。参照上述规定，行政机关申请人民法院强制执行，人民法院依法作出准予执行的裁定后，行政机关依据准予执行裁定实施的强制拆除行为，属于行政机关执行人民法院生效裁定的行为，不属于行政诉讼的受案范围。又如，根据《最高人民法院关于“裁执分离”后行政机关组织实施行为是否具有可诉性问题的批复》规定，对行政机关依据人民法院作出准予执行裁定而实施的强制执行行为起诉的，法院不予受理，但以违反法定程序、与裁定确定范围不符造成损失为由提起行政诉讼或行政赔偿诉讼的，法院应当受理。《最高人民法院关于认真贯彻执行〈关于办理申请人民法院强制执行国有土地上房屋征收补偿决定案件若干问题的规定〉的通知》中，关于“对被执行人及利害关系人认为强制执行过程中具体行政行为违法而提起的行政诉讼或者行政赔偿诉讼，应当依法受理”的司法政策意见，适用于组织实施强制拆除行为的人民政府未按照人民法院准予执行行政裁定的范围、措施等要求组织实施强制拆除行为。

**【规范指引】**

《行政诉讼法》第 2 条第 1 款。

## 争点 3：限期拆除通知的可诉性

**【案例】某泰公司诉天津市规划和自然资源局撤销通知案** [①]

2019 年 3 月 20 日，天津市规划和自然资源局直属单位中国海监天津市总队向某泰公司作出《责令限期拆除构筑物及附属设施的通知》（以下简称限期拆除通知），责令其 30 日内拆除所有构筑物及附属设施，恢复养殖池原貌。为此，某泰公司提起行政诉讼，主张限期拆除通知缺乏事实和法律依据，请求予以撤销。天津海事法院于 2019 年 5 月 27 日作出（2019）津 72 行初 4 号行政裁定，认为限期拆除通知是对涉嫌擅自占用海域施工行为作出的事先告知行为，目的是让某泰公司在相关行政机关启动正式拆除程序前自行纠正，对某泰公司的权利义务并不产生实际影响。某泰公司的起诉不属于人民法院行政诉讼的受案范围，裁定不予立案。某泰公司不服提起上诉后，天津市高级人民法院于 2019 年 9 月 16 日作出（2019）津行终 154 号行政裁定，认为限期拆除通知系通知某泰公司自行拆除所有构筑物及附属设施，属于行政机

① 最高人民法院（2020）最高法行再 248 号行政裁定书。

关为作出行政行为而实施的过程性行为，不对某泰公司的权利义务产生实际影响，故不属于人民法院行政诉讼的受案范围，遂裁定驳回上诉，维持原裁定。某泰公司仍不服，申请再审。最高人民法院认为，本案的争议焦点是限期拆除通知是否应当立案受理。《行政诉讼法》第 2 条第 1 款规定："公民、法人或者其他组织认为行政机关和行政机关工作人员的行政行为侵犯其合法权益，有权依照本法向人民法院提起诉讼。"限期拆除通知虽名为通知，其内容主要为责令某泰公司限期拆除所有构筑物及附属设施，恢复养殖池原貌，实际效果等同于行政机关作出的限期拆除的行政决定。限期拆除通知除了程序性告知外，还为某泰公司设置了积极的作为义务，且该义务具有被强制执行的可能性。限期拆除通知属于对相对人不利之处分，并直接发生法律效果，属于可诉的行政行为。该行政行为一经作出，其对某泰公司的不利影响已经产生，具有终局性的法律效果，故应当赋予某泰公司独立的诉权，以救济其可能受损的合法权益。一审、二审法院认为《限期拆除通知》不对某泰公司的权利义务产生实际影响，不属于人民法院行政诉讼的受案范围，系认定错误，本院予以纠正，裁定：一、撤销天津市高级人民法院（2019）津行终 154 号行政裁定以及天津海事法院（2019）津 72 行初 4 号行政裁定；二、本案由天津海事法院立案受理。

**【分析】**

可诉的行政行为必须是行政机关作出的发生法律效果的行为，即对公民、法人或者其他组织权利义务产生确定的、终局的实际影响的行为。当该行政行为赋予、增加、减少、消灭了行政相对人的某些权利和义务，或使行政相对人申请或请求不能实现或者只能部分实现时，应当赋予行政相对人提起行政诉讼、寻求法律救济的权利。行政机关向当事人作出的限期拆除通知行为是否可诉，根据《城乡规划法》第 64 条、第 65 条、第 66 条的相关规定，拆违实施部门以当事人具有相关法律规定的情形，违反《城乡规划法》等法律法规为由作出责令停止建设责令限期改正、责令限期拆除等书面行政决定，当事人不服的，有权向人民法院提起行政诉讼。决定书具体名称可能表述不一，但主要内容均为要求当事人在一定期限内停止违法建设、改正违法状态或拆除违法建筑。

**【规范指引】**

《城乡规划法》第 64 条、第 65 条、第 66 条；《行政诉讼法》第 2 条第 1 款。

### （二）原告主体资格的认定

## 争点 4：合法经营的承租人具有诉讼主体资格

**【案例】许某诉襄阳市襄城区人民政府行政强制拆除行为违法案**①

2002 年 3 月 2 日至 2009 年 5 月 6 日期间，襄阳市林氏养殖专业合作社（以下简称林氏合作社）先后多次与襄城区檀溪办事处营盘村村委会签订荒地承包和堰塘租赁合同及补充协议，用于水产养殖、果木种植、餐饮"农家乐"以及预制构件加工等多种经营。承包的土地依法取得了襄城区人民政府颁发的农村集体土地承包经营权证。2012 年 4 月 5 日，许某（乙方）与林氏合作社（甲方）签订租赁协议约定，林氏合作社将"桃花岛"部分经营场地和相关设施租赁给许某经营，期限为 8 年。该协议第 3 条第 4 项还约定，在租赁期内，若遇土地征占征用，补偿总款项中明确约定给予乙方在租赁期内投资形成动产的补偿款全部归乙方所有，乙方在租赁期内投资形成的不动产补偿款，低于甲乙双方共同签字确认价值的，由乙方自行承担，与甲方无关；超出甲乙双方共同签字确认价值的部分，由甲方所有；补偿总款项中没有明确约定给予乙方在租赁期内投资形成动产补偿的，所有补偿款归甲方所有；租赁"四至"范围内的生产经营补偿款，甲方得 60%，乙方得 40%。合同签订后，许某对"桃花岛"农家饭庄的部分房屋进行了装饰装修，并于 2012 年 12 月办理了桃花岛农家饭庄工商、税务登记和餐饮许可等相关经营手续。2012 年 7 月 17 日，湖北省国土资源厅经湖北省人民政府批准，向襄阳市人民政府发出鄂土资函（2012）2087 号《关于批准襄阳市 2011 年度中心城市第 39 批次农用地转用和土地征收实施方案的函》，同意征收营盘村相关土地。林氏合作社承包营盘村的土地在征收范围内。同年 7 月 20 日，襄阳市国土资源局襄城分局发布征地公告。评估过程中，评估人员对许某和林氏合作社位于征收土地范围内的附属物及相关经营设施的数量、成新和价款分别进行了评估登记和罗列，形成了清单，但无相关人员署名和签章。2015 年 2 月 12 日，林某与房屋征收部门签订城中村改造集体土地上房屋征收补偿安置协议后，出具承诺书并领取补偿预付款 200 万元整。2015 年 4 月 24 日，林某向征收工作人

① 最高人民法院（2018）最高法行再 150 号行政裁定书。

员移交了居住及办公用房钥匙。2015 年 4 月 30 日，襄城区人民政府组织相关部门和人员对林某移交的房屋和尚未移交的、由许某租用的“桃花岛农家饭庄”的房屋及其相关设施进行了拆除。2015 年 7 月 31 日，许某向该院提起行政诉讼。湖北省襄阳市中级人民法院一审认为：许某虽不是该案征地范围内集体经济组织的成员，但基于其签订房屋租赁合同后经营饭庄，其已成为位于土地征收范围内的合法经营者，与本案被诉拆除房屋行为存在法律上的利害关系，属于《农村集体土地若干问题规定》第 1 条规定的农村集体土地的权利人，对行政机关作出涉及其使用或实际使用的集体土地或附属物的行政行为不服的，可以以自己的名义申请行政复议或提起行政诉讼。征收农村集体土地时，涉及被征收土地上的房屋及其他不动产的，土地权利人可以请求给予补偿。林氏合作社虽然与土地征收实施部门签订了房屋征收补偿安置协议，并领取了安置补偿预付款，土地征收实施部门对许某与林氏合作社位于土地征收范围内的附属物分别进行了登记评估。在未与许某达成征收补偿协议，林氏合作社仅交出住宅和办公用房钥匙情况下，襄城区人民政府对许某经营的相关设施强行予以拆除的行为，既没有合同法上的根据，也不符合行政强制法规定的行政强制条件和程序。襄城区人民政府作出的拆除许某经营的相关设施的行政强制行为，因不具有可撤销内容，故应依法确认其违法。襄城区人民政府不服，提起上诉。湖北省高级人民法院二审认为，《行政诉讼法若干问题的解释》第 12 条规定，与具体行政行为有法律上利害关系的公民、法人或者其他组织对该行为不服的，可以依法提起行政诉讼。《土地管理法》（2004 年修正）第 46 条规定，国家征收土地的，依照法定程序批准后，由县级以上地方人民政府予以公告并组织实施。被征收土地的所有权人、使用权人应当在公告规定期限内，持土地权属证书到当地人民政府土地行政主管部门办理征地补偿登记。《农村集体土地若干问题规定》第 12 条规定，征收农村集体土地时涉及被征收土地上的房屋及其他不动产，土地权利人可以请求依照物权法第 42 条第 2 款的规定给予补偿。上述条款规定的被征收土地的所有权人、使用权人及土地权利人是指被征收不动产物权的权利人。该案中，营盘村村委会是土地所有权人，林氏合作社是土地的承包经营权人。许某承租林氏合作社“桃花岛”部分经营场地和相关设施，所具有的基于租赁协议而产生的经营权和收益权，属于债权性质，并不是被征收不动产物权的权利人，不属于集体土地征收法律关系中的被征收人，其作为承租人与集体土地征收的行政行为不具有法律上的利害关系，故不是本案适格原告。且在租赁协议中，许某和林氏合作社已经就征收拆迁时的补偿分配作出了约定，许某可以依据协议的内容，向林氏合作社主张权利。原审判决认为许某具有原告诉讼主体资格，适用法律错误。襄城区政府的上诉理由成立，予以支持。二审法院裁定撤销一审行政判决，驳回许某的起诉。许某申请再审，最高人民法院经审查认为，再审申请人与被诉拆除房屋行为之间具有法律上的利害关系，具备本案诉讼的原告主体资格。依照《行政诉讼法适用解释》第122条之规定，裁定如下：一、撤销湖北省高级人民法院（2017）鄂行终951号行政裁定；二、本案发回湖北省高级人民法院重审。

【分析】

根据《行政诉讼法》第25条第1款规定，行政行为的相对人以及其他与行政行为具有利害关系的公民、法人或者其他组织，有权提起诉讼。针对集体土地及其上房屋的征收行为是国家将集体土地由农民集体所有转为国家所有，以及将农民所有的房屋转为国家所有的过程，引起的是土地所有权和房屋所有权的转移，一般而言仅对土地所有权人、使用权人和房屋的所有权人等物权人的权益产生影响，普通承租人与征收行为之间不具有利害关系，不能针对征收行为提起行政诉讼。拆除房屋行为是征收过程中将房屋归于消灭的行为，具有独立存在的价值，其影响的范围不仅及于房屋本身，还及于房屋消灭时波及范围中的权益。毕竟，用于经营的房屋被拆除，承租人的经营设施、经营利益等存在遭受强拆行为损害的可能。故，拆除房屋行为不仅会对房屋所有权人的权利造成损害，也有可能对合法经营的承租人权益造成损害，政府在实施拆除房屋行为时，对房屋实际承租人可能存在的权益予以考虑并采取必要措施避免损失发生是其应尽的义务。

一般而言，承租人与征收决定、补偿决定、补偿协议、强制拆除房屋行为没有利害关系，但是承租人在被征收房屋上有不可分割的重大添附，或依法独立在承租房屋开展经营活动或者可以证明强制拆除房屋造成其物品损失的，应认为承租人与该强制拆除房屋行为有利害关系，符合其他法定起诉条件的，具有原告资格。是否具有利害关系是原告资格的重要构成要件。而所谓“有利害关系”，指的是被诉行政行为有可能对起诉人的权利义务造成区别于其他人的特别损害或者不利影响。司法实践中，人民法院在受理案件时要确定起诉人是否与被诉行为具有利害关系时，应当进行充分的考虑，界定利害关系的目的，就在于给权利受到侵害的行政相对人或其他受到特别损害或不利影响的人，提供法定的救济途径。

【规范指引】

《行政诉讼法》第 25 条第 1 款。

## 争点 5：房屋承租人不因房屋所有权人已就强制拆除房屋行为提起诉讼而构成重复起诉

**【案例】某公司诉兰州新区管理委员会房屋行政强制案**[①]

2016 年 2 月 21 日，某公司的法定代表人沙某与案涉房屋所有权人马某签订协议，承租马某等人位于兰州新区中川镇商贸一条街的案涉房屋作为宾馆的经营场所。2018 年 3 月 4 日，兰州新区国土资源局、管理委员会、中川镇人民政府等发布征收通告，某公司租赁房屋在此次征收范围内。2018 年 5 月 29 日，某公司经营场所被强制拆除。房屋所有权人马某对强拆行为不服，向甘肃省武威市中级人民法院提起诉讼，该院以（2018）甘 06 行初 269 号行政裁定驳回起诉，马某不服提起上诉后，二审法院以（2019）甘行终 398 号行政裁定驳回上诉，维持原裁定。同日，某公司以被拆除房屋承租人身份又就该拆除房屋行为，以新区管理委员会为被告提起诉讼，请求确认新区管理委员会的强拆行为违法。一审法院裁定驳回起诉，某公司不服提起上诉，甘肃省高级人民法院作出（2019）甘行终 173 号行政裁定，驳回上诉，维持原裁定。某公司不服，申请再审。最高人民法院经审查认为，根据二审裁定所载再审申请人对其提起本案诉讼原因的说明，再审申请人提起本案诉讼系认为强制拆除案涉房屋行为造成其宾馆内所有物品毁损灭失，其作为宾馆内装修及宾馆内设备设施所有人，有权请求确认该强制拆除行为违法并得到赔偿。但鉴于一、二审法院在另案中已认定中川镇政府为强制拆除案涉房屋行为的实施主体及马某对再审被申请人提起诉讼缺乏事实根据，故从现有证据材料看，难以推翻二审法院关于再审申请人对再审被申请人提起本案诉讼不具有事实根据的认定。再审申请人所提再审理由不能成立，不予支持。

**【分析】**

通常而言，强制拆除房屋势必涉及对房屋装修及房屋内相关物品的处置。由于强制拆除行为侵犯的客体不同，故承租人作为不同的权利主体，并不能

---

① 最高人民法院（2019）最高法行申 10974 号行政裁定书。

因所有权人已就强制拆除房屋行为提起另案诉讼而受到遮蔽，其提起本案诉讼不构成重复起诉。但需注意的是，再审申请人在本案中提出的诉讼主张、提交的证据材料及一、二审法院的相关认定并未显示强制拆除案涉房屋的行为与处置案涉房屋装修及房屋内相关物品的行为可以明确切割或系不同行为主体所实施。

《征补条例》第2条规定，为了公共利益的需要，征收国有土地上单位、个人的房屋应当对被征收人给予公平补偿。虽然该条中，仅将所有权人表述为被征收人，但是结合《征补条例》第17条的规定，应给予被征收人的补偿包括被征收房屋价值的补偿、搬迁及临时安置的补偿、停产停业损失补偿等。也就是说，征收活动影响的相对人，不仅仅是被征收人，如果被征收的房屋上，存在有重大添附或正在进行经营管理的承租人，征收决定、补偿决定或协议中涉及装修价值、搬迁安置费用及停产停业损失的确认及支付等具体事宜就同样将影响承租人的正当权利。若承租人在被征收的房屋上有不可分割的添附或依法独立在其承租房屋开展经营活动，强制拆除房屋行为可能对承租人在房屋上的添附、承租人屋内物品或其正当行使的经营权造成不同于其他人的特别损害或不利影响，应当认为该承租人与这一行政行为是具有利害关系的。比如，当事人提供对承租房屋进行装修、用于经营活动的初步证据材料，证明行政机关实施的强制拆除租用房屋行为，可能侵犯其合法财产权益，则与被诉的拆除行为具有利害关系。

**【规范指引】**

《行政诉讼法》第25条第1款、第49条;《征补条例》第2条、第17条。

## 争点6：未经登记的房屋权利人具有原告主体资格

**【案例】唐某诉陕西省汉中市人民政府、陕西省汉中市汉台区北关街道办事处武家沟社区居民委员会确认强制拆除行为违法案**[①]

2009年唐某与原武家沟村委会签订租赁合同，租赁村委会房屋及场地用于生产蛋糕等食品，企业经营者为其女儿杜某，该租赁合同约定2017年6月

---

① 最高人民法院（2018）最高法行再60号行政裁定书。

1日期满。2016年7月2日，原武家沟村委会通知唐某租赁合同按照约定自行终止。2016年7月4日，涉案房屋被强制拆除，案涉房屋包括其租赁原武家沟村委会的房屋和自建房屋，该自建房屋未办理准建手续。唐某诉至法院要求确认强拆行为违法，一审法院陕西省汉中市中级人民法院以被告的身份不适格为由裁定驳回起诉。唐某不服，提起上诉。二审法院认为，唐某要求确认强拆行为违法所涉及的房屋，其在二审中陈述包括其租赁的原武家沟村委会的房屋以及其未取得合法准建手续的自建房屋，按照行政法律规定，其对上述房屋均无权主张权利，即其所述的房屋被拆除与其无行政法律上的利害关系，一审法院裁定驳回起诉并无不当。二审法院裁定驳回上诉，维持原裁定。唐某不服，向最高人民法院申请再审。再审中唐某主张汉中市人民政府强制拆除其合法承租的房屋、自建房屋，并对屋内的机器物品造成严重损毁的行为违法。虽然唐某对租赁的原武家沟村委会房屋不能主张房屋权利，但对屋内物品享有合法权益，凭此即可对涉案强制拆除行为提起行政诉讼，至于其对主张的自建房屋是否享有合法权益，不影响其针对强制拆除行为提起行政诉讼的原告资格。因此，二审法院认为唐某与强制拆除房屋行为不存在利害关系，不具有本案原告主体资格的理由不能成立。关于被告主体资格的问题，兴汉新区管委会不是法律、法规和规章授权的行政主体，其职责任务均受汉中市人民政府委托，故涉案行为的法律后果应由汉中市人民政府承担，唐某以汉中市人民政府为被告提起诉讼并无不当。故裁定撤销陕西省高级人民法院（2017）陕行终73号行政裁定和陕西省汉中市中级人民法院（2016）陕07行初26号之二行政裁定，并指令陕西省汉中市中级人民法院继续审理。

**【分析】**

未经登记的房屋即通说的“自建房”，不足以否定诉讼主体资格，即一般而言，承租人与征收决定不能以系“自建房”为由否定其对强拆行为提起行政诉讼的原告资格。当事人主张行政机关强制拆除其合法承租的房屋、自建房屋，并对屋内的机器物品造成严重损毁的行为违法。虽然当事人对租赁的房屋不能主张房屋权利，但对屋内物品享有合法权益，凭此即可对涉案强制拆除行为提起行政诉讼，至于其对主张的自建房屋是否享有合法权益，不影响其针对强制拆除行为提起行政诉讼的原告资格。

**【规范指引】**

《行政诉讼法》第25条第1款、第49条。

## 争点 7：房屋拆除后签订协议的当事人仍具有原告主体资格

**【案例】来某诉鹤岗市工农区人民政府拆除房屋违法案**[①]

来某在蔬乡裕民村拥有有照平房两户，面积分别为 30 平方米和 42 平方米，无照房屋面积分别为 204.53 平方米、27.29 平方米、198.4 平方米、20.40 平方米、20.74 平方米。2016 年 6 月 1 日，工农区人民政府（以下简称工农区政府）制定房屋征收决定公告，对工农区 45 委、46 委、47 委（含来某房屋）城市棚户区居民房屋进行征收改造。2017 年 7 月 9 日，来某与工农区政府签订棚户区改造房屋验收单两份。2017 年 7 月 19 日，涉案房屋被拆除。2017 年 7 月 28 日，来某与工农区政府签订了五份棚户区改造产权调换协议书和五份棚户区改造房源确认单，上述产权调换协议书和确认单标注来某在北国四期选房源四户、在夕阳家园选房屋一户。2018 年 4 月 16 日来某向鹤岗市中级人民法院提出诉讼，要求确认工农区政府采取威胁等强拆行为违法。一审法院认为来某的诉讼请求缺少法律依据且超过了法律规定的起诉期限，裁定驳回其起诉。来某不服，向黑龙江省高级人民法院提出上诉。二审法院认为其与涉案房屋的拆除行为不再具有利害关系，原审裁定驳回其起诉并无不当，遂驳回上诉，维持原裁定。来某不服，向最高人民法院申请再审。再审法院认为工农区政府系于 2017 年 7 月 19 日拆除来某的涉案房屋，后虽与来某签订了产权调换协议书，但来某作为被拆除房屋的所有权人，其与确认签订产权调换协议书之前强制拆除行为违法性之间仍具有正当的利益关系，因此其与被诉强制拆除行为有利害关系，具有提起诉讼的原告主体资格。一、二审法院以来某已经丧失对涉案房屋的权益为由，认定其与被诉强制拆除行为不具有利害关系存在错误，应予纠正。故作出裁定如下：一、撤销黑龙江省高级人民法院（2019）黑行终 43 号行政裁定及黑龙江省鹤岗市中级人民法院（2018）黑 04 行初 47 号行政裁定；二、本案指令黑龙江省鹤岗市中级人民法院审理。

**【分析】**

行政强制拆除案件确认诉讼的原告主体资格不同于有关征收案件中的原告主体资格，在征收案件中，被征收人在达成征收补偿协议或者征收补偿决定作出后，超过法定起诉期限未起诉，或者起诉后人民法院生效判决驳回原告诉讼

---

① 最高人民法院（2020）最高法行再 308 号行政裁定书。

请求的，被征收人对行政机关就征收后收归国家的土地予以出让、给他人颁发国有土地使用证等行为提起行政诉讼的，因其已经获得安置补偿，与涉案土地不具有利害关系，不具有原告主体资格。而在行政强制拆除案件确认诉讼中，即便实施征收的行政机关在强制拆除行为实施后与被征收人签订了征收补偿协议或者作出征收补偿决定，被征收人在确认诉讼中仍与强制拆除行为有利害关系。被征收人请求确认行政机关实施的强制拆除行为违法的，人民法院应予受理。

**【规范指引】**

《行政诉讼法》第 25 条第 1 款；《行政诉讼法适用解释》第 12 条第 6 项。

### （三）被告主体资格的认定

## 争点 8：强拆行为的适格被告应为作出强制拆除行为的行政机关

**【案例】苏某与济南市人民政府、济南市历城区人民政府、济南市历城区人民政府王舍人街道办事处房屋行政强制案**[①]

苏某系济南市历城区王舍人庄镇西沙河二村村民。2014 年，济南市人民政府（以下简称济南市政府）拟对济南市历城区西沙河二村土地进行征收，后发布《关于西沙河二村拟征收土地补偿安置方案》，对拟征收的济南市历城区西沙河二村土地的补偿标准、村民安置等事项作出方案安排，后案涉地块被征收并交付。2016 年 7 月 20 日、2016 年 7 月 30 日，苏某所在村委会分两次收到相关征地拆迁补偿费用。2016 年 8 月 30 日苏某涉案房屋被拆除。苏某不服上述拆除行为，提起行政诉讼，要求确认济南市政府、历城区人民政府（以下简称历城区政府）、王舍人街道办事处（以下简称王舍人街道办）强拆违法。一审法院认为苏某所涉房屋系由王舍人街道办组织实施强制拆除，故判决确认王舍人街道办将苏某房屋强制拆除的行为违法；驳回苏某对济南市政府、历城区政府的诉讼请求。苏某不服，提起上诉。二审驳回上诉，维持原判决。苏某不服向最高人民法院申请再审。再审法院认为本案的争议问题系济南市政府和历城区政府对苏某的房屋是否实施了强制拆除行为。本案中，苏某在其再审申请书中称，“涉案区域征收行为的统筹领导组织主体是济南市

---

① 最高人民法院（2019）最高法行申 279 号行政裁定书。

政府，具体工作的指挥组织主体是历城区政府，具体工作的实施主体是王舍人街道办”，根据“谁行为，谁被告”的原则，原审法院结合王舍人派出所民警曾到达西沙河二村拆迁现场处警的事实及王舍人街道办工程建设指挥部发布的《关于济青高铁、石济客专沙二村征地拆迁通知》等证据，认定苏某的涉案房屋系由王舍人街道办组织实施强制拆除，进而以王舍人街道办未经法定程序，组织实施对苏某的涉案房屋的拆除行为，违反了土地管理法的有关规定为由，确认王舍人街道办拆除苏某的涉案房屋违法，并无不当。而再审申请人诉称济南市政府及历城区政府具体实施了对其房屋强制拆除的违法行为，因其未能提供证据证明，难以成立。

【分析】

强制拆除行为根据“谁行为，谁被告”的原则确定适格被告，即具体强制行为的实施机关为被告，不能以一级政府或责令部门为被告。在下级行政机关及部门实施了强制拆除行为，并无证据证明上级行政机关具体实施或委托实施了强制拆除行为，强制拆除责任主体明确的情况下，当事人以上级行政机关为被告提起确认违法之诉，缺乏事实根据。除非强制拆除行为的实施主体无法确定或者非行政主体实施了强制拆除行为，此时可以综合在案证据和多种因素推定强制拆除行为的适格被告。

【规范指引】

《行政诉讼法》第26条第1款。

## 争点9：适格被告的认定应当依据权力来源

**【人民法院案例库案例】严某存诉福建省漳州市龙文区人民政府房屋行政强制执行案**①

**基本案情**

法院经审理查明：2012年5月3日，严某存户的房屋被原步文镇人民政府强制拆除。2016年，原步文镇人民政府经批准撤销，并在原行政区域设立漳州市龙文区人民政府步文街道办事处。严某存以龙文区人民政府为被告提起行政诉讼，请求确认龙文区人民政府于2012年5月3日强制拆除严某

① 入库编号2023-12-3-003-001。

存户房屋的行为违法。福建省泉州市中级人民法院于2017年5月3日作出（2016）闽05行初118号行政裁定，驳回严某存的起诉。一审宣判后，严某存不服提起上诉。福建省高级人民法院于2017年12月22日作出（2017）闽行终435号行政裁定，驳回上诉，维持一审裁定。二审宣判后，严某存向最高人民法院申请再审。最高人民法院于2018年6月28日作出（2018）最高法行申3299号行政裁定，驳回再审申请人严某存的再审申请。

**裁判理由**

法院生效裁判认为：由于行政权行使过程的多样性以及行政组织系统内部关系的复杂性，准确理解行政主体、行政机关以及行政机关与其内设机构、派出机构、职能部门的关系，并依法确定行政诉讼的被告必须严格依照法律规定，并辅之以作出行政行为时的名义。确定行政案件的适格被告，既要根据作出行政行为时的名义和身份，也要依据其权力的来源，并结合所依据的实体法律规范，综合判定。本案中，严某存诉请确认龙文街道办事处强制拆除行为违法。当事人双方对涉案房屋系被原步文镇政府于2012年5月3日强制拆除以及原步文镇政府于2016年经批准撤销，并在原行政区域设立步文街道办事处的事实无异议。分歧仅在于谁是最终的责任主体并以此确定适格被告。具体而言：

《行政诉讼法》第26条第6款规定，行政机关被撤销或者职权变更的，继续行使其职权的行政机关是被告。由于原步文镇政府已经被撤销，其相应的职权已由步文街道办事处承继，故对原步文镇政府实施强制拆除行为所产生的法律责任，不应再由原步文镇政府承担，且步文街道办事处作为龙文区政府的派出机关可以以自己名义独立作出行政行为并承担责任。《地方各级人民代表大会和地方各级人民政府组织法》规定，省、自治区的人民政府在必要的时候，经国务院批准，可以设立若干派出机关。县、自治县的人民政府在必要的时候，经省、自治区、直辖市的人民政府批准，可以设立若干区公所，作为它的派出机关。市辖区、不设区的市的人民政府，经上一级人民政府批准，可以设立若干街道办事处，作为它的派出机关。因此，否定街道办事处的被告主体资格，而主张一律以设立的人民政府为被告的观点，不符合上述规定精神，也导致《行政诉讼法》第26条第1款的规范目的落空，同时也违反《行政诉讼法适用解释》第20条第1款之规定。严某存在一审法院释明变更被告后，拒绝变更，仍坚持以人民政府为被告，无法律依据。

**裁判要旨**

确定行政案件的适格被告，既要根据作出行政行为时的名义和身份，也要依据其权力的来源，并结合所依据的实体法律规范，综合判定。街道办事处以自己的名义作出行政行为的，应当以街道办事处为被告提起行政诉讼，起诉人否定街道办事处的被告主体资格，而主张以设立的人民政府为被告的，人民法院依法不予支持。

**关联索引**

《行政诉讼法》第 26 条第 1 款、第 6 款

《行政诉讼法适用解释》第 20 条

一审：福建省泉州市中级人民法院（2016）闽 05 行初 118 号行政裁定（2017 年 5 月 3 日）

二审：福建省高级人民法院（2017）闽行终 435 号行政裁定（2017 年 12 月 22 日）

再审：最高人民法院（2018）最高法行申 3299 号行政裁定（2018 年 6 月 28 日）

### （四）起诉期限的认定

## 争点 10：信访不阻碍起诉期限的计算

**【案例】马某 1 诉黑龙江省八面通林业局拆迁行政强制案**[①]

马某 1 之女马某 2 于 2013 年 4 月 22 日到拆迁办签订了《房屋拆迁协议》，于 2013 年 5 月 24 日到拆迁办接收了《八面通林业局局址棚户区改造区域房屋拆迁补偿认定书》，当天从八面通林业局财务科领取了拆迁补偿款 294 300 元。马某 1 认可马某 2 的代理行为。案涉房屋于 2013 年 9 月拆除。马某 1 于 2018 年 7 月 9 日向法院提起行政诉讼，要求判决八面通林业局按每平方米 1760 元对其案涉房屋予以补偿。马某 1 辩称其多年通过上访主张权利，起诉未超法定期限。最高人民法院认为，信访是公民以一定的形式向各级国家机关反映情况，提出建议、意见或者公民表达其自身诉求的一项制度。

① 最高人民法院（2019）最高法行申 14184 号行政裁定书。

但该反映诉求的途径并非法定救济途径，公民提起行政诉讼时关于起诉期限的限制不因信访而中断或者延长，信访不是耽误起诉期限的正当理由。

**【分析】**

信访是公民以一定的形式向各级国家机关反映情况，提出建议、意见或者公民表达其自身诉求的一项制度。但该反映诉求的途径并非法定救济途径，公民提起行政诉讼时关于起诉期限的限制不因信访而中断或者延长，信访不是耽误起诉期限的正当理由。行政诉讼的起诉期限指法律规定的当事人不服某项行政行为时向法院请求司法救济的时间限制，性质上属于程序法上的法定期间，不能中断或者中止，特殊情况下可申请延长或者将被耽误的时间不计算在起诉期限内。

**【规范指引】**

《行政诉讼法》第 48 条。

## 争点 11：知晓行政行为之日的认定

**【案例】某公司与兰州市城市管理综合行政执法局高新技术产业开发区分局行政强制执行案**[①]

某公司系兰州市雁滩乡雁乐居花园 × 座第 3、4 幢别墅的所有权人，但是未在房屋登记机构进行所有权登记或相应的转移登记。2012 年 6 月 15 日，兰州市城市管理综合行政执法局高新技术产业开发区分局（以下简称兰州市城管局开发区分局）在未经某公司同意和依法告知某公司的情况下，将某公司上述两栋别墅拆除。某公司诉至兰州铁路运输中级法院，请求依法确认拆除行为违法。一审法院判决确认被告兰州市城管局开发区分局拆除案涉房屋的行政强制执行行为违法。兰州市城管局开发区分局不服，上诉至甘肃省高级人民法院。二审法院判决驳回上诉，维持原判。兰州市城管局开发区分局不服，向最高人民法院申请再审，认为某公司起诉已超过法定期限。某公司称于 2015 年 12 月 10 日发现雁乐居花园 × 座 3、4 幢建筑物灭失，与其于 2017 年 6 月才知晓上述建筑物是由申请人拆除这一事实之间相差近两年，显然不符合常理。再审法院认为本案起诉期限应当从某公司知道或者应当知道

---

① 最高人民法院（2019）最高法行申 2092 号行政裁定书。

案涉强制拆除行为的内容之日起计算。一般来说，强制拆除行为的内容，应该包括房屋被拆除的事实和实施拆除行为的主体，如果仅是知道房屋被拆除的事实，缺乏明确的行为主体，无法提起诉讼。由于在案涉房屋被强制拆除之前，某公司没有收到兰州市城管局开发区分局的任何告知，强制拆除时某公司人员也不在现场，某公司主张其不知道案涉房屋为谁所拆，直到2017年6月从其他案件的判决书中才确切知道案涉房屋系被兰州市城管局开发区分局强制拆除，是合乎情理的。本案从2017年6月起算，某公司没有超过起诉期限。兰州市城管局开发区分局认为某公司起诉超过法定期限，应提供相应证据，但兰州市城管局开发区分局及原审第三人均未能提供相应证据予以证明，应承担举证不能的后果。最终裁定驳回兰州市城管局开发区分局的再审申请。

**【分析】**

行政机关作出限拆决定、强拆决定等书面决定，告知起诉期限的，当事人应当从收到书面决定之日起6个月内提起诉讼；未告知起诉期限的，行为人从知道或者应当知道起诉期限之日起计算，但从知道或应当知道行政行为内容之日起最长不得超过1年。对于直接实施强拆行为的，属于未告知起诉期限的情形，起诉期限为自知道或者应当知道强拆行为内容之日起计算最长不得超过1年。对于超过上述法定期限起诉的，应当审查起诉人是否具备正当理由。一般来说，强制拆除行为的内容，应该包括房屋被拆除的事实和实施拆除行为的主体，如果仅是知道房屋被拆除的事实，缺乏明确的行为主体，无法提起诉讼。因此，对于强拆行为的起诉期限，应当从当事人知道或者应当知道房屋被拆除的事实和实施拆除行为的主体时开始计算。适用最长不得超过2年起诉期限规定的前提是，公民、法人或者其他组织知道或者应当知道行政机关实施了相关行政行为，相关行政机关也认可被诉行为系行政行为。

**【规范指引】**

《行政诉讼法》第46条、第64条。

## 三、法律适用中的疑难问题

### 问题 1：共同被告中级别管辖的确定

**【案例 1】张某诉安徽省太和县人民政府、太和县城关镇人民政府、太和县公安局、太和县城乡管理行政执法局房屋行政强制拆除案** ①

张某向安徽省阜阳市中级人民法院起诉称：2016 年元旦前后，被告在未履行任何法定程序的情况下，将其位于太和县城关镇贾小村委会侯庄自然村的房屋强拆。太和县公安局对其他被告在强拆现场故意毁损公民个人财产的违法行为，不仅不予制止，反而通过限制其人身自由的方式协助强拆其房屋。被告的行为侵犯了其合法权益，请求依法确认被告强拆其房屋的行为违法；判令恢复其房屋原状。安徽省阜阳市中级人民法院一审认为，太和县人民政府（以下简称太和县政府）、太和县公安局及太和县城乡管理行政执法局（以下简称太和县城管局）均否认参与拆除张某的房屋，而张某提供的证据仅能证明其在征收范围内有房屋存在，不能证明上述三被告参与拆除其房屋。本案中，太和县城关镇人民政府（以下简称城关镇政府）在答辩及庭审中均自认拆除了张某的涉案房屋，且张某对此并无异议。因此，城关镇政府为本案适格的被告。据此，本案应当由基层法院管辖。故裁定驳回张某的起诉。二审法院裁定驳回上诉，维持原裁定。张某不服，申请再审。再审法院认为被告行政机关的层级是确定行政诉讼级别管辖的一个重要因素。根据《行政诉讼法》第 15 条第 1 项的规定，“对国务院部门或者县级以上地方人民政府所作的行政行为提起诉讼的案件”，属于中级人民法院管辖的第一审行政案件。有的时候，会发生两个以上行政机关作出同一行政行为，因而作为共同被告一同被诉的情形。如果作为共同被告的行政机关层级不同，则采取“就高不就低”的原则确定管辖法院，也就是以共同被告中级别最高的行政机关确定级别管辖。本案就是如此。再审申请人以太和县政府、城关镇政府、太和县公安局、太和县城管局为共同被告向安徽省阜阳市中级人民法院提起诉讼，该院予以立案，符合前述“就高不就低”原则。

但是，立案只是产生了诉讼系属，在立案之后，对于是否符合法定起诉

---

① 最高人民法院（2018）最高法行申 1133 号行政裁定书。

条件，人民法院应当作出进一步审查。本案中，一审法院在立案之后经审查认为，“太和县政府、太和县公安局及太和县城管局均否认参与拆除张某的房屋，而张某提供的证据仅能证明其在征收范围内有房屋存在，不能证明上述三被告参与拆除其房屋，张某针对太和县政府、太和县公安局、太和县城管局的起诉没有事实根据”。再审申请人在再审申请中虽然坚持认为，“城关镇政府实施拆迁，是受太和县政府的委托，太和县政府应对城关镇政府的征地拆迁行为负责，属于适格被告”，但其并不能提供相应的事实依据。一审和二审法院认为，“城关镇政府自认其拆除了张某的房屋，且其具有独立承担法律责任的能力，故城关镇政府系本案适格被告”，并无不当。在针对太和县政府的起诉不成立的情况下，一审和二审法院认定“张某就涉案强拆行为向中级人民法院提起行政诉讼，不符合级别管辖的规定”，亦无不妥。如果受案法院认为存在借机抬高级别管辖的嫌疑或者有正当理由认为自己不宜对案件继续审理，也可以不由自己审理，但正确的做法不应当是全案驳回起诉，而应在裁定驳回针对较高层级的行政机关的起诉之后，将案件移送有管辖权的基层人民法院。移送管辖是法院错误受理案件之后采取的一种补救措施，目的不仅在于纠正法院的管辖错误，也旨在谋求对于原告的便利。如果人民法院像对待不具备起诉条件的其他情形一样裁定驳回起诉，那么原告不仅需要花费再诉的时间和费用，还有可能导致起诉期限的耽误。移送管辖主要包括发生在同级法院之间的地域管辖错误，有时也包括发生在上下级法院之间的级别管辖错误。本案不予适用移送管辖的规定，依法应予纠正。但经本院了解，再审申请人已针对城关镇政府另行提起诉讼，因此决定不对本案提起再审，再审申请人可以以本案生效裁判和本裁定为据，在另行起诉中主张相应的权利。故裁定驳回再审申请。

**【案例 2】代某诉湖北省荆门市东宝区人民政府、荆门市东宝区住房和城乡建设局行政强制案**[①]

2017 年 5 月 27 日，东宝区人民政府（以下简称东宝区政府）作出《文化宫片区改造项目房屋征收决定公告》，决定对文化宫片区改造项目范围内的房屋实施征收，代某房屋位于征收范围内。就房屋征收补偿事宜，代某一直未与征收方达成一致意见。2018 年 5 月 24 日，案涉房屋被违法强制拆除。代某诉至法院，请求确认东宝区政府和东宝区住房和城乡建设局（以下简称东

① 最高人民法院（2019）最高法行申 4535 号行政裁定书。

宝区住建局）强制拆除房屋违法。湖北省荆门市中级人民法院经审理认为，应以房屋征收部门东宝区住建局为被告，本案应由荆门市东宝区人民法院管辖，遂裁定不予立案。代某不服，向湖北省高级人民法院提起上诉。该院经审查驳回上诉，维持原裁定。代某不服湖北省高级人民法院（2018）鄂行终729号行政裁定，向最高人民法院申请再审。最高人民法院经审查认为，房屋征收补偿是由多阶段、多主体、多个行政行为前后延续交织的复合过程，不同阶段行政行为的责任主体有所区分。《征补条例》第4条规定，市、县级人民政府负责本行政区域的房屋征收与补偿工作。市、县级人民政府确定的房屋征收部门组织实施本行政区域的房屋征收与补偿工作。《行政诉讼法适用解释》第25条第1款规定，市、县级人民政府确定的房屋征收部门组织实施房屋征收与补偿工作过程中作出行政行为，被征收人不服提起诉讼的，以房屋征收部门为被告。本案中，东宝区政府在房屋征收决定公告中已明确征收部门为东宝区住建局，再审申请人代某因不服案涉的房屋强制拆除行为提起诉讼，在未能提供相应的证据证明东宝区政府实施了强拆行为的情况下，以东宝区政府为被告，被告主体不适格。而根据行政诉讼法关于级别管辖的规定，以东宝区住建局为被告的行政诉讼不属于中级人民法院管辖。鉴于原审法院裁判结果并未影响再审申请人另行到有管辖权的人民法院提起诉讼的权利，本案没有进入审判监督程序的实质意义。一、二审裁定结果可予维持。

**【案例3】刘某诉内蒙古自治区人民政府、内蒙古自治区达拉特旗人民政府、内蒙古自治区达拉特旗展旦召苏木人民政府、郝某行政强制案**[①]

刘某认为内蒙古自治区人民政府、达拉特旗人民政府、展旦召苏木人民政府对其房屋进行强制拆迁没有出示任何手续，违反法律规定，应予赔偿财产损失。且2015年至2016年间，下乡干部郝某以及相关单位数次拆除毁坏其财产，其多次以各种形式反映问题，但在内蒙古自治区长期未能得到依法处理，故诉至法院。内蒙古自治区鄂尔多斯市中级人民法院认为刘某的诉讼请求不具体、不明确，且内蒙古自治区人民政府并非拆迁主体，刘某错列被告且拒绝变更，遂作出（2017）内06行初29号行政裁定，驳回刘某的起诉。刘某不服，提起上诉。内蒙古自治区高级人民法院以（2018）内行终125号行政裁定，驳回上诉，维持原裁定。刘某不服，向最高人民法院申请再审。最高人民法院经审查认为，结合刘某主张房屋和财产系在乡村改造建设中受

---

① 最高人民法院（2018）最高法行申11236号行政裁定书。

到损失，其也自认房屋强制拆迁系驻村干部等组织实施。所谓的拆除行为既非内蒙古自治区人民政府、达拉特旗人民政府组织安排，也未参与实施。该两级政府在涉案房屋强制拆迁中未作出任何行政行为，不应成为本案适格被告。因此，即使刘某的确存在相应合法权益被行政行为侵犯，也应当以具体组织实施的基层人民政府或其职能部门为被告，而不能将地方三级人民政府列为共同被告。原审人民法院依法进行释明，并要求刘某变更被告；但其拒绝变更，坚持将三级人民政府和相关自然人均列为本案被告提起诉讼，明显不符合法律规定。当时有效的《行政诉讼法若干问题的解释》第 3 条第 1 款规定：有下列情形之一，已经立案的，应当裁定驳回起诉：……（3）错列被告且拒绝变更的。据此，原一、二审人民法院分别裁定驳回刘某的起诉和上诉，符合法律规定。

**【案例 4】某汽修厂诉喀什市人民政府、喀什市夏马勒巴格镇人民政府房屋行政强制拆除案**①

某汽修厂于 2012 年 6 月 26 日取得个体工商户营业执照，属于合法经营。2015 年 1 月 12 日，喀什市人民政府决定启动喀什市老城区特色街景打造项目。之后，喀什市房屋征收与补偿安置管理中心根据《喀什市房屋征收与补偿安置指导意见》，与喀什市夏马勒巴格镇人民政府签订《喀什市房屋征收实施委托书》，由镇政府承担房屋征收的具体工作。镇政府在未能与某汽修厂就征收补偿数额达成一致的情况下，强制拆除了某汽修厂的部分房屋。因多次协商赔偿事宜未果，某汽修厂提起诉讼，请求确认喀什市人民政府、夏马勒巴格镇人民政府强拆房屋的行为违法，并赔偿损失。镇政府辩称某汽修厂的房屋属于道路拆迁范围，其实施拆除行为正确，不存在违法行为。喀什市人民政府辩称，其没有参与房屋的拆除违法，将其列为本案被告主体不适格。2016 年 9 月 10 日，新疆维吾尔自治区中级人民法院作出（2015）喀中法行初字第 6 号行政裁定，驳回原告的起诉。某汽修厂不服，提起上诉。新疆维吾尔自治区高级人民法院于 2017 年 2 月 10 日裁定撤销原审行政裁定，并指令原审法院继续审理。

**【分析】**

构成行政诉讼中的共同被告应当符合以下要件：一是主体要素，共同被告必须为两个以上的行政主体；二是行为要素，“一行为一诉”是行政诉讼的

---

① 新疆维吾尔自治区高级人民法院（2016）新行终 229 号行政裁定书。

基本原则（复议机关作为被告的除外），两个以上行政主体必须实施了同一个作为、不作为或者事实行为；三是意思要素，两个以上行政主体必须要有作出同一行政行为的意思联络，可以是事先约定，也可以是事后追认，抑或是基于某一共同目标共同参与；四是责任要素，两个以上行政机关能够对其所作出的行政行为承担法律上的责任。共同被告按行政级别可分为级别相同的共同被告和级别不同的共同被告；按行政诉讼的管辖级别可分为基层法院管辖的共同被告和其他法院管辖的共同被告。其中，共同被告中涉及级别高的法院管辖的案件，基本按照"就高不就低"的方式进行管辖。但若因原告错列被告，不构成共同诉讼，且不属于级别高的法院管辖时，对案件如何处理却有着较大争议。

根据《行政诉讼法》的相关规定，有明确的被告是行政诉讼的起诉条件之一，共同被告也并非例外。但此处的被告与《行政诉讼法》第 26 条第 4 款中的被告略有不同。第 49 条的规定属于被告条件，与第 26 条规定的被告资格相区别。前者仅是一个程序性的起诉要件，判断标准是被诉行为是否由该被告作出，后者则是一个裁判要件，判断标准是被诉的行政行为是否符合法律规定，是否损害起诉人的合法权益，法院据此作出相应的变更、确认或者给付判决。《行政诉讼法适用解释》第 3 条第 1 款第 1 项规定，不符合起诉条件的，已经立案的，应当裁定驳回起诉。其中，管辖是符合起诉条件与否的重要审核因素。级别管辖权限法定，法院在审理过程中发现共同被告违反级别管辖的规定，除提级审理、管辖权转移或移送管辖等情形外，均应驳回原告的起诉。

《行政诉讼法适用解释》规定的错列被告当然包括错列共同被告的情形，也一并牵动管辖权的调整。行政诉讼管辖是在各级法院之间和同级法院之间分配行政案件审判权的制度。根据《行政诉讼法》第 49 条第 4 项的规定，提起诉讼应当符合受诉法院管辖的条件，但这一条件并非影响诉权的有无，而是影响诉权行使的负担。基于管辖权自身的有限性，当共同诉讼中存在错列被告且产生级别管辖冲突时，是采取就高不就低还是就低不就高，抑或驳回起诉另行诉讼，又如何限制和约束诉权的行使，最终决定了案件由哪一级法院管辖。

适用"就高不就低"的前提是有"高"，当立案后共同被告中层级较高的行政机关经审查被认为不适格时，由层级较高的法院管辖同案中层级较低的行政机关，就因"高无所就"而失去了管辖权依据。但这与单纯针对层级较高的法院管辖层级较低的行政机关为被告的案件毕竟有所不同，不宜一概全案驳回起诉。尤其是在案件已经进行了开庭审理且对层级较低的行政机关作出的行政行为进行了一定审查的情况下，受案法院也可以依照《行政诉讼法》第24条第1款的规定，继续对案件进行审理，以节约司法资源、避免诉讼延宕、减轻当事人诉累。如果受案法院认为存在借机抬高级别管辖的嫌疑或者有正当理由认为不宜对案件继续审理，也可不继续审理。但不应全案驳回起诉，而应裁定驳回针对较高层级行政机关的起诉后，将案件移送有管辖权的法院。

是否适用“就低不就高”应基于对级别管辖的分析，即级别管辖应当遵循就地解决纠纷原则和按能力分配审判权原则，而后者更具有优先性。根据《行政诉讼法》第14条规定，基层人民法院管辖第一审行政案件。行政纠纷应当尽可能在当地基层法院得到解决，这是司法机制的内在要求。级别越高的法院越应突出对下的监督和指导功能，级别越低的法院则越应突出解决具体纠纷的功能。如果案件都集中到上级法院，则不利于发挥上述功能，司法机制也无法正常运转。《行政诉讼法》第22条规定，法院发现受理的案件不属于本院管辖的，应当移送有管辖权的法院。层级较高的法院已经受理，受理后发现不属于本院管辖，且案件尚未作出实体判决的，应当符合移送管辖的要件。尽管有观点认为，移送管辖主要发生在同级法院之间，上下级法院之间主要适用管辖权转移，但管辖权转移是指法院将本由自己管辖的案件移交给原本没有管辖权的法院；移送管辖则是法院将不属于自己管辖的案件移送到有管辖权的法院。因此，在裁定驳回针对较高层级行政机关的起诉后，采取移送管辖而非裁定全案驳回起诉，更有利于保护当事人的诉权。但如果已经全案驳回起诉且不影响原告另行起诉的，上级法院也没有纠正的必要。

对于错列共同被告如何确定级别管辖的问题，目前尚存争议，全案驳回起诉的方式，虽在形式上符合就地解决纠纷的原则，实质上也不影响原告行使诉权，然而，一旦原告上诉，则极有可能因为所持观点不同，导致案件发回继续审理，浪费司法资源，加大当事人诉累。“就高不就低”的方式，在形式上符合上级法院有权审理下级法院管辖案件的规定，但是在实质上不符合就地解决纠纷的原则，且若有当事人对裁定驳回针对较高层级行政机关的起诉不服，审理程序则更为复杂。另外，在当前行政诉讼案件大幅增加的背景下，这种方式也直接加重了上级法院的负担，下级法院反而无事可做，有悖于上下级法院监督和指导功能的实现，更不符合将纠纷解决在基层的立法初衷。“就低不就高”的方式，形式上符合就地解决纠纷的原则，但实质上导致了当事人丧失对移送管辖的救济。从法院角度出发，判断原告是否存在借机抬高级别管辖的嫌疑较为困难，且也没有必要引起法院与当事人之间的矛盾。因此，最优解应当是“实体吸收程序”的路径，即法院经审理查明原告错列较高层级行政机关为共同被告，经依法释明原告拒绝变更的，应裁定驳回原告对不适格被告的起诉，同时应就其他符合起诉条件的诉讼请求继续进行审理，直至作出相应裁判。驳回裁定和一审判决可分别作出，也可按照“判决吸收裁定”的方式被之后作出的实体结论所吸收，并作为其主文之一，以判决书的形式送达当事人。当事人对其中任一判项不服，均可按照判决规定的上诉期进行权利救济。该种处理路径较好地综合了其他处理方式的利弊得失。从当事人角度出发，该路径有效保障了各方的诉权，对纠纷作出了实体处理，理顺了权利救济的途径，最大限度地减少了当事人的诉累。对法院而言，该路径也极大地节约了司法资源，有助于妥善化解矛盾纠纷，维护了司法公信力，不失为一种可取的选择。①

**【规范指引】**

《行政诉讼法》第 15 条、第 24 条、第 26 条第 1 款、第 49 条；《行政诉讼法适用解释》第 25 条第 1 款、第 55 条第 2 款、第 67 条、第 69 条第 1 款。

## 问题 2：责成行为的可诉性问题

**【案例 1】徐某诉浙江省杭州市人民政府责成房屋拆迁纠纷案**②

徐某诉称，其房屋被杭州市国土资源局作出的杭土资拆许字（2006）第 006 号《房屋拆迁许可证》列入拆迁范围。2007 年 5 月 30 日，杭州市人民政府在没有进行行政裁决这一法定程序和保障法定居住条件的情况下责成实施行政强制拆迁起诉人房屋。2007 年 7 月 4 日，杭州市城市管理行政执法局以自己的名义将上述其合法所有的房屋强制拆除。徐某不服，遂向浙江省杭州市中级人民法院行政诉讼，请求确认杭州市政府责成强制拆迁其房屋的行政行为违法侵权。浙江省杭州市中级人民法院认为：被诉的责成强制拆迁行为

---

① 汤超：《行政诉讼中错列共同被告之级别管辖的适用》，载《中国审判》2019 年第 8 期。

② 最高人民法院（2017）最高法行申 4196 号行政裁定书。

是杭州市政府向杭州市城市管理行政执法局作出的，属于行政机关之间的内部行政行为，对外不产生法律效力。徐某对该责成行为不服提起诉讼，不符合人民法院行政案件的受理条件。据此裁定对徐某的起诉，不予立案。徐某不服，向浙江省高级人民法院提起上诉。浙江省高级人民法院以与一审裁定基本相同的理由，裁定：驳回上诉，维持原裁定。徐某仍不服，向最高人民法院申请再审。再审法院认为针对争议的责成强制拆行为，两审法院均认为属于不可诉的内部行政行为，此类行为是否外化并对外产生法律效力，通常情况下需结合案件具体情况加以综合判断。本案中，一方面再审申请人徐某称杭州市城市管理行政执法局以自己名义强制拆除房屋，另一方面其所提供的证据并不足以证明再审被申请人杭州市人民政府作出涉案责成强制拆迁行为已然对其法律上的权利义务产生直接的影响。据此驳回再审申请人徐某的再审申请。

**【案例 2】王某诉福清市人民政府行政强制案**[①]

1997 年间，王某进行旧房翻建，持有融间集建（92）字第 00429 号《集体土地建设用地使用证》。该房屋所在地块因汽车专用线道路项目建设需要，征收为国有土地。2015 年 7 月 31 日，福清市城乡规划局作出融规［玉屏］（2015）告字第 005 号《限期拆除告知书》，告知王某违法建设面积约 30 平方米，拟作出限期拆除违法建设的处罚。2015 年 9 月 16 日，福清市城乡规划局作出融规［玉屏］（2015）拆字第 005 号《限期拆除决定书》，限期 3 天内王某自行拆除违法建设的处罚决定，并告知 60 日的复议期限和 3 个月的起诉期限。2015 年 9 月 21 日，福清市城乡规划局作出融规［玉屏］催（2015）第 005 号《履行限期拆除决定催告书》，催告王某 5 日内自行拆除违法建设，并告知其陈述和申辩的权利。该三份文书均张贴于王某铁门上。2015 年 9 月 28 日，福清市城乡规划局作出融规（2015）581 号《关于申请对王某违法建设实施行政强制执行的报告》，向福清市人民政府申请，由福清市人民政府责成相关部门采取强制拆除措施。2015 年 10 月 8 日，福清市人民政府作出融政责〔2015〕51 号《责成行政强制拆除决定书》，决定责成玉屏街道办事处会同市城乡规划局、国土资源局、城市管理局开展联合执法，相关部门协助，对原告违法建设予以强制拆除。原告不服向莆田市中级人民法院提起行政诉讼，请求撤销融政责〔2015〕51 号《责成行政强制拆除决定书》。一审法院认为

① 福建省高级人民法院（2017）闽行终 460 号行政裁定书。

被告福清市政府于2015年10月8日作出融政责〔2015〕51号《责成行政强制拆除决定书》，是以福清市城乡规划局于2015年9月16日作出的融规［玉屏］(2015)拆字第005号《限期拆除决定书》的行政处罚为依据的，该《限期拆除决定书》明确告知原告享有的复议和诉讼的权利，但被告却在原告复议和诉讼期间尚未届满，就作出《责成行政强制拆除决定书》，剥夺了原告依法享有的复议和诉讼的权利，程序明显违法。故判决撤销福清市人民政府融政责〔2015〕51号《责成行政强制拆除决定书》。福清市人民政府不服向福建省高级人民法院提起上诉。二审法院认为，王某的诉讼请求是撤销福清市人民政府作出的融政责〔2015〕51号《责成行政强制拆除决定书》。该决定书系福清市人民政府针对福清市城乡规划局就强制拆除王某违法建设的请示报告而作出，未向王某送达，属于上下级行政机关之间的内部行为，是行政机关实施行政强制过程中的一个环节，尚未对当事人的合法权益产生实际影响。对当事人的合法权益产生实际影响的，应是行政机关依据该责成拆除决定实施的强制拆除行为。因责成拆除决定与实施强制拆除是一个整体行为，作出责成决定的行政机关与被责成的行政机关共同承担行政强制拆除的法律后果。因此，王某就福清市人民政府作出的融政责〔2015〕51号《责成行政强制拆除决定书》提起的行政诉讼，不属于人民法院行政诉讼受案范围，依法应不予立案，已经立案的，应裁定驳回起诉。据此裁定撤销莆田市中级人民法院(2017)闽03行初56号行政判决。

**【分析】**

判断强制执行决定的定性及程序的合法性，如是否符合违法建筑构成以及是否按要求经过法定的责成、催告程序等，人民法院应根据审查情况作出相应的裁判。拆违领域的行政强制执行存在《城乡规划法》第68条规定的县级以上人民政府"责成"等程序以及《行政强制法》第25条、第37条规定的催告、作出强制执行决定等程序，相关的配套性规定目前尚不健全。[①]针对责成强制拆违行为的可诉性问题，实践中，不同省市法院对责成行为的性质在认识和把握上也不一致。有的法院认为，责成行为是进行强制拆违的行政命令，是拆违实施部门实施强拆行为的依据，因此是可诉的；有的法院认为，责成行为是区县人民政府对拆违实施部门所发布的内部命令，是内部行政行

---

① 《厘清权属界限规范拆违行为——最高人民法院行政审判庭负责人答记者问》，载《人民法院报》2013年4月2日，第3版。

为，不属于行政诉讼的受案范围。我们倾向认为，责成行为实际上是法律授权县级以上人民政府对强制拆除职权的内部分配，对当事人的权利义务不产生实际影响，属于不可诉的行政行为。

**【规范指引】**

《城乡规划法》第68条;《行政强制法》第25条、第37条。

## 第三节　涉征收行政强制纠纷的审理与认定

### 一、审查要素分析

涉征收行政强制纠纷的审查要素涉及多个方面，包括但不限于以下几个关键点。

#### （一）程序合法的审查

行政机关在采取行政强制措施的过程中应当遵循法定程序，主要包括以下内容：告知相对人，出示证件表明身份，记录执行过程，对违法建筑内的物品进行清点、登记，告知相对人相应权利等，必要时还应做好强拆过程的录像。强拆中未依法履行上述程序的，法院可视具体情况认定强拆行为程序违法或存在瑕疵。且限拆决定、强拆决定、催告书等文书应当直接送达当事人。在当事人拒收或无法直接送达当事人时，可采用留置送达、委托邮寄送达、公告送达等形式，具体适用情形和要求应当符合《民事诉讼法》关于送达的规定。要审查行政机关在实施强制措施时，程序上是否符合正当性要求。法律法规对拆违作出了专门的程序规定。如《行政强制法》第44条在实施强拆时增加“由行政机关予以公告、限期当事人自行拆除”的程序规定。行政机关如果制定了进一步细化和明确强拆程序的规范性文件，虽然规范性文件不属于法院依据或参照的审判依据，不具有法律规范意义上的约束力，但法院经审查认为这些规范性文件合法有效并合理、适当的，在审查拆违行为合法性时应承认其效力并予以适用。尚无明确程序性规定的，强拆行为还应遵循正当程序原则，法院也应以此为标准进行审查。

**【规范指引】**

《行政强制法》第13条、第34条、第35条、第36条、第37条、第44条。

### （二）目的正当性的审查

在涉征收行政强制领域，行政机关行政强制行为的目的应当是实现合法的行政管理目标。各地区的城市建设都有其长远规划和地方特色，故在制定地方性法规时都会有关于制定目的的条款，行政行为的作出应当符合法规规范的目的，亦是依法行政的应有之义。司法审查应从行政强制目的以及地方整治活动整体布局的层面出发，对涉案拆迁行为所依据的地方"办法"予以认可。[①]要审查行政机关的行为从行政强制的目的和职权角度看，是否具有《行政强制法》和《城乡规划法》的相关依据。在涉征收行政强制纠纷中，行政机关在实施强制拆除行为之前，要查明违建者的违法建筑，逐户制作限期拆除决定书，对于难以查明违建者的情形则可设定合理公告期限，其后按无主房屋作出处理；强制拆除前宜以适当方式告知被执行人享有陈述、申辩权和申请复议、提起诉讼等程序权利。当然，对于群体性公然抢建、强建行为所产生的不良社会影响以及刻意逃避执法检查等情形，行政机关的执法目的应当具有正当性，制止违建手段也应当具有及时性、必要性。基于此对行政机关执法行为的认可，其本质都是对地方规定的尊重以及对行政机关考量法规规范目的的认可。

**【规范指引】**

《行政诉讼法》第70条。

### （三）必要性审查

涉征收行政强制行为是否明显不当，主要审查是否超出法律规定的范围或明显违背公正原则。比例原则要求行政行为的作出应兼顾行政目的实现与相对人权益的保护。如果行政目标的实现可能对相对人的权益造成不利影响，则这种不利影响应被限制在尽可能小的范围和限度内。行政裁量行为应充分考虑手段与后果的关系，如行政裁量行为未充分考虑行为后果以及该后果背

---

① 最高人民法院（2016）最高法行申391号行政裁定书。

后的法益，则不符合比例原则的要求。对于征收过程中需要行政强制行为的对象，具体行政职能主体应视违法建设的具体情节作出责令停止建设、限期改正、罚款、限期拆除、没收实物或者违法收入等措施或处罚。而对于何为“尚可采取改正措施消除对规划实施的影响的”，上述法律法规并无具体规定。对此，《住房和城乡建设部关于印发〈关于规范城乡规划行政处罚裁量权的指导意见〉的通知》作出了进一步细化规定。但是上述规定并非绝对条款，而“尚可采取改正措施消除对规划实施的影响的”从法律法规层面仍有进一步解释的空间。尤其是相对人在原房屋严重影响居住安全与生活质量进行翻建的情况下，行政机关应当充分考虑其所作行政行为是否会对当事人的居住安全与正常生活产生过度侵害，即应在充分平衡规划秩序利益与安居利益的前提下，采取适当的处理。如果未充分考虑行政相对人的居住安全利益，可能存在不符合比例原则的情形。

【规范指引】

《城乡规划法》第 64 条、第 65 条。

## 二、争点整理与认定

### （一）强制拆除主体的认定

### 争点 1：集体土地征收过程中的房屋拆除行为无行政机关自认的，推定土地管理部门实施

【案例】韩某与湖北省武汉市人民政府行政强拆案[①]

韩某所有的房屋坐落于武汉市江汉区复兴村 × 号。2008 年 3 月 12 日，湖北省国土资源厅作出鄂土资函〔2008〕169 号《省国土资源厅关于批准武汉市 2007 年度城中村第 1 批次建设用地的函》，同意武汉市人民政府（以下简称武汉市政府）征收江汉区长青街航侧村、江汉区汉兴街贺家墩村在内的集体建设用地。2008 年 5 月 6 日，武汉市政府根据该征地批复作出〔2008〕第 46 号《武汉市人民政府征收土地公告》，征收江汉区长青街航侧村、江汉区

① 最高人民法院（2018）最高法行再 106 号行政裁定书。

汉兴街贺家墩村 10.9455 公顷集体建设用地，韩某的上述房屋在征收范围内，2014 年被拆除。韩某认为武汉市政府在实施房屋强制拆除前，未履行任何法律程序，其行为违法，诉至法院，请求法院判决确认武汉市政府强制拆除其房屋违法。一审法院认为其提供的证据材料不能证明武汉市政府实施了拆除其房屋的行为，故裁定驳回韩某的起诉。韩某不服，提起上诉。二审法院以相同事实和理由维持原裁定。韩某不服，向最高人民法院申请再审。再审法院认为，本案中，湖北省国土资源厅作出《省国土资源厅关于批准武汉市 2007 年度城中村第 1 批次建设用地的函》，同意武汉市政府征收江汉区长青街航侧村、江汉区汉兴街贺家墩村在内集体建设用地。后武汉市政府根据该征地批复作出《武汉市人民政府征收土地公告》，征收江汉区长青街航侧村、江汉区汉兴街贺家墩村 10.9455 公顷集体建设用地，再审申请人的房屋位于征收范围内。在武汉市政府已经发布征地公告，且依据武汉市相关规定，征收行为由市政府或区政府及其相关部门具体负责实施的情况下，原审法院以再审申请人并未提交证据证明武汉市政府组织参与了强拆其房屋为由，裁定驳回起诉，适用法律错误。裁定撤销湖北省高级人民法院（2017）鄂行终 91 号行政裁定书以及湖北省武汉市中级人民法院（2015）鄂武汉中行初字第 00683 号行政裁定书，并指令湖北省武汉市中级人民法院对本案进行审理。

**【分析】**

农村集体土地征收过程中对合法建筑的拆除，宜首先推定系征收实施主体实施或者委托实施的拆除行为，而不应认定为民事主体等实施的拆除。因为现行集体土地征收制度的本质是国家基于公共利益需要实施征收，并由国家依法进行补偿，整个过程均系行政权行使的过程。农村集体土地征收过程中强制拆除合法建筑的法定职权问题，应当结合现行有效的土地管理法律、行政法规、司法解释等规定，依法加以判定。在当地市、县人民政府未对补偿安置主体有特殊规定的情况下，拆除征收范围内合法建筑的行政职权归属于土地行政主管部门。职权之所在，即义务之所在，也即责任之所在。实施强制拆除既是土地行政主管部门必须行使的法定职权，也是其必须履行的法定义务，更是其应尽的责任；在法律没有相应授权性规范的前提下，土地行政主管部门无权将法律已经明确规定的行政强制职权再行赋予其他主体行使。综上，在经依法批准的征地过程中，因合法房屋被强制拆除引发的行政案件，土地行政主管部门应当首先被推定为适格被告；除非有相反证据或者生效裁判足以推翻上述认定。在集体土地征收过程中，有且仅有市、县级人民政府才具有依法征收土地及其附属物的职权，发布公告亦是其履行职权的表现。因而，在被拆除房屋位于市、县级人民政府确定的征收范围内的情况下，除非市、县级人民政府能够举证证明房屋确系在其不知情的情况下由其他主体违法强拆，人民法院可以依据上述法律规定，推定强制拆除行为系市、县级人民政府或其委托的主体实施。

在立案登记制背景下，起诉人在起诉无书面决定的事实行为时，只要能够提供初步证据证明事实行为存在且极有可能系起诉状所列被告实施，即应视为已经初步履行了适格被告的举证责任；除非起诉状所列被告明显不适格，或者为规避法定管辖而多列被告，或者原告明显存在滥用诉讼权利情形。而且不论是农村集体土地还是国有土地上的房屋征收、强制搬迁、收回国有土地使用权以及随后的土地出让金收取等，均为政府及其职能部门的法定职权，因此，对合法建筑的拆除首先应推定为行政强制行为，除非有证据足以推翻。

**【规范指引】**

《土地管理法》第46条；《土地管理法实施条例》第25条。

### （二）强制拆除程序合法性的审查认定

## 争点2：未履行催告程序和保障陈述、申辩权的强制程序违法

**【案例】某公司与山东省济宁市微山县人民政府、南四湖自然保护区管理局限期拆除违法光伏项目设施行政强制执行决定案**[①]

2012年5月至2013年3月，山东省济宁市微山县发展和改革局等部门先后对某公司作出同意在留庄镇建设光伏发电项目的审批意见。2017年3月29日，微山县人民政府（以下简称微山县政府）办公室作出《关于禁止在南四湖省级自然保护区内违规建设光伏项目的通知》，要求对非法占用保护区和违法使用林地、湿地的在建光伏发电项目，责令企业立即停工进行整改。2017年7月26日，微山县留庄镇环境保护办公室作出《停业整改通知书》，责令某公司停业整顿，进行整改。2017年7月30日，微山县留庄镇环境突出问题整改百日攻坚行动领导小组办公室作出《通知》，责令某公司于7月31日

① 最高人民法院（2020）最高法行申7063号行政裁定书。

前停电断网，8月15日前拆除光伏设施、恢复原状。2017年8月10日，留庄镇人民政府也作出《通知》，责令某公司于8月15日前全部拆除完毕。2018年1月5日，微山县政府、南四湖自然保护区管理局作出微政强执决字（2018）第6号《行政强制执行决定书》（以下简称6号决定），认为某公司在留庄镇建设的光伏项目全部在南四湖自然保护区实验区内，未取得南四湖自然保护区管理机构和环境主管部门同意，属于违法建设项目，依据《行政强制法》第44条规定，决定于当日起对某公司光伏项目实施强制拆除。后微山县政府对某公司兴建的光伏项目设施全面予以拆除。2018年3月28日，某公司提起本案行政诉讼，请求撤销6号决定。一审法院经审理确认案涉限期拆除违法光伏项目设施行政强制执行决定违法。某公司不服，提起上诉。二审法院维持原判。某公司向最高人民法院申请再审。再审法院认为微山县政府和南四湖自然保护区管理局作出6号决定强制执行，适用法律错误、超越法定职权；同时，作出6号决定未经催告履行程序，也没有给予某公司陈述、申辩的机会，违反法定程序。6号决定应予以撤销。鉴于某公司光伏项目位于自然保护区实验区内，且相关设施已经全部拆除，撤销6号决定将会严重损害国家利益、公共利益，一、二审判决确认违法并无不当。某公司光伏项目建设，经过微山县政府及其相关部门审批，存在政府信赖利益。违法强制拆除行为造成某公司合法利益损失的，应当予以行政赔偿。本案相关行政赔偿问题，正在通过另案解决。某公司主张，山东省政府于2019年11月4日发布的《关于调整山东南四湖自然保护区范围和功能区的批复》，将其光伏项目所在区域调整出自然保护区的实验区，6号决定应予撤销。但是，新证据之前涉案光伏项目设施已经被全部强制拆除，事后的规划调整并不能影响6号决定的合法性。以此为由申请再审，理由不能成立。据此驳回某公司的再审申请。

**【分析】**

行政机关组织实施拆违是否严格按照法定程序，是依法行政的应有之义，也是法院进行合法性审查的重要方面。法院对执法程序的审查，主要是审查被诉拆违行为是否完整履行了法律、法规规定的相关程序，尤其是催告、听取当事人陈述与申辩、文书送达等对于当事人权利义务影响较大的程序环节是否符合相关程序规定。

**【规范指引】**

《行政强制法》第13条、第34条、第35条、第36条、第37条。

## 争点 3：未作出生效行政决定的强制拆除行为违法

**【案例】某农庄与南通市通州区三余镇人民政府行政强制案**[①]

2013 年 3 月 15 日，李某与南通滨海园区大乐村经济合作社签订《土地租用协议》，约定租用大乐村共 142 亩土地建设休闲农庄。4 月 18 日，李某以某农庄（乙方）名义与南通滨海园区社会管理局（甲方）签订《项目投资意向协议书》，约定在大乐村平海公路北侧、三余竖河西侧约 200 亩范围投资建设休闲农庄。2014 年，某农庄建设了八角亭楼房、门楼、水泥路、河道保滩等建筑物、固化道路等（其中八角亭楼房等建筑面积 852 平方米，固化面积 1933 平方米）。2018 年 9 月 14 日，农业农村部、自然资源部明确从 9 月至 12 月在全国范围内集中开展"大棚房"问题专项清理整治行动，坚决遏制农地非农化。9 月 21 日，江苏省农业委员会、江苏省国土资源厅，对专项清理整治行动作出了具体部署。2019 年 2 月 2 日，南通市"大棚房"问题专项清理整治行动领导小组要求各地在 3 月 20 日前必须依法依规完成整治整改任务。2019 年 2 月 15 日，三余镇人民政府（以下简称三余镇政府）、通州湾示范区国土分局向某农庄作出《通州湾示范区"大棚房"问题整改通知书》，主要内容为：某农庄的八角型楼房等被确定为"大棚房"问题，请按"大棚房"专项清理整治行动要求，迅速制定整治整改方案，并在 2 月 25 日前整改到位，否则将予以帮拆。同日，三余镇政府又向某农庄作出整改通知书，内容同前述整改通知书，但要求在 2 月 28 日前整改到位。3 月 6 日，三余镇政府作出《通州湾"大棚房"问题整治催告通知书》，内容为：因某农庄未在整改通知书规定的期限内拆除二层八角型楼房及门楼，现催告在收到本通知书后于 2019 年 3 月 7 日前自行拆除，逾期未履行，通州湾示范区管委会将组织进行帮拆。3 月 7 日，某农庄就三余镇政府 2 月 15 日作出的整改通知书提起诉讼。3 月 24 日，三余镇政府组织人员拆除了八角亭楼房、门楼、水泥路、河道保滩等建筑物和固化的道路、场地。6 月 25 日，某农庄撤回曾对三余镇政府作出的整改通知书的起诉，向南通经济技术开发区人民法院提起诉讼，请求确认三余镇政府 2019 年 3 月 24 日强制拆除某农庄内八角亭楼房、门楼、道路、河道保滩的行为违法。一审法院认为三余镇政府未给予某农庄陈述和申辩的

---

① 江苏省南通市中级人民法院（2020）苏 06 行终 467 号行政判决书。

权利，明显违反法定程序，应确认三余镇政府实施拆除行为违法。三余镇政府不服提起上诉，二审法院维持原判。

【分析】

行政机关自行实施行政强制执行行为应当符合以下条件：一是行政机关具有法律赋予的行政强制执行权；二是以生效的行政决定为强制执行依据；三是对违法建设强制拆除应当作出限期自行拆除的公告，自法定期限届满才可依法强制拆除。在满足以上条件的情况下，再根据《行政强制法》的具体程序规定实施强制执行。概括而言，行政机关实施强制拆除的条件和程序：以生效的行政决定为依据，限期自拆期限届满后根据行政强制法的程序依法强拆。

【规范指引】

《行政强制法》第 44 条。

## 争点 4：没有行政强制权的机关应申请人民法院强制执行

**【案例】邓某与湖南省宁乡市国土资源和管理局、宁乡市城市管理和行政执法局、宁乡市公安局、宁乡市回龙铺镇人民政府、宁乡市人民政府强制拆除房屋案**①

2013 年 5 月 2 日，宁乡县（后改为宁乡市）政府下发宁发（2013）6 号《关于加快推进金玉乡镇工业集中区建设促进乡镇工业持续健康发展的决定》，决定在玉煤大道龙铺镇黄山村地段选址、规划总面积 25 平方公里左右的新型工业园区。2014 年 1 月期间，邓某在宁乡县新建住宅，占地 110 平方米。该房屋及土地在前述的新型工业园区规划用地范围内。2014 年 1 月 17 日，宁乡市国土资源和管理局（以下简称宁乡市国土局）作出《责令停止国土资源违法行为通知书》，要求邓某停止违法建设行为。2014 年 4 月 24 日，宁乡市国土局向邓某下达《责令限期拆除通知书》（以下简称拆除通知），限邓某于 2014 年 4 月 27 日前，自行拆除其违建房屋。2014 年 4 月 28 日，宁乡市人民政府（以下简称宁乡市政府）作出宁政函（2014）79 号批复（以下简称 79 号批复），同意宁乡市国土局作为执法主体，将邓某违建房屋予以拆除。2014 年

---

① 最高人民法院（2018）最高法行申 298 号行政裁定书。

4月28日，宁乡市国土局、城市管理和行政执法局、公安局与回龙铺镇人民政府联合行动，将邓某违法所建的房屋予以强制拆除，同时强制将邓某承包的责任田、林地、旱土、鱼塘以及祖坟所在土地等予以征收。2014年8月7日，邓某提起本案行政诉讼，请求确认宁乡市国土局等被告强制拆除其房屋、强制征收其责任田等行为违法，公开赔礼道歉并赔偿经济损失1000万元。2014年12月4日，经法庭释明，一审庭审中邓某确认仅对行政强制拆除行为提起诉讼。长沙市中级人民法院（2014）长中行征初字第00109号行政判决认为，宁乡市政府批准宁乡市国土局实施行政强制拆除行为，是行政机关的内部审批行为，宁乡市政府不是本案适格被告。宁乡市国土局等未依法申请人民法院强制执行，联合强制拆除邓某的房屋，强行征收邓某的责任田等行为，违反法定程序，应认定违法。强行征收土地行为没有审批手续，亦是违法。因邓某未提交相应证据证明其具体损失，对其要求赔偿1000万元经济损失和赔礼道歉的请求，本案中不予处理，邓某可依法另行主张权利。判决：确认宁乡市国土局、宁乡市城市管理和行政执法局、宁乡市公安局、回龙铺镇人民政府联合强制拆除邓某房屋、强行征收邓某承包的责任田、林地、旱土、鱼塘以及祖坟土地的行政行为违法；驳回邓某对宁乡市政府的起诉。除宁乡市政府以外，其他各方当事人均不服一审判决，提起上诉。

湖南省高级人民法院（2015）湘高法行终字第140号行政判决认为，邓某在一审庭审中确认，仅对强制拆除行为提起诉讼。一审判决确认宁乡市国土局等行政机关联合行动、拆除邓某房屋行为违法正确，其损失可待查明后主张，责任田等被占用造成的损失，邓某可以依法另行主张权利。一审判决确认强行征收邓某承包的责任田、林地、旱土、鱼塘以及祖坟的行政行为违法，超出庭审中邓某确认的诉求范围，应予撤销。判决维持一审判决第二项，撤销一审判决第一项，确认宁乡市国土局、宁乡市城市管理和行政执法局、宁乡市公安局、回龙铺镇人民政府联合强制拆除邓某房屋的行政行为违法，驳回邓某的其他诉讼请求。最高人民法院经审查驳回再审申请。

【分析】

土地行政管理部门对当事人占用农村土地的违法建设行为作出限期拆除决定，应在当事人对责令限期拆除决定既不向人民法院提起行政诉讼，又不履行自行搬迁义务，起诉期限届满后90天内，依照《行政强制法》的规定，依法申请人民法院强制执行。土地行政管理部门根据政府作出的批复，与其他单位采取联合行动，自行对当事人违法建设的房屋实施强制拆除，显属超越职权、违反法定程序。

【规范指引】

《土地管理法》第74条;《行政强制法》第46条。

（三）强制拆除行为目的正当性的审查

## 争点5：以旧村改造为名实施预征收的认定

【案例】林某诉河北省邢台市桥西区人民政府强制拆除房屋案[①]

2011年1月18日，河北省邢台市桥西区人民政府（以下简称桥西区政府）、河北省邢台市桥西区泉西街道林庄社区居民委员会（以下简称林庄居委会）等单位共同签订《旧村改造责任书》，逐步对城中村实施改造。林某系林庄村村民，在林庄村拥有一处住宅，并已办理房产证。2017年7月18日，林庄村双委会作出《关于对未拆迁户林某等房屋进行拆迁的决定》。2017年7月19日，邢台市人民政府副市长带队现场踏察桥西区城建重点项目建设情况，并就有关问题进行专题研究。邢台市人民政府〔2017〕78号《市政府专题会议纪要》（以下简称78号会议纪要）明确，桥西区政府负责于7月底前完成龙岗片区范围内苗王庄、林庄村民的拆迁安置工作。2017年7月19日，林庄村村民代表会议作出《关于对未拆迁户林某等房屋进行拆迁的决定》。2017年7月20日，林庄村村民出具《关于对未拆迁户林某等房屋进行拆迁的意见》。上述三份材料皆载明，根据2017年6月19日邢台市桥西区拆违拆迁重点项目进地工作百日攻坚战和泉西办拆违拆迁攻坚战城建工作会议精神，以及上级对拆违拆迁任务目标要求，限期拆除林某等人的房屋。2017年7月29日，林某房屋被林庄居委会强制拆除。2018年9月，林某提起本案行政诉讼，请求确认桥西区政府强制拆除房屋行为违法。最高人民法院经审查认为，本案中林庄村的旧村改造项目是在桥西区政府主导下，为改善城市环境、提升城市品位、促进城市经济社会发展进行的城中村拆迁改造工程项目，内容上具有行政管理的性质；林庄村实施的强制拆除行为，虽然确实可以改善被拆迁村民的居住条件，但更多的是改善了邢台市，尤其是桥西区拆迁范围及周

---

① 最高人民法院（2020）最高法行申3184号行政裁定书。

边普通民众的生活环境，且旧村改造拆迁整合后腾挪出来的集体空地，很快被依法征收，受益的直接主体为桥西区政府。因此，一、二审判决认定林庄居委会受桥西区政府委托实施强制拆除房屋行为，桥西区政府为本案适格被告并无不当。同时，桥西区政府在进行集体土地征收之前，以旧村改造为名实施预征收，规避集体土地征收程序，违背土地管理法的立法目的，且强制拆除房屋行为超越职权、违反行政强制法有关程序规定，一、二审判决确认该被诉行政行为违法，认定事实清楚，适用法律、法规正确，审判程序合法，判决结果适当，本院予以支持。桥西区政府主张，没有委托林庄村拆除林某的房屋，不是本案适格被告。其主张缺乏事实和法律根据，以此为由申请再审，理由不能成立。

**【分析】**

在农村房屋征收过程中，很多被征收人遭遇“预征收”“协议拆迁”，即便《土地管理法》修改之后，采取了先征收后报批的程序，也需要征收主体做一系列前期征收工作，作出拟征地公告，将征收范围、土地现状、征收目的、补偿标准、安置方式和社会保障等公告给被征收人，还需要开展拟征收土地现状调查和社会稳定风险评估等。所以，简单地以“预征收”“协议拆迁”为名实施征收，并不是合法的征收程序。政府在进行集体土地征收之前，以旧村改造为名实施预征收，规避集体土地征收程序，违背土地管理法的立法目的。

《行政诉讼法适用解释》第20条第3款规定，没有法律、法规或者规章规定，行政机关授权其内设机构、派出机构或者其他组织行使行政职权的，属于《行政诉讼法》第26条规定的委托。当事人不服提起诉讼的，应当以该行政机关为被告。审判实践中，人民法院认定是否存在行政委托关系，一是要看行为的内容是否具有履行行政管理职责的性质；二是要看受益主体是否惠及社会公众，具有公共利益的性质，两者同时具备即属于行政委托，而不是说只有行政机关以书面或口头明确表示委托的，才存在行政委托关系。据此，在政府主导下，大量为改善城市环境、提升城市品位、促进城市经济社会发展进行的城中村拆迁改造工程项目，内容上具有行政管理的性质，村委会实施的强制拆除行为，虽然确实可以改善被拆迁村民的居住条件，但更多的是改善地区，尤其是政府拆迁范围及周边普通民众的生活环境，且旧村改造拆迁整合后腾挪出来的集体空地被依法征收，受益的直接主体为政府。因此，村委会为土地征收而实施的旧村改造强制拆除房屋行为，应认定系政府委托实施。

**【规范指引】**

《行政诉讼法》第 26 条；《土地管理法实施条例》第 26 条；《行政诉讼法适用解释》第 20 条。

## 争点 6：以拆违促征收，目的明显不当

**【案例】某公司与武汉市洪山区城市管理执法局责令限期拆除案**[①]

2019 年，武汉市洪山区人民政府张家湾街道办事处（以下简称张家湾街道办）向某公司发出《长征村城中村综合改造房屋拆迁补偿告知书》，载明："你公司位于长征村 U31、C3、C4 地块交界处，现根据城中村改造规划要求，需要对此处房屋进行拆迁，相关征地拆迁补偿政策及其他资料已进行了公示。我街已多次组织人员就拆迁补偿事宜与你司进行了协商，但未就此房屋拆迁补偿协议达成一致……若该处房屋拆迁进入强制执行程序，拆迁方将严格按照上述具体拆迁补偿意见进行拆迁补偿的保全工作……" 2019 年 12 月 20 日，某公司书面进行了回复。2021 年 5 月 31 日，武汉市洪山区人民政府作出洪政征决字〔2021〕第 2 号《洪山区人民政府房屋征收决定》，载明因公共利益需要，对轨道交通 12 号线工程项目洪山区段（园林路、团结大道等站）范围内国有土地上房屋及附属物（具体范围详见征收范围红线图）实施征收。2021 年 7 月 13 日，洪山区张家湾街道办综合执法中心执法人员针对某公司所在地块建筑物涉嫌违法建设进行调查，制作了现场检查（勘验）笔录，载明调取了专业公司测绘资料，并制作了该笔录、《调查笔录》及《现场证物照片》，两位见证人在笔录上签字确认。次日，洪山区张家湾街道办综合执法中心执法人员至某公司处对其法定代表人程某进行调查。2021 年 7 月 20 日，洪山区城管局对某公司作出《违法建设限期拆除决定书》，认定某公司在案涉地块进行违法建设，违法建设工程建筑面积 20 190.47 平方米，限某公司自收到决定书之日起 3 日内自行拆除。该决定书于 2021 年 7 月 20 日留置及通过手机短信彩信方式向程某送达。某公司不服，向湖北省武汉市洪山区人民法院提起行政诉讼，要求撤销案涉《违法建设限期拆除决定书》。一审法院认为，

---

① 湖北省武汉市中级人民法院（2022）鄂 01 行终 323 号行政判决书。

对违法建设的查处，行政机关应当加大行政执法的时限性和合理性，将对违法性建筑、构筑物的查处作为常态性工作内容，而不应该将其作为推进征拆工作的手段。将涉案房屋认定为违法建筑并责令限期拆除，其目的难以排除是为了配合征收部门避开法定组织实施程序、推进拆迁进度的可能性，违反了行政行为目的的正当性原则。据此，判决撤销洪山区城管局作出的（洪）城限拆决字〔2021〕第60006号《违法建设限期拆除决定书》。洪山区城管局不服，向湖北省武汉市中级人民法院提起上诉。二审法院经审查后，裁定驳回上诉，维持原判。

**【分析】**

不能简单将未取得规划许可进行建设的认定为违法建设予以无偿拆除。城乡规划管理是一项具有政策性、社会性、时效性和强制性的综合性工作，在现实中未取得建设工程规划许可证进行建设的原因较多，不能将其与违法建设直接等同要求予以无偿拆除。尤其是城中村、旧城区等区域的房屋情况复杂，存在大量因历史原因未依法办理产权登记或依法未办理审批许可手续的建筑，并在城中村改造过程中发生土地性质的演变，单纯适用城乡规划管理相关法律法规无法解决。特别是有些地区在启动违法建设查处程序前，会对包括违法建筑在内的征地范围建筑进行调查登记，并与相关当事人就补偿问题进行协商。基于维护政府公信力、保护当事人信赖利益、合理行政等因素考量，不宜在这种情况下将无证建筑定性为违法建设进行无偿拆除。对违法建设的查处，行政机关应当加大行政执法的时限性和合理性，将对违法性建筑、构筑物的查处作为常态性工作内容，而不应该将其作为推进征拆工作的手段。特别是城中村改造，作为介于集体土地征收和国有土地上房屋征收之间的行政行为，更多地侧重于事实行为和政策性文件的支持，缺乏法律上的明确规定，但参照《征补条例》第24条第2款“市、县级人民政府作出房屋征收决定前，应当组织有关部门依法对征收范围内未经登记的建筑进行调查、认定和处理”的规定，对于征收范围内的违法建设的调查、认定和处理，行政机关最迟应在房屋征收决定作出前进行。如果查处违法建筑是为了配合征收部门避开法定组织实施程序、推进拆迁进度，则违反了行政行为目的的正当性原则。

**【规范指引】**

《土地管理法》第83条。

## 三、法律适用中的疑难问题

### 问题：被征收人未按约履行交房义务等协议约定内容，行政机关强制执行的程序审查

**【案例】蒋某诉四川省南充市顺庆区人民政府行政强制拆除及行政赔偿案**[①]

蒋某因不服四川省高级人民法院作出的（2015）川行终字第554号行政判决，向最高人民法院申请再审。蒋某申请再审称，顺庆区人民政府（以下简称顺庆区政府）未依照国家批复备案文件进行安置补偿；且强行拆除蒋某房屋的行为违法，请求撤销一、二审判决，再审本案。最高人民法院经审查认为，行政协议是行政机关为实现行政管理或者公共服务目标，与公民、法人或者其他组织协商订立的具有行政法上权利义务内容的协议。行政协议体现了双方共同的、真实的意思表示，一经签订，双方均应切实遵守和履行。本案中，因兰渝铁路建设需要，南充市顺庆区兰渝铁路建设协调领导小组办公室与蒋某签订了《兰渝铁路顺庆段农村村民自拆自建房屋协议》，约定了蒋某应在2010年12月20日前完成拆除。但协议签订后，虽经顺庆区政府大量协调，蒋某一直拒绝按协议约定履行自拆房屋的义务。蒋某拒不履行行政协议义务的行为，既违反了双方协议的约定，也不符合诚实信用的法律原则。《四川省〈中华人民共和国土地管理法〉实施办法》第63条规定，"建设征用、使用土地，依法补偿、安置后，当事人拒不搬迁的，由县级以上人民政府土地行政主管部门责令其限期搬迁；逾期不搬迁的，由市、县人民政府依法申请人民法院强制搬迁"。根据正当程序原则，行政机关作出对相对人具有不利影响的行政决定前，应当给予相对人申辩机会。依照《行政强制法》第35条的规定，行政机关作出强制执行决定前，应当事先书面催告当事人履行义务，当事人依法享有陈述和申辩的权利。本案中，蒋某未按协议履行自拆房屋义务，顺庆区政府应经事先书面催告后依法作出限期搬迁的决定，在蒋某逾期仍不搬迁时，顺庆区政府应依照法定程序申请人民法院强制搬迁。本案中，顺庆区政府既未书面催告蒋某履行义务，又未作出限期搬迁决定以及

---

① 最高人民法院（2019）最高法行申11554号行政裁定书。

申请人民法院强制搬迁，即自行组织人员对蒋某的房屋实施强制拆除，违反了《行政强制法》以及《四川省〈中华人民共和国土地管理法〉实施办法》的有关规定，一、二审法院据此判决确认顺庆区政府实施房屋强制拆除的行为违法，并无不当。关于蒋某诉请判令顺庆区政府赔偿其经济损失，行政行为程序违法并不必然导致行政赔偿。顺庆区政府实施强制拆除时，已对蒋某房屋内的物品进行了清点保全并打包存放，且蒋某对其赔偿请求并未提供相关证据佐证，故该项请求，一、二审法院未予支持，并无不当。

【分析】

关于非诉强制执行，一直以来主要法律依据为《行政诉讼法》与《行政强制法》，对于行政相对人不执行行政机关作出的行政决定（或其他行政行为），也不依法提起行政复议或行政诉讼的，没有强制执行权的行政机关可以向法院提起非诉强制执行。但就行政协议履行过程中对于行政相对人的不履约行为，行政机关能否直接申请法院非诉强制执行，实务中一直存在较大争议。直至2019年11月27日，《行政协议司法解释》将行政协议的强制执行依据明确为行政机关要求相对人履行行政协议的行政决定。

《行政协议司法解释》第24条规定：公民、法人或者其他组织未按照行政协议约定履行义务，经催告后不履行，行政机关可以作出要求其履行协议的书面决定。公民、法人或者其他组织收到书面决定后在法定期限内未申请行政复议或者提起行政诉讼，且仍不履行，协议内容具有可执行性的，行政机关可以向人民法院申请强制执行。法律、行政法规规定行政机关对行政协议享有监督协议履行的职权，公民、法人或者其他组织未按照约定履行义务，经催告后不履行，行政机关可以依法作出处理决定。公民、法人或者其他组织收到该处理决定后在法定期限内未申请行政复议或者提起行政诉讼，且仍不履行，协议内容具有可执行性的，行政机关可以向人民法院申请强制执行。根据上述条文，结合正当程序原则，行政机关作出对相对人具有不利影响的行政决定前，必须按顺序进行以下两个步骤：一是催告程序。依照《行政强制法》第35条的规定，行政机关作出强制执行决定前，应当事先书面催告当事人履行义务，当事人依法享有陈述和申辩的权利。《行政协议司法解释》参照了上述法律规定，将催告设定为行政机关申请法院强制执行行政协议的启动程序。只有在相对人经过催告仍不履行的情况下，申请强制执行才能继续进行。二是作出书面决定。由于行政协议本身不能作为执行根据，行政机关有必要将行政协议中关于相对人义务的内容转化为一个书面决定，并以此为执行根据。书面决定内容应当具体明确，如行政协议内容不够明确，则书面决定应根据协议履行情况进一步具体化。同时，考虑到应给予当事人救济权利，该类书面决定为可诉的行政行为，其起诉期限等同于一般行政行为。法院审查时需注意行政机关在作出书面决定时有无告知当事人诉权及起诉期限等内容。被征收人不按协议履行自拆房屋义务，行政机关应经事先书面催告后依法作出限期搬迁的决定，在被征收人逾期仍不搬迁时，征收单位应依照法定程序申请人民法院强制搬迁。未书面催告履行义务，未作出限期搬迁决定以及申请人民法院强制搬迁，即自行组织人员实施强制拆除的，违反《行政强制法》等有关规定，应判决确认强制拆除的行为违法。

**【规范指引】**

《行政强制法》第 35 条;《行政协议司法解释》第 24 条。

# 第五章　涉征收行政赔偿纠纷

## 第一节　涉征收行政赔偿纠纷概述

随着我国经济社会的快速发展和城市化进程的不断推进，因违法强拆引发的行政赔偿案件大幅上升，此类案件难度高、分歧多，已然成为当前行政审判的重点和难点。无论是国有土地还是集体土地，无论是征地拆迁还是城乡改造，违法强拆房屋所涉及的赔偿问题无不事关被拆迁人的切身利益和居住权益。如何正确、有效审理此类案件，不仅是被拆迁人最为关心的问题，也是社会较为关注的问题，不仅关系着行政诉讼中人民群众获得感的提升，也关系着国家治理体系和治理能力的现代化建设。行政诉讼应当彰显保护公民产权的制度功能，对于此类案件的审查处理，人民法院应当从房屋征迁的基础事实出发，结合责任政府、产权保护等法律理念以及生活逻辑作出合法合理的司法判断，引导政府“严格、规范、公正、文明”执法，彰显以人为本、尊重群众主体地位的制度价值。故而在涉房屋征收强制拆除的行政赔偿案件中，依照现行法律规定确定赔偿项目和数额时应当秉持的基本原则是，保障被征收人居住条件有改善、原有生活水平不降低，赔偿数额至少应不低于赔偿请求人依照安置补偿方案可以获得的全部征收补偿权益，以体现对被侵权人的关爱与体恤，最大限度地发挥国家赔偿制度在维护和救济因受到公权力不法侵害的行政相对人合法权益方面的功能与作用。

## 一、涉征收行政赔偿案件特点分析

### （一）涉征收行政赔偿政策性强

大量房屋土地性质由集体转为国有后补偿标准不一，拆迁中大量房屋土地性质的变化导致拆迁适用法律、政策存在争议，造成因拆迁补偿标准、程序、安置模式的不同引发拆迁补偿矛盾。一方面，转化性质的土地上的拆迁除要对房屋进行补偿外，还涉及征地补偿、劳动力安置补助、地上附属物补偿、家禽果树补偿等，情况往往较为复杂，但补偿安置政策存在一定不确定性，补偿标准也不尽统一；另一方面，如果同一块地、同一拆迁项目涉及集体和国有两种性质的土地时，因拆迁应适用不同的法律法规规定，势必会造成补偿标准、程序、安置模式的不同，易引发拆迁矛盾的产生。涉征收行政赔偿标准与补偿标准密切相关，具有较难的政策性。

### （二）赔偿范围及项目分歧较大

涉征收行政赔偿的范围和项目是行政赔偿诉讼中的重要内容，虽然《行政赔偿案件若干问题规定》对于行政赔偿的范围、要件和责任分担进行了规定，但财产损害的范围、合法权益的内涵和外延、举证责任的分配，特别是直接损失的界定、损害计算方法、责任划分等方面分歧较大。涉征收行政赔偿案件当事人心理预期较高，往往以成本加收益之方法计算赔偿，而征收主体多扣除使用价值，在赔偿中多以评估残值计算，导致双方分歧较大。赔偿数额由赔偿标准决定，而选择何种赔偿标准需要根据赔偿标准的确定方式具体把握。如何确保当事人能够获得与之前相当的房屋、与其他被拆迁人相当的房屋，满足其实际居住利益，保障其居住条件不降低、有改善，维护政策的连续性和社会的稳定性，确实存在困难。

### （三）行政赔偿损失认定难

征收过程中的行政强制行为往往缺乏前期入场评估行为，强制行为实施后，造成对赔偿申请人的房屋价值特别是装饰装修等损失情况难以举证证明。即使启动评估程序，评估机构极有可能只能根据赔偿申请人单方介绍的财产情况作出评估，鉴定内容、范围、鉴定时点、鉴定标准等各方面均存在争议，对损失的认定难以确认一致，也导致案件审理周期长，矛盾大，难以协调。

另外，征收过程中被拆除房屋不仅包括有证房屋，还包括很多无证房屋。对于无证房屋的处理，有待行政机关依法进行调查、认定和处理，并与违章建筑有效区分。需综合考虑当时立法状况、房屋建设时间和动机、房屋来源和使用现状、当事人居住利益等因素确定是否赔偿。而对于室内物品因违法强拆灭失，在双方均对室内物品无法提供证据予以证明的情况下，需人民法院根据当事人提供的现场照片、物品损失清单，结合日常生活经验，考虑物品折旧等因素，对未超出市场价值的符合生活常理的物品，合情合理进行酌定处理。关于非日常生活用品的大额财物损失、机械设备损失等，当事人应当提供有说服力的证据，以证明这些财物在拆除现场客观存在以及各自的具体价值。至于非日常生活用品的大宗财物，其应当提供有说服力的证据证明这些大宗财物在拆除现场客观存在以及各自的具体价值，否则人民法院亦无酌定之基础依据。

## 二、涉征收行政赔偿案件审理原则

### （一）赔偿应不低于补偿标准

不同于行政补偿是对合法行政行为造成的损失进行弥补，涉征收行政赔偿是对违法行政行为造成的损失进行救济。在强拆行为被确认为违法并已经启动赔偿程序时，经常有被拆迁人在提起赔偿诉讼后又要求行政机关履行补偿职责，这种方式并不恰当。被拆迁人不能重复或者交叉运用救济手段，再行寻求行政补偿。换言之，在征迁范围内房屋被违法强拆后，行政机关承担的是违法赔偿责任，而非合法补偿责任，原有的补偿问题可依法转化为赔偿程序解决，人民法院应直接就赔偿问题进行实体审理并作出赔偿判决，被拆迁人无须另行通过补偿程序解决争议，人民法院也不宜引导被拆迁人另行通过行政补偿程序解决争议。《行政赔偿案件若干问题规定》第27条明确了财产损害行政赔偿标准。《国家赔偿法》规定，违法行政行为造成财产损害，不能返还财产或者恢复原状的，给付相应的赔偿金。第27条第1款明确了赔偿金给付的标准，明确了按照损害发生时的市场价格计算损失，市场价格无法确定，或者该价格不足以弥补公民、法人或者其他组织损失的，可以采用其他合理方式计算。针对司法实践中所占比例较大的违法征收、征用土地房屋导致的行政赔偿案件，该条第2款规定了人民法院判决给予被征收人的行政赔偿，不得少于被征收人依法应当获得的安置补偿权益，确保当事人获得的赔偿利益能够充分保障其安置补偿权益和实际居住权益。

### （二）“填平补齐”的赔偿原则

《国家赔偿法》确立了“填平补齐”的赔偿原则，而非“惩罚性”的赔偿标准，即当事人所取得的赔偿数额以受到的损失为限。无论当事人是通过征收补偿程序获得补偿，还是因房屋及相关附属设施被违法强制拆除而取得行政赔偿，其就房屋所能得到的补偿权益或者赔偿权益均以该房屋及其附属设施的价值为限，并确保被拆除人因违法强制拆除行为造成损失获得的行政赔偿，不低于行政机关合法征收拆除给予权利人的行政补偿，这符合国家赔偿法填平补齐的赔偿原则。

### （三）过错程度责任承担比例原则

被诉拆除行为造成当事人合法财产损失，特别是机器设备等动产损失的，该损失与被诉拆除行为具有因果关系，系财产损失的主要原因，故实施拆除行为的行政机关应当承担主要责任，但行政机关已尽到合理保管义务并及时通知当事人的除外。当事人在房屋拆除后没有采取积极措施保护动产，甚至消极对待行政机关的通知，特别是室内的物品及拆除的建筑材料，在有条件进行处置时拒绝处理，导致相关财产在被埋压后至被挖掘期间损失进一步扩大的，其对扩大的损失应当承担责任。法院应综合考虑各方当事人的过错程度，以及相关财产被搁置的时间、物品的损害程度，合理认定损失金额的责任承担比例。

### （四）赔偿标准统一原则

针对涉征收项目地块的强拆后赔偿问题，要综合考量当地其他被拆迁人的安置补偿情况，防止确定的赔偿标准过度偏离正常的补偿标准，与其他被拆迁人相差过大，对其他被拆迁人造成另一种事实上的不公平。要全面考虑征地拆迁法律法规以及当地政策规定的贯彻实施情况，确定的赔偿标准要秉持合法性、合理性、一致性、公平性原则，实现法律效果与社会效果的统一。

# 第二节　涉征收行政赔偿纠纷的起诉与受理

## 一、审查要素分析

涉征收行政赔偿纠纷的起诉与受理，审查要素主要包括以下几个方面。

### （一）受案范围

《行政赔偿案件若干问题规定》第3条规定：“赔偿请求人不服赔偿义务机关下列行为的，可以依法提起行政赔偿诉讼：（一）确定赔偿方式、项目、数额的行政赔偿决定；（二）不予赔偿决定；（三）逾期不作出赔偿决定；（四）其他有关行政赔偿的行为。”涉征收行政赔偿案件需要符合国家赔偿法和行政赔偿司法解释规定的受案范围，包括但不限于行政机关及其工作人员在履行职责过程中造成的合法权益损害，如不履行法定职责、事实上的损害等。

**【规范指引】**

《国家赔偿法》第2条；《行政赔偿案件若干问题规定》第3条。

### （二）原告主体资格

涉征收行政赔偿纠纷中，原告必须是行政侵权行为的受害人或者法定继承人。如果受害人已死亡，法定继承人可代表提起诉讼。同样，如果受害人是法人或者其他组织，其权利承受者可作为原告。

**【规范指引】**

《国家赔偿法》第6条。

### （三）被告主体资格

涉征收行政赔偿纠纷中，被告应为实施违法行为的行政机关或法律法规授权的组织。行政机关及其工作人员行使行政职权侵犯公民、法人和其他组织的合法权益造成损害的，该行政机关为赔偿义务机关。行政机关组建的机构、内设机构、派出机构以及各类开发区管理机构等没有独立行政能力的机构以自己的名义实施的拆违行为，当事人不服提起赔偿诉讼的，应当以组建该机构的行政机关或授权其行使行政权的行政机关为赔偿义务机关。因此，拆违案件中，内设机构、派出机构以及各类开发区管理机构等不能成为赔偿义务机关，而应以组建该机构或授权其行使拆违职责的行政机关作为赔偿义务机关。经复议机关复议的，最初造成侵权行为的行政机关为赔偿义务机关，但复议机关的复议决定加重损害的，复议机关就加重的部分承担赔偿义务。多个行政机关联合执法、综合整治实施的拆违行为被确认违法后，赔偿义务机关的确定，特别是当事人以城管、房管、公安、街道办等行政机关为共同被告提起诉讼要求确认实施的拆违行为违法并予以赔偿的，对于不具有拆违职权的行政机关不属于拆违案件的适格被告，一般不宜认定为共同赔偿义务机关。受行政机关委托的组织或者个人在行使受委托的行政权力时侵犯公民、法人和其他组织的合法权益造成损害的，委托的行政机关为赔偿义务机关。在拆违案件中，如行政机关委托或授意其他组织或个人实施强拆行为的事实清楚、证据充分，即使受托的组织或个人是以自己名义实施拆违行为的，仍然应当由委托机关或授意机关承担相应的法律后果。

**【规范指引】**

《国家赔偿法》第 7 条。

### （四）赔偿请求时效与起诉期限

涉征收行政赔偿纠纷中，原告单独提出赔偿请求时，必须经过赔偿义务机关的先行处理或超过法定期限不予处理。提出赔偿请求的时效通常为两年，从侵权行为被确认违法之日起计算。对赔偿数额有异议的，应在赔偿义务机关处理期限届满后的 3 个月内向人民法院提起诉讼。另外，行政赔偿决定未告知诉权的，能否适用《行政诉讼法》规定的最长不超过 1 年的起诉期限，实践中存有争议。一般认为起诉期限应当自知道或者应当知道赔偿决定内容之日起计算，最长不得超过 1 年。

**【规范指引】**

《国家赔偿法》第 14 条。

## 二、争点整理与认定

### 争点 1：租金损失应区分情况予以赔偿

**【案例 1】王某与陕西省泾阳县人民政府行政赔偿案**①

再审申请人陕西省泾阳县人民政府（以下简称泾阳县政府）因王某诉其行政赔偿一案，不服陕西省高级人民法院（2019）陕行赔终 32 号行政赔偿判决，向最高人民法院申请再审，请求指令陕西省高级人民法院再审本案，再审期间中止对陕西省高级人民法院（2019）陕行赔终 32 号行政赔偿判决的执行。主要事实和理由：（1）原审法院对本案的法律关系认定错误。本案属于行政征收补偿纠纷，不属于单纯的行政赔偿纠纷。（2）拆除案涉房屋判决赔偿 179.78 万元既无证据支持，也属适用法律错误。同时，原判决忽视社会效果。（3）原审法院对经营收益判决错误。最高人民法院经审查后认为，本案系因违法拆除引发的行政赔偿，赔偿理应不低于在依法征收中被征收人应得的补偿安置权益。因再审申请人发布征收决定与实际赔偿相隔过长，一审法院以判决时的市场价格确定赔偿标准，判令赔偿再审被申请人房屋损失 1 797 800 元。案涉房屋系门面房，被拆除时再审被申请人出租给他人作为经营房并收取租金，该项租金损失属直接损失范畴，一审法院判令予以赔偿。一审法院还判令赔偿再审被申请人搬迁费 2000 元和临时安置过渡费 42 000 元。从再审申请人向本院提交的再审申请材料看，难以得出二审法院维持一审判决存在错误的结论。再审申请人所提再审理由不能成立，本院不予支持。

**【案例 2】崔某诉内蒙古自治区呼和浩特市新城区人民政府行政赔偿案**②

崔某于 2013 年 9 月 25 日与案外人签订了《出租房屋合同书》，租期为五年，约定租金为每年 29 万元整，并预收租金 20 000 元。内蒙古自治区呼和浩特市新城区人民政府（以下简称新城区政府）于 2013 年 11 月 17 日向崔某发出《房屋征收通知》，要求接到通知后，对于前期出租的房屋，尽快解除租赁合同。2013 年 11 月 23 日，崔某和承租人解除了上述租赁合同，并退还承租人租金 20 000 元。崔某主张，其提起本案一审时涉案房屋仍未被征收，

---

① 最高人民法院（2020）最高法行申 6908 号行政赔偿裁定书。

② 最高人民法院（2016）最高法行申 4118 号行政裁定书。

应赔偿其依据合同应享有的自2013年11月25日至2015年11月24日的租金580 000元。最高人民法院经审查认为，就本案而言，被诉《房屋征收通知》张贴数年后涉案土地方进入征收程序，确实给当事人造成了事实的侵害。本案涉及的相关利益系崔某通过依法签订租房合同完全可以取得的确定的、客观的利益，本可通过合同实际履行得以实现，此种情形不同于房屋空置的情况下主张房屋出租后收益的“期待利益”的情形。原审判决认为合同约定的收益不属于实际损失存在适用法律、法规确有错误的情形。

**【分析】**

房屋租金损失属于“期待利益”，一般不予赔偿。但是，有些情形需要注意，因征收导致租房合同被解除而产生的租金损失，系当事人通过依法签订租房合同完全可以取得的确定的、客观的利益，本可通过合同实际履行得以实现，此种情形不同于房屋空置的情况下主张房屋出租后收益的“期待利益”的情形。由于行政机关长期未履行拆迁职责，导致房屋一直处于待拆除的状态，且当事人无法正常使用房屋。人民法院可以根据法律规定和案件实际情况，判令行政机关按租金损失进行赔偿。对此，要注意区分相关停产停业损失中是否已包含该租金损失。具体来说，在涉征收行政赔偿纠纷中，基于违法拆除引发的行政赔偿，赔偿理应不低于在依法征收中被征收人应得的补偿安置权益。根据《国家赔偿法》的规定，违法行政强制行为给当事人的财产权造成直接损失的，可以获得赔偿。如果被拆建筑属于合法建筑，那么行政强制行为直接导致该合法建筑使用价值的丧失，而此时的租金损失实际蕴含了房屋使用价值的损失，即对于被征收人出租房屋给他人作为经营房并收取租金的，法院对于该部分损失可参照租金标准，综合考虑各种因素后予以酌定。

**【规范指引】**

《国家赔偿法》第4条;《行政赔偿案件若干问题规定》第28条。

## 争点 2：赔偿义务机关未尽合理注意义务的损失认定

**【案例】郭某诉北京市朝阳区人民政府行政复议案**①

郭某为朝阳区十八里店乡承租人。2015 年 4 月，郭某在未取得任何相关建设规划许可手续的情况下，在其公租房东侧墙根处搭建彩钢房，并在其公租房西侧两户已经腾退、正在拆除的房屋上进行彩钢封顶恢复。当郭某自行搭建的彩钢房和彩钢封顶设施完成后，北京市朝阳区十八里店乡人民政府（以下简称十八里店乡政府）于 2015 年 4 月 21 日对其作出并送达《责令停止建设通知书》，告知其建设的彩钢棚，未能出示乡村建设规划许可证、临时乡村建设规划许可证，责令其立即停止建设并接受进一步调查。同年 4 月 23 日，十八里店乡政府向郭某作出并送达《限期拆除违法建设通知书》，告知其建筑未取得建设工程规划等许可手续，属于违法建设，要求其立即停止违法施工，并将在建和已经建成的违法建设在二日内自行拆除完毕，恢复原貌，逾期未拆除的，将依法查处。同年 4 月 29 日，十八里店乡政府对郭某自行搭建的彩钢房和彩钢封顶设施进行了强制拆除。郭某不服，向北京市朝阳区人民政府（以下简称朝阳区政府）申请复议，朝阳区政府作出 183 号复议决定，认定十八里店乡政府对郭某自行搭建彩钢房、彩钢封顶设施进行查处是依法履行法定职责，但查处程序不符合《北京市禁止违法建设若干规定》中关于拆除违法建设的程序性规定，属于程序违法。另，对于郭某提出的请求确认十八里店乡政府城管部门越权拆违的行政强制行为违法，赔偿因十八里店乡政府违反法定程序强制拆除行为给其造成的经济损失 4.6 万元或将暴力强拆房屋恢复原样的行政复议请求，因无事实根据和法律依据，不予支持。该机关据此决定确认十八里店乡政府拆除郭某违法建设的行为违法。郭某不服，提起行政诉讼。一、二审法院均认定复议决定并无不当。郭某申请再审。再审法院认为郭某坚持主张十八里店乡政府实施破坏性暴力拆除，并提交违法破坏性强制拆除录像（附房屋内被侵犯相邻权的相关照片及拆除现场建筑材料被毁损的照片）为证。郭某提交的该视听资料亦属确定其享有所有权的建筑材料是否受到明显不合理、过度毁损的相关证据。一、二审法院未对此证据的关联性、合法性、真实性等进行深入审核认定，且十八里店乡政府是否超

① 最高人民法院（2017）最高法行申 3854 号行政裁定书。

出《限期拆除违法建筑通知书》规定的范围实施强制拆除亦涉及赔偿责任问题，故一、二审法院对再审被申请人作出不予支持再审申请人行政赔偿请求的183号复议决定予以认可，亦构成认定事实的主要证据不足。故裁定指令北京市高级人民法院再审。

【分析】

依照《国家赔偿法》第2条的规定，公民、法人和其他组织的合法权益受到损害是取得国家赔偿的基本前提。再审申请人的财产权是否受到乡政府强制拆除行为的侵犯是判断其应否取得行政赔偿的要端。违法建设不属于再审申请人的合法财产权益，对违法建设的拆除自然不会产生国家赔偿。但建设本身违法并不意味着建筑材料亦随之变成非法财物。建筑材料属于当事人的合法财产。行政机关在对违法建设实施强制拆除的过程中，若违反法定程序及采取的手段、方式不适中、不正当，导致建筑材料受到明显不合理、过度毁损的，应当根据建筑材料的合理价值、违法强制拆除行为造成的合理损失等因素承担相应的赔偿责任。

在强拆程序合法的情况下，相对人不在规定的期限内予以拆除，应视为放弃建筑材料的所有权，行政机关对建筑材料的毁损不应承担赔偿责任；在违法拆除的情况下，建筑物违章状态不确定或虽然违章状态确定，但相对人可自行拆除以最大限度保护自己对建筑材料享有的物权价值，行政机关剥夺了相对人自行拆除权，则应给予适当赔偿。赔偿应限定在建筑材料可能减少的合理损失范围内。行政机关的赔偿应与其过错相适应，但是违章拆除造成损失的根本原因却在于相对人的违法行为，因此，赔偿范围仅限于理论上可救济的范围，即相对人通过自行拆除可以减少的损失。对于与建筑物融为一体、可分性不强的建筑材料，无论由谁拆除，均会导致该部分建筑材料的毁损，此类建筑材料不在赔偿范畴之内；对于虽依附于违章建筑但具有独立性、可分性的，且拆除后价值减损较小的建筑材料，如门窗等，若未尽到合理注意义务造成建筑材料价值损失的，行政机关应当予以赔偿。

关于强制拆除行政赔偿请求的审查。当事人对于拆违决定或者拆违行为不服，往往一并提出行政赔偿诉讼，请求行政机关对拆违行为造成其合法权益的损失予以赔偿。根据《最高人民法院关于行政诉讼证据若干问题的规定》第5条的规定，当事人应当对强制拆除违法建筑造成损害的事实提供证据。当事人如果不能提供证明损害事实的有效证据，则应承担败诉风险。实践中，行政相对人在主观上往往缺乏取证意识，客观上难以靠近拆除现场，致使其举证能力较弱。对此可合理运用《行政诉讼法》第38条第2款关于举证责任倒置的规定，在行政赔偿、补偿的案件中，因被告的原因导致原告无法举证，由被告承担举证责任。实践中，行政机关负责对损失进行举证的情形，主要包括因违法造成证据灭失或取证困难等。强制拆除会导致建筑材料在某种程度上的毁损，影响其重复利用价值，对此行政相对人往往要求赔偿损失。

实践中，首先应肯定违法建筑的搭建人对建筑材料的所有权，行政机关在拆除过程中应负有必要的审慎义务，采用适当方式拆除。若强制执行实施前行政机关已经进行催告、公告等程序，相对人无正当理由逾期拒不自行拆除的，应对强制拆除造成的建筑材料毁损承担相应责任。只要行政机关没有严重不合理的毁损行为，则对建筑材料的毁损一般不予赔偿。

对于拆除的建筑材料，应告知相对人自行处理。如相对人在合理期间内不及时清理导致建筑材料灭失，行政机关不承担赔偿责任。若行政机关未尽合理注意义务造成损失的，应予以赔偿。行政赔偿数额的认定方法包括评估、鉴定或者参照生活经验酌定等，还可参照补偿标准确定具体赔偿数额。对具体赔偿数额的认定需要充分考量有关证据情况，结合一般的生活经验进行认定。

**【规范指引】**

《国家赔偿法》第2条；《最高人民法院关于行政诉讼证据若干问题的规定》第5条。

## 三、法律适用中的疑难问题

### 问题1：当事人已获得征收补偿后不得再行申请赔偿

**【案例】易某1、易某2诉湖南省长沙市岳麓区人民政府房屋强拆行政赔偿案**[①]

1987年6月14日，易某1、易某2经岳麓区天顶乡人民政府批准建房，持有望国土乡字第335号《非耕地建房许可证》，同意使用土地面积100㎡。易某1、易某2实际建筑房屋总面积为263.76㎡，其中合法建筑面积200㎡，

① 最高人民法院（2015）行提字第20号行政赔偿判决书。

违法建筑面积63.76㎡。2009年1月9日，该房屋被岳麓区人民政府（以下简称岳麓区政府）的职能部门违法拆除。经相关部门审批后，长沙市将岳麓区天顶乡部分农用地转用、土地征用作为长沙市高科技园项目建设用地。2001年11月27日，长沙市人民政府发布（2001）第07号《征用土地方案公告》，征收集体土地2839.69亩，用于长沙市高科技园项目建设，规定征地补偿标准和安置办法按《长沙市征地补偿安置条例》《长沙市征地补偿安置条例实施办法》和有关补偿标准执行。易某1、易某2所有的房屋位于长沙市高科技园项目建设用地红线范围内，属集体土地。岳麓区政府强制拆除涉案房屋的行为，已被生效的行政判决确认违法。易某1、易某2向岳麓区政府申请行政赔偿，法定期限内岳麓区政府未作出赔偿决定。易某1、易某2遂向一审法院提起本案诉讼，请求判令岳麓区政府将强拆的易某1、易某2房屋恢复原状，或者赔偿同等区位、面积、用途的房屋；判令岳麓区政府赔偿易某1、易某2强拆房屋所造成的动产经济损失33 448元。一审法院判决由岳麓区政府赔偿违法拆除易某1、易某2房屋所造成的经济损失共计164 116.11元；同时驳回易某1、易某2要求岳麓区政府赔偿动产经济损失33 448元的诉讼请求。二审法院维持原赔偿内容。再审法院认为在征收案件中，评估报告是确定房屋补偿价值的核心证据。评估中如何选择评估时点，很大程度上决定了案件争议能否得到实质化解，合法权益能否得到充分保障。《征补条例》第2条规定的"应当对被征收房屋所有权人给予公平补偿"原则，应贯穿征收与补偿的全过程，否则将影响正常的生产生活秩序和社会稳定。房屋作为一种特殊的财物价格波动较大，为了最大限度地保护当事人的权益，房屋损失赔偿时点的确定，应当选择最能弥补当事人损失的时点。在房屋价格增长较快的情况下，以违法行政行为发生时为准，无法弥补当事人的损失。以法院委托评估时为准，更加符合公平合理的补偿原则。就房屋损失的评估价值，采纳2019年4月18日为时点的评估报告更有利于保障申请赔偿人的基本生存权利，确保其得到公平合理的产权保护，故岳麓区政府应赔偿易某1、易某2房屋损失139.68万元。最终判决：撤销湖南省高级人民法院（2011）湘高法行终字第106号行政赔偿判决；撤销湖南省长沙市中级人民法院（2011）长中法赔字第0001号行政赔偿判决；判令湖南省长沙市岳麓区人民政府在本判决生效之日起三个月内赔偿易某1、易某2涉案房屋损失139.68万元、材料损失3188元、搬迁补偿费2160元、房屋装饰装修损失84 000元以及屋内动产损失30 000元；本案评估费27 700元由岳麓区政府承担；驳回易某1、易某 2 其他诉讼请求。

【分析】

在未与当事人达成安置补偿协议或者作出相应补偿决定的情况下，当事人房屋被政府强制拆除。生效行政判决亦因此确认强拆行为违法。当事人向区政府申请行政赔偿，法定期限内区政府未作出赔偿决定引发诉讼。房屋作为一种特殊的财物，价格波动较大，为了最大限度保护当事人的权益，房屋损失赔偿时点的确定，应当选择最能弥补当事人损失的时点。在房屋价格增长较快的情况下，以违法行政行为发生时为准，无法弥补当事人的损失。此时以法院委托评估时为准，更加符合公平合理的赔偿原则。

行政机关核定并转账支付房屋补偿款，当事人未提供证据否定补偿款的合理性，其再次要求行政赔偿，没有法律依据。征收主体在综合考虑房屋建造背景等客观情况的基础上，根据征收补偿方案及分户评估报告，核定并向当事人转账支付房屋补偿款，当事人虽主张转账行为不具有法律效力且该补偿款不足以弥补其实际损失，但未提供证据否定房屋补偿款的合理性，应予认定。

【规范指引】

《行政赔偿案件若干问题规定》第 27 条。

## 问题 2：抢栽抢种的苗木不属于国家赔偿范围

**【案例】孟某与吉林省长春空港经济开发区管理委员会行政强制及行政赔偿案**①

2015 年 5 月 4 日，长春市人民政府下发通告，通告中专项治理范围包含案涉新民村，并明令禁止未经批准栽种树木及其他经济作物。2016 年，吉林省诚信房地产测绘有限责任公司（以下简称诚信测绘公司）对孟某案涉土地地上物进行测绘，显示当时种植农作物为玉米。2018 年 1 月，诚信测绘公司又对案涉土地进行测绘，与 2016 年的测绘结果不一致。2018 年 8 月，吉林省长春空港经济开发区管理委员会（以下简称空港区管委会）强制拆除并清理了孟某地上附着物。2019 年 6 月，孟某向长春市中级人民法院提起诉讼，

① 最高人民法院（2020）最高法行申 9934 号行政裁定书。

请求确认空港区管委会强行清理其地上附着物行为违法，并要求赔偿损失553 750元。长春市中级人民法院经审理，判决确认空港区管委会强制拆除清理孟某地上附着物行为违法，驳回孟某的赔偿请求。孟某不服，向吉林省高级人民法院提起上诉。吉林省高级人民法院经审理，判决驳回上诉，维持原判。孟某不服，向最高人民法院申请再审。最高人民法院认为，依据《国家赔偿法》的规定，国家赔偿的对象是公民、法人和其他组织的合法权益。孟某在行政机关下发禁止未经批准栽种树木及其他经济作物的通告后，将种植玉米改为种植苗木，其行为属于抢栽抢种的行为，该利益不应当予以保护。遂驳回孟某的再审申请。

【分析】

根据《国家赔偿法》第 2 条第 1 款的规定，国家赔偿的范围应当是受害人的合法权益。如果当事人受到的损害是不法利益，即使存在违法强制行为，实施强制的行政机关也无需进行赔偿。根据《征补条例》第 16 条第 1 款规定，房屋征收范围确定后，不得在房屋征收范围内实施新建、扩建、改建房屋和改变房屋用途等不当增加补偿费用的行为；违反规定实施的，不予补偿。另外，根据刑法的相关规定，通过抢栽、抢种、抢建地上附着物和青苗而骗取征地补偿款数额较大或巨大的，可构成诈骗罪，情节严重者可判处 10 年以上有期徒刑。故抢栽抢种因其本身不具有合法性，对其拆除并未构成损害，不属于国家赔偿范围。

【规范指引】

《国家赔偿法》第 2 条。

## 第三节　涉征收行政赔偿纠纷的审理与认定

### 一、审查要素分析

涉征收行政赔偿纠纷的审理与认定，一方面要确保征收赔偿纠纷的处理符合法律规定，另一方面要能保障当事人的合法赔偿利益得到满足，其审查要素主要包括以下方面。

### （一）行政主体存在职务违法行为

审查执行行政职务的行政机关及其工作人员是否存在违法执行职务的行为，即当事人主张的侵权事实是否存在，它是行政赔偿责任中最根本的构成要件。

**【规范指引】**

《国家赔偿法》第 3 条、第 4 条。

### （二）违法行为造成实际损害后果

损害结果，即行为主体的职务违法行为是否造成了客观后果，且造成的损害为合法权益，不合法的权益或者违法权益不应得到赔偿。审查案件过程中尤其需要注意损害结果举证责任分配和金额的审查。一般情况下，采用“谁主张，谁举证”原则，在特定情况下，举证责任发生转移。

**【规范指引】**

《国家赔偿法》第 15 条。

### （三）违法行为与损害后果之间的因果关系

因果关系，即行为主体所为职务行为与损害结果之间是否具有关联性。在涉及多个行政行为时，判断行政赔偿因果关系，要分析具体是哪个侵权行为与损害结果存在内在联系，进而明确起诉基础。

**【规范指引】**

《行政赔偿案件若干问题规定》第 12 条。

### （四）赔偿范围

《国家赔偿法》第 32 条规定，国家赔偿以支付赔偿金为主要方式。能够返还财产或者恢复原状的，予以返还财产或者恢复原状。该法第 36 条第 3~4 项规定，应当返还的财产损坏的，能够恢复原状的恢复原状，不能恢复原状的，按照损害程度给付相应的赔偿金；应当返还的财产灭失的，给付相应的赔偿金。据此，在涉征收行政赔偿案件中，被拆除房屋已无法恢复原状，依法应当判令支付赔偿金，不能让当事人获得的赔偿数额低于依法征收可能获得的补偿数额。同时，为了最大限度地发挥国家赔偿制度在维护和救济因受到公权力不法侵害的行政相对人的合法权益方面的功能与作用，对《国家赔偿法》第 36 条中关于赔偿损失范围之“直接损失”的理解，不仅包括赔偿请求人因违法拆除行为造成的直接财产损失，还应包括其作为被征收人所可能享有的全部房屋征收安置补偿权益，如产权调换安置房、过渡费、搬家费、奖励费以及对动产造成的直接损失等，如此才符合国家赔偿法的立法精神。但对于被征收对象系未办理相关审批手续进行建设的情形，其本身属于违法建设，违法建筑物本身不属于国家赔偿的范围。

**【规范指引】**

《国家赔偿法》第 32 条、第 36 条。

## 二、争点整理与认定

### （一）涉征收行政强制造成的赔偿范围

## 争点 1：违法建筑的可重复利用材料应予赔偿

**【案例】某厂诉上海市闸北区人民政府要求确认侵占行为违法并要求行政赔偿案**[①]

原上海市闸北区规划局（以下简称闸北区规划局）于 2009 年 2 月 18 日作出闸规查（2009）第（011）号限期拆除违法建筑决定，认为某厂未办理建设工程规划许可证，擅自在本市彭浦路 × 号厂区 1 号、2 号、3 号房楼顶搭建 580 平方米，搭建地面棚 300 平方米，根据《上海市城市规划条例》第 59 条第 1 款规定，上述建设行为属违法建设。故限某厂于同年 3 月 5 日前自行拆除上述违法建筑。因某厂未在限期内自行拆除违法建筑，上海市闸北区人民政府（以下简称闸北区政府）遂根据原闸北区规划局的申请，于 2009 年 3 月 23 日向某厂发布拆除违法建筑的通告，并于 2009 年 7 月 28 日组织相关部门对厂区内的违法建筑实施了强制拆除。执行强制拆除的人员将从地面棚上拆下的部分彩钢板运离现场。某厂认为闸北区政府对厂区的房楼顶建筑、地面棚、自行车雨棚等实施了强制拆除，并将拆下的彩钢板等建筑材料运走，

① 上海市第二中级人民法院（2009）沪二中行初字第 28 号行政判决书。

还拿走了某厂的十余只电表。闸北区政府无权没收某厂彩钢板等建筑材料。故向法院起诉，请求确认闸北区政府在 2009 年 7 月 28 日对某厂执法中侵占彩钢板、电表等物品的行为违法。一审法院经审理后认为某厂在本市彭浦路 × 号厂区 1 号、2 号、3 号房楼顶搭建的建筑物及在地面空间搭建的地面棚，虽已被上述限期拆除决定认定为违法建筑，但某厂认为其对被拆除建筑物、搭建物的建筑材料享有权利的主张，能够成立。闸北区政府将上述建筑材料作为建筑垃圾进行处理确有不当，依法应当予以返还。故确认判决闸北区政府在 2009 年 7 月 28 日对某厂强制执行中将拆下的彩钢板等建筑材料运离的行为违法；并赔偿某厂建筑材料折价款 5000 元。

【分析】

虽然违法建筑本身不属于当事人的合法财产权益，但并不意味着建造该建筑的建筑材料属于非法财物。因此，对于建筑材料，普遍认为应当属于当事人的合法财产。强拆行为实施机关如果因拆除不当造成建筑材料不合理灭失或损毁的，应当根据建筑材料的合理价值（残值）、违法强拆行为造成的合理损失等因素承担相应的赔偿责任。另外，一般认为，违法建筑内部装修依附于违法建筑本身且密不可分，是否造成损害、应否予以赔偿，应与对建筑物本身的认定一致。但如果在实际案件中，有证据证明违法建筑室内装修本身确实存在较大的经济价值，也可结合证据材料通过适当增加建筑材料残值赔偿具体金额的方式，保障当事人的合法权益。总体而言，行政机关未经法定告知程序，剥夺了相对人自行救济的权利导致建筑材料损失扩大的应当予以赔偿；行政机关违法强制拆除造成可回收、利用的废旧建筑材料损失的，依法应当予以赔偿；如果行政机关实施的强制拆除行为违法，且因未尽到审慎注意义务等原因造成当事人的合法财产受到毁损的，应当根据建筑材料的合理价值、违法强制拆除行为造成的合理损失等因素承担相应的赔偿责任；行政机关在对违法建设实施强制拆除的过程中导致建筑材料受到明显不合理、过度毁损的，应承担相应的赔偿责任；行政机关因强制拆除违法建筑手段、方式不当，造成当事人建筑材料合法权益损失的，应当依法予以赔偿；违建被拆除后，不存在因拆除方式不当等导致损失扩大的情况，建筑材料的价值不予赔偿。被征收人未经规划管理部门许可，擅自搭建的建筑物、构筑物虽被认定为违法建筑，但其对该建筑物、搭建物的建筑材料享有所有权。行政机关强制拆除违法建筑后，将拆下的部分建筑材料运离现场并作建筑垃圾处理，缺乏法律依据，属于违法的行政事实行为，应承担相应的行政赔偿责任。

**【规范指引】**

《国家赔偿法》第 4 条。

## 争点 2：强拆造成的室内物品损失应予赔偿

**【案例】李某和广东省湛江市城市管理和综合执法局及第三人广东省湛江市坡头区南调街麻西社区居民委员会三柏西第一居民小组行政强制及行政赔偿案**[①]

李某因与广东省湛江市坡头区人民政府、城市管理和综合执法局（以下简称综合执法局）及坡头区南调街麻西社区居民委员会三柏西第一居民小组（以下简称三柏西第一居民小组）行政强制及赔偿一案，不服广东省高级人民法院（2018）粤行终 1931 号行政判决。李某以认定其房屋为非法建筑进行强制拆除属违法，应予赔偿，以及未足额赔偿为由，向最高人民法院申请再审，请求撤销一、二审判决，依法再审。再审法院认为本案一、二审判决已确认强制拆除李某主张的案涉房屋违法，李某确认违法的诉讼请求已经得到支持。因此本案申请再审审查的重点在于李某是否存在需要依法赔偿的损失。由于本案的强制拆除实则系在征收补偿程序中发生，而案涉相关征地行为已在另案审理中被确认合法，征收行为系按照《土地管理法》相关规定进行，补偿方案也按照相关规定进行公告听取意见，并未有单位或个人提出异议。相关部门也已对李某应得的补偿安置进行了计算并通知领取，李某被强制拆除的房屋已经通过征收补偿程序得到补偿，其请求再予以赔偿不符合法律规定。因李某未及时搬迁，涉案建筑被按拆除违章建筑的程序实施强制拆除时，有录像、公证等形式对屋内物品予以记录，在安置保管期间也通知李某领取，而李某在申请再审审查期间亦未能提供相关屋内物品损失的证据，因此其主张未足额赔偿的请求，不予支持。裁定驳回再审申请人李某的再审申请。

**【分析】**

行政机关实施强拆行为前，应当依法妥善保管建筑物内的物品并及时通知当事人领取，通常并不会导致建筑物内的物品丢失或损毁。涉案建筑被按拆除违章建筑的程序实施强制拆除时，行政机关以录像、公证等形式对屋内

---

① 最高人民法院（2020）最高法行申 8291 号行政裁定书。

物品予以记录，在安置保管期间也通知李某领取，而当事人未能提供相关屋内物品损失的证据。因此，当事人关于室内物品未予赔偿的请求，不予支持。但在强拆过程中，尤其是在未经任何法定程序直接实施强拆行为时，往往会导致建筑内可移动的物品损毁或灭失，给当事人造成损害。对于当事人能提供证据证明的损失，应当予以赔偿或酌情予以赔偿。

**【规范指引】**

《国家赔偿法》第 4 条。

## 争点 3：补偿利益属于直接损失

**【案例】周某诉浙江省湖州经济技术开发区管理委员会拆迁行政赔偿案** ①

周某在浙江省湖州市吴兴区凤凰街道陈板桥村章家湾自然村拥有房屋两处。章家湾村于 2010 年起开始实施农房拆迁改造，因未能与周某达成安置补偿协议，湖州经济技术开发区管理委员会（以下简称湖州经开区管委会）组织人员将涉案建筑强制拆除。周某不服诉至一审法院，请求判令湖州经开区管委会按国有土地上房屋征收标准对其安置赔偿人民币 8 271 780 元。法院经审理认为，为了最大程度地发挥国家赔偿法维护和救济受害行政相对人合法权益的功能与作用，对赔偿损失范围“直接损失”的理解，不仅包括既得财产利益的损失，还应当包括虽非既得但又必然可得的如应享有的农房拆迁安置补偿权益等财产利益损失。本案中，如果没有湖州经开区管委会违法强拆行为的介入，周某可以通过拆迁安置补偿程序依法获得相应补偿，故这部分利益属于必然可得利益，应当纳入国家赔偿法规定的“直接损失”范围。最终再审判决撤销一、二审法院的行政赔偿判决并责令浙江省湖州经开区管委会在本判决生效之日起 90 日内对周某依法予以全面赔偿。

**【分析】**

《国家赔偿法》第 36 条第 8 项规定：侵犯公民、法人和其他组织的财产权造成其他损害的，按照直接损失给予赔偿。行政赔偿与拆迁补偿安置分属不同的救济途径，且《国家赔偿法》第 36 条第 8 项已明确规定财产权受到损害的按照直接损失给予赔偿，比如当事人享有的征收安置补偿的权利。涉征

---

① 最高人民法院（2018）最高法行再 163 号行政赔偿判决书。

收行政赔偿责任之源起，一般系征收程序中征收主体因未能与被征收人达成安置补偿协议，而由行政机关组织强制拆除。其中大多行政强制行为被确认违法，其违法性多体现征收主体未经法定程序制作催告书、未听取当事人意见等。根据行政法的基本原理，行政机关基于合法行政行为造成他人损失产生的是补偿责任，反之因违法实施行政行为造成他人损害产生的是赔偿责任。行政赔偿是国家赔偿的一种形式。《国家赔偿法》关于“直接损失”的范围，除包括被拆建筑物重置成本损失外，还应当包括被征收人应享有的安置补偿权益以及对动产造成的直接损失等。主要理由是：第一，将安置补偿权益归入赔偿范围，符合国家赔偿法的立法精神。国家赔偿制度设立的初衷，在于弥补公民因国家行政权或者司法权的违法运用而遭受的损失，使之恢复到未被侵害前的状态。要最大程度地发挥《国家赔偿法》在维护和救济因受到国家公权力不法侵害的行政相对人的合法权益方面的功能与作用，对《国家赔偿法》第 36 条中关于赔偿损失范围之“直接损失”的理解，就不仅包括既得财产利益的损失，还应当包括虽非既得但又必然可得的财产利益损失，才符合该法的立法精神。第二，将被征收人必然可得的征收补偿排除在行政赔偿之外，明显有失公正。如果被征收人无法通过行政赔偿程序，获得按照征收补偿程序本可获得的全部补偿，客观上将造成其受到法律保护的利益因无法得到司法救济而难以实现，而征收人却因违法行为而免予承担本应更关键、影响程度更大的一部分赔偿责任之负面后果。对《国家赔偿法》“直接损失”的准确理解，有利于防止实践中不当限缩赔偿义务机关应当承担的国家赔偿责任，厘清类似情况下的行政赔偿范围，对于减少纠纷，统一裁判尺度，规范赔偿秩序具有正向引导作用，从而有利于充分体现“有权必有责，用权受监督，侵权要赔偿，违法要追究”的权责相统一的法治理念。第三，人民法院在条件允许的情况下，通过行政赔偿程序一并解决相关拆迁补偿问题，符合诉讼经济原则，有利于行政争议的实质性化解，也有利于警示教育赔偿义务机关及其工作人员。无论此前的拆迁补偿还是实施强拆行为被法院确认违法之后的拆迁赔偿，相关责任主体都是征收人，此前与此后都无法规避行政法上的补偿或赔偿义务。对于被征收人，两种程序解决的是同一损失的弥补问题，而从国家赔偿的实际功能看，不仅在于实现国家对行政侵权受害者的救济和体恤，也在一定程度上体现着对赔偿义务机关及其工作人员的警示与教育。因此，出于实质解决争议，减少当事人讼累，节约国家司法和行政资源，以及警示赔偿义务机关及其工作人员及时纠错、严格公正文明执法之考量，宜通过行政赔偿程序一并解决纠纷为宜。按照全面赔偿原则，对被征收人的合法权益全面及时、一次性地赔偿救济到位，有利于体现行政诉讼便于当事人诉讼，便于人民法院依法独立、公正和高效行使审判权的“两便”原则，体现诉讼经济的司法规律和促进行政机关依法行政的新时代要求。

**【规范指引】**

《国家赔偿法》第36条第8项。

## 争点4：停产停业损失应予赔偿

**【案例】许某诉浙江省金华市婺城区人民政府行政赔偿案**[①]

2001年7月，因浙江省金华市婺城区后溪街西区地块改造及“两街”整合区块改造项目建设需要，原金华市房地产管理局向金华市某开发有限公司颁发了房屋拆迁许可证，许某位于金华市婺城区五一路迎宾巷×1号、×2号的房屋被纳入上述拆迁许可证的拆迁红线范围。但拆迁人在拆迁许可证规定的期限内一直未实施拆迁。2014年8月31日，婺城区人民政府（以下简称婺城区政府）发布《婺城区人民政府关于二七区块旧城改造房屋征收范围的公告》，明确对二七区块范围实施改造，公布了房屋征收范围图，许某房屋所在的迎宾巷区块位于征收范围内。2014年10月26日，婺城区政府发布了房屋征收决定，案涉房屋被纳入征收决定范围。但该房屋于婺城区政府作出征收决定前的2014年9月26日即被拆除。许某提起行政诉讼，请求确认婺城区政府强制拆除其房屋的行政行为违法，同时提出包括房屋损失、停产停业损失、物品损失在内的三项行政赔偿请求。

浙江省金华市中级人民法院一审认为：许某未与房屋征收部门达成补偿协议，也未明确同意将案涉房屋腾空并交付拆除。在此情形下，婺城区政府依法应对许某作出补偿决定后，通过申请人民法院强制执行的方式强制搬迁，而不能直接将案涉房屋拆除。婺城区政府主张案涉房屋系案外人“误拆”证据不足且与事实不符。鉴于案涉房屋已纳入征收范围内，房屋已无恢复原状的可能性和必要性，宜由婺城区政府参照征收补偿安置方案作出赔偿。遂判决确认婺城区政府强制拆除房屋行政行为违法，责令婺城区政府于判决生效

---

① 最高人民法院（2017）最高法行再101号行政裁定书。

之日起 60 日内参照《婺城区二七区块旧城改造房屋征收补偿方案》对许某作出赔偿。

许某不服，提起上诉。浙江省高级人民法院二审认为：案涉房屋虽被婺城区政府违法拆除，但该房屋被纳入征收范围后，仍可通过征收补偿程序获得补偿，许某通过国家赔偿程序解决案涉房屋被违法拆除损失，缺乏法律依据。许某提出要求赔偿每月 2 万元停产停业损失的请求，属于房屋征收补偿范围，可以通过征收补偿程序解决。至于许某提出的赔偿财产损失 6 万元，因其没有提供相关财产损失的证据，不予支持。遂判决维持一审有关确认违法判项，撤销一审有关责令赔偿判项，驳回许某的其他诉讼请求。

最高人民法院再审认为：本案虽然有某建筑公司主动承认“误拆”，但许某提供的现场照片等证据均能证实强制拆除系政府主导下进行，婺城区政府主张强拆系民事侵权的理由不能成立，其应承担相应的赔偿责任。人民法院应当综合协调适用《国家赔偿法》《征补条例》的相关规定，依法、科学决定赔偿项目和赔偿数额，让被征收人得到的赔偿不低于其依照征收补偿方案应当获得、也可以获得的征收补偿，但国家赔偿与行政补偿相同的项目不得重复计付。具体而言，对于房屋损失的赔偿方式与赔偿标准问题，婺城区政府既可以用在改建地段或者就近地段提供类似房屋的方式予以赔偿，也可以根据作出赔偿决定时点有效的房地产市场评估价格计付赔偿款。鉴于案涉房屋已被拆除，房地产评估机构应当根据婺城区政府与许某提供的原始资料，本着疑点利益归于产权人的原则，依法独立、客观、公正地出具评估报告。对于停产停业损失赔偿标准问题，如果许某提供的营业执照、纳税证明等证据，能够证明其符合法律法规和当地规范性文件所确定的经营用房条件，则婺城区政府应当依法合理确定停产停业损失的金额并予以赔偿。对于屋内物品损失赔偿金额确定方式问题，婺城区政府可以根据市场行情，结合许某经营的实际情况以及其所提供的现场照片、物品损失清单等，按照有利于许某的原则酌情确定赔偿数额。遂判决维持原审关于确认婺城区政府强制拆除许某房屋行政行为违法的判项；撤销一审责令婺城区政府参照《补偿方案》对许某作出赔偿的判项；撤销二审驳回赔偿请求的判项；改判责令婺城区政府在本判决生效之日起 90 日内按照本判决对许某依法予以行政赔偿。

**【分析】**

经营性用房遭遇违法强拆，往往会产生停产停业损失。停产停业损失只是补偿因征收给被拆迁人经营造成的临时性经营困难，具有过渡费用性质，因而只能计算适当期间或者按照房屋补偿金额的适当比例计付。被拆迁人在征收或者侵权行为发生后的适当期间，也应当及时寻找合适地址重新经营，不能将因自身原因未开展经营的损失，全部由行政机关来承担。对于停产停业损失的赔偿，一般参照补偿标准确定。各地对停产停业损失规定的补偿标准并不一致，大多要求具备被征收房屋属于非住宅的合法建筑、有合法有效的营业执照、办理税务登记并具有纳税凭证等条件。如果被征收人提供的营业执照、纳税证明等证据，能够证明其符合法定条件，则征收人应当合理确定停产停业损失的金额并予以赔偿。但由于征收过程中的停产停业损失，只是补偿因征收给房屋所有权人经营造成的临时性经营困难，具有过渡费用性质，因而只能计算适当期间或者按照房屋补偿金额的适当比例计付。同时，房屋所有权人在征收或者侵权行为发生后的适当期间，也应当及时寻找合适地址重新经营，不能将因自身原因未开展经营的损失，全部由行政机关来承担。

**【规范指引】**

《国家赔偿法》第4条、第32条、第36条；《征补条例》第4条、第5条、第17条、第21条、第22条、第23条；《征收评估办法》第28条。

## 争点5：搬迁奖励损失应予赔偿

**【案例】覃某诉广西壮族自治区桂林市雁山区人民政府强制拆除房屋及行政赔偿案**[①]

覃某是广西壮族自治区桂林市雁山区一栋楼房的业主，该楼房因为321国道扩建工程被征收。雁山区人民政府（以下简称雁山区政府）与该楼房大部分业主签订了补偿协议，但覃某不满意补偿方案，拒绝签约。雁山区政府随后将该楼鉴定为危房，并以此为由组织强制拆除。覃某认为这是违法行为，侵犯了她的财产权，于是向法院起诉。一审法院判决雁山区政府赔偿覃某房屋损失538 152元及利息。二审法院在此基础上增加15%的搬迁奖励金，改判赔偿总额为623 373.9元及利息。雁山区政府不服，向最高人民法院申请再审。最高人民法院经审查认为，雁山区政府强制拆除房屋行为违法，应当赔偿覃某损失。二审法院参照雁山区政府的补偿方案，增加搬迁奖励金，有利

① 最高人民法院（2020）最高法行申4462号行政裁定书。

于全面赔偿被告损失，引导行政机关依法实施征收行为。因此，最高人民法院驳回了雁山区政府的再审申请。

**【分析】**

根据征收安置补偿方案的规定，原则上，享受搬迁奖励的条件为及时签订补偿协议并在规定时日内主动搬迁。当事人未签约导致房屋被拆除，一般难以享受搬迁奖励。但是，对于某些情形，需要结合行政机关违法行为类型与违法情节轻重，综合协调适用《国家赔偿法》及《征补条例》，依法合理确定赔偿项目及数额，以确保当事人所得赔偿不应低于其依照征收补偿方案的可得数额。为避免出现行政机关实施了违法强制拆除行为却降低了征收成本的不合理结果，人民法院参照涉案征收安置补偿方案，增加搬迁奖励金，有利于全面赔偿当事人损失，引导行政机关依法实施征收行为。

**【规范指引】**

《国家赔偿法》第 4 条、第 32 条、第 36 条；《征补条例》第 4 条、第 5 条、第 17 条、第 21 条、第 22 条、第 23 条。

## 争点 6：精神抚慰金、交通费、误工费、律师费等损失不予赔偿

**【案例】高某诉辽宁省抚顺市新抚区人民政府、辽宁省抚顺市新抚区房屋征收与补偿管理办公室行政赔偿案**[①]

高某因新抚区人民政府（以下简称新抚区政府）强拆其房屋行为违法，起诉要求其赔偿财产损失 309 500 元、借条灭失导致债权无法追偿的损失 80 000 元以及误工费、交通费和材料费、医疗费、误工费、精神抚慰金等。因一、二审法院未全部支持其诉请，其向最高人民法院申请再审称：新抚区政府暴力征收，违法强拆，造成其房屋内财物严重毁损、丢失，其人身权、生命权、健康权受到极大损害。原审对其关于贵重物品损失、误工费、医疗费、借条灭失、精神抚慰金等主张未予支持错误。请求判决新抚区政府赔偿其损失。

最高人民法院经审查认为，关于高某主张的人身权、健康权损害医疗费、误工费、精神损失费的赔偿问题，高某提供的证据不足以证明其所受伤害是

① 最高人民法院（2019）最高法行申 2270 号行政裁定书。

新抚区政府强制拆迁行为所致，且《国家赔偿法》第3条、第35条规定的行政机关及其工作人员在行使行政职权时侵犯公民人身权应当支付相应的精神损害抚慰金的前提是致人精神损害并造成严重后果。在我国目前的国家赔偿制度中，精神损害赔偿限于国家机关及其工作人员实施了《国家赔偿法》第3条及第17条列举的行为时，才可能产生精神损害赔偿。故一、二审法院未支持高某的该项主张，均无不当。关于高某赔偿误工费、交通费和材料费的主张，该项费用并不属于新抚区政府强制拆除行为导致的直接损失，一、二审法院未支持高某该主张，亦无不当。

**【分析】**

《国家赔偿法》第3条、第35条规定的行政机关及其工作人员在行使行政职权时侵犯公民人身权应当支付相应的精神损害抚慰金的前提是致人精神损害并造成严重后果。在我国目前的国家赔偿制度中，精神损害赔偿限于国家机关及其工作人员实施了《国家赔偿法》第3条及第17条列举的行为时，才可能产生精神损害赔偿。对于交通费、误工费、律师费等损失，因不属于强拆行为造成的直接损失，一般不予赔偿。

**【规范指引】**

《国家赔偿法》第3条、第35条。

## 争点7：行政机关未及时支付赔偿金所产生的利息属于直接损失

**【案例】黄某诉山东省济南高新技术产业开发区管理委员会、山东省济南高新技术产业开发区东区街道办事处、山东省济南高新技术产业开发区城市管理行政执法局行政赔偿案**①

黄某于1992年取得历城集建（92）字第1131021号集体土地使用权证，并在该宗地上建成房屋，房屋一直由黄某家庭使用。2010年，黄某所在的东沙沟村整体拆迁。2010年9月，山东省济南高新技术产业开发区管理委员会（以下简称高新区管委会）组织人员对黄某宅基地上的房屋及附属物进行登记，制作宅基地拆迁登记表。在黄某签字认可房屋及附属物情况后，高新区管委会依照鲁价费发〔2008〕178号《山东省物价局、山东省财政厅、山东省

---

① 最高人民法院（2020）最高法行再38号行政判决书。

国土资源厅关于济南等三市调整征地地面附着物和青苗补偿标准的批复》规定的济南市征地地面附着物和青苗补偿标准，制作了货币补偿户费用明细表。2011 年 8 月 5 日，高新区管委会、原山东省济南高新技术产业开发区管理委员会孙村街道办事处（以下简称原孙村街道办，现已变更为山东省济南高新技术产业开发区东区街道办事处）、济南高新技术产业开发区城市管理行政执法局（以下简称高新区执法局）组织力量，将黄某的房屋及附属物一并拆除。2015 年 6 月 2 日，山东省济南市中级人民法院作出（2015）济行初字第 113 号行政判决，确认高新区管委会、原孙村街道办、高新区执法局三机关拆除黄某房屋的行为违法。

2015 年 10 月 28 日、2015 年 11 月 9 日高新区管委会、原孙村街道办、高新区执法局分别对黄某作出《关于黄某行政赔偿申请的答复意见》，主要内容为："……将依据法院的行政赔偿判决数额进行赔偿，你所申请的 11 603 900 元不予支持。"2015 年 11 月 26 日，黄某提起本案行政赔偿诉讼。山东省济南市中级人民法院作出（2015）济行初字第 795 号行政赔偿判决：一、三被告赔偿黄某同区位 160 平方米的住房。二、三被告于本判决生效之日起 30 日内支付黄某赔偿金 336 477.8 元（包括房屋租赁费损失 215 520 元，房屋损失 93 115 元，附属物损失 27 842.8 元）。三、三被告自 2017 年 5 月（包含该月）起，每月向黄某支付过渡费至回迁到安置房为止。四、驳回黄某的其他诉讼请求。

黄某不服一审行政赔偿判决，提起上诉。山东省高级人民法院判决驳回上诉，维持一审判决。

黄某向最高人民法院申请再审。该院经审理判决：一、撤销山东省高级人民法院（2017）鲁行终 1706 号行政赔偿判决；二、维持山东省济南市中级人民法院（2015）济行初字第 795 号行政赔偿判决第一项、第三项、第四项；三、改判（2015）济行初字第 795 号行政赔偿判决第二项为由高新区管委会、济南高新技术产业开发区东区街道办事处、高新区执法局于本判决生效之日起 30 日内，支付黄某赔偿金 364 412.3 元（包括房屋租赁费损失 215 520 元，房屋损失 121 049.5 元，附属物损失 27 842.8 元）及相应利息（利息计算方法：以 148 892.3 元为基数，从 2011 年 8 月 5 日起计算至赔偿款实际支付日止，按照中国人民银行一年期同类存款基准利率计算）。

**【分析】**

人民法院在审理行政赔偿案件时，确定赔偿数额时要坚持全面赔偿和公平合理的理念，要确保赔偿请求人的合法权益得到充分保障。在房屋征收强制拆除的行政赔偿案件中，参照《土地管理法》第 47 条规定，确定土地征收过程中违法强制拆除房屋行政赔偿项目和数额时应当秉持的基本原则是，要保障被征收人居住条件有改善、原有生活水平不降低，确定的赔偿数额至少应不低于赔偿请求人依照安置补偿方案可以获得的全部征收补偿权益，以体现对被侵权人的关爱与体恤，最大限度地发挥国家赔偿制度在维护和救济因受到公权力不法侵害的行政相对人的合法权益方面的功能与作用。

根据《国家赔偿法》第 2 条第 2 款规定，赔偿义务机关应当及时履行赔偿义务。赔偿义务机关违法强制拆除房屋后，理应及时履行赔偿义务，尽快支付违法损害赔偿金，以使赔偿金的孳息尽早归于受害人，尽可能减少受害人的损失。若违法损害赔偿金不计付利息，则会使受害人的直接损失无法得到全部赔偿，甚至可能促使加害人拖延履行赔偿义务。故行政机关未及时支付赔偿金所产生的利息亦属于直接损失的范围，应予赔偿。

**【规范指引】**

《国家赔偿法》第 2 条第 2 款。

（二）损失举证责任分配

## 争点 8：室内物品损失举证责任分配

**【案例】沙某 1、沙某 2、沙某 3、古某与安徽省马鞍山市花山区人民政府房屋拆迁行政赔偿案**[①]

安徽省马鞍山市花山区人民政府（以下简称花山区政府）组织拆除沙某 1、沙某 2、沙某 3、古某等人房屋时，未依法对屋内物品登记保全，未制作物品清单并交其签字确认，致使被征收人无法对物品受损情况举证，故该损失是否存在、具体损失情况等，依法应由花山区政府承担举证责任。一审法院判决要求沙某 1 等人承担举证责任，适用法律不当，依法予以纠正。沙某 1 等人主张的屋内物品包括衣服、家具、手机等，均系日常生活必需品，符合一般家庭实际情况，且花山区政府亦未提供证据证明这些物品不存在，故对

---

① 安徽省高级人民法院（2015）皖行赔终字第 00011 号行政赔偿判决书。

沙某1等人主张的屋内物品种类、数量应予认定。在沙某1等人主张的物品价值方面，除实木雕花床外，其他均未超出正常、合理的市场价范围，依法亦应予以采信。沙某1等人主张其实木雕花床价值为5万元，已超出市场正常价格范围，其又不能确定该床的材质、形成时间、与普通实木雕花床有何不同等，不予采信。出于最大限度保护被侵权人的合法权益考虑，结合目前普通实木雕花床的市场价格，按“就高不就低”原则，综合酌定该实木雕花床价值为3万元。据此，花山区政府应当赔偿上诉人沙某1等四人被拆房屋内各类物品损失共8万元。

**【分析】**

在举证责任分配方面，因行政机关的原因导致被征收人无法对房屋内物品损失举证，行政机关亦因未依法进行财产登记、公证等措施无法对房屋内物品损失举证的，法院对原告未超出市场价值的符合生活常理的房屋内物品的赔偿请求应予支持。双方均有过错的情形下，责任分担应根据各方行为与损害结果之间有无因果关系以及在损害发生和结果中作用力的大小确定行政机关相应的赔偿责任。另外，举证责任分配主要涉及屋内物品损失的举证。根据《行政诉讼法》第38条第2款、《最高人民法院关于行政诉讼证据若干问题的规定》第54条、《行政诉讼法适用解释》第47条第3款的规定，在房屋强制拆除引发的行政赔偿案件中，原告提供了初步证据但因行政机关的原因导致原告无法对房屋内物品损失举证，行政机关亦因未依法进行财产登记、公证等措施无法对房屋内物品损失举证的，人民法院对原告未超出市场价值的符合生活常理的房屋内物品的赔偿请求，应当予以支持。

**【规范指引】**

《国家赔偿法》第36条;《征补条例》第19条。

## 争点9：被告原因导致原告无法举证的，由被告承担举证责任

**【案例】胡某与广西壮族自治区南宁青秀山风景名胜旅游区管理委员会行政强制及行政赔偿案**[①]

胡某未取得规划行政许可，在南宁市青秀区青山园艺场（以下简称青山

① 最高人民法院（2019）最高法行再228号行政判决书。

园艺场）瓦窑村建设有一栋房屋。之后，因为国家建设需要，该房屋被纳入征地拆迁范围。2015 年 1 月 21 日，广西壮族自治区南宁青秀山风景名胜旅游区管理委员会（以下简称青秀山管委会）作出《强制拆除决定书》，决定在当日对涉案房屋实施强制拆除。同日青秀山管委会对胡某房屋实施了强制拆除行为。胡某不服，向南宁市中级人民法院提起行政诉讼。一审法院经审理后判决确认青秀山管委会于 2015 年 1 月 21 日强制拆除涉案房屋的行为违法；由青秀山管委会于本判决生效之日起 60 日内赔偿胡某房屋、地上附着物损失共计 238 886.52 元。胡某不服，提起上诉。二审法院驳回上诉，维持原判。胡某不服，申请再审。再审法院认为本案中，青秀山管委会在实施强制拆除案涉房屋过程中，未依法妥善处置胡某的合法财产，未对其进行清点、登记造册并留存证据，导致青秀山管委会实施违法强制拆除行为后，胡某无法提交证据证明其屋内家具和电器用品等损失，故根据《行政诉讼法》第 38 条第 2 款的规定，对胡某房屋内家具和电器用品损失事实的举证责任应当由青秀山管委会承担，并在未能提供任何相关证据的情况下，承担举证不能的不利后果。同时，考虑到胡某在原审时仅提供了拆除后的现场照片，故应当根据《行政诉讼法适用解释》第 47 条第 3 款和《最高人民法院关于行政诉讼证据若干问题的规定》第 54 条的规定，综合考虑被拆除房屋所在地村民生活水平等因素及根据一般生活经验、生活常识，对胡某一审起诉时提出的案涉房屋内家具和电器用品等损失进行认定。胡某所建房屋征地办编号 W405，面积达 423.61 ㎡，在拆除之前有租给他人使用的事实，其请求家具和电器用品损失合计人民币 20 000 元属于合理范畴，应当予以支持。一、二审法院认为胡某未提交相关证据证明案涉房屋内家具、电器用品等损失，适用法律错误，应予纠正。最终判决：一、撤销广西壮族自治区高级人民法院（2018）桂行终 503 号行政判决；二、撤销广西壮族自治区南宁市中级人民法院（2015）南市行一初字第 186 号行政判决第三项；三、维持广西壮族自治区南宁市中级人民法院（2015）南市行一初字第 186 号行政判决第一项；四、变更广西壮族自治区南宁市中级人民法院（2015）南市行一初字第 186 号行政判决第二项为由青秀山管委会于本判决生效之日起 60 日内赔偿胡某房屋、地上附着物损失人民币 238 886.52 元，房屋内家具、电器用品损失人民币 20 000 元；五、驳回胡某的其他诉讼请求。

**【分析】**

从三大诉讼的证明责任分配和对比来看，都遵循“谁主张、谁举证”的诉讼一般规则。但“被告对作出的行政行为负有举证责任”是行政诉讼领域的一项特例，值得注意的是，这里是指行政机关对行政行为的合法性负有举证责任，对行政行为问题以外的领域，还是遵循“谁主张、谁举证”的一般规则。行政赔偿、补偿是违法行政行为侵害了当事人的合法权益并造成了损害导致的，对于损害事实，则属于行政行为问题以外的领域，因此在举证责任的分配上也遵循“谁主张、谁举证”的一般规则。司法实践中，原告对于损害事实、违法行为是否存在、违法行为与权益受损之间是否存在因果关系等待证事实最为清楚，获取相关证据也最为便利。如果原告不举证，人民法院就难以查清案件事实，作出正确的裁判。因此，行政赔偿、补偿诉讼的举证责任原则上由原告承担符合证明规律。但如果出现由于被告原因导致原告客观上无法提供证明其主张的证据的情况下，则原告主张事实的举证责任就转移给被告，由被告承担。之所以作出这样的规定，主要是考虑到一方面，被告要对自己的过错和违法情形承担责任；另一方面，由于被告的原因往往在客观上导致原告无法举证或难以举证，不宜将举证责任再加诸原告自身。因为是“谁主张、谁举证”一般原则的例外，类似于举证责任倒置，需要有法律和司法解释的明确规定。目前，关于行政赔偿方面举证责任转移的立法规定主要有两处：一是《国家赔偿法》第 15 条第 2 款规定的赔偿义务机关采取行政拘留或者限制人身自由的强制措施期间，被限制人身自由的人死亡或者丧失行为能力的，赔偿义务机关的行为与被限制人身自由的人死亡或者丧失行为能力是否存在因果关系，赔偿义务机关应当提供证据。二是《行政诉讼法》第 38 条第 2 款和《行政诉讼法适用解释》第 47 条第 1 款规定的因被告的原因导致原告无法举证证明行政侵权行为造成损害的情况，如实践中出现的部分行政机关违法征收、野蛮拆迁，在没有对被征收和被拆迁财产依法清点和公证的情况下，强行将当事人驱离现场，对当事人房产、财物肆意毁坏甚至隐匿不报，导致当事人事后无法提供证明其实际损失的证据。

**【规范指引】**

《国家赔偿法》第 15 条第 2 款；《行政诉讼法》第 38 条第 2 款；《行政诉讼法适用解释》第 47 条第 1 款。

### （三）赔偿的标准和方式

## 争点 10：参照征收补偿安置方案确定赔偿标准

**【案例】叶某诉内蒙古自治区包头市东河区人民政府行政赔偿案**①

2013 年 9 月 1 日，内蒙古自治区包头市东河区人民政府（以下简称东河区政府）作出包东政发〔2013〕302 号《关于对北梁棚户区国有土地上房屋征收决定的公告》，实施包头市北梁棚户区搬迁改造项目，对北梁棚户区国有土地上房屋进行征收。文件后附补偿方案及国有土地上征收住宅附属物补偿价格。叶某房屋登记的所有权人为叶某 1，其中私产建筑 79.2 平方米，自建建筑 38.61 平方米，均为砖木结构的房屋，在此次东河区政府征迁范围内。根据补偿方案，东河区政府对叶某房屋及各项附属物经测量给出两种补偿方式。补偿方式一：货币补偿。按照方案规定的货币补偿办法计算，在征收公告规定的期限内签约，私产房屋补偿价为 3450 元 / 平方米，自建房屋补偿价为 2350 元 / 平方米，奖励 10 000 元，住宅房屋按有产权面积每平方米搬迁补助 10 元。2014 年 5 月 19 日，测量叶某房屋的各项附属物包括：（1）棚子（2.2 米以下附属房屋或其他附属物），实测数据 4.32 平方米，按每平方米 200 元补偿，应补偿 864 元；（2）其他（砖砌体二四墙以上围墙或其他），实测数据 14.88 平方米，按每平方米 120 元补偿，应补偿 1785.6 元；（3）门洞，实测数据 3.04 平方米，按每平方米 200 元补偿，应补偿 608 元；（4）大门一个，应补偿 500 元；（5）院落硬化，实测数据 53.1 平方米，按每平方米 60 元补偿，应补偿 3186 元；（6）地下室（菜窖），实测数据 14.4 平方米，按每平方米 400 元补偿，应补偿 5760 元；（7）蓄水池，实测数据 5.04 立方米，按每立方米补偿 400 元，应补偿 2016 元。叶某各项附属物应补偿 14 719.6 元。叶某房屋及各项附属物货币补偿应为：79.2 × 3450+38.61 × 2350+14 719.6+10 000+79.2 × 10 ＝ 389 485.1 元。补偿方式二：产权调换。可选择 90 平方米安置房，因其产权面积小于 90 ㎡，按照产权调换办法“征一还一”计算，扣除房款可得补偿款 119 845.1 元。叶某在东河区政府房屋征收补偿中，明确表示不同意异地安置，要求货币补偿。经协商，没有达成征收补偿协议。2014 年 6 月

---

① 最高人民法院（2019）最高法行赔申 1 号行政裁定书。

19 日，东河区政府将房屋拆除。2015 年 10 月 29 日，叶某提起行政诉讼，请求确认东河区政府拆除其房屋行为违法。2015 年 12 月 12 日，包头市中级人民法院作出（2015）包行初字第 92 号行政判决，以东河区政府没有下达征收补偿决定，也没有履行强制执行的前置程序为由，确认强制拆除行为违法。2016 年 1 月 11 日，叶某单独提起行政赔偿诉讼。包头市中级人民法院以未先行向赔偿义务机关提出申请，起诉不符合法定条件为由，裁定驳回起诉。叶某不服，提起上诉。2017 年 5 月 11 日，内蒙古自治区高级人民法院二审裁定驳回上诉，维持原裁定。2017 年 6 月 8 日，叶某向东河区政府提出书面赔偿申请，东河区政府至叶某起诉之日，未作出是否赔偿的答复。2017 年 8 月 9 日，叶某提起行政赔偿诉讼，请求赔偿包括精神损失在内的各项损失共计 130 万元。

又查明，叶某房屋院落中的果树和葡萄树，东河区政府没有进行登记，现已灭失。根据果树和葡萄树双方留存的影像资料，向包头市林木种苗站进行调查，包头市林木种苗站给出果树每株 500~600 元、葡萄树 200~300 元的参考价。依据以上专业部门给出果树每株 600 元、葡萄树 300 元的最高价计算，叶某 3 棵果树和葡萄树的总价为 2100 元。包头市中级人民法院（2017）内 02 行赔初 9 号行政赔偿判决认为，东河区政府违法强制拆除叶某房屋和其他附属物，依法应当予以行政赔偿。按照征收补偿方案，叶某房屋被征收应得房屋（包括所有建筑物和其他附属物）货币补偿 79.2 × 3450+38.61 × 2350+14 719.6+10 000+79.2 × 10=389 485.1 元，果树和葡萄树补偿 2100 元赔偿金。另外，东河区政府还应赔偿因没有及时、依法对叶某房屋作出征收补偿决定，造成叶某没有及时得到合理补偿款的利息损失。叶某主张赔偿屋内物品损失 20 万元，因其未能提供相关证据，不予支持，最终判决东河区政府于本判决生效之日起 30 日内赔偿叶某 391 585.1 元的赔偿金及该赔偿金的利息，驳回叶某的其他诉讼请求。内蒙古自治区高级人民法院（2018）内行终 194 号行政赔偿判决认为，一审判决按照补偿方案规定的标准确定涉案房屋及附属设施赔偿数额，对行政程序中未包含的果树和葡萄树予以赔偿，并按照中国人民银行同期贷款利率，确定赔偿金利息，已经充分保障了叶某的合法权益，遂判决驳回上诉，维持原判。叶某不服，申请再审。最高人民法院经审查认为，《国家赔偿法》第 36 条第 8 项规定，对财产造成损害的，按照直接损失给予赔偿。所谓“直接损失”，是指因违法行政行为造成当事人各项合法财产实际损失的总和。《征补条例》第 17 条规定，作出房屋征收补偿的范围包括被征收房屋价值的补偿，因征收房屋造成的搬迁、临时安置的补偿，因征收房屋造成的停产停业损失的补偿，以及对被征收人给予的补助和奖励。第 19 条第 1 款规定，对被征收房屋价值的补偿，不得低于房屋征收决定公告之日被征收房屋类似房地产的市场价格。在房屋征收过程中，行政机关违法强制拆除被征收人合法房屋的，原本应当通过征收补偿程序予以行政补偿的房屋损失，转变为通过行政赔偿程序予以解决。征收补偿转变为行政赔偿的案件中，人民法院给予被征收人的行政赔偿项目和数额，至少不能低于行政机关合法拆除被征收房屋给予的行政补偿项目和数额。因此，人民法院参照征收补偿方案的补偿项目和补偿数额，对违法强制拆除的被征收房屋进行行政赔偿，不违反法律规定。本案中，东河区政府违反法定程序、超越法定职权，强制拆除叶某被征收房屋的行为，已经生效判决确认违法，东河区政府应当对叶某房屋及其他财产的直接损失予以行政赔偿。一、二审按照补偿方案规定的标准确定赔偿范围和被征收房屋及附属设施的赔偿数额，对行政程序未予考虑的果树和葡萄树予以赔偿，并对延迟支付补偿款造成的损失，按照中国人民银行同期贷款利率予以赔偿，符合法律规定，依法予以支持。叶某主张应当按照国家赔偿法以东河区政府作出赔偿决定时涉案房屋类似房地产的市场价格为基准确定赔偿数额，对直接损失予以赔偿。但叶某并未举证证明一、二审判决的赔偿项目和数额违反法律规定，明显不足以弥补其损失，且该项主张没有法律根据。以此为由申请再审，本院不予支持。叶某还主张一、二审判决对屋内物品损失的举证责任分配及损失数额确定显失公平。但是，根据征收人提供的录像资料可以证明，被拆除房屋不存在叶某所主张的屋内物品。一、二审对其该项赔偿请求不予支持，没有违反举证责任的分配规则；也没有证据证明一、二审判决的赔偿数额显失公正。以此为由申请再审，缺乏事实根据，裁定驳回再审申请。

**【分析】**

在土地、房屋征收过程中，对因违法强制拆除造成被征收人房屋等相关财产损失的，参照征收补偿标准予以行政赔偿，确保被征收人因违法强制拆除行为造成损失获得的行政赔偿，不低于行政机关合法征收拆除房屋给予被征收人的行政补偿，这一做法符合国家赔偿法关于“直接损失”补偿的基本原则，不违反法律规定。在大多数被征收人已经依据征收补偿安置方案签订补偿协议，该方案能够保障当事人合法权益的情况下，人民法院可以参照该房屋征收补偿方案，确定当事人的相关损失。

**【规范指引】**

《国家赔偿法》第 36 条第 8 项;《征补条例》第 17 条、第 19 条。

## 争点 11:参考已签订的安置补偿协议确定赔偿标准

**【案例】邓某诉山东省菏泽市人民政府、菏泽市住房和城乡建设局行政强制及行政赔偿案**[①]

邓某与前夫盛某在夫妻关系存续期间共有院落一处,位于菏泽市育才路与中山路口西北角,该院落所占土地于 1992 年购买,性质为国有土地,土地证号为菏国用(91)字第 2945 号,面积 233.44 平方米,用途为住宅。购买土地后,邓某与盛某共同建造房屋,后该房屋用于商业出租。后邓某与盛某经法院调解离婚,共同财产分割如下:购买的土地,自建院落,南面东西长 16.8 米,北面东西长 16.1 米,该院落南边从东往西量在 8.9 米处分开,北边从东往西量在 8.55 米处分开,东边的财产归邓某所有,西边的财产归盛某所有。

2016 年 3 月 25 日,菏泽市人民政府(以下简称市政府)作出菏房征决字(2016)1 号《关于菏泽市 2015-2(一期)旧城区改建项目房屋征收决定》,该院落在征收范围内。征收过程中,公示邓某、盛某共同房产面积 255.3 平方米,土地面积 273.78 平方米。2017 年 1 月 26 日,盛某就该院落中归属于自己的部分与菏泽市住房和城乡建设局(以下简称市住建局)签订了房屋征收产权调换协议,该协议载明土地使用面积为 109.93 平方米,房屋建筑面积为 105.1 平方米,其中,用于产权调换的住宅房屋建筑面积 43.5 平方米,用于产权调换商业房屋的建筑面积 61.6 平方米。邓某就该院落中归属于自己的部分一直未与征收部门达成协议。2017 年 8 月 9 日,山东某运输有限公司(以下简称某公司)拆除盛某所属房屋时,将邓某所属房屋拆除。邓某遂提起诉讼。原审法院判决:一、确认市住建局强制拆除邓某房屋的行为违法;二、市住建局于本判决生效之日起 2 个月内赔偿邓某因被强制拆除房屋所造成的损失共计 1 246 425 元;三、驳回邓某对市政府的起诉;四、驳回邓某的其他诉讼请求。邓某不服原审法院判决提起上诉。二审法院认为,征收部门应当根

---

① 山东省高级人民法院(2020)鲁行终 369 号行政判决书。

据被征收房屋的登记调查情况，对被征收房屋的建筑面积、用地面积、性质用途据实作出认定，对合法的部分依法进行补偿或赔偿，既不能侵害被征收人的合法权益，也不能损害社会公共利益。本案中，邓某与盛某共有的证载国有土地使用权面积为233.44平方米，邓某在原审庭审中称有房产证的建筑面积为140多平方米，后邓某与盛某经法院调解离婚，从双方对共有财产的分割来看，“民事调解书载明：从苏某处购买的土地，自建院落，南面东西长16.8米，北面东西长16.1米，该院落南边从东往西量在8.9米处分开，北边从东往西量在8.55米处分开，东边的财产归邓某所有，西边的财产归盛某所有”，基本为双方各占一半。从盛某就自己的部分与市住建局签订的房屋征收产权调换协议来看，该协议载明盛某部分的土地使用面积为109.93平方米、房屋建筑面积为105.1平方米，其中用于产权调换的住宅面积为43.5平方米、商业房屋面积为61.6平方米。综合以上事实可以看出，市住建局主张“根据离婚协议和现场勘查记录，在盛某作出让步的情况下测算邓某的房屋建筑面积117.38平方米、土地使用面积123.73平方米，其中住宅面积经容积率调整后为49.54平方米、住改经建筑面积为67.84平方米”，与其委托评估公司制作的房屋征收估价报告书相一致，符合客观实际、社会常理和相关规定，较好地衡量和保障了邓某和盛某的征收补偿权益，本院予以确认。虽然市住建局在征收过程中公示的邓某、盛某共同房产面积255.3平方米、土地面积273.78平方米，但该结果仅是对被征收人的房屋及所占土地情况的调查摸底，并非表明二人房屋及所占土地均为合法，均应全部得到补偿安置，具体如何处理尚需征收部门在补偿过程中依法作出认定。原审法院直接依据该公示结果，扣除盛某部分的房屋和土地面积，认定邓某的房屋面积150.2平方米、土地面积163.85平方米，其中住改经面积71.2平方米、住宅面积79平方米，理据不足，且与邓某与盛某共有的证载国有土地使用权面积233.44平方米不符，涉案评估机构依据原审法院认定的上述事实计算得出被拆除房屋价值损失为1 191 709元的评估结果，亦属不当，本院予以纠正。对于邓某主张的其房屋所占土地面积扣除盛某部分应为206.1平方米以及其全部房屋应认定为住改经房屋，缺乏事实和法律依据，本院不予支持。对于市住建局提出的关于原审法院上述认定错误的主张成立，本院予以支持。

赔偿案件中，支付赔偿金以及返还财产、恢复原状均是国家赔偿的赔偿方式。被征收房屋如果依法拆除，被拆迁人既可以选择货币补偿，也有权要求在改建地段或者就近地段选择类似房屋予以产权调换。因此，对《国家赔偿法》第36条关于“直接损失”的理解，不仅包括因违法强拆造成的直接财产损失，还应包括被征收人所享有的全部征收补偿利益，如产权调换安置房、临时安置费等。为确保当事人获得及时、公平、公正的救济，在确定赔偿方式时，赋予当事人既可以选择货币赔偿，也可以选择安置房屋的权利，这样能够最大限度保障其获得安置补偿权益，符合国家赔偿法的立法精神。

本案中，原审法院未支持邓某提出的房屋置换请求，不符合《征补条例》和《国家赔偿法》的立法目的，不利于充分保障邓某的拆迁安置补偿权益，本院予以纠正。因此，市住建局应当依法依规满足邓某的产权调换请求。（1）对于邓某主张的涉案房屋损失。对被强拆房屋损失的赔偿，应以填平补齐当事人受损的财产权利为限。如果实际赔偿时，房地产市场行情发生了很大变化，这时需要确定合理的赔偿时点，既要确保当事人能够购买与之前相当的房屋，又要考量其他被征收人的补偿利益，维护政策的连续性和社会的稳定性。同时，与补偿利益相比，赔偿要考虑给予当事人适当的照顾和安排，以体现对违法强拆的惩罚性。本案中，涉案评估报告虽然存在依据的房屋面积认定错误导致计算得出的评估结果不当的问题，但并不影响评估机构对评估时点的选择和房屋单价的确定。涉案评估机构以邓某申请鉴定评估的日期即2019年5月29日为评估时点，充分考虑了房地产市场行情的变化，有利于保障当事人的实际居住权益，并无不妥。市住建局关于评估时点确定不当的主张不能成立。评估机构根据周边房地产的市场价格确定住宅单价为7762元/平方米、住改非单价根据菏泽市文件上调系数为1.6，较为正当合理，本院予以确认。为了体现对违法强拆行为的惩戒，本院将不再按照涉案评估报告的计算方式对划拨土地扣减系数和成新率等问题进行区分。由于房屋评估价格已经包含了土地价值，且涉案房屋所占土地几乎没有空余院落，故按照建筑面积117.38平方米计算涉案房屋损失，符合法律规定和客观实际。据此，涉案房屋损失的货币赔偿金额为1 227 048元（49.54平方米 ×7762元/平方米+67.84平方米 ×7762元/平方米 ×1.6）。由于邓某和前夫盛某的情况基本一致，本院将参照盛某与市住建局签订的房屋征收产权调换协议，对邓某所主张的产权调换请求和其他损失进行认定，以求最大限度保护当事人的合法权益。也即市住建局除进行货币赔偿外，还应当以与盛某相同规格标准对邓某房屋进行产权调换，满足当事人的选择权。（2）对于邓某主张的装饰装修损失。原审法院根据《菏泽市2015-2（一期）旧城区改建项目房屋征收补偿方案》第7条第3项规定的“按照每平方米300元的标准给予一次性包干补偿”的标准计算赔偿数额，并无不妥。但计算结果 31 560 元错误，本院更正为 35 214 元（117.38 平方米 ×300 元）。（3）对于邓某主张的停产停业损失。原审法院根据《菏泽市 2015–2（一期）旧城区改建项目房屋征收补偿方案》第 7 条第 4 项规定，对于邓某的停产停业损失按照被征收房屋实际经营面积每平方米 30 元的标准计算赔偿数额，虽然赔偿标准合乎征收补偿方案规定，但是考虑到市住建局对盛某停产停业损失的补偿情况为“36 个月补偿 33 264 元”，本院根据“就高不就低”和惩戒违法行为的处理原则，确定对邓某停产停业损失的赔偿数额为 36 634 元（邓某住改商面积 67.84 平方米 / 盛某住改商面积 61.60 平方米 ×33 264 元）。（4）对于邓某主张的租金损失、室内物品损失和维权费用损失。原审法院对上述损失认定正确，论证充分，本院不再赘述。另外，考虑到房屋强拆难免会给当事人造成临时安置费的损失，为一次性解决争议、减少当事人诉累，对于邓某的临时安置费损失，按照房屋征收估计报告书确定的 14 266 元予以认定，邓某如有其他相关损失可提供证据后另行主张。综上，本案邓某相关损失的货币赔偿金额调整为 1 333 162 元（1 227 048 元 +35 214 元 +36 634 元 +14 266 元 +20 000 元），或由市住建局参照与案外人盛某相同或相近的规格标准区位对邓某房屋进行产权调换，具体方式由邓某自行选择。如果邓某选择产权调换，市住建局应当先于本判决生效之日起 30 日内赔偿邓某损失 106 114 元（35 214 元 +36 634 元 +14 266 元 +20 000 元），再按照与案外人盛某相同或相近的规格标准区位对邓某房屋进行产权调换。最终判决：一、撤销菏泽市中级人民法院（2018）鲁 17 行初 805 号行政判决第二项；二、维持菏泽市中级人民法院（2018）鲁 17 行初 805 号行政判决第一、三、四项；三、市住建局于本判决生效之日起 30 日内赔偿邓某因被强制拆除房屋所造成的损失共计 1 333 162 元，或参照与案外人盛某相同或相近的规格标准区位对邓某房屋进行产权调换（具体方式由邓某自行选择，如果邓某选择产权调换，市住建局于本判决生效之日起 30 日内赔偿邓某损失 106 114 元）。

【分析】

行政赔偿不应低于行政补偿，也即不应低于当事人可获得的征收安置补偿利益。确定安置补偿利益具体可考虑以下因素：（1）房屋征收补偿安置方案；（2）法律法规规定的相关补偿标准；（3）本应对当事人作出的征收补偿决定；（4）其他被征收人的征收补偿决定和补偿安置协议。通过综合比对，按照“就高不就低”原则、充分救济保障原则和惩罚性赔偿原则，选择最有利于当事人的赔偿标准和赔偿方式。通常，参照适用与当事人相仿的其他被拆迁人所签订的补偿安置协议，往往对当事人更加有利。若不支持被征收人邓某提出的房屋置换请求，不符合《征补条例》和《国家赔偿法》的立法目的，不利于充分保障邓某的拆迁安置补偿权益。对于同一征收地块，当事人房屋情况基本一致的情况，可以参照类似当事人签订的房屋征收产权调换协议，对同地块纠纷当事人的产权调换请求和其他损失进行认定，以求最大限度保护当事人的合法权益，同时满足当事人的选择权。

**【规范指引】**

《国家赔偿法》第 36 条。

## 争点 12：参照周边类似房屋的市场价格确定赔偿标准

**【案例】宋某诉青岛市市南区人民政府行政赔偿案**①

青岛市市南区开发建设局对团岛一路、团岛三路地段进行海底隧道口项目工程建设。青岛市市南区房屋拆迁管理办公室为其核发了拆许字（2007）第 15 号《房屋拆迁许可证》。宋某在拆迁范围内拥有私有住宅房屋一处，建筑面积为 63.54 平方米，房屋所有权证号为青房地权市字第房改 278354 号。因未能在拆迁公告规定的期限内签订拆迁补偿协议，拆迁人青岛市市南区开发建设局遂于 2008 年 3 月 21 日向被告青岛市市南区人民政府（以下简称市南区政府）提出申请，请求责令宋某限期搬家腾房。2008 年 4 月 3 日市南区政府作出青南政决字〔2008〕16 号决定，要求原告须于决定书送达之日起 3 日内签订拆迁补偿协议并搬家腾房，逾期将依据有关法律、法规的规定，对原建筑物予以强制拆除。2008 年 6 月 30 日，被告对原告的房屋进行了强制拆除，对其房屋内的物品进行了公证保全。2010 年，原告提起行政诉讼，请求法院依法确认被告强拆行为违法。2010 年 3 月 29 日，原审法院指定青岛市崂山区人民法院管辖。该院最终作出（2010）崂行初字第 18 号行政判决，确认被告市南区政府强制拆除原告宋某房屋的行为违法。原告、被告均提起上诉。二审法院作出（2011）青行终字第 233 号行政判决，驳回上诉，维持原判。

---

① 山东省高级人民法院（2017）鲁行终 911 号行政判决书。

2011年7月31日，原告提出行政赔偿申请，被告于2011年9月30日作出《行政赔偿决定书》。原告不服，向青岛市市北区人民法院起诉。该院于2013年11月22日作出（2011）四行初字第39号行政赔偿判决，判决驳回诉讼请求。上诉后，二审法院于2014年2月14日作出（2014）青行终字第22号行政赔偿判决，认为：按照货币补偿方式给予行政赔偿，剥夺了被征收人选择房屋补偿的权利，势必导致其在房屋价格变动的情况下无法获得足额赔偿，故该决定依法应予撤销。征收人应依照拆迁法规所确定的补偿标准和方式重新作出行政赔偿决定。遂判决撤销原判及赔偿决定，限期2个月内被告重作。2014年4月22日，被告作出青南政赔决字〔2014〕第1号《行政赔偿决定书》。宋某不服市南区政府作出的行政赔偿决定，提起行政诉讼。一审法院于2015年11月30日作出（2015）青行初字第162号行政赔偿判决。原告不服，向山东省高级人民法院提起上诉。山东省高级人民法院于2016年5月23日作出（2016）鲁行终356号行政赔偿判决，撤销原审法院（2015）青行初字第162号行政赔偿判决，发回原审法院重审。原审法院受理后于2016年12月27日作出（2016）鲁02行赔初4号行政赔偿判决。宋某不服，提起上诉。

二审法院经审查认为，市南区政府强制拆除宋某房屋的行为已经人民法院生效判决确认违法，宋某有权就违法强制拆除行为造成的直接损失获得行政赔偿，市南区政府作为赔偿义务机关应当依法履行相应赔偿义务。

第一，关于上诉人房屋损失的赔偿。本案中，宋某所有的63.54平方米房屋被市南区政府违法强制拆除，房屋损失确实存在，依法应予赔偿。二审庭审中双方对应予赔偿的房屋面积没有异议，即（63.54+10）×110%＝80.894平方米，本院予以确认。关于上诉人房屋价值的确定。涉案房屋被违法强制拆除后，为保障赔偿申请人居住利益，宋某应获得的房屋损失赔偿数额应当按照能够购置与其原居住状况相当的商品房计算。宋某在法院确认市南区政府强制拆除违法后于合理期间内提起行政赔偿诉讼，不存在怠于行使诉讼权利的情形，鉴于涉案房屋周边房地产价格明显上涨，应当按照本案判决时涉案房屋周边房地产的市场交易价格予以赔偿。经调查，涉案房屋周边房地产的市场交易价格为每平方米20 000元到22 000元，与被上诉人庭审中的主张一致，在宋某未申请对其房屋价值评估鉴定的情况下，从有利于赔偿申请人的角度出发，本院酌情依上限认定涉案房屋行政赔偿标准为每平方米22 000元。鉴于本案系按照本案判决时涉案房屋周边房地产价格予以赔偿，且完全保障了宋某的居住利益，故不存在计算利息的情形。因此，市南区政府应赔偿宋某房屋损失 $80.894\times22\ 000=1\ 779\ 668$ 元。宋某要求原房屋评估机构对其房屋进行复核评估，但复核评估系房屋补偿中的程序，并不适用于行政赔偿案件，本院不予支持。

第二，关于上诉人主张的双倍过渡费的赔偿问题。市南区政府虽然主张其为宋某提供了周转用房，但仅能够证明该房用于存放宋某被拆房屋的室内物品，并不能证明其曾向宋某交接过该房使用权，故本院认定被上诉人未向宋某提供周转用房，应当赔偿其相应的过渡费。根据市南区政府提交的青政发〔2007〕68号及青政发〔2013〕16号两文件的规定，青岛市市南区2008年10月28日至2013年6月6日之间取得房屋拆迁许可证的房屋拆迁项目或者已经发布征收公告的征收项目超过约定房屋交付日期交付按被拆房屋建筑面积每月每平方米40元计发临时过渡费；2013年6月6日之后发布征收公告的征收项目按被拆房屋建筑面积每月每平方米60元计发临时过渡费。上诉人自2008年以来一直未得到安置，参照青岛市市南区征收项目超过约定房屋交付日期的过渡费标准有利于保护当事人的合法权益。自宋某房屋2008年6月被强制拆除至2013年6月共计61个月，按照被拆房屋建筑面积每月每平方米40元计算过渡费为 $40\times61\times63.54=155\ 037.6$ 元。自2013年7月至本案判决作出时共计52个月，按照被拆房屋建筑面积每月每平方米60元计算过渡费为 $60\times52\times63.54=198\ 244.8$ 元，故市南区政府应当赔偿宋某过渡费353 282.4元。上诉人主张双倍过渡费无法律依据，本院不予支持。

第三，关于停产停业损失。宋某房屋用途系住宅房屋，并非营业用房，且其未办理过营业执照，上诉人虽然主张其一直在被强拆房屋中进行服装加工生产，但这部分损失系间接损失，不属于国家赔偿法规定的停产停业损失，不属于行政赔偿的法定赔偿范围。因此，对于宋某的该项请求，本院不予支持。

第四，关于宋某室内物品的损失。被上诉人在进行强拆时，对室内物品制作了物品清单，并对此进行了公证，该物品清单的证据效力较高。宋某虽然主张其物品远远超过清单所记载的范围，但并未提交相应的证据予以证实，本院不予支持。被上诉人主张其清点后将上诉人室内物品转移至阳信路7号×单元×户内，上诉人亦自认涉案房屋被强制拆除一周后知晓其室内物品被搬至上述地点，至此被上诉人已经尽到了妥善保管的义务。故被上诉人应按（2008）青市南证民字第350号《公证书》中《物品清单》返还宋某被拆除房屋内的财产，如不能返还应当赔偿其相应价款。

第五，关于人身伤害、精神损害赔偿。孙某 1、孙某 2 不是本案主张权利主体，其人身伤害损失不属于本案审查范围，对孙某 1、孙某 2 的该项赔偿请求，本院不予审查。宋某提交了相关病历资料及视频资料用于证明其人身权利受损，但其并未提交证据证明上述资料显示的病症与被上诉人违法强制拆除行为存在利害关系，其该项请求本院不予支持。

第六，上诉人提出的追究相关责任人行政及刑事责任的请求不属于行政赔偿案件的审查范围，本院不予审理。

上诉人虽然主张室内装饰装修及附属物损失、电话、有线电视费损失，但并未提交相应证据，不予支持。上诉人主张的因上访、诉讼产生的费用以及八大峡办事处出借给其的 5000 元资金不属于强制拆除造成的直接损失，不是国家赔偿法规定的应予赔偿的范围，不予支持，遂判决：一、撤销青岛市中级人民法院（2016）鲁 02 行赔初 4 号行政赔偿判决；二、市南区政府于本判决发生法律效力之日起 30 日内赔偿宋某房屋损失 1 779 668 元，过渡费 353 282.4 元，并返还《公证书》中《物品清单》宋某被拆除房屋内的财产，如不能返还财产应赔偿宋某相应价款；三、驳回宋某的其他赔偿请求。

**【分析】**

因违法强制拆除合法房屋而引发的行政赔偿案件中，考虑到房地产市场行情的变化以及对当事人居住权益的保障，确定赔偿标准时不应使赔偿请求人获得的行政赔偿低于因依法拆迁所应得到的补偿，亦不应低于赔偿时该地段类似房屋的市场价值。在不低于征收补偿标准的前提下，受损财产的价值评判可以估价时或判决时为基准。房屋被违法强制拆除后，为保障当事人居住利益，被征收人获得的房屋损失赔偿数额应当按照能够购置与其原居住状况相当的商品房计算。对于房屋周边房产价格明显上涨的，应当按照判决时房屋周边房产的市场交易价格予以赔偿。

**【规范指引】**

《国家赔偿法》第 36 条第 4 项、第 8 项。

## 争点 13：通过走访询价方式确定赔偿标准

**【案例】杨某诉辽宁省沈阳市沈河区拆迁局、辽宁省沈阳市沈河区人民政府行政强制及行政赔偿案**[①]

再审申请人辽宁省沈阳市沈河区拆迁局因杨某诉沈河区拆迁局、沈河区人民政府行政强制一案，不服辽宁省高级人民法院（2017）辽行终 71 号行政判决，向最高人民法院申请再审。沈河区拆迁局申请再审称：原审法院认定沈河区拆迁局违反法定程序，强制拆除案涉两处房屋行为违法，沈河区拆迁局没有异议。但对一、二审判决赔偿的数额有异议，沈河区拆迁局认为一、二审法院没有查明事实，未经评估，自行定价，确定赔偿数额没有法律依据。首先，原审法院在没有依法对杨某房屋进行评估的情况下，确定对杨某 50 平方米有证房屋按每平方米 7500 元进行赔偿，没有任何事实及法律依据。特别是杨某的房屋系平房，且在该房屋拆除前，该房屋已经被征收地块居民选定的评估机构进行了评估，评估价格为每平方米 2203 元，二者相差甚远，即使存在房屋价格上涨因素，也不可能达到每平方米 7500 元。其次，原审法院认定杨某在征收范围内有 78 平方米无证房屋，并认定该房屋于 1998 年建成，且一直由其居住，没有任何事实及法律依据。杨某在 98 平方米的土地证上只有 50 平方米合法有证建筑，并由其居住使用，其他超建以及自建房屋共计 78 平方米，没有任何审批手续，是违建房屋。杨某也没有任何证据证明其在无证房屋内居住，更没有证据证明该违建房屋是 1998 年建成的。一审法院判令沈河区拆迁局按每平方米 6000 元予以赔偿，没有事实及法律依据。故请求撤销一、二审判决，依法再审改判本案。

最高人民法院经审查认为：本案的争议焦点是原审判决确定的杨某 50 平方米有证房屋和 78 平方米无证房屋的赔偿金额是否合法、适当。关于 50 平方米有证房屋的赔偿金额。沈河区拆迁局主张，杨某的房屋系平房，且在该房屋拆除前，该房屋已经被征收地块居民选定的评估机构进行了评估，评估价格为每平方米 2203 元。根据本案业已查明的事实，沈河区拆迁局并未能提交合法有效的证据证明其对案涉房屋按法定程序进行了评估。因沈河区拆迁局对案涉房屋实施违法强拆，杨某至今未能获得相应的补偿，至一审法院判

---

① 最高人民法院（2019）最高法行申 5307 号行政裁定书。

决时，房地产市场行情发生了较大变化，一审法院以杨某起诉当时涉案地块的二手房交易均价 7500 元 / 平方米判决对案涉房屋进行赔偿，基本保障了杨某能用获得的赔偿款在市场上买到与被拆迁房屋区位、结构、面积等相接近的房屋，使其居住条件不降低，并无不当。关于 78 平方米无证房屋的赔偿金额。沈河区拆迁局主张，杨某没有证据证明其在无证房屋内居住，且没有证据证明该违建房屋是 1998 年建成的。但沈河区拆迁局未能提供该房屋无人居住的相关证据，故沈河区拆迁局主张对此房屋按无人居住房屋的标准进行赔偿缺乏事实依据。一审法院基于案涉房屋被强拆后杨某始终未能得到补偿且期间房地产市场行情发生了较大变化的考虑，为保障杨某因房屋被违法强拆而受损的财产权益，酌定按涉案地块二手房交易均价 7500 元 / 平方米的 80% 进行赔偿，并不违反法律规定。本案中，沈河区拆迁局未经法定程序强制拆除杨某房屋的行为违法，依法应当进行赔偿。为体现对违法拆除行为的惩戒，有效维护被强拆人的合法权益，其赔偿不应低于因依法征收所应得到的补偿，即不应低于赔偿时改建或者就近地段类似房屋的市场价值。由于案涉房屋被拆除，一审法院两次委托相关评估机构评估，均被退回，致使案涉房屋无法通过评估的方式确定价值。一审法院通过走访询价，参考估价时同区位房屋的市场价格对案涉房屋赔偿数额予以酌定，并未违反法律规定，符合房屋征收补偿时市场价格补偿的基本原则。综上裁定：驳回再审申请。

**【分析】**

在无法通过委托评估方式确定被拆除房屋价值时，人民法院通过走访询价，参考估价时同区位房屋的市场价格对当事人房屋赔偿数额予以酌定，并不违反法律规定，符合房屋征收补偿时市场价格补偿的基本原则。为有效维护被强拆人的合法权益，其赔偿不应低于因依法征收所应得到的补偿，即不应低于赔偿时改建或者就近地段类似房屋的市场价值。对于房屋被拆除，前期未入户调查的情况，一般最终无法通过评估的方式确定价值。通过走访询价，参考估价时同区位房屋的市场价格对案涉房屋赔偿数额予以酌定，未违反法律规定，符合房屋征收补偿时市场价格补偿的基本原则。

**【规范指引】**

《国家赔偿法》第 36 条第 4 项、第 8 项。

## 三、法律适用中的疑难问题

### 问题1：生产、经营性损失区分情形予以赔偿

**【案例】黄某、郭某与广西壮族自治区南宁经济技术开发区管理委员会行政赔偿案**[①]

2013年黄某与郭某签订《租赁合同协议书》，约定由郭某承租养猪棚及附属设施，用于养殖产业，租期10年。2014年7月23日，广西壮族自治区南宁经济技术开发区管理委员会（以下简称经开区管委会）认定黄某建设的上述砖木结构养猪棚及其他建（构）筑物，属于违法建筑，后对养猪棚及其他建（构）筑物实施强制拆除。强制拆除前，黄某、郭某已将生猪自行销售。该拆除行为以程序违法为由被法院确认为违法。2015年8月12日，黄某、郭某请求经开区管委会充分运用国家现有的对养猪场用地安排优惠政策和建场补贴政策，尽快重建养猪场恢复生产。2015年10月26日，经开区管委会作出复函，主要内容：关于栏舍选址，建议黄某、郭某在禁养区、限养区以外选址，自筹资金依法依规建场恢复生产；关于资金扶持，建议待符合条件后申请。2016年6月20日，黄某、郭某向经开区管委会邮寄《行政赔偿申请书》，逾期经开区管委会未予答复。2016年10月11日，黄某、郭某提起本案行政诉讼，请求经开区管委会将强制拆除的养殖场恢复原状，赔偿违法强制拆除行为造成的损失，赔偿金额以司法评估确定。一审法院南宁市中级人民法院认为强制拆除前，黄某、郭某已将生猪自行销售。涉案建筑未取得建设规划手续，没有合法土地来源，属于违法建筑，不能取得国家赔偿。判决驳回黄某、郭某的赔偿请求。黄某、郭某不服，提起上诉。二审法院驳回上诉，维持原判。黄某、郭某申请再审。最高人民法院认为，生效行政判决已经确认被强制拆除的养猪棚等建筑物、构筑物属于违法建筑的事实，违法建筑没有可保护的合法权益，不予赔偿事实依据和法律根据充分。以此为由申请再审，理由不能成立。黄某、郭某又主张，涉案强制拆除行为与临时贱卖生猪造成的损失有因果关系。但是，违法建设的养猪棚本就应当依法拆除，强制拆除之前当事人自行在市场上出售生猪，即便存在市场价格下调损失，也是

---

① 最高人民法院（2019）最高法行赔申315号行政裁定书。

市场风险所致，不存在强制拆除造成其贱卖生猪损失的事实。以此为由申请再审，理由亦不能成立。故驳回其再审申请。

【分析】

关于如何处理因违法拆违导致生产、经营性损失的问题。《行政赔偿案件若干问题规定》第28条明确了停产停业期间必要的经常性费用开支。《国家赔偿法》第36条第6项、第8项规定，侵犯公民、法人和其他组织的财产权造成损害的，吊销许可证和执照、责令停产停业的，赔偿停产停业期间必要的经常性费用开支；造成其他损害的，按照直接损失给予赔偿。停产停业期间必要的经营性费用开支，是维系企业被停产停业期间生存所需的基本开支，包括职工基本工资、税金、水电费等费用。由于停产停业，企业失去收入来源，相关损失应当由作出违法行政行为的行政机关予以赔偿。停产停业损失期间，应当包括违法行政行为造成当事人无法进行正常生产经营活动的全部期间。一种观点认为，如拆违行为认定违法建筑事实正确、仅涉及程序违法，根据相关规定违法建筑不能从事生产、经营，则即使存在该部分损失，也属于不法利益，不予赔偿。如认定违法建筑事实错误，则对于该部分应当根据实际损失予以赔偿，具体损失由原告举证，并可通过评估、审计等方式予以确定。如无法通过上述方式确定损失的，可参照《征补条例》等关于征收的补偿和停产停业损失由法院进行酌定。另一种观点则认为，只要拆违行为被确认违法，即应当赔偿该部分损失，并可参照上述征收规定直接予以认定。本书同意第一种观点。

【规范指引】

《国家赔偿法》第2条；《行政赔偿案件若干问题规定》第32条、第33条。

## 问题2：原告举证责任的分配

### 【案例】高某诉梁山县人民政府行政赔偿案[①]

梁山县人民政府于2017年8月8日作出征收决定，决定对高某房屋所在片区改造项目占地范围内的房屋进行征收，同日，梁山县人民政府作出《蓝

---

① 最高人民法院（2021）最高法行赔申104号行政赔偿裁定书。

天集团片区改造项目集体土地上房屋征收补偿安置方案》，载明该方案适用于蓝天集团片区改造项目集体土地上房屋征收补偿安置，2018 年 3 月 27 日原告涉案房屋被强制拆除，该拆除行为被认定为违法。原告起诉要求山东省梁山县人民政府进行赔偿。原告不服一、二审法院确定的赔偿金额，申请再审。再审法院认为本案系集体土地征收过程中违法强拆引发的行政赔偿案件，核心争议在于赔偿方式及赔偿金额。一、二审法院认定，再审被申请人梁山县人民政府因实施蓝天集团片区改造项目征收包括案涉土地在内的相关土地，制定了《蓝天集团片区改造项目集体土地上房屋征收补偿安置方案》，其他被征收人绝大多数已按照补偿安置方案签订补偿协议，且该片区房屋已基本拆除完毕。据此，一、二审法院参考上述补偿安置方案，从赔偿方式、房屋赔偿标准、房屋面积、空地院落、室内装修等方面，确定再审申请人依法可以获得的赔偿。从再审申请人向本院所提再审申请材料看，难以得出一、二审法院未支持其诉讼请求存在错误的结论。再审申请人所提再审理由不能成立，本院不予支持。故裁定驳回再审申请。

**【分析】**

《行政诉讼法》第 38 条第 2 款规定，在行政赔偿、补偿案件中，原告应当对行政行为造成的损害提供证据。由于被告的原因导致原告无法举证的，由被告承担举证责任。也就是说，原则上原告应当对损害的大小、多少承担举证责任。若原告能够提供初步证据证明损害存在，如提交了受损物品清单、购物发票等，被告则应举证证明原告受损害事实不存在，否则即应承担举证不能的不利后果。若原告不能够提供初步证据证明损害存在，则应视为举证不能，并应承担相应的败诉后果。但是，审判实践中往往会出现被告未经勘验即强制拆除原告的房屋或者未经清点、登记造册即强行将原告的物品予以清除，导致原告举证不能。在此种情况下，应当由被告承担举证责任。对于集体土地征收过程中违法强拆引发的行政赔偿案件，行政机关制定了征收补偿安置方案，其他被征收人绝大多数已按照补偿安置方案签订补偿协议，且已基本拆除完毕，可以参考补偿安置方案，从赔偿方式、房屋赔偿标准、房屋面积、空地院落、室内装修等方面，确定当事人依法可以获得的赔偿。

**【规范指引】**

《行政诉讼法》第 38 条。

## 问题 3：当事人损失因客观原因无法鉴定时赔偿数额酌定规则

**【人民法院案例库案例】郑某诉浙江省临海市人民政府、浙江省临海市括苍镇人民政府行政赔偿案**①

**基本案情**

郑某与浙江省临海市括苍镇某村等村民签订土地承包经营权转包（出租）合同，承租近 35 亩土地用于种植苗木，约定种植时间 6 年。因杭绍台高速公路临海段括苍枢纽落地匝道延长工程项目建设的需要，郑某承租的苗木基地划为高速公路建设用地。由于有关部门与郑某就苗木基地的补偿问题未能达成一致意见，涉及的郑某苗木基地未完成清表工作，影响工程建设。2017 年 6 月 5 日，杭绍台高速公路临海段建设指挥部和括苍镇人民政府向某村下发交地清表告知书。2017 年 6 月 29 日，杭绍台高速公路临海段建设指挥部和括苍镇人民政府组织人员，对案涉的苗木基地强行清理。郑某因此向法院提起行政赔偿诉讼。

另查明，经杭绍台高速公路临海段建设指挥部的委托，某房地产评估有限公司于 2017 年 6 月 20 日出具《估价报告》，确定郑某所属的苗木大棚在价值时点 2017 年 6 月 10 日用于征收的评估价值为 235 795 元；某工造价咨询公司于 2017 年 6 月 16 日出具《工程造价咨询报告书》，确定郑某苗木定案造价为 1 615 061 元。

浙江省台州市中级人民法院于 2018 年 2 月 7 日作出（2017）浙 10 行赔初 10 号行政判决：被告临海市人民政府、临海市括苍镇人民政府赔偿郑某人民币 1 850 856 元，限于判决发生法律效力之日起一个月内付清。各方当事人均不服，提出上诉。浙江省高级人民法院于 2018 年 8 月 31 日作出（2018）浙行赔终 8 号行政判决：一、撤销台州市中级人民法院（2017）浙 10 赔初 10 号行政赔偿判决；二、临海市人民政府、临海市括苍镇人民政府赔偿郑某人民币 240 万元，限于判决发生法律效力之日起一个月内付清；三、驳回郑某的其他赔偿请求。

**裁判理由**

法院生效裁判认为，郑某的举证能证明杭绍台高速公路临海段建设指挥

---

① 入库编号 2024-11-3-020-002。

部和括苍镇人民政府共同实施了涉案强制清理苗木的行为。临海市人民政府作为组建杭绍台高速公路临海段建设指挥部的行政机关，依法应对杭绍台高速公路临海段建设指挥部的行为承担法律责任。杭绍台高速公路临海段建设指挥部和临海市括苍镇人民政府在未进行补偿的情况下，没有按照法定程序实施案涉强制清理苗木的行为违法。临海市人民政府、临海市括苍镇人民政府依法需要承担国家赔偿责任。郑某的苗木基地因被征收用于高速公路建设，其主张恢复原状的诉讼请求不能支持，临海市人民政府、括苍镇人民政府应当给付相应的赔偿金。临海市人民政府、括苍镇人民政府提供的工程造价咨询报告书和估价报告不能作为依据。某工程造价咨询公司和某源房地产评估有限公司系案涉指挥部单方委托评估的，没有证据表明两公司具有评估资质，评估前相关情况均未经郑某签字认可，相关评估报告也未送达郑某。故郑某提出的异议成立。本案强制清理苗木时苗木品种、数量和附属物等具体情况，既没有经过公证，也没有双方认可的记载，已经无法重新评估。由于各方当事人均未能进一步提供相关证据证明各自主张，法院结合各方当事人的主张、在案证据等，酌情确定临海市人民政府、括苍镇人民政府赔偿郑某 240 万元。原审判决适用法律有误，依法应予纠正，故法院依法作出如上裁判。

**裁判要旨**

在行政赔偿案件中，当事人的损失因客观原因无法鉴定的，人民法院应当结合当事人的主张、在案证据，遵循法官职业道德，运用逻辑推理和生活经验、生活常识等，酌情确定赔偿数额。

**关联索引**

《行政诉讼法》第 38 条

一审：浙江省台州市中级人民法院（2017）浙 10 行赔初 10 号行政判决（2018 年 2 月 7 日）

二审：浙江省高级人民法院（2018）浙行赔终 8 号行政判决（2018 年 8 月 31 日）

# 第六章　征收补偿相关纠纷

本书前五章讨论了征收补偿纠纷中常见纠纷的一般争点与疑难问题，但实践中还存在许多与征收补偿类似或紧密相关的纠纷，以不同形式、案由散见于其他案件中，无法一并归纳到前述范围中，这些案件在形式或目的上与征收补偿又有千丝万缕的联系，本书将这些纠纷统一归纳在本章，主要包括与征收补偿具有相似性的公益性收回土地使用权、危房解危、协议搬迁纠纷以及与征收补偿相关的涉征收非诉执行、涉征收信息公开纠纷。

## 第一节　公益性收回土地使用权纠纷

### 一、公益性收回土地使用权案件概述

收回土地使用权，是指土地所有权人依法收回由他人占有、使用该土地使用权的行为，主要包括收回国有土地使用权、收回集体土地使用权两类。我国关于收回土地使用权的法律规定集中体现在《土地管理法》中，2019年《土地管理法》虽进行了修改，但新修正的《土地管理法》对此并未作大的变动及细化。本书所讨论的公益性收回土地使用权主要是指基于公共利益需要，依法收回国有土地使用权、集体土地使用权，包括公益性收回国有土地使用权、公益性收回集体土地使用权。

收回国有土地使用权是地方人民政府及其土地管理部门管理、保护和开发土地资源的重要行政管理措施。《国有土地管理局关于认定收回土地使用权行政决定法律性质的意见》认为，收回土地使用权主要是以行政处理决定和

行政处罚决定两种方式进行。行政处理决定，是指因社会公共利益、土地管理的必要，地方人民政府根据土地管理法律法规的规定，适用行政征收、收回土地使用权的法定程序作出收回决定，收回国有土地使用权的行为。行政处罚决定，是指公民、法人或其他组织怠于履行开发建设职责，导致国有建设用地闲置满两年以上，地方人民政府根据行政处罚、土地管理法律法规的规定，适用行政处罚程序作出处罚决定，无偿收回国有土地使用权的行为。对于收回国有土地使用权的行政处理决定，主要由《土地管理法》第58条加以规定。《土地管理法》第58条规定："有下列情形之一的，由有关人民政府自然资源主管部门报经原批准用地的人民政府或者有批准权的人民政府批准，可以收回国有土地使用权：（一）为实施城市规划进行旧城区改建以及其他公共利益需要，确需使用土地的；（二）土地出让等有偿使用合同约定的使用期限届满，土地使用者未申请续期或者申请续期未获批准的；（三）因单位撤销、迁移等原因，停止使用原划拨的国有土地的；（四）公路、铁路、机场、矿场等经核准报废的。依照前款第（一）项的规定收回国有土地使用权的，对土地使用权人应当给予适当补偿。"本章所说的公益性收回国有土地使用权，主要系指为实施城市规划进行旧城区改建以及其他公共利益需要收回国有土地使用权，即《土地管理法》第58条第1项规定的情形。

集体土地使用权是集体土地所有权派生的用益物权，包括土地承包经营权、宅基地使用权、集体土地建设用地使用权等，是农村集体经济组织成员依法对集体所有的土地享有占有和使用的权利，其设立是基于对集体土地所有权的有效利用。对于集体土地使用权的收回主要由《土地管理法》第66条加以规定。第66条规定："有下列情形之一的，农村集体经济组织报经原批准用地的人民政府批准，可以收回土地使用权：（一）为乡（镇）村公共设施和公益事业建设，需要使用土地的；（二）不按照批准的用途使用土地的；（三）因撤销、迁移等原因而停止使用土地的。依照前款第（一）项规定收回农民集体所有的土地的，对土地使用权人应当给予适当补偿。收回集体经营性建设用地使用权，依照双方签订的书面合同办理，法律、行政法规另有规定的除外。"本章所说的公益性收回集体土地使用权，主要系指为乡（镇）村公共设施和公益事业建设需要收回集体土地使用权，即《土地管理法》第66条规定的情形。

当前，法律法规对土地征收及国有土地上房屋征收的行使有严格的法定性要求，而对土地使用权收回的行使则缺乏规制，操作弹性空间大。公益性收回土地使用权案件主要呈现以下特点。

第一，法律性质不明。对于因公共利益需要而提前收回国有土地使用权的法律性质，目前学界主要存在三种观点：其一为征收说。该观点认为，因公共利益需要提前收回建设用地使用权应被界定为对建设用地使用权的征收，是现代社会不动产征收客体区别于传统征收客体的体现，在理论和实践中均不存在制度与理念层面的障碍。[①] 其二为解除合同说。该观点认为，建设用地使用权因公共利益需要而提前收回是法律特别为土地所有权人设定的一个法定解除权，这种权利属于形成权，国家基于该权利可以单方面使建设用地使用权提前终止，故提前收回只是解除建设用地使用权之设立合同，而不是对建设用地使用权的征收。[②] 其三为撤回行政许可说。该观点认为，国有土地出让应该签订国有土地出让合同，符合有行政机关参与、公共利益需要、公法调整的性质，建设用地使用权出让行为具有行政合同、行政许可的双重属性，其中行政特许是该行为的根本属性；既然出让建设用地使用权属于行政特许，那么，收回建设用地使用权当然是撤回行政许可。[③] 其中，将因公共利益需要提前收回建设用地使用权解读为是对建设用地使用权的征收，是法学界的主流观点，本书认同该观点，因立法或者行政命令调整土地利用规划，而需要提前收回国有土地使用权的，构成国有土地使用权人因公共利益的特别负担，性质上应属于征收；且无论行政主体是否在客观上作出收回土地使用权的决定，均负担对权利人的补偿义务。[④] 对于公益性收回集体土地使用权，收回主体虽是村集体经济组织，收回目的系集体共同利益，但其系根据《土地管理法》《村民委员会组织法》等法律的授权，管理、经营属于自己集体所有的土地，可视为履行行政管理职责，行使行政管理职权，该行为也蕴含着对村民权利的强制剥夺，含有一定的征收属性，权利人为公共利益对私人的财产权造成了一定的侵损，负担了特别牺牲。

第二，从征收向收回逃逸的现象较为突出。无论是公益性收回国有土地使用权还是公益性收回集体土地使用权，其前提都是基于公共利益或为村集

---

① 参见张先贵、金俭：《因公益需要提前收回国有土地使用权的补偿制度》，载《社会科学辑刊》2012 年第 3 期。

② 参见崔建远主编：《房屋拆迁法律问题研究》，北京大学出版社 2009 年版，第 32 页。

③ 参见江义知、刘兆阳：《收回国有建设用地使用权的行政补偿——基于一个土地征收补偿案件的分析》，载《广西政法管理干部学院学报》2012 年第 5 期。

④ 耿宝建、殷勤：《公益性国有土地使用权收回的法律性质与补偿模式》，载《交大法学》2021 年第 4 期。

体利益，然而实践中，部分地区未深刻理解立法精神和立法本意，出于降低审批等级、快速征地等考虑，出现了部分并非基于公益性收回的目的不当的收回土地使用权现象，试图利用该条款规避国有土地上房屋征收和土地征收程序。如一些案件中，行政机关没有实施国有土地上房屋征收，但实施了无偿收回国有土地使用权的行为，实质是通过实施收回程序规避了对房屋的征收，其结果在一般人看来显然也是不公平的。

第三，安置补偿标准模糊。相关法律法规对公益性收回类型下如何补偿国有土地使用权人作出了以下几种不同的规定：（1）对使用权人给予适当补偿，如《土地管理法》第 58 条第 2 款；（2）根据使用权人使用土地的实际年限和开发土地的实际情况给予相应的补偿，如《城市房地产管理法》第 20 条和《城镇国有土地使用权出让和转让暂行条例》第 42 条；（3）退还相应的出让金，如《民法典》第 358 条。就上述各种补偿规则而言，“适当补偿”之规范过于原则、抽象，在实践中缺乏可操作性。[①] 对于村集体基于乡村公益的集体土地使用权收回，《土地管理法》第 66 条第 2 款也只是规定了“对土地使用权人应给予适当补偿”，没有明确补偿项目、标准、具体内容。从实践操作看，集体土地使用权强制收回的补偿安置标准，通常是由村集体在上级政府的指导下通过制定本村的实施方案予以明确，其虽会在一定程度上参照当地征收补偿的做法，但绝大多数情形下其标准均比征收补偿低。[②]

法院在对行政机关收回土地使用权的行为进行司法审查时，一般可以从实体和程序两个方面进行审查。

实体方面，一方面看行政机关是否能够提交证据证明收回涉案土地符合法律规定的情形，重点审查收回的目的是否正当。对于国有土地使用权的收回来说，要注意区分行政处理决定和行政处罚决定，两类行政行为的法律性质、法定程序及法律依据截然不同，不宜混淆。对于集体土地使用权的收回来说，《土地管理法》第 66 条第 1 款第 1 项规定的情形，即为乡（镇）村公共设施和公益事业建设，需要使用土地的，要符合大多数群众的意愿，符合公共利益属性，属于为本村公益事业建设需要收回集体土地使用权的情形。公共和公益事业建设应尽量利用未被其他单位或者个人使用的土地，确需利用已为其他单位或者个人使用的土地的，才可依法收回土地使用权。此外，

---

① 参见高飞：《建设用地使用权提前收回法律问题研究——关于〈物权法〉第 148 条和〈土地管理法〉第 58 条的修改建议》，载《广东社会科学》2019 年第 1 期。

② 宋志红：《宅基地征收向宅基地收回的“逃逸”及其规制》，载《东方法学》2024 年第 1 期。

既然是集体土地使用权的收回，收回的土地必须是集体土地而不是国有土地，收回后还要保留集体土地的性质。另一方面，安置补偿的标准是否公平合理。对土地使用权人给予适当补偿，是宪法、民事法律等规定的保护单位和个人的合法财产这一原则的体现。对国有土地来说，适当补偿标准具体如何确定，可从以下两个方面考虑：第一，土地的获取方式。第二，考虑土地增值，土地的性质、用途、区位、剩余使用年限等客观因素来评估土地的补偿数额，并可以委托专业评估机构按照市场价格进行评估以确定补偿数额，综合确定公平合理的补偿金额。对集体土地使用权人造成损失的，农村集体经济组织应当给予补偿，原土地使用者及地上建筑物需要搬迁的，农村集体经济组织应当负责搬迁。补偿范围应与土地使用权人遭受的直接财产损失相适应，亦即公平、合理的补偿。

程序方面，需要依照法定的程序，严格遵循《土地管理法》的相关规定。主要看作出被诉收地决定之前，是否遵循法定程序，听取相对人、利害关系人的陈述和申辩。公益性收回国有土地使用权过程中，鉴于收回土地使用权对权利人利益影响巨大，建议土地主管部门应当慎重，除了查看是否符合收回的情形外，在程序上也要注意，建议作出收回土地使用权的决定前主动举行听证会或者告知权利人有申请听证的权利，避免程序上的疏失导致行政诉讼中的不利。公益性收回集体土地使用权过程中，应当广泛征求群众意见，充分保障群众的合法权益，尤其是个别不同意签订补偿安置协议的集体经济组织成员的权利。首先，村集体经济组织在作出收回集体土地使用权《告知书》《决定书》前，应告知当事人享有陈述申辩权、行政复议和诉讼的权利。其次，告知的内容应当全面具体，如原批准用地的人民政府的批复，收回的决议、决定，收回土地的范围，限期签订补偿安置协议和交回的期限，逾期履行的法律后果，救济途径。尤其是补偿安置的内容要明确，要提供货币补偿和房屋安置两种搬迁补偿方式，同时要提供搬迁补偿费、临时安置补偿费、放弃旧房补偿费以及有关奖励等。再次，应当严格履行村集体经济组织民主程序，通过召开村民会议等形式，广泛征求村民关于收回集体土地使用权处置意见，对收回事宜进行最终票决形成决议，确保回收计划与群众意愿高度一致。最后，经乡（镇）、街道以及农业农村、自然资源等职能部门的审查审核，再报经原批准用地的人民政府批准。

## 二、争点整理与认定

### 争点 1：政府不能以收回国有土地使用权程序代替对国有土地上房屋的征收

**【案例】某公司诉山西省太原市人民政府收回国有土地使用权决定案**[①]

某公司分别于 2005 年、2006 年取得案涉国有土地使用证和房产证。2014 年 4 月，太原市人民政府发布《收回国有土地使用权通告》，同时要求单位和住户 15 日内办理土地使用权注销手续，逾期不办理将直接注销。某公司涉及被收回土地面积 749.5 平方米。某公司提起行政诉讼，请求撤销上述通告。

法院判决认为：国家因公共利益需要使用城市市区的土地和房屋的，市、县人民政府一般应按照《征补条例》规定的程序和方式进行；对国有土地上房屋所有权人补偿内容已经包含了国有土地使用权补偿的，对同时收回的国有土地的使用权人不再单独给予补偿；太原市人民政府至今未对某公司进行任何补偿，其以通告形式收回某公司 749.5 平方米国有土地使用权应属违法；某公司有权要求先补偿后搬迁，在未依法解决补偿问题前，某公司有权拒绝交出土地。

**【分析】**

对于国有土地使用权的收回，主要由《土地管理法》第 58 条加以规定；而对于国有土地上房屋的征收，主要由《征补条例》加以规定，同时，《征补条例》第 13 条第 3 款还规定房屋被依法征收的，国有土地使用权同时收回。行政机关没有实施国有土地上房屋征收，但实施了收回国有土地使用权的行为，实质是通过实施土地使用权收回程序规避对房屋的征收，该结果对被收回人显然不公平。政府不能以收回国有土地使用权程序代替对国有土地上房屋的征收。根据《征补条例》第 13 条第 3 款的规定，房屋经依法征收与补偿后将同时产生土地使用权收回的法律后果，无须另行实施土地使用权的收回程序。基于该认识，行政机关因公共利益确需使用土地，国有土地上建设有房屋等建筑物的，应当优先适用《征补条例》，依法先行对房屋实施征收并公正补偿后，收回并办理国有土地使用权注销手续。

---

① 最高人民法院（2016）最高法行再 80 号行政判决书。

【规范指引】

《土地管理法》第58条;《征补条例》第8条、第13条、第27条第1款。

## 争点2：收回国有农场农用地的土地补偿费的补偿主体认定

【人民法院案例库案例】李某诉灵武市人民政府土地收回补偿案①

**基本案情**

案涉土地为国有农场农用地。1998年11月20日，李某与灵武矿务局磁窑堡煤矿签订《果园承包合同书》，约定李某承包灵武矿务局磁窑堡煤矿的果园，承包期间为1999年1月1日至2013年12月31日。现李某以灵武市人民政府于2008年修下白路占用其承包果园13.2亩、2009年修高架桥征占其承包果园2.39亩、2012年修快速通道征占其承包果园20.08亩、2014年推毁围墙占取其承包果园5.56亩的补偿中不包含土地补偿费为由，起诉请求灵武市人民政府支付征占其41.2亩承包果园的土地补偿费共873 604.80元。

宁夏回族自治区银川市中级人民法院于2020年11月2日作出(2020)宁01行初402号行政裁定：驳回李某的起诉。宣判后，李某提出上诉。宁夏回族自治区高级人民法院于2021年1月21日作出(2020)宁行终489号行政裁定：驳回上诉，维持原裁定。李某不服二审裁定，向最高人民法院申请再审。最高人民法院于2021年9月28日作出(2021)最高法行申7934号行政裁定：驳回李某的再审申请。

**裁判理由**

国有农场，又称国营农场，是在我国特定的历史条件下建立起的全民所有制农业企业。根据一审时有效的原《土地管理法》(2004年修正)第8条、原《土地管理法实施条例》(2014年修订)第2条以及《国营农场工作条例(试行草案)》第5条的规定，国有农场的土地、森林、水域等，以及其他一切生产资料和财产，属全民所有即国家所有。国有农场和农村集体经济组织是两类完全不同的组织形式，一般情况下，国有农场的农业从业人员属于国有农场的农业职工或者与国有农场签订承包合同的个人或组织，其因国有农

① 入库编号2023-12-3-019-008。

场农用地收回所享有的补偿安置在本质上不同于农村集体土地征收中对农民的补偿安置。关于国有农场农用地收回过程中涉及的土地补偿问题，《国土资源部办公厅、农业部办公厅关于收回国有农场农用地有关补偿问题的复函》中明确：国有农场土地归国家所有，但国有农场享有土地的长期使用权，土地补偿费应当给予国有农场。

申言之，集体土地征收时，因土地系农村集体经济组织所有，土地补偿费由该农村集体经济组织取得。国有农场农用地收回时，虽然参照农村集体土地征收的补偿标准、所列项目进行补偿，但是，国有农场的土地和其他资产属于国家所有，农场土地的出让、转让、划拨等都是国有资产的处置行为，处置收入亦应属国家所有。因此，国有农用地收回与农村集体土地征收所涉土地补偿费性质不同、权属不同，国有农用地收回时，不应按农村集体土地征收时的补偿安置方式分配土地补偿费。国家在收回国有农场农用地时，土地补偿费应当支付给土地的长期使用者即国有农场。

就本案而言，李某并非案涉国有农用地的长期使用权人，不是土地补偿费的法定补偿对象，无权取得其所诉承包果园的土地补偿费。参考以上复函，长期承包国有农场农用地并将其作为生产生活主要来源的农业职工，失地后自谋职业并与农场解除劳动关系的，安置补助费给予个人；但由国有农场重新安排就业岗位的，安置补助费给予国有农场。李某如符合该规定则可依法定途径另行主张权利。

**裁判要旨**

国有农场农用地收回时，虽然可能参照农村集体土地征收的补偿标准、所列项目进行补偿，但是，国有农场的土地和其他资产属于国家所有，农场土地的出让、转让、划拨等都是国有资产的处置行为。处置收入亦应属国家所有。因此，国有农用地收回与农村集体土地征收所涉土地补偿费性质不同、权属不同，国有农用地收回时，不应按农村集体土地征收时的补偿安置方式分配土地补偿费。国家在收回国有农场农用地时，土地补偿费应当支付给土地的长期使用者即国有农场。

**关联索引**

《土地管理法》第 9 条

《土地管理法实施条例》第 2 条

《国营农场工作条例（试行草案）》第 5 条

一审：宁夏回族自治区银川市中级人民法院（2020）宁 01 行初 402 号行

政裁定（2020年11月2日）

二审：宁夏回族自治区高级人民法院（2020）宁行终489号行政裁定（2021年1月21日）

再审审查：最高人民法院（2021）最高法行申7934号行政裁定（2021年9月28日）

## 争点3：行政机关提前收回国有土地使用权时应当依照法定程序正确认定估价期日和土地用途

**【案例】陈某1、陈某2诉原南京市六合区国土资源局土地行政补偿案**[①]

2012年11月19日，六合国土资源局（以下简称六合国土局，后相关职能由六合规划资源分局承继）向陈某1、陈某2作出《收回国有土地使用权决定书》，决定收回涉案土地使用权并退还两原告223.294万元土地出让金。陈某1、陈某2不服该决定。后经江苏省南京市六合区人民法院审理，判决六合国土局重新作出补偿决定。2018年6月6日，陈某1向六合国土局寄送土地补偿评估事宜的函，要求立即就土地用途、规划用地条件、估价期日等进行协商。房地产评估公司于2018年7月29日作出《土地估价技术报告》，载明："估价期日为2012年11月19日，评估土地用途为工业，平均单位面积地价为403元/平方米，总地价为449.9374万元。"六合国土局于2018年8月2日作出《关于收回土地使用权的补偿决定》，确定补偿金额为4 499 374元，并于次日送达。2018年10月26日，陈某1、陈某2向法院起诉。

南京铁路运输法院经审理后作出判决：一、撤销六合国土局于2018年8月2日对陈某1、陈某2作出的《关于收回土地使用权的补偿决定》；二、六合国土局应于本判决生效之日起2个月内就土地使用证指向的国有土地使用权重新对陈某1、陈某2作出补偿决定，且补偿决定内容不得与本判决说理相抵触。陈某1、陈某2、六合规划资源分局不服一审判决，提起上诉。

江苏省南京市中级人民法院经审理认为：第一，关于案涉土地的规划用途问题。根据《城镇国有土地使用权出让和转让暂行条例》《土地管理法实施条例》之相关规定，六合国土局就案涉土地颁发的土地使用权证证载地类

---

① 江苏省南京市中级人民法院（2019）苏01行终423号行政判决书。

（用途）为综合经营，案涉土地的用途为土地行政主管部门依法颁发的使用权证书所载明，土地使用权登记后即受到法律保护，具有法定的公定力、确定力、执行力、约束力，未经有权机关撤销、废止或变更，即为合法有效，公民可以合理信赖，六合国土局应当受土地使用权证所指向之登记行为的拘束。故六合国土局未按照案涉土地使用权证证载的用途，而是按照工业用地的用途进行评估并作出《关于收回土地使用权的补偿决定》，没有事实与法律依据。

第二，关于案涉土地的补偿基准日问题。根据《土地管理法》《征补条例》相关规定，案涉土地的使用权于2012年11月19日被收回，陈某1、陈某2即于该日丧失土地使用权。根据上述规定，六合国土局就收回案涉土地使用权应当如何对陈某1、陈某2进行“适当补偿”具有一定的裁量空间，且确定补偿标准的基准日与土地使用权的剩余年限也存在关联。六合国土局以作出收回决定的日期为补偿标准的基准日，根据土地面积、剩余土地使用年限、原批准用途、土地开发利用程度等，参照市场地价水平经专业评估后予以补偿，符合法律、法规的相关规定。综上，江苏省南京市中级人民法院判决：驳回上诉，维持原判。

**【分析】**

行政机关因公共利益需要可以提前收回以出让方式供应的土地使用权，但是应当予以适当补偿。根据《土地管理法》第58条第2款和《城市房地产管理法》第20条的规定，为公共利益需要使用土地，或者为实施城市规划进行旧城区改建，需要调整、使用土地，收回国有土地使用权的，对土地使用权人应当给予适当补偿。《中共中央、国务院关于完善产权保护制度依法保护产权的意见》第8条规定，财产征收征用应遵循及时合理补偿原则，给予被征收征用者公平合理补偿。因此，结合我国土地和城市房地产管理法律法规的规定以及国家依法保护产权的政策，“给予适当补偿”应当理解为公平合理的补偿。首先，提前收回土地使用权确定补偿的基准日，原则上应当以行政机关作出收回决定的日期为准。以其他时间作为基准日，均有可能产生剩余土地使用年期补偿不足或者溢出的情况，前者损害私人产权，后者损害国有财产。行政机关作出收回国有土地使用权决定书时，根据关于有权机关依法作出处分时物权转移的相关规定，此时其就产生了因收回涉案土地使用权对被收回人进行补偿的义务。相对的，被收回人亦享有了向其主张补偿的权利。该法律关系不因行政机关后续作出书面补偿决定的时间，或者被收回人主张补偿权利的时间不同而发生变化。因此，提前收回土地使用权确定补偿的基准日，原则上应当以行政机关作出收回决定的日期为准。其次，提前收回土地使用权应当按照土地使用权证证载用途标准进行补偿。一宗土地在不同历史时期可能存在多种不同用途，按照何种土地使用用途的标准进行补偿，对权益影响十分重大。在土地使用权登记未经有权机关撤销、废止或变更时，该登记系有效的行政行为，具有对外的效力，一切人均应当受土地使用权证所指向之登记行为的拘束。基于法律保留和信赖保护原则，行政机关应当按照土地使用权证证载用途标准进行补偿。总的来说，在确定对土地使用权人应当给予的适当补偿时，宜考虑收回土地原因及土地的具体用途、原土地使用权剩余开发年限、土地使用权人的过错情况与实际投入等多重因素，参考收回土地时案涉土地类似土地的市场价格，并确保补偿金额不低于土地使用权人取得土地的成本的情况下，综合确定公平合理的补偿金额。

**【规范指引】**

《土地管理法》第 4 条第 2 款;《城镇国有土地使用权出让和转让暂行条例》第 10 条、第 12 条;《征补条例》第 19 条第 1 款;《行政诉讼法适用解释》第 91 条。

## 争点 4：收回集体土地使用权时是否只能收回净地，地上建筑物及其附属设施如何补偿

根据《土地管理法》第 66 条的规定，对于因公益性事由收回村民集体所有的土地的，土地使用权人有权获得适当的补偿。同时,《土地管理法实施条例》第 26 条规定，地上附着物及青苗补偿费归地上附着物及青苗的所有者所有。因此，我们认为，收回集体土地使用权时并非只能净地收回。《最高人民法院关于审理涉及农村土地承包纠纷案件适用法律问题的解释》第 20 条第 2 款规定：“承包方已经将土地经营权以出租、入股或者其他方式流转给第三人的，除当事人另有约定外，青苗补偿费归实际投入人所有，地上附着物补偿款归附着物所有人所有。”关于补偿的标准并没有明确规定。有学者认为，对因公共利益需要而收回宅基地使用权的情况应当给予补偿，并可以借鉴土地征收的补偿标准。有的学者则持反对意见，认为是否给予补偿应考虑在土地使用权被收回之前使用权人的用地行为是否合法。实践中目前的普遍共识是，

对于土地上的建筑物及其附属设施要予以补偿。我们倾向认为，对村民个人的补偿部分，应当依据村民遭受的直接财产损失核算其应得的补偿价值总量。主要包括两部分：一部分是搬迁和临时过渡安置的费用，标准可以参考当地消费水平；另一部分则是宅基地使用权和房屋所有权的价值损失。对于房屋可以采用重置成新价法评估其价值；对于宅基地使用权，可以采用收益还原法或者市场比较法确定宅基地使用权的公平市场价格，并据此确定补偿数额，亦可参照集体经营性建设用地入市价格修正评估确定。鉴于农房和宅基地产权复杂，历史遗留问题较多，在此要注意甄别房屋和宅基地产权的合法性。另外，在补偿方式上，考虑到宅基地使用权兼具保障和财产功能，应当优先采取安置房、重新安排宅基地等实物补偿方式，以便保障农民户有所居且居住条件有改善。如果农户另有稳定居所且不愿意实物补偿，亦可予以货币补偿。但无论采取何种方式，均应当保障农民“居住条件不降低，财富不缩水”。

## 争点 5：村集体收回集体土地使用权应当履行法定手续

**【案例】宋某诉保定市莲池区人民政府土地行政管理案**[①]

为了实施旧村改造，改善村民居住环境，提升村民生活水平，莲池区百楼镇西大夫庄村民委员会（以下简称西大夫庄村委会）通过召开村两委及村民代表会议等方式，制定通过了村庄改造方案，并向保定市莲池区百楼镇人民政府提出申请，经保定市国土资源局莲池区分局审查后，由莲池区人民政府批准收回了村民宋某的宅基地。宋某为此起诉莲池区人民政府，认为批准收回宅基地的决定违法，要求撤销。该案经最高人民法院再审，驳回了宋某的再审申请。

法院认为：本案中，西大夫庄村委会通过召开村两委及村民代表会议等方式，制定通过了村庄改造方案，并履行了向保定市莲池区百楼镇人民政府提出申请，经保定市国土资源局莲池区分局审查，莲池区人民政府批准的法定程序，基本符合法律、规章规定的审批程序规定。西大夫庄村委会决定收回本村宅基地使用权，该事项涉及全体村民的利益，应当经过村民会议或村民会议授权村民代表会议决定。莲池区人民政府虽提供有村民代表会议记录，

---

① 最高人民法院（2020）最高法行申 14361 号行政裁定书。

但并未提供该次村民代表会议经过村民会议授权的材料，确有不当。但从西大夫庄村委会出具的证明等材料来看，大部分村民已自愿签订安置补偿协议并交回宅基地使用权，村民签约率达到了90%。由此可见，案涉改造项目体现了大多数村民的意愿，符合大多数村民的利益。

**【分析】**

农村集体经济组织经过法定程序，可以依法收回集体土地使用权。具体程序有：第一，经过集体经济组织民主决策。《村民委员会组织法》第24条规定："涉及村民利益的下列事项，经村民会议讨论决定方可办理：（一）本村享受误工补贴的人员及补贴标准；（二）从村集体经济所得收益的使用；（三）本村公益事业的兴办和筹资筹劳方案及建设承包方案；（四）土地承包经营方案；（五）村集体经济项目的立项、承包方案；（六）宅基地的使用方案；（七）征地补偿费的使用、分配方案；（八）以借贷、租赁或者其他方式处分村集体财产；（九）村民会议认为应当由村民会议讨论决定的涉及村民利益的其他事项。村民会议可以授权村民代表会议讨论决定前款规定的事项。法律对讨论决定村集体经济组织财产和成员权益的事项另有规定的，依照其规定。"第22条规定："召开村民会议，应当有本村十八周岁以上村民的过半数，或者本村三分之二以上的户的代表参加，村民会议所作决定应当经到会人员的过半数通过。"根据上述规定，村委会决定收回本村宅基地使用权，应当经村民会议或村民会议授权村民代表会议进行讨论并确定新的宅基地分配方案，且符合法律规定的参会人数和表决人数。第二，报请原批准用地的人民政府批准。根据《村民委员会组织法》第24条的规定，村委会收回宅基地使用权并不属于法律规定的集体经济组织的自治范围，村民会议本身不具有收回集体土地使用权的自治权。因此即使经村民会议研讨的收回决定，也不具有对外的法律效力，必须报经乡镇人民政府批准，若村委会未经人民政府批准决定直接作出收回村民宅基地使用权的通知或决定，则缺乏法律依据，相应收回决定属于违法行为，可以通过向人民法院提起行政诉讼予以撤销。同时，在收回集体土地使用权过程中，要充分保障被收回村民的基本权利，如保障知情权、参与权、听证权、陈述权、申辩权等法定权利，并提供申请行政复议或提起行政诉讼的司法程序保障渠道。

需要注意的是，如果村民代表会议未经村民会议授权，表决收回宅基地使用或表决结果未报政府批准并非必然违法、要被撤销，要区分具体情形判断：村民通过行为已经表达对村民代表会议决议的认可时，该决议体现了大多数村民的意愿，符合大多数村民的利益，村民决议程序虽有一定瑕疵，但收回决定亦不被确认违法或被撤销，如相关决定系由村民代表会议表决，虽未经村民会议授权，但由于未拆迁补偿安置协议签订及交回宅基地使用权的村民，能够达到较高比例（90%），故仍可判定表决结果有效；收回使用权的程序存在瑕疵或者不合法，但撤销有关批准（批复）、决定将会给公共利益造成重大损害的，在此情形下也仅确认行为违法，不予撤销。

**【规范指引】**

《土地管理法》第 66 条；《村民委员会组织法》第 22 条、第 24 条。

## 三、法律适用中的疑难问题

### 问题 1：收回国有土地使用权批复的可诉性问题

**【人民法院案例库案例】魏某、陈某诉来安县人民政府收回土地使用权批复案**[①]

**裁判要点**

地方人民政府对其所属行政管理部门的请示作出的批复，一般属于内部行政行为，不可对此提起诉讼。但行政管理部门直接将该批复付诸实施并对行政相对人的权利义务产生了实际影响，行政相对人对该批复不服提起诉讼的，人民法院应当依法受理。

**相关法条**

《行政诉讼法》第 11 条。

**基本案情**

2010 年 8 月 31 日，安徽省来安县国土资源和房产管理局向来安县人民政府报送《关于收回国有土地使用权的请示》，请求收回该县永阳东路与塔山中路部分地块土地使用权。9 月 6 日，来安县人民政府作出《关于同意收回永阳东路与塔山中路部分地块国有土地使用权的批复》。来安县国土资源和房产管理局收到该批复后，没有依法制作并向原土地使用权人送达收回土地使用权决定，而直接交由来安县土地储备中心付诸实施。魏某、陈某的房屋位于被

---

① 入库编号 2013-18-3-005-002。

收回使用权的土地范围内，其对来安县人民政府收回国有土地使用权批复不服，提起行政复议。2011 年 9 月 20 日，滁州市人民政府作出《行政复议决定书》，维持来安县人民政府的批复。魏某、陈某仍不服，提起行政诉讼，请求人民法院撤销来安县人民政府上述批复。

**裁判结果**

滁州市中级人民法院于 2011 年 12 月 23 日作出（2011）滁行初字第 6 号行政裁定：驳回魏某、陈某的起诉。魏某、陈某提出上诉。安徽省高级人民法院于 2012 年 9 月 10 日作出（2012）皖行终字第 14 号行政裁定：一、撤销滁州市中级人民法院（2011）滁行初字第 6 号行政裁定；二、指令滁州市中级人民法院继续审理本案。

**裁判理由**

法院生效裁判认为：根据《土地储备管理办法》和《安徽省国有土地储备办法》以收回方式储备国有土地的程序规定，来安县国土资源行政主管部门在来安县人民政府作出批准收回国有土地使用权方案批复后，应当向原土地使用权人送达对外发生法律效力的收回国有土地使用权通知。来安县人民政府的批复属于内部行政行为，不向相对人送达，对相对人的权利义务尚未产生实际影响，一般不属于行政诉讼的受案范围。但本案中，来安县人民政府作出批复后，来安县国土资源行政主管部门没有制作并送达对外发生效力的法律文书，即直接交来安县土地储备中心根据该批复实施拆迁补偿安置行为，对原土地使用权人的权利义务产生了实际影响；原土地使用权人也通过申请政府信息公开知道了该批复的内容，并对批复提起了行政复议，复议机关作出复议决定时也告知了诉权，该批复已实际执行并外化为对外发生法律效力的具体行政行为。因此，对该批复不服提起行政诉讼的，人民法院应当依法受理。

**分析**

随着我国城镇化建设的深入开展，在实践过程中，行政相对人向法院提起不服“收回国有土地使用权”的行政案件不断增多，其中也涉及部分不服“收回土地使用权批复”的行政案件。对于收回土地使用权的决定、收回国有土地使用权的批复是否具有可诉性，一般情况下不能一概而论，而应结合实际案件，具体分析、判断。

一看批复对当事人权益是否产生实际影响。行政批复是指用于上级行政机关答复下级行政机关请示事项的回复性批文，属于行政机关上下级之间的内部公文，是上级行政机关对下级机关作出的内部指示，不是直接针对公民、法人、其他组织作出的，并且不对相对人直接发生法律效力。根据《行政诉讼法适用解释》第19条规定："当事人不服经上级行政机关批准的行政行为，向人民法院提起诉讼的，以在对外发生法律效力的文书上署名的机关为被告。"可见对外发生法律效力的文书上署名的机关一般应当作为案件的被告。实际情况中，如"批复"是上级部门针对下级有关部门请示作出的内部批复，一般属于过程性行为，并不对外产生法律效力。这种批复未得到执行，往往对起诉人权利义务并未产生实际影响，不可对此提起诉讼。但在一定情况下，这种内部行政行为以一定形式外部化，其可诉性问题应具体分析判断。本案中，魏某、陈某的住房被纳入收回国有土地使用权的范围，而县国土资源和房产管理局在没有事先告知魏某、陈某的情况下，直接交来安县土地储备中心根据该批复实施拆迁补偿安置行为，没有将"批复"与对外发布收回国有土地使用权的"决定"两种文件内容和主要功能比较区分，导致直接将内部行政文件当作可以对外发布的文件使用，对魏某、陈某的权利义务产生了实际影响。因此，该土地使用权批复具有可诉性。

二看有无后续决定。如下级行政机关收到上述批复后制作相应的"收回国有土地使用权决定"，自然对当事人的权利义务产生了实体影响，其"决定"导致直接将内部行政行为外部化。只有在土地等行政管理部门直接将该批复付诸实施并对行政相对人的权利义务产生了实际影响的情况下，即下级行政机关依据"批复"作出了对外发生法律效力的"决定"后，行政相对人对该批复不服提起诉讼的，人民法院才应依法予以受理。如批复涉及起诉人权益的内容未付诸实施，也没有后续决定，对其权利义务未产生实际影响，依据《行政诉讼法适用解释》第1条第10项"对公民、法人或其他组织权利义务不产生实际影响的行为不属于人民法院行政诉讼受案范围"的规定，应裁定驳回起诉。在这种情况下，如存在其他对行政相对人的权利义务产生实际影响的行政行为，当事人可另行提起诉讼，依法保护其合法权益。

## 问题 2：收回集体土地使用权批复的可诉性问题

**【案例】阎某诉太原市小店区人民政府土地行政决定案** [①]

阎某居住地太原市小店区营盘狄村属于市区政府确定的城中村，且属于重点推进村。2015 年 12 月 22 日，狄村社区居委会向营盘街道办事处报告申请收回社区全体宅基地使用权，12 月 25 日，营盘街道办事处向小店区政府提出收回的申请报告。2016 年 2 月 23 日，小店区政府作出小店区政〔2016〕5 号《关于收回小店区营盘街道办事处狄村社区全体居民宅基地使用权的决定》（以下简称 5 号决定），决定收回狄村社区全体居民的宅基地使用权，并注销宅基地使用权证；狄村社区对宅基地上附着物进行补偿。同年 5 月，小店区政府作出小店区政〔2016〕20 号《关于收回狄村居民集体土地使用权有关事宜的批复》（以下简称 20 号批复），同意营盘街道办事处意见，收回狄村社区居民的集体土地使用权，由山西某狄投资有限公司实施并对使用权人进行补偿。批复末尾明确：本批复若与 5 号决定有冲突，按本批复执行。

山西省太原市中级人民法院判决驳回阎某请求撤销或确认 5 号决定违法的诉讼请求。

山西省高级人民法院二审认为：5 号决定以狄村社区和全体居民为行政相对人，以小店区政府名义直接决定收回阎某宅基地使用权并注销使用权证，缺乏法律依据，该行政行为违法。

最高人民法院判决驳回再审申请人阎某的再审申请。

**【分析】**

对于收回集体土地使用权批准或批复行为的可诉性来说，实践中存在不同观点。一种观点认为，政府的批准或批复行为可诉，只有人民政府批准同意集体经济组织收回时，集体土地使用权的收回才生效，因此，是人民政府的批准行为对原用地的集体经济组织成员产生了实际的影响，对其创设了权利义务，人民法院需对政府作出的涉案批准行为是否符合收回的法定条件进行实体审查；另一种观点认为，收回行为系集体经济组织经过集体表决程序，作出的村集体民主自治行为。从法定的收回主体分析，《土地管理法》明确规定收回的主体为集体经济组织，并非人民政府。原批准用地的人民政府是批

---

① 最高人民法院（2018）最高法行申 7562 号行政裁定书。

准集体经济组织的收回集体土地使用权，经原批准用地的人民政府批准后，集体经济组织需另行作出收回决定，该决定才是引起原集体土地使用权发生变化的文件，而不是原批准用地的人民政府作出的批准行为。政府只是通过批准收回的方式对相关收回行为行使监督权，防止村集体经济组织违法收回侵害集体成员的合法权益，对上诉人的权利义务并不产生实际影响，批复符合《行政诉讼法适用解释》第1条第2款规定的不属于人民法院行政诉讼受案范围的情形。即使是人民政府批准同意收回，最终收回决定也是由集体经济组织作出，实际收回行为是否实施也是由集体经济组织决定，人民政府无权干涉。土地权利人可就村委会作出的收回集体土地使用权决定的行为主张权利。本书认同前一种观点，即收回集体土地使用权中政府的批准或批复行为可诉，人民政府的批准行为对原用地的集体经济组织成员产生了实际的影响，对其创设了权利义务，从保障集体经济组织成员实际权利义务的考虑出发，应当给予其诉权。

**【规范指引】**

《土地管理法》第66条;《行政诉讼法适用解释》第1条第2款第5项。

## 问题3：收回集体土地使用权中“为乡（镇）村公共设施和公益事业”的认定

**【案例】马某诉天津市西青区人民政府确认批准收回宅基地行为无效案**[①]

马某在杨伍庄村有两处宅基地，两处房屋均未颁发宅基地使用权证。第三人天津市工农联盟农牧场杨伍庄村民委员会（以下简称杨伍庄村委会）对村内平房进行改造，上述房屋在平房改造范围之内。经该村党支部、村委会研究制定了《杨伍庄村平房改造方案》，并经村党支部、村委会和村民代表讨论表决通过。天津市农工商宏某总公司（以下简称宏某公司）于2015年7月13日向西青区人民政府（以下简称西青区政府）报送《关于杨伍庄村平房改造方案的请示》及附件《杨伍庄村平房改造方案》，宏某公司系第三人杨伍庄村委会的上级行政主管部门。西青区政府于2015年7月20日审批同意，于2015年7月21日作出《关于同意收回杨伍庄村宅基地使用权的函》。马某不

---

① 最高人民法院（2018）最高法行申5987号行政裁定书。

服，向天津市第一中级人民法院提起本案行政诉讼，请求确认西青区政府批准收回案涉宅基地使用权的行为无效。一审法院认为，西青区政府所举证据可以证实，杨伍庄村委会收回宅基地使用权进行平房改造是为加快城乡一体化建设进程，整合土地资源，改善村民居住条件。杨伍庄村进行平房改造履行了村民自治、民主议定程序，体现了大多数村民的意愿，符合大多数村民的利益。西青区政府批准杨伍庄村委会收回杨伍庄村宅基地使用权的行为合法，判决驳回了马某的诉讼请求。二审法院驳回上诉，维持一审判决。最高人民法院审理后裁定驳回马某的再审申请。

法院认为，农村集体经济组织为改造而收回宅基地使用权属于公益事业。本案中，杨伍庄村委会收回宅基地使用权进行平房改造是为了加快城乡一体化建设进程，整合土地资源，改善村民居住条件，符合《土地管理法》（2004年修正）第65条[①]第1款关于“有下列情形之一的，农村集体经济组织报经原批准用地的人民政府批准，可以收回土地使用权：（一）为乡（镇）村公共设施和公益事业建设，需要使用土地的”的规定，属于可以收回集体土地使用权的情形，且杨伍庄村委会进行平房改造履行了村民自治、民主议定程序，体现了大多数村民的意愿，符合大多数村民的利益。西青区政府批准杨伍庄村委会收回宅基地使用权的行为符合法律规定。

【分析】

在当前村庄大量的公共服务仍主要是由集体而非政府提供的情形下，集体承担着大量的村庄公共管理和公共产品供给的职责，在此种情形下，《土地管理法》赋予了农村集体经济组织在“乡（镇）村公共设施和公益事业”需要时强制收回土地使用权的权力，有利于保障村庄公共设施和公益事业用地需求，优化村庄用地结构和布局，提高村庄土地利用效率等，具有必要性。但不容忽视的是，该强制收回权是以牺牲个别村民的基本财产权利为代价的。于村民而言，其作为村庄共同体的一员，有义务为了促进村庄共同利益的实现而作出必要的牺牲，但此种特别牺牲的正当性基础在于集体共同利益（村庄共同体利益）的存在和实现。于村集体而言，其之所以能成为强制收回的主体，也在于其是集体共同利益的适格代表，而非因为其是土地所有权人。[②]因此，公益性收回集体土地使用权案件中收回目的的公益性认定是司法审查

① 现对应《土地管理法》第66条。

② 参见宋志红：《宅基地征收向宅基地收回的“逃逸”及其规制》，载《东方法学》2024年第1期。

的重点，即是否是因“乡（镇）村公共设施和公益事业”需要，是否是为了村庄共同利益。

实践中，存在把“乡（镇）村公共设施和公益事业建设，需要使用土地的”收回行为与征收行为混同的现象，发生村委会与征收实施单位联合，假借收回名义行征收之实的行为，此类行为既不符合法律规定，也侵犯了被征收人的合法权益。政府不能为了规避征地程序，违背土地管理法的立法目的。根据《土地管理法》第47条“国家征收土地的，依照法定程序批准后，由县级以上地方人民政府予以公告并组织实施”可知，收回和征收是两种不同的法律关系，二者具有明显区别：其一，收回行为并不属于国家公共权力取得农村集体土地所有权，集体土地的性质不会发生转变，依然是集体土地；其二，在程序和补偿上并不适用征收，国家并不会支付补偿费用；其三，收回仅是具体某个村为实施公共设施和公益事业的需要，不会也不应同时涉及多个村；其四，收回仅是为了本村特定公益，非征收的建设目的。故如果收回、腾房目的是配合市县级人民政府对集体土地实施征收改造，则不符合村委会收回宅基地使用权的基本要件。

一般情况下，乡（镇）村公共设施，是指为适应或者改善公众的物质生活需要而建设的各种基础性设施，如道路、桥梁、供水（供气、供热、供电等）设施、通讯设施、公共交通、环境卫生设施等；乡（镇）村公益事业，是指为公众的社会活动和公众的文化、教育、卫生、医疗及其他公共利益的需要而设置的各种事业单位，如幼儿园、中小学校、敬老院、卫生所、电影院等。

旧村改造是否属于上述“乡（镇）村公共设施和公益事业建设”，即是否具有公共利益属性？目前，司法实践对于该问题意见基本一致，即村集体为实施旧村改造改善村居环境，提升村民生活环境，优化周边配套设施，符合公共利益属性。

职业学校建设、修省道或县道、“宅基地换房”的安置房建设等是否属于“乡（镇）村公共设施和公益事业需要”？实践中，大多数法院对“乡（镇）村公共设施和公益事业需要”的审查较为宽松，属于宽泛的社会公共利益即可，一般将上述情形纳入《土地管理法》第66条第1项范畴，认为“有利于提升周边地区的职业教育水平，对促进当地就业和经济发展也将产生积极的推进作用”，“改建公路符合社会公众需求，是方便群众出行，促进经济发展的重要途径”。有学者认为，这样的认定实则混淆了一般性的社会公共利益和村庄共同利益。征收中的公共利益一般是指国家利益或者社会公共利益，“其受益群体应该是更大范围内的不特定群体”，“其受益群体的广泛性和不特定性是要远远超越一个村镇的范围的”，亦即征收中的公共利益是主要且直接服务于更大范围内的不特定群体的。而“乡（镇）村公共设施和公益事业需要”应当是主要且直接服务于乡（镇）村范围内的全体村民（居民），其受益范围具有特定性，受益方式具有直接性。职业学院建设用地、省道建设用地、实施“宅基地换房建设示范小城镇”项目等，至多算作一般意义上的社会公共利益，其受益范围远远超过土地被占用的村集体。虽然说一般性的社会公共利益也会在一定程度上促进土地被占用村集体的集体利益，但其具有间接性和附带性，其主要目的并不是服务于土地被占用的村集体成员。如果将附带性、辐射性的经济发展、促进就业等也纳入“乡（镇）村公共设施和公益事业”的范畴，那么几乎所有在村镇开展的建设项目均可产生上述间接效果，不仅一般的公共利益项目可以，即便是直接服务于少数人利益的商业项目也可能产生此种间接受益效果。这必将导致“乡（镇）村公共设施和公益事业”的限制完全被架空，为政府运作、商业利益甚至个人利益挟持“村庄共同利益”提供便利。[①] 也有学者认为，将“乡（镇）村公共设施和公益事业”界定为由集体组织作为公共设施或者公益事业的建设主体，范围过于狭窄，参照《土地管理法》第 45 条对公共利益的界定，限制为由村集体组织实施即可，即由村集体组织实施的直接服务于全体集体经济组织成员的村庄公共服务设施和公益事业用地，包括但不限于村庄道路、村委会、卫生所、公共活动广场和停车场、幼儿园、养老院等。另外一个辅助判断维度是其土地供应方式，如果所涉宅基地被强制收回后，其上建设项目在供地之时不会转为国有土地，而是由村集体以拨用方式供应，则可判断其属于“乡（镇）村公共设施和公益事业建设”需要，反之则否。

**【规范指引】**

《土地管理法》第 66 条；《确定土地所有权和使用权的若干规定》第 52 条；《行政诉讼法适用解释》第 20 条第 3 款。

---

① 参见宋志红：《宅基地征收向宅基地收回的“逃逸”及其规制》，载《东方法学》2024 年第 1 期。

# 第二节 解危纠纷

## 一、解危纠纷案件概述

在一些地方城中村改造实践中，个别行政机关为推进项目进程，片面地追求效率，将未能按期签约的房屋鉴定成C级、D级危房，告知相对人如不签约将以“危房”名义先行拆除，而不走法定征收、补偿程序。如未签约人的房屋不构成危房，政府部门在调查认定有关建筑物存在部分违法的情况下，在拆除该部分违法建筑的同时，造成合法部分的房屋毁损，再通过危房处置的途径予以拆除。危房处置相关法规的立法目的在于消除危险住宅安全隐患，保护相关群众生命财产安全，故行政机关在运用危房处置措施时应符合该立法目的。危房处置直接涉及对相对人重大财产的处分，运用不当，极易构成对当事人财产权益的侵害。

当前危房解危解纷实践中主要存在以下几个特征：（1）法律规定不够明确。《城市危险房屋管理规定》第17条规定：“房屋所有人对经鉴定的危险房屋，必须按照鉴定机构的处理建议，及时加固或修缮治理；如房屋所有人拒不按照处理建议修缮治理，或使用人有阻碍行为的，房地产行政主管部门有权指定有关部门代修，或采取其它强制措施。发生的费用由责任人承担。”《行政强制法》第13条规定，行政强制执行只有法律可以设定。《城市危险房屋管理规定》仅是部门规章，无权设定行政强制执行权，由此就带来了实践中的难题，在鉴定为危房后危房主管部门能否强制拆除。目前来看，部分省份制定的地方性规定也绕开了这一问题，只是规定危房管理部门可以采取“强制迁离”“强制搬出”等行政强制措施。（2）司法审查标准不完全统一。通过相关案例的检索，判决政府通过危房鉴定强制拆迁胜诉的不在少数，相反，判决政府强拆危房行为违法的也不少见。部分法院认为政府部门有进行危房鉴定的职权，房屋所有权人等在房屋被鉴定为D级危房后不履行拆除义务，政府部门有权予以强制执行；部分法院则认为政府部门以紧急避险为由强拆危房违反法定程序。（3）危房纠纷多涉片区问题，一危多危。随着城镇化和新农村建设的进一步推进，部分房屋确实存在年久失修的危险，对人民群众的生命财产影响较大，各地政府对危房工作的重视程度和整治力度也不断加大，出台了系列办法、通知等规范性文件。因此，危房纠纷一旦发生往往呈现涉众涉群涉片区的特征。

## 二、争点整理与认定

在行政执法活动尤其是不动产征收当中，以被征收房屋存在危险性为由，对房屋进行危房评估，并根据评估报告以安全需要为由下达紧急搬迁公告，以此对居民的房屋进行拆除，必须满足其拆除危险房屋的行政行为程序合法，且具有紧迫性、必要性，手段合理，符合合理行政和高效便民的行政基本原则。反之，若借紧急避险之由而行强制拆除之实，不仅其行为违法，侵害了广大被征收人的合法权益，更加不利于和谐拆迁的目标实现。

### 争点 1：有权提起危房鉴定申请的主体的认定

我国关于危房的管理规定比较零散，就全国层面而言，仅有 1989 年 11 月 21 日建设部令第 4 号发布、2004 年修正的《城市危险房屋管理规定》。该规定第 7 条第 1 款规定，“房屋所有人或使用人向当地鉴定机构提供鉴定申请时，必须持有证明其具备相关民事权利的合法证件”，第 13 条规定，“受理涉及危险房屋纠纷案件的仲裁或审判机关，可指定纠纷案件的当事人申请房屋安全鉴定；必要时，亦可直接提出房屋安全鉴定的要求”，从该规定来看，明确了有权利提出房屋安全鉴定申请的主体为房屋所有人和使用人。但实践中，对于房屋安全鉴定的申请主体存在不同的观点。一种观点认为，应当按照上述规定将鉴定申请主体限定在房屋所有人和使用人。该观点认为，行政机关作出行政行为应当有法律、法规或者规章的授权，而现行法律、法规或者规章均没有明确规定行政机关可以自己名义对危险房屋委托鉴定部门鉴定，故行政机关不能成为委托房屋安全鉴定的主体。另一种观点认为，行政主管部门亦有权作为房屋安全鉴定的申请主体，主要理由系房屋安全鉴定申请不仅仅是一项权利，更是一项责任。《城市危险房屋管理规定》规定了县级以上地方人民政府房地产行政主管部门负责本辖区的城市危险房屋管理工作，作为主管部门当然有权利就房屋安全申请鉴定。本书赞同后一种观点，如果将房屋安全鉴定申请的主体严格限制于房屋所有人和使用人，则行政主管部门亦有权利作为房屋安全鉴定的申请主体，若只有房屋所有人和使用人才对房屋安全承担责任，不利于相关主管部门积极主动地履行房屋安全管理职责。房屋不仅关系到相关权利人的生命财产安全，很大程度上也影响公共安全，在当事人拒绝申请鉴定的情况下，有关危险房屋主管部门可以根据房屋存在安全隐患等初步证据，自行提出鉴定申请确有一定必要性，这也是行政机关履行房屋安全管理职责的体现。部分地区房屋使用安全管理条例也明确将市、县（市、区）人民政府、住建部门、乡镇人民政府、街道办事处、建设单位等纳入房屋使用安全责任人。[①]

## 争点 2：危房鉴定应遵循正当程序的认定

房屋安全鉴定是危房治理的基础，必须遵循正当程序，保障鉴定的有效性。首先，在进行房屋安全鉴定时应当选择有资质的鉴定机构。《城市危险房屋管理规定》第 6 条规定：市、县人民政府房地产行政主管部门应设立房屋安全鉴定机构，负责房屋的安全鉴定，并统一启用“房屋安全鉴定专用章”。一方面，行政机关向危房所有权人或者使用人发送的限期委托鉴定通知书中，应告知其选择有资质的鉴定机构，以及委托鉴定合同中应载明的具体内容。另一方面，在拒绝委托鉴定的情形下，行政机关在委托鉴定前可以就确定鉴定机构听取危房所有权人或者使用人的意见。相关权利人可以通过查询鉴定机构的房屋安全鉴定资格书、房屋安全鉴定人员的资格证件等文件确定鉴定机构是否具备相应的鉴定资质。其次，房屋安全鉴定机构，应当按照相应国家标准、行业标准和地方标准及时作出鉴定报告。房屋安全鉴定机构对其出具的房屋安全鉴定报告的真实性和准确性负责。鉴定报告应附鉴定人员资质证明和签名。《最高人民法院关于行政诉讼证据若干问题的规定》第 14 条规定：“根据行政诉讼法第三十一条第一款第（六）项的规定，被告向人民法院提供的在行政程序中采用的鉴定结论，应当载明委托人和委托鉴定的事项、向鉴定部门提交的相关材料、鉴定的依据和使用的科学技术手段、鉴定部门和鉴定人鉴定资格的说明，并应有鉴定人的签名和鉴定部门的盖章。”再次，鉴定文书应当详细载明作出鉴定意见的主要事实依据，并充分说明理由。

---

① 朱新力主编：《集体土地征收、拆迁、拆违法律问题解答与实例》，人民法院出版社 2020 年版，第 227~278 页。

最后，鉴定意见对危房所有权人或者使用人的权利有着重大影响，基于正当程序原则，应当及时将鉴定意见向危房所有权人或者使用人送达，并告知其有申请复鉴的权利，保障其异议权。《城市危险房屋管理规定》第 11 条规定，房屋经鉴定机构鉴定为危险房屋的，鉴定机构必须及时发出危险房屋通知书；属于非危险房屋的，也应当在鉴定文书上注明正常使用条件下的有效时限，一般不超过一年。

## 争点 3：解危方式应当具有合理性的认定

是否属于危房一般需要经过相关部门的鉴定认准。根据危房鉴定标准认定，危房可以分为不同等级。危房需由鉴定单位提出全面分析、综合判断的依据，报请市一级的房地产管理部门或其授权单位审定。对危房，应按危险程度、影响范围，根据具体条件，分别轻、重、缓、急，安排修建计划。对危险点，应结合正常维修，及时排除险情。对危房和危险点，在查清、确认后，均应采取有效措施，确保住用安全。

## 争点 4：强制解危的条件

**【案例】陈某诉黑龙江省齐齐哈尔市龙沙区人民政府房屋行政强制案**①

案涉民航小区 3 号楼烂尾二十余年，开发过程中存在重复抵押、一房多售等情况，至该楼拆除前，大量购房户无法入住。龙沙区人民政府委派南航街道办事处向齐齐哈尔市房屋安全管理鉴定站申请对该楼房屋安全进行鉴定。房屋安全管理鉴定站出具《房屋安全鉴定报告》及《危险房屋通知书》，民航小区 3 号楼被鉴定为："所鉴定房屋安全性等级综合评价为 Dsu 级，即严重影响整体承载的鉴定单元，必须立即采取解危加固措施或拆除。"处理意见为："民航 3 号房屋存在的问题已严重影响房屋承载能力，已产生失稳破坏，必须立即停止使用或拆除，并在危险构件下方设置警示标志，以防塌落伤人。"龙沙区人民政府依据《民航小区 2、3 号楼拟定回迁及退房款人员名单》向涉及

① 最高人民法院（2018）最高法行申 2336 号行政裁定书。

3号楼的88人征求意见，其中，82.95%的人同意拆扒民航小区3号楼。2015年7月8日，制定《龙沙区民航小区3号楼拆除实施方案》，成立危楼拆除工作领导小组，并将《危险房屋通知书》进行张贴。2015年8月13日，龙沙区人民政府组织相关部门对民航小区3号楼予以拆除。后博某公司在该地点新建了楼房。陈某于2016年2月3日提起诉讼，要求确认拆除行为违法，并要求为其安置住房。

法院认为：本案中，鉴定机构出具《房屋安全鉴定报告》，认定涉案房屋整幢危险，无修缮价值，须立即拆除。据此，行政机关在履行了征求利害相关人意见、制定拆除实施方案、张贴公示危房通知、召开听证会、发布通告、催告等程序后，对涉案房屋进行整体拆除符合法律规定，当事人请求确认拆除行为违法没有事实根据和法律依据。

**【分析】**

行政机关启动危险房屋应急处置措施应当满足以下两个条件：（1）鉴定报告中建议房屋立即停止使用；（2）由住房城乡建设主管部门提请本级人民政府启动。《行政强制法》中也表明了在发生或者即将发生危害社会公共安全的突发事件时，行政机关采取应急措施或者临时措施，应当参照有关法律、法规。在危房解危相关法律文件中，规定了房屋使用安全责任人在收到督促解危通知书后，拒不履行解危义务的，行政主管部门可以采取罚金罚的形式对其进行惩戒，并对危险房屋进行巡查。有且仅有未履行解危义务形成危害公共安全的情况下，行政主管部门才能开展应急抢救措施，对房屋进行拆除。因此，行政机关径直拆除危房的行为，不仅属于对督促解危通知书的性质理解错误，还违反了危房解危的法定程序。

**【规范指引】**

《行政强制法》第18条、第35条；《城市危险房屋管理规定》第5条、第9条。

## 三、法律适用中的疑难问题

### 问题 1：先行行为产生的解危职责

**【案例】顾某诉靖江市人民政府不履行提前搬迁解危职责案** ①

原告顾某位于靖江市滨江新区越江村一组封头坝 × 号的房屋为集体土地上的房屋。2019 年 1 月 1 日，原告向越江村委会提出靖江市滨江新区越江村一组封头坝 × 号（顾某民居 D 级危房）解危方案，提出：一是原地翻建。二是在自家院内临时搭建钢结构防震棚。村意见建议该户提前搬迁。2019 年 8 月 23 日，靖江市建设工程检测中心有限公司出具的《检测鉴定报告》评定靖江市滨江新区越江村封头坝 × 号顾某民房危险性等级为 D 级，建议顾某民房停止使用。2019 年 9 月 2 日，靖江市房地产管理处出具的《靖江市房屋安全鉴定报告》鉴定意见为靖江市滨江新区越江村封头坝 × 号建筑评定为 D 级，构成整体危房。建议该房屋停止使用。

2020 年 7 月 28 日，顾某向滨江办事处、越江村委会提出提前搬迁的解危申请。2020 年 8 月 28 日，顾某夫妇在《滨江办事处提前搬迁申请表》中申请理由及个性事项一栏签字捺印，但未在承诺一栏中签字捺印。因顾某户未在滨江办事处提前搬迁申请表的承诺一栏中签字捺印，以及明确表示对提前搬迁政策不能接受，滨江办事处后续未作出任何处理。顾某不服，于 2020 年 11 月 6 日诉至江苏省泰州市中级人民法院。

法院认为：因规划调整等客观原因导致危房所有权人无法自行加固、修缮时，作为具有统筹管理社会经济发展、保护公民人身财产安全职责的一级人民政府，应当依职权对危房进行解危。行政机关以危房所有权人不同意解危方案或者未达成协议为由拒绝解危的，人民法院不予支持，判决责令被告靖江市人民政府于一个月之内对原告的提前搬迁解危申请作出处理。

**【分析】**

随着法治政府的深入推进，目前“法定职责必须为”“法无授权不可为”的理念已深入人心，但对法定职责的正确理解仍有待加深。一般情况下，法定职责的确立通常都是由法律规范等具体的外部形式确立，但实践中还存在

---

① 江苏省泰州市中级人民法院（2020）苏 12 行初 116 号行政判决书。

部分因行政行为、行政惯例产生的法定职责。

判断行政主体是否因为先行行为产生履责义务应从以下几个方面把握。（1）存在某项具体而特定的危险。这种危险的状态是正在发生的、客观真实存在的、直接的，危险状态必须是紧迫的、具体的。（2）该危险后果的发生与先行行为存在因果关系，即行政主体实施的事前行为能够支配危险结果发生的因果进程。换言之，没有了先行行为，危害结果就很难存在，因此不能否定行政主体对危险结果的支配力。（3）先行行为所造成的处境使相对人或利害关系人降低了可排除危险的机会或增加了危险。根据《城市危险房屋管理规定》的相关规定，一般情形下，房屋所有权人是危房解危工作的责任主体，应当按照鉴定机构的处理意见，及时自行对危房实施解危工作，根据需要对危房进行加固、修缮、治理或者重建，市、县人民政府及相关主管部门负有的仅是督促、指导以及政策扶助的法定职责，在房屋所有权人拒不按照规定进行解危的，有权采取强制措施等方式代为实施解危行为，并有权就支出的费用向解危责任人进行追偿。但若危房所在区域已被列为禁建区，所有权人无法在原地进行翻建，更无权在该宅基地范围之外的土地上建设居住用房，降低了权利人自行排除危险的机会，导致无法自行解危，始终处于危险状态，在此情形下，如放任所有权人继续在无法进行修缮治理的D级危房内居住，不仅可能对权利人的人身安全带来伤害，而且也对周边居民以及通行等带来极大的安全隐患，而如要求权利人自行在他处购买房屋，不仅对其苛以过重不利义务，也与危房治理中解危工作的本质不相符。因此，作为具有统筹管理辖区内社会经济发展，全面保护公民人身财产安全职责的一级人民政府，此时其所负的督促、指导以及政策扶助的法定职责则自然转为对公民个人无法自行解危的D级危房进行强制解危的法定职责，这也与《城市危险房屋管理规定》第17条规定之本意相呼应。政府部门在与房屋权利人多次协商无果或权利人明确表示不认可搬迁解危方案的情形下，不能再行以个人自愿为由不予作出任何后续处理，而应当根据当地实际情形，结合制定的提前搬迁解危政策，履行必要的评估手续等作出最终处理决定。

**【规范指引】**

《行政诉讼法》第72条；《城市危险房屋管理规定》第5条、第6条。

## 问题 2：解危行为目的不当的审查

**【案例】王某等 3 人诉吉林省长春市九台区住房和城乡建设局紧急避险决定案**[①]

2010 年，吉林省人民政府作出批复，同意对向阳村集体土地实施征收，王某等 3 人所有的房屋被列入征收范围。后王某等 3 人与征收部门就房屋补偿安置问题未达成一致意见，2013 年 11 月 19 日，长春市国土资源管理局作出责令交出土地决定。2015 年 4 月 7 日，经当地街道办事处报告，吉林省建筑工程质量检测中心作出鉴定，认定涉案房屋属于“D 级危险”房屋。同年 4 月 23 日，吉林省长春市九台区住房和城乡建设局（以下简称九台区住建局）对涉案房屋作出紧急避险决定。在催告、限期拆除未果的情况下，九台区住建局于 2015 年 4 月 28 日对涉案房屋实施了强制拆除行为。王某等 3 人对上述紧急避险决定不服，提起行政诉讼，请求法院判决确认该紧急避险决定无效、责令被告在原地重建房屋等。

长春市九台区人民法院一审认为，本案紧急避险决定所涉的房屋建筑位于农用地专用项目的房屋征收范围内，应按照征收补偿程序进行征收。九台区住建局作出紧急避险决定，对涉案房屋予以拆除的行为违反法定程序，属于程序违法。一审判决撤销被诉的紧急避险决定，但同时驳回王某等 3 人要求原地重建的诉讼请求。王某等人不服，提起上诉。长春市中级人民法院二审认为，涉案房屋应当由征收部门进行补偿后，按照征收程序予以拆除。根据《城市危险房屋管理规定》相关要求，提出危房鉴定的申请主体应当是房屋所有人和使用人，而本案系当地街道办事处申请，主体不适格；九台区住建局将紧急避险决定直接贴于无人居住的房屋外墙，送达方式违法；该局在征收部门未予补偿的情况下，对涉案房屋作出被诉的紧急避险决定，不符合正当程序，应予撤销。但王某等 3 人要求对其被拆除的房屋原地重建的主张，不符合该区域的整体规划。二审法院遂判决驳回上诉、维持原判。

**【分析】**

根据《城市危险房屋管理规定》的规定，危险房屋是指结构已严重损坏或承重构件已属危险构件，随时有可能丧失结构稳定和承载能力，不能保证

---

① 吉林省长春市九台区人民法院（2015）九行初字第 11 号国家赔偿判决书。

居住和使用安全的房屋。对危险房屋鉴定及强制拆除等危险房屋管理工作的目的系保障房屋所有人居住和使用安全、促进城市房屋的有效利用而作出的强制性规定。据此，作为危险房屋管理工作的职能部门作出紧急避险决定必须满足上述目的，即具有正当目的。行政行为目的正当性系行政行为比例原则的重要组成部分。行政机关作出行政行为应当符合法律目的，行政机关实施行政管理职能可以采用多种方式实现其行政目的，但应排除不相关因素干扰，避免采用损害当事人合法权益的方式进行。在征收部门已经对涉案房屋所占土地启动了征收程序，但未对房屋权利人等进行补偿的情况下，房屋主管部门又以城市房屋危险工作管理部门的身份介入到集体土地征收工作中，将涉案房屋鉴定为D级危房，进行强制拆除，违反了行政行为目的正当性原则。集体土地征收工作中，在征收补偿问题达不成一致的情况下，征收部门可以与被征收人按照征收补偿相关程序进行协商或复议、诉讼处理，必要的情况下可以对责令交出土地决定进行强制执行，在对被征收房屋进行合理补偿的前提下强制拆除。若房屋主管部门对被征收房屋进行危房鉴定并非出于保障房屋所有人居住和使用安全，促进城市房屋的有效利用的目的，而是为了配合房屋征收部门达到拆除房屋之目的，显属不当，不应得到支持。

在行政执法活动尤其是不动产征收当中，程序违法是一种常见多发的违法形态。实践中，为了节省工期，政府部门对于已经启动征地程序的房屋，错误地采取危房鉴定和强制拆除的做法，刻意规避补偿程序，构成程序滥用，严重侵犯当事人合法权益。对于此种借紧急避险为由行违法强拆之实的情形，人民法院依法判决撤销被诉行为，彰显了行政诉讼保护公民产权的制度功能。在土地征收当中，行政机关只有遵循行政程序，才能做到“严格、规范、公正、文明”执法，才能体现以人为本，尊重群众主体地位，才能实现和谐拆迁，才能符合新时代中国特色社会主义法治精神的要求。

此外，需要说明的是，一般情况下，行政机关如果仅凭房屋安全鉴定机构作出的C级危险评级，就决定要求对涉案房屋实施拆除，确有不当。但在某些案件中，因涉案小区建造年代较为久远，房屋不同程度存在裂缝、腐蚀和地基下沉现象，经鉴定机构鉴定后，危房达几千户，C级危房、D级危房占相当比例，整个小区因此被纳入旧城改建。在多达一千余户的D级危房需要拆除的情况下，政府部门从维护社会公共安全和小区整体性安全的角度考虑，在征询相关专业意见的基础上要求对危险评级为C级的房屋予以拆除，从源头上消除危房安全隐患，具有一定的现实合理性，此时亦应当认定该危房拆除行为具有目的正当性。

【规范指引】

《行政强制法》第18条、第35条；《城市危险房屋管理规定》第1条、第2条、第6条、第7条、第9条第4项、第11条第2款。

## 第三节　协商搬迁纠纷

“房屋搬迁”并非法定概念或征收种类，又被称为非征收拆迁、协商搬迁、不动产搬迁等（以下简称协商搬迁）。协商搬迁与国有土地上房屋征收补偿安置、集体土地征地补偿安置的区别在于，协商搬迁没有明确的法律依据。在协商搬迁过程中，往往缺乏法定征收程序，行政机关通过与被搬迁人签订协议，就房屋、土地等搬迁补偿安置达成一致意见，以实现征地、拆迁之目的。尽管《土地管理法》《征补条例》等法律法规对征地拆迁程序有明确规定，但协商搬迁仍时常见于行政管理实践之中。

协商搬迁缺乏法律法规的规范，且协议的签订与履行主体具有多元化，极易导致被搬迁人权利受侵害，同时也存在行政机关规避土地用途管制的风险。

### 一、协商搬迁案件概述

协商搬迁被称为“柔性”行政管理方式，体现了行政机关与相对人之间的合作、民主协商的特点。在理论上，行政机关与相对人签订搬迁协议，本应在征地拆迁中发挥“润滑剂”的作用，减少冲突与对抗，更快速地实现行政管理的目的。然而，由于协商搬迁缺乏明确的法律规定和程序，在实施过程中可能存在一些法律风险和纠纷。实践中搬迁项目及搬迁协议引发的纠纷并不少见，与征收决定、补偿决定甚至强制拆除行为相比，纠纷甚至更为频繁，尤其是涉及协议签订过程的纠纷。

在协议签订主体方面，《征补条例》规定了征收部门为征收补偿协议的签订主体，而县级以上地方人民政府组织有关部门与被征收人签订征地补偿安置协议。相对而言，搬迁协议的签订主体更为多元，可能包括乡镇政府、街道办事处、开发区管委会，甚至还有村集体经济组织、拆迁公司等。这种多元化可能影响当事人的维权，同时也容易引发搬迁协议是否属于行政协议的争议。

在引发争议方面，协商搬迁项目因法律规定缺位以及协议签订主体多元化等原因，极易引发争议，继而涉诉。首先，当事人可能对协商搬迁的实施是否公平合理存在疑虑，因此纷纷通过诉讼的方式来保护自己的合法权利。其次，协商搬迁的程序相对灵活，可能存在滥用职权或不当行为的风险，例如行政机关可能会利用协商搬迁的方式迫使被搬迁人接受不利于自己的协议，或者在搬迁过程中采取不合理的行政手段，由此导致协议被法院撤销、确认无效或者违法。最后，协商搬迁项目在实践中可能和法定征收拆迁项目存在交织的现象。尽管相关地块已被划入征收范围，行政机关仍然优先选择协商搬迁的方式进行处理，直至遇到无法达成协议的"钉子户"，才转向法定征收途径。这种方式往往会导致相同地块内不同被征收人之间的补偿出现不公平、不透明的现象。有些情况下，行政机关通过协商搬迁方式处理后，只剩下几户甚至一户被搬迁人，而后又重新作出房屋征收决定，此举很容易引发当事人对其"量身定作"性质的质疑。

## 二、争点整理与认定

### 争点1：搬迁公告的可诉性问题

**【案例】李某诉西安市灞桥区人民政府拆迁公告案**[①]

2013年7月10日《西安日报》第4版刊登了西浐灞告字〔2013〕2号《关于长乐坡村地区城中村综合改造项目拆迁工作的通告》及《改造事项批复》。李某不服，诉至法院，请求撤销上述拆迁通告。

最高人民法院认为，《拆迁通告》对长乐坡村地区城中村综合改造项目所涉的拆迁范围四至界限作出了界定；同时，对通告发布之日起拆迁人与被拆迁人的相关活动给予了告知与约束，如告知了自通告发布之日起相关部门停止拆迁范围内宅基地手续审批工作、严禁突击建房、长乐坡村农业人口户

---

① 最高人民法院（2019）最高法行再34号行政裁定书。

籍认定截止时间、要求拆迁范围内停止一切生产经营活动并在规定期限内搬离拆除现场，并规定相关人员和单位在拆迁工作中应依法全力配合拆迁相关工作等。经法院两次询问认定，《改造事项批复》晚于被诉《拆迁通告》作出，《改造事项批复》中亦有关于该《拆迁通告》的表述，且被申请人未说明《拆迁通告》的全部内容包含于《改造事项批复》之内。申言之，根据本案有效证据难以证明《拆迁通告》系对上述批复的广而告之，亦难以证明该通告仅系程序性告知行为。《拆迁通告》径行规定了拆迁范围、要求停止生产经营、规定期限内搬离拆除现场等内容，对被拆迁人李某的权利义务产生了实际影响，具有可诉性。二审法院以被诉《拆迁通告》不具有独立的实际影响和法律后果为由，对李某的起诉予以驳回，属于事实认定错误及适用法律错误，应当予以纠正。最高人民法院遂裁定：一、撤销陕西省高级人民法院（2016）陕行终76号行政裁定；二、发回陕西省高级人民法院重新审理。

**【分析】**

近年来，越来越多的地区采取协商搬迁的方式来满足用地需求。协商搬迁不是法定的概念，而是一种政策上的创新、探索。其区别于房屋征收，关键特征是协商搬迁不具有行政强制力。关于协商搬迁，涉及国有土地上房屋的，在很多地区，有时作为房屋征收决定作出前的预征收或模拟征收的阶段行为，有时则是因为项目本身不满足征收所需的公共利益条件，但又有用地需求时，被迫采取的变通方式。那么作为行政机关，如就搬迁项目发布公告，被搬迁人不服的，是否有权提起诉讼？

在审查搬迁公告对当事人合法利益是否产生实际影响时，法院应该采取综合考量的方式。首先，法院需要审查搬迁公告的具体内容，包括其中所规定的搬迁范围、搬迁要求、停止生产经营的期限、搬迁补偿标准等条款。如果搬迁公告中包含了具体的行政命令或者限制性要求，例如要求被征收人在规定期限内搬离拆除现场，或者限期内不搬迁的强制搬迁等内容，那么这些内容就具有实际影响被搬迁人权利和义务的特征，应当被视为具有可诉性。

其次，法院还应该考虑搬迁公告的执行情况和实际影响。即使搬迁公告中包含了一些限制性要求，但如果这些要求并没有得到实际执行，或者并未对被搬迁人的生产、生活造成实际影响，那么这些内容可能就不具备可诉性。因此，法院需要就搬迁公告的执行情况进行调查和审查，以确定其是否对被搬迁人的权益产生了实际影响。

此外，法院还应该考虑搬迁公告的合法性和合理性。如果搬迁公告违反了相关法律法规的规定，或者其中包含了不合理或不合法的内容，例如强制要求被搬迁人在短期内搬迁或者停止生产经营，那么这些内容也应当被视为具有可诉性。法院应当根据具体案件的情况，对搬迁公告的合法性和合理性进行审查，以确保被搬迁人的合法权益得到充分保护。

综上所述，法院在审查搬迁公告对当事人合法利益是否产生实际影响时，需要全面考虑搬迁公告的具体内容、执行情况以及合法性和合理性等因素，以便作出正确的裁决，保护被搬迁人的合法权益。

如在陈某等诉泰州市九龙镇人民政府搬迁公告案①中，当事人所述的搬迁公告内容为："为加快九龙镇建设步伐，改善群众居住环境，根据相关规定，我镇决定对姚家路西侧、三村干河北侧地块规化红线范围内的集体土地房屋及附着物实施搬迁。现将搬迁事项公告如下：一、搬迁范围：东至姚家路，西至界沟路，南至三村干河，北至田，规划范围内集体土地房屋及附着物，具体以项目规划红线为准。二、搬迁实施主体：九龙镇政府。三、搬迁评估机构：泰州市嘉德房屋征收服务中心、泰州安信房地产评估咨询有限公司、泰州市中兴房屋征收服务中心、江苏经纬资产评估房地产土地估价有限公司。四、搬迁期限：2020年11月12日至2020年12月10日。请广大被搬迁人在规定期限内主动签约交房。"对于该搬迁公告是否可诉，泰州市中级人民法院认为，搬迁公告内容为告知原告拟对"姚家路西侧、三村干河北侧地块规化红线范围内的集体土地房屋及附着物实施搬迁"及"请广大被搬迁人在规定期限内主动签约交房"。从上述内容来看，该公告并未对原告等人的权利义务作出具体规定。因此，该搬迁公告不具有强制力，其对原告等人的权利义务不产生实际影响，不属于人民法院的受案范围。

**【规范指引】**

《行政诉讼法适用解释》第1条第2款第10项、第69条第1款第8项。

## 争点2：协商搬迁与预征收行为的区别

协商搬迁和预征收行为虽然在概念上都与房屋相关，但其具体实施方式和法律依据存在显著差异。协商搬迁作为一种快捷而灵活的方式，通常在

---

① 江苏省泰州市中级人民法院（2021）苏12行终21号行政裁定书。

地方政府推动城市化进程中得到应用。在协商搬迁过程中，地方政府或其指定的主体会与受影响的个人或社区进行协商，达成一致意见后签订协议，然后按照协议内容实施搬迁计划。尽管协商搬迁省去了一部分征地程序，但其合法性依然建立在遵循相关法律法规的基础上，确保了被搬迁者的权益不受损害。

相比之下，预征收作为一项制度化的前置程序，旨在为土地征收提供必要的准备工作。在土地征收批复下达之前，市县政府会向拟征收范围内的村集体经济组织和村民发布公告，明确告知征收计划以及相关的补偿和安置政策。这种前期通告的发布有助于提前安排被征收者的生活和产业，同时也为征收程序的正式启动做好了准备。同时预征收的法定化，如《土地管理法》第 47 条所规定，进一步加强了对土地征收程序的监督和管理，保障了征收过程的公平和合法性。

预征收行为和协商搬迁之间存在几个显著的区别：

1. 程序性质不同。预征收是土地征收程序的前期环节，旨在为正式征收提供准备工作，包括告知征收计划、补偿政策等。而协商搬迁则是在征地拆迁过程中的一种实施方式，常常是地方政府与受影响个人或组织达成的协议。

2. 法律依据不同。预征收行为在《土地管理法》中有明确规定，被纳入全国适用的法律制度中。而协商搬迁虽然在实践中普遍存在，但并没有像预征收那样在法律中得到具体规定。

3. 对象和范围不同。预征收的对象通常是特定范围内的村集体经济组织和村民，其征收范围在事先被明确界定。而协商搬迁的对象可能是个人、社区或者其他组织，往往在征收范围和对象方面更加灵活。

4. 程序流程不同。预征收通常需要政府发布公告告知征收计划，并禁止相关行为，然后在征收批复下达后正式启动征收程序。而协商搬迁则是在未经征地程序的情况下，由地方政府或指定主体与被搬迁人签订协议，按约定内容实施搬迁。

虽然协商搬迁和预征收在目的和程序上有所不同，但它们都是为了促进城市化进程和经济发展，同时也应对日益增长的城市人口和土地利用需求。在实践中，地方政府应根据具体情况灵活运用这些手段，兼顾社会公益和个体权益，确保土地征收过程的公平、合法和可持续。

## 争点 3：街道办、村委会等单位有权实施搬迁

**【案例】鞠某诉靖江市新桥镇人民政府搬迁补偿安置行政协议案**[①]

新桥某建设公司于 2019 年 12 月 5 日与鞠某签订房屋拆迁补偿安置协议，其主要内容为：“甲方（新桥某建设公司）因城镇建设地块棚户区（农村危旧房）改造需要，现需对乙方（鞠某）的房屋实施拆迁，根据拆迁有关政策规定，经甲、乙双方协商，自愿达成房屋拆迁补偿安置协议如下：乙方选择购买天地房安置，在乙方按本协议约定期限内将应拆房屋及附属物腾让完毕交甲方验收合格后，甲方在补偿款总额中扣除乙方预定购房款 238 000 元后，余额 482 180 元一次性支付给乙方……本协议经甲方及甲方委托代理方、乙方代表签字或盖章后生效，并经新桥镇人民政府鉴证。”

2019 年 12 月 5 日，鞠某向新桥镇人民政府出具申请书，自愿放弃原宅基地搬迁至政府规划的集中居住区居住。同日，鞠某在拆迁补偿计算清单、洽谈记录上签字，并向新桥镇人民政府出具房屋代建委托书、与新桥园区动迁科签订新桥镇文东区安置房认购协议。2020 年元月 3 日，鞠某在房屋拆迁交接单上签字，于 2020 年元月 20 日向新桥某建设公司出具收条领取现金补偿款。

2020 年 8 月 27 日，鞠某以靖江市新桥某建设有限公司无权签订动迁补偿协议为由，要求法院确认案涉动迁协议无效。

法院认为，从补偿安置协议订立目的看是城镇建设地块棚户区（农村危旧房）改造需要，明显是行政机关为了实现行政管理目标；从补偿安置协议签订和履行的情况看，鞠某于 2019 年 12 月 5 日作出放弃原有宅基地、搬迁至政府规划集中居住区的申请对象是新桥镇人民政府，房屋代建委托书亦是向新桥镇人民政府出具，安置房认购协议是由鞠某与新桥园区动迁科签订，由此应推定新桥某建设公司与鞠某签订的补偿安置协议仅是新桥镇人民政府搬迁工作的组成部分。综上，本案所涉补偿安置协议应认定系新桥镇人民政府委托新桥某建设公司与鞠某所签订，鞠某以靖江市新桥某建设有限公司无权签订动迁补偿协议为由，要求确认案涉动迁协议无效，法院不予支持。

---

① 江苏省泰州市中级人民法院（2021）苏 12 行终 114 号行政判决书。

【分析】

《征补条例》第 25 条规定征收补偿协议的签订主体为房屋征收部门，《土地管理法实施条例》第 29 条则规定县级以上地方人民政府组织有关部门与被征收人签订征地补偿安置协议。上述法定征收补偿协议的签订主体较为明确、稳定。搬迁协议的签订主体则较为多元，通常包括乡镇政府、街道办事处、开发区管委会等。这种多元化的主体构成，为搬迁协议的签署带来了灵活性和多样性。在一些地区的项目中，由于地方政府资源有限，可能会委托给专业拆迁公司等第三方组织来执行搬迁任务。这些机构往往具备更强的执行能力和专业化的经验，能够更加高效地推进搬迁工作，为当事人提供更好的服务。然而，正因为搬迁主体的多元化，这对当事人及时、正确维权产生了一定影响，也容易引发搬迁协议是否属于行政协议以及村委会、拆迁公司是否有权签订搬迁协议的争议。

司法实践中，协商搬迁的一方当事人常常以协议的签订主体村委会或房屋搬迁公司无权签订搬迁协议为由，请求法院确认协议无效。对于当事人起诉要求确认房屋搬迁补偿协议无效的案件，法院可以从是否有房屋征收部门等行政机关的委托进行审查，确认是否属于行政案件：如果存在事实的委托法律关系或者行政机关事后追认委托关系的，应当认可该行为属于行政机关委托实施的行政行为，属于行政诉讼的受案范围；如果没有行政机关委托事实，行政机关事后亦不予追认委托关系的，则不存在行政法律关系，不属于行政诉讼的受案范围。该协议对行政机关不具有拘束力，对被征收人亦属越权无效的协议。被征收人可以另行与征收管理部门签订协议获得补偿安置。

【规范指引】

《行政协议司法解释》第 4 条。

## 三、法律适用中的疑难问题

### 问题：围挡、断水、断电等逼迁行为的可诉性

**【案例】郑州市金水区人民政府诉某公司确认行政行为违法案**[①]

2005年11月1日，某公司与郑州市某铝制品厂签订《承包协议》，由某公司承包郑州市某铝制品厂在金水区63.33亩场地及全部建筑。2006年，某公司在承包范围内增建部分经营性用房。2014年12月，郑州市城乡规划局作出《停止违法行为通知书》，通知书中载明：郑州市某铝制品厂在信息学院路西侧、文劳路南侧的房屋违反了《城乡规划法》第40条之规定，责令郑州市某铝制品厂及其地块范围内经营性用房商户立即停止违法行为，限期接受处理。因执法通知书中列明的违法建设在某公司租赁郑州市某铝制品厂地块范围内，故通知书对某公司也产生效力。

2012年3月21日，金水区人民政府（以下简称金水区政府）组织成立指挥部，对某公司所在地进行城中村改造拆迁。2014年12月6日和2014年12月10日，指挥部分别向郑州供电公司发送《通知》，通知中表明因小铺村开发地块违章建筑正在进行拆迁，为避免违章拆除中引发安全事故，造成不应有的损失，要求郑州供电公司配合停止对该地块违章建筑供电。因某公司的经营性用房住所地在拆迁范围内，某公司认为金水区政府的行为侵害了其合法权益，故诉至法院。

法院认为，本案中，郑州供电公司依据指挥部作出的停断违法建设电力供应的函和通知，对某公司的涉案房屋进行了停止供电。某公司的涉案房屋在建造时和使用过程中，均没有相关部门对其违章建筑作出认定和处罚，而仅是在城中村改造过程中对其违章建筑进行了认定。由此可见指挥部作出停止供电的函和通知的目的是城中村的拆迁改造。指挥部作为金水区政府组织成立的临时机构，其产生的行为应由金水区政府承担。因没有相关法律、法规赋予金水区政府在城中村改造过程中对已经建成的违章建筑拆除时可以采取停断电的行政职权，故金水区政府要求郑州供电公司对某公司违章建筑停电并造成停电的事实属于行政事实行为，该行为侵害了某公司的合法权益。

---

① 最高人民法院（2017）最高法行申8513号行政裁定书。

故判决确认金水区政府要求郑州供电公司对某公司经营性用房停止供电行为违法。

**【分析】**

在协商搬迁工作中，常常出现被搬迁房屋在未达成搬迁协议前遭到停水、停电、断气等行为的情况。这种行为对当事人的居住权益造成了不利影响。因此，需要探讨这些行为是否构成行政诉讼范畴，以及在起诉时应如何确定被告。

停水、停电等行为属于工作的一部分，作为供水、供电等企业作出终止相关服务的行为仅是辅助或者配合行政机关完成征拆工作，实施该行为不属于其真实意思表示，造成的法律后果也不应当由其承担，而应当由作出指示命令的行政机关来承担。如果停水、停电等行为发生后，行政机关并未实施后续的拆迁工作，也未作出与停水、停电相关联的其他行政行为，则停水、停电等行为就是一种行政事实行为，行政机关通过行政命令形式通知相关企业采取停水、停电等措施改变了当事人与供水、供电等企业的权利义务关系，对当事人的实际生活产生了影响，属于独立的行政行为，具有可诉性。

征收主体未依法给予被征收人补偿安置之前，应当保障被征收人基本居住条件，满足其基本生活需求，而不能通过施加影响，以停水、停电等方式侵害被征收人的合法权益，否则该行为将被确认违法。在行政机关实施的停水、停电等行为被确认违法的情况下，行政机关应当根据实际情况，采取相应的补救措施，协调有关单位满足当事人的基本生活需求；如果被征收房屋确已不具备恢复水电气的条件，行政机关亦应当通过其他方式予以补救，对造成的损失应依法予以补偿或适当赔偿，切实及时保障当事人基本的生活和居住权益。

**【规范指引】**

《行政强制法》第 53 条、第 61 条；《征补条例》第 27 条。

# 第四节　涉征收非诉执行纠纷

非诉行政行为的执行，也称非诉行政案件的执行，简称“非诉执行”，是指行政机关作出行政行为后，公民、法人或者其他组织既不申请复议，也不提起诉讼，又不履行该行政行为所确定的义务，而作出该行政行为的行政机关或者行政行为所确定的权利人，依法向人民法院申请强制执行所形成的制度。[①] 众所周知，行政机关在征收拆迁中针对未签订补偿协议的被征收人经常作出各种行政决定，如房屋征收补偿决定、集体土地房屋补偿安置决定、责令交地决定、责令限期拆除决定等，其中最常见的是市、县级人民政府向人民法院申请强制执行房屋征收补偿决定。本部分主要探讨的是面对市、县级人民政府申请人民法院强制执行房屋征收补偿决定，启动非诉强制执行程序时，法院应当如何审查的问题。

## 一、涉征收非诉执行案件概述

经检索分析，针对征收非诉执行案件，法院审查的重点主要涉及两个方面：实体和程序。在实体方面，法院着重审查征收土地方案是否经过有权机关批准、征收主体是否按照法律法规的程序实施征地行为以及被征收人是否已依法获得补偿或无正当理由拒绝接受补偿等。这些审查内容直接关系到征收行为的合法性和被征收人的权益保障。与此同时，在程序方面，法院主要审查责令交地行为是否已生效、被征收人是否经催告后未履行义务、行政机关是否在法定期限内提出申请，以及案件是否属于受申请的法院管辖范围等。这些程序性审查旨在确保征收程序的合法性和程序的公正性，保障各方当事人的诉讼权利。

同时，近年来，征收非诉执行案件的司法审查呈现一些趋势：第一，裁定不准予强制执行的案件数量和比例呈下降趋势。这侧面反映了法院对征收行为的合法性审查更加严格，以及行政机关对征收程序的规范性和透明性有所改进。第二，法院裁定不予强制执行的主要理由是行政机关作出的行为存

---

① 王青斌:《论行政非诉执行案件的司法审查标准》，载《浙江大学学报（人文社会科学版）》2023 年第 9 期。

在实体违法或程序违法。这表明法院在审查中注重保护被征收人的合法权益，对违法行为依法予以制止和纠正。第三，法院对非诉执行案件的审查内容整体呈现扩展趋势。除了对实体内容的合法性审查外，还包括对程序内容的合法性审查。如在《最高人民法院关于办理申请人民法院强制执行国有土地上房屋征收补偿决定案件若干问题的规定》(法释〔2012〕4号)中，规定了人民法院应不准予执行的七种情形。除了一般性的情形“明显缺乏事实依据”“明显缺乏法律、法规依据”外，还兼顾房屋征收补偿决定案件的特殊性和敏感性，规定了“明显不符合公平补偿原则”“明显违反行政目的”“超越职权”“严重违反法定程序或者正当程序原则”等情形，将损害公共利益、违反正当程序都纳入了法院的审查内容。这种扩展意味着法院在审查中更加全面地考虑了征收行为的合法性和程序的合规性，为保障各方当事人的合法权益提供了更加有力的法律保障。

## 二、争点整理与认定

### 争点1：征收补偿决定已经生效裁判确认合法性，被征收人再就房屋调查等前置行为提起诉讼的，应不予受理

**【人民法院案例库案例】王某学诉江苏省徐州市泉山区人民政府行政补偿案**[①]

**基本案情**

法院经审理查明：2014年，江苏省徐州市泉山区人民政府（以下简称泉山区政府）启动金山东路东延（七里沟棚改）项目，并于2014年5月23日作出徐泉征字〔2014〕第5号《徐州市泉山区人民政府房屋征收决定》并予以公告。因未与王某学达成房屋征收安置补偿协议，泉山区政府于2014年9月12日作出泉房征补字〔2014〕第158号《房屋征收补偿决定书》，认定王某学房屋合法建筑面积为228.20平方米。王某学不服158号补偿决定提起行政诉讼，江苏省徐州市中级人民法院于2015年10月13日作出（2015）徐行初字第00070号行政判决，驳回王某学的诉讼请求。王某学不服提起上

① 入库编号 2023-12-3-019-005。

诉后，江苏省高级人民法院于 2016 年 3 月 21 日作出（2015）苏行终字第 00746 号行政判决，驳回上诉，维持一审判决。在江苏省高级人民法院审理（2015）苏行终字第 00746 号案件过程中，王某学以泉山区政府未按照法律规定认定其房屋合法面积、侵犯其合法权益为由，提起本案诉讼，请求确认泉山区政府未依法认定其房屋合法面积行为违法。

江苏省徐州市中级人民法院于 2016 年 5 月 4 日作出（2015）徐行初字第 00262 号行政裁定，驳回王某学的起诉。

一审宣判后，王某学不服提起上诉，江苏省高级人民法院于 2016 年 8 月 18 日作出（2016）苏行终 939 号行政裁定，驳回上诉，维持一审裁定。

二审宣判后，王某学向最高人民法院申请再审，最高人民法院于 2017 年 3 月 10 日作出（2017）最高法行申 244 号行政裁定：驳回再审申请人王某学的再审申请。

**裁判理由**

法院生效裁判认为：一般认为，已经生效的前诉裁判具有既判力，后诉不得作出与前诉相反的判断；已经前诉裁判羁束的内容，当事人不得再次诉请裁判；当事人坚持起诉的，法院应当裁定不予立案或者驳回起诉。显然，并不是前诉裁判文书记载的所有内容均具有既判力，也不意味着当事人均不得另行起诉或者均要受到羁束。从现行裁判文书制作样式来看，裁判文书中记载的当事人诉辩主张、事实陈述和请求，不具有既判力；前诉裁判在审理查明部分所认定的一般性事实，或者说次要事实的认定，一般也不具有既判力。而前诉裁判中的诉讼标的，则当然具有既判力，生效裁判作出后各方当事人均不得另行提起诉讼。而对前诉裁判所依据的主要事实和列为争议焦点经质证辩论后认定的事实，一般也认为具有既判力。

通常情况下，前诉生效裁判的既判力，仅限于裁判主文确定的范围，裁判主文对被诉行政行为合法性的评价构成该裁判既判力的客观范围；后诉判断同一行政行为的合法性，要受前诉生效裁判的羁束。而前诉的裁判理由，是建立在对主要法律事实和争议焦点问题判断的基础之上的，后者是前者的理由和根据，承认裁判主文的既判力，必然也要赋予裁判理由中对案件争议焦点和主要法律事实的判断以一定程度的既判力。据此，前诉裁判所列争议焦点在经过当事人充分辩论后，前诉对争议焦点所作的实质性判断即具有既判力，特别是前诉将案件的主要事实列为争议焦点时，更应如此。只要前诉已将权利发生、变更或消灭之法律效果中直接且必要的主要事实列为案件的争议焦点，并在经过当事人质证、辩论后作出了认定，那么，该直接且必要的主要事实，即发生争点效力，形成既判力。该裁判的当事人及相关权利、义务的承担人不得在后诉中对前诉裁判已经查明和认定的主要法律事实和法律关系提出争议；即使前诉裁判认定有误，也只能通过再审程序加以纠正，而不能直接作出相反的判断。

本案一、二审法院已经查明，泉山区政府于2014年5月23日作出5号征收决定时，已经公示了涉案房屋的调查结果和认定结果；相关评估公司于2014年5月26日作出“房屋征收估价报告”并公示，且于2014年7月9日送达，该报告对房屋面积有明确记载；泉山区政府于2014年9月12日作出158号补偿决定，载明王某学户房屋合法面积为228.20平方米，房屋用途为住宅。王某学、周某娟提起行政诉讼，江苏省徐州市中级人民法院、江苏省高级人民法院分别作出（2015）徐行初字第00070号行政判决、（2015）苏行终字第00746号行政判决。在此诉讼中，当事人争议的焦点之一，即为涉案房屋面积认定是否合法的问题，一、二审法院也均将该问题作为争议焦点问题进行了审理。庭审中，与房屋面积直接有关的证据，如“被征收房屋现状测绘调查表”“金山东路东延（七里沟棚改）项目住宅类房屋调查结果公示表”等，均经过当庭举证、质证，房屋面积认定方法也经各方辩论。由于涉案房屋没有房屋和用地权属证明，泉山区政府参照《江苏省城市规划管理技术规定》中关于低层居住建筑容积率规定（最高上限为1.1），以实际使用国有土地使用权面积为基数，按1.4容积率计算并确认了涉案房屋的合法建筑面积，上述一、二审判决对此认定方法和具体面积的认定，均予以支持。可见，人民法院在前诉案件中对征收补偿决定合法性审查时，已经在当事人质证辩论基础上，对房屋面积认定问题进行了审查并作出了合法性认定。因此，有关房屋面积认定的合法性问题，已经受到前诉判决羁束；王某学在前诉中有关房屋面积认定违法的主张未得到支持后，又提起本案诉讼，构成重复起诉。根据《行政诉讼法适用解释》第3条第1款第9项规定，诉讼标的已为生效裁判所羁束的，已经立案的，应当裁定驳回起诉。因此，一、二审法院的裁定符合法律规定。

**裁判要旨**

1. 通常情况下，前诉生效裁判的既判力，仅限于裁判主文确定的范围，裁判主文对被诉行政行为合法性的评价构成该裁判既判力的客观范围；后诉判断同一行政行为的合法性，要受前诉生效裁判的羁束。

2. 前诉裁判所列争议焦点在经过当事人充分辩论后，前诉对争议焦点所作的实质性判断也发生争点效，形成既判力。该裁判的当事人及相关权利、义务的承担人不得在后诉中对前诉裁判已经查明和认定的主要法律事实和法律关系提出争议；即使前诉裁判认定有误，也只能通过再审程序改判，而不能直接作出相反的判断。

**关联索引**

《行政诉讼法适用解释》第 69 条第 1 款第 9 项

一审：江苏省徐州市中级人民法院（2015）徐行初字第 00262 号行政裁定（2016 年 5 月 4 日）

二审：江苏省高级人民法院（2016）苏行终 939 号行政裁定（2016 年 8 月 18 日）

再审：最高人民法院（2017）最高法行申 244 号行政裁定（2017 年 3 月 10 日）

## 争点 2：法院审查非诉讼申请执行案件，不应因程序性瑕疵即裁定不予执行补偿决定

《行政诉讼法适用解释》第 96 条规定："有下列情形之一，且对原告依法享有的听证、陈述申辩等重要程序性权利不产生实质损害的，属于行政诉讼法第七十四条第一款第二项规定的'程序轻微违法'：（一）处理期限轻微违法；（二）通知、送达等程序轻微违法；（三）其他程序轻微违法的情形。"《行政诉讼法》第 74 条第 1 款规定："行政行为有下列情形之一的，人民法院判决确认违法，但不撤销行政行为：……（二）行政行为程序轻微违法，但对原告权利不产生实际影响的。"参照上述规定，法院在审查非诉讼申请执行案件时，应当以维护实质正义和保障当事人合法权益为出发点，不应仅因程序性瑕疵就裁定不予执行行政决定。

因此，即使行政行为存在程序性瑕疵，但只要不影响实质正义和当事人权益，法院应该保留其法律效力。否则，仅凭程序性问题就否决行政决定，不仅会浪费行政、司法资源，也不符合法治原则。因此，对于非诉讼申请执行案件，法院应该以实质为重，只有在程序严重违法确实损害当事人合法权益的情况下，才应不予执行行政决定。

## 第五节　涉征收补偿政府信息公开纠纷

当讨论征地搬迁案件时，须特别关注政府信息公开类案件。在征地搬迁工作中，当事人通常会通过政府信息公开诉讼来获取相关信息，以权衡自己的补偿利益是否受损、补偿金额是否公平合理。政府信息公开在征地搬迁案件中的重要性不言而喻，这些案件牵扯到公民的切身利益，而公民则依赖于政府提供的信息来维护自己的权益。因此，在审理征地搬迁案件时，尤其是与政府信息公开相关的案件，法院需要审慎对待，以确保公民的知情权得到充分保障，同时维护社会公共利益的平衡。

### 一、涉征收补偿政府信息公开案件概述

征地搬迁引发的政府信息公开案件在当前政府信息公开行政案件中占据主导地位。与其他政府信息公开案件相比，征地搬迁引发的案件具有以下几个显著特点：

1. 涉及征地搬迁的政府信息公开案件牵涉到被征地搬迁群众的切身利益，容易激化矛盾，难以通过协调达成实质性解决。这些政府信息公开案件几乎涵盖了征地批复、征地公告、分户评估表、搬迁协议等各个环节的信息。

2. 涉诉行政机关具有分布广泛且重点突出的特点。不仅包括市、县级政府，还涉及住建部门、国土规划部门、乡镇街道甚至居（村）委会。

3. 原告的目的较为单一，主要是通过政府信息公开诉讼向政府施加压力，以获取更高的拆迁补偿利益。例如，江苏泰州地区存在多起被界定为滥诉的案件当事人，因对政府的拆迁补偿标准不满，向两级法院提起了近百起政府信息公开案件，极大地造成了司法和行政资源的浪费。

征地搬迁引发的政府信息公开案件属于较难解决的矛盾纠纷案件，与一般行政案件的司法审查理念存在差异。法院在审理这类案件时，除了坚持合法性审查原则外，还应坚持以下理念：

1. 以公开为原则，以不公开为例外。当涉及征地搬迁案件时，政府信息公开的重要性愈发显著。征地搬迁不仅牵涉土地征收、补偿安置等方面的政策实施，更关乎被征地群众的生计和利益。因此，对于征地搬迁案件中形成的政府信息，其公开应当做到及时、全面、公正，以保障公民的知情权和合

法权益。实践中，征地搬迁涉及的政府信息来源多样，包括征地批复文件、补偿方案、分户评估表等。这些信息的公开不仅是行政机关的法定义务，更是维护社会公共利益和促进公民参与的需要。因此，不同行政机关之间的协同配合和责任划分显得尤为重要。除此之外，行政机关之间应当建立起信息共享机制，确保相关信息能够及时传递和公开，避免信息的壁垒和滞后。另外，在征地搬迁过程中，往往存在信息不对称和权力不对等的情况。政府信息公开有助于增加公民对政府行为的监督和参与，促进征地搬迁实施的公平公正。因此，行政机关应当积极倡导信息公开，建立起民主参与决策机制，确保政府信息的公开透明和公平公正。此外，需要强调的是，政府信息公开不仅是一项法定义务，更是一种担当和责任。行政机关应当认真履行信息公开职责，加强信息公开意识和制度建设，为征地搬迁案件的顺利实施提供坚实保障，实现行政机关与公民之间的互信与和谐。

2. 需平衡知情权与隐私权之间的关系。利益是权利的本质要求，政府信息公开中的知情权亦如此。《政府信息公开条例》第 5 条明确规定了政府信息“以公开为常态、不公开为例外”的基本原则，这一基本原则的例外情形包括第三方的个人隐私。因征地搬迁所引发的政府信息公开案件中包含着知情利益、公共利益、第三人利益等，处理该类行政案件应兼顾多种利益。优化政府信息公开诉讼时，要结合目前的政治、经济、文化等现实状况去平衡各种利益关系。在对多方利益作出衡量时，应遵循公众利益保护优先等基本理念，兼顾第三人合法权益的保护。[①]

3. 需规范部分诉权的行使。一些当事人基于非理性动机提起政府信息公开诉讼，可能会干扰法庭秩序，挤占司法资源。针对滥用诉权的行为，有必要在现行法律框架下采取合理方式进行规制，引导公民正确行使权利，以防止政府信息公开制度的滥用。在立案登记方面，应严格审查当事人是否存在滥用诉权的明显倾向，对于明显存在滥诉情形的当事人，法院应当不予立案。

综上所述，征地搬迁引发的政府信息公开案件在当前司法实践中具有重要意义和挑战。法院在审理此类案件时需要兼顾公民的知情权、社会公共利益和个人隐私权，以及避免滥用诉讼权利对司法资源的浪费。通过合理权衡各方利益，才能实现政府信息公开制度的有效运行，促进社会公平正义的

① 李凌云：《政府信息公开诉讼的难点与应对》，载《中共青岛市委党校青岛行政学院学报》2022 年第 3 期。

实现。

## 二、争点整理与认定

### 争点 1：涉征收补偿信息公开的责任主体一般为制作单位

**【案例】戴某与上海市青浦区人民政府政府信息公开案**[①]

戴某向上海市青浦区人民政府（以下简称青浦区政府）申请公开“A16 公路工程征地所涉及香花桥街道东方村 4 组被‘安置的农业人口数’‘安置的劳动人数’的人员名单及安置补偿款发放详单”。青浦区政府于 2016 年 8 月 24 日作出（2016）055 号《告知书》，答复其所要求获取的上述信息不属于政府公开职责权限范围。故戴某提起本案诉讼，请求法院判决撤销该《告知书》，并判令青浦区政府重新作出答复。

法院认为，青浦区政府在答辩中已经明确，涉案政府信息系由香花桥街道在征收过程中制作。根据《政府信息公开条例》(2007 年 4 月 5 日公布）第 17 条[②]之规定，应由制作该政府信息的行政机关依法负责公开；同时，该条例第 12 条第 4 项[③]亦将“征收或者征用土地、房屋拆迁及其补偿、补助费用的发放、使用情况”规定为乡（镇）人民政府信息公开的职责权限范围。故戴某请求青浦区政府公开相关政府信息缺乏法律依据。原审法院以涉案政府信息不属于青浦区政府职责权限范围为由裁定驳回戴某的诉讼请求，并无明显不当。

**【分析】**

政府信息的公开涉及不同行政机关之间的责任分工。如果是由行政机关制作的政府信息，那么负责公开的责任也由该行政机关承担；如果政府信息来自公民、法人或其他组织，那么负责公开的责任则由保存该政府信息的行政机关承担；但是，如果政府信息是由行政机关从其他行政机关处获取，原则上仍然由制作该政府信息的行政机关负责公开。那么，在征收单位组织实施补偿安置过程中形成的政府信息，因涉及的行政机关较多，应当由哪个行

---

① 最高人民法院（2019）最高法行申 7678 号行政裁定书。

② 该条例 2019 年进行了修订，现对应第 16 条第 1 款。

③ 该条例 2019 年进行了修订，现对应第 21 条。

政机关负责公开呢？

《土地管理法》第47条第1款规定："国家征收土地的，依照法定程序批准后，由县级以上地方人民政府予以公告并组织实施。"另外，《土地管理法实施条例》第31条规定："征收土地申请经依法批准后，县级以上地方人民政府应当自收到批准文件之日起十五个工作日内在拟征收土地所在的乡（镇）和村、村民小组范围内发布征收土地公告，公布征收范围、征收时间等具体工作安排，对个别未达成征地补偿安置协议的应当作出征地补偿安置决定，并依法组织实施。"因此，通常情况下，市、县人民政府及其土地行政主管部门是涉案相关政府信息的法定制作主体。

然而，实践中，一些市、县级人民政府会根据当地的工作需要，将补偿安置工作交由乡（镇）人民政府或街道办事处具体组织实施。在这种情况下，乡（镇）人民政府或者街道办事处根据职责分工，也有可能成为相关政府信息的制作主体。

另外，《征补条例》第4条规定："市、县级人民政府负责本行政区域的房屋征收与补偿工作。市、县级人民政府确定的房屋征收部门（以下简称房屋征收部门）组织实施本行政区域的房屋征收与补偿工作。"该条例在第29条进一步规定："房屋征收部门应当依法建立房屋征收补偿档案，并将分户补偿情况在房屋征收范围内向被征收人公布。"因此，土地、房屋征收补偿相关政府信息的公开义务主体不仅包括人民政府，还包括相关政府部门。具体由哪个主体来公开信息应当根据各自的职责范围来确定。正如上述案例中所述，青浦区政府在答辩中已经明确告知当事人，涉案政府信息系由香花桥街道在征收过程中制作，当事人应当向香花桥街道申请政府信息公开。即使青浦区政府在征收过程中从香花桥街道处获取了上述信息，当事人亦应当向上述信息的制作单位申请政府信息公开。

**【规范指引】**

《征补条例》第4条、第29条；《土地管理法》第47条第1款；《土地管理法实施条例》第31条；《政府信息公开条例》第10条第1款、第21条。

## 争点2：涉征收决定、征地批复等前置性文件应当予以公开

无论是集体土地征收还是国有土地征收，法律都明确规定必须依法征收，

并保障被征收人的知情权、参与权、选择权以及监督权等。因此，若被征收人申请公开以下文件，法院应当给予支持：

1. 国务院或省级政府、依法批准用地的批复文件。其中，国务院批准的城市用地，还应公开省级政府、审核同意农用地转用和土地征收实施方案的文件。

2. 市、县政府用地报批时拟定的“一书四方案”（建设用地项目呈报说明书、农用地转用方案、补充耕地方案、征收土地方案、供地方案）。城市建设用地为“一书三方案”（建设用地项目呈报说明书、农用地转用方案、补充耕地方案、征收土地方案）。

3. 地方政府转发国务院批准用地的文件如用地面积、补偿标准、安置途径等批准情况，与申报情况相比发生变化的，转发文件中，应明确表述变化后情况。

4. 征地告知书以及履行征地报批前程序的相关证明材料（拟征地补偿安置听证告知、土地权属证明材料以及征地批复后实施中征地公告、征地补偿安置方案公告、市县政府批准征地补偿安置方案、建设用地批准书）。

## 三、法律适用中的疑难问题

### 问题 1：复制纸质文本并非行政机关向申请人公开信息的唯一形式

**【案例】陈某诉江苏省如皋市自然资源和规划局、如皋市人民政府政府信息公开及行政复议案**[①]

2022 年 9 月 21 日，陈某向如皋市自然资源和规划局（以下简称如皋市自规局）提出政府信息公开申请，申请公开的内容为 GJ2007–62 号地块所有拆迁户与拆迁方签订的补偿结算资料。经检索后，如皋市自规局作出答复：因 GJ2007–62 地块所有拆迁户的拆迁补偿结算资料较多，且部分留存的档案字迹模糊，建议陈某至如皋市土地储备中心现场查阅，并告知该中心地址和联系方式。陈某不服，诉至法院，请求撤销上述答复，并责令如皋市自规局重新作出答复。

① 江苏省南通市中级人民法院（2023）苏 06 行终 256 号行政判决书。

二审法院认为，GJ2007-62号地块共涉及102户农户，每户补偿结算资料包括补偿协议、补偿计算表、结算表等6页资料，拆迁补偿结算资料较多，且部分留存的档案字迹模糊，如皋市自规局考虑复制成本、保存信息的实际情况与获取信息的便利程度，答复陈某现场查阅，并告知查阅地址、联系方式。陈某在收到答复后，事实上也到如皋市土地储备中心现场查阅并复制了GJ2007-62地块部分拆迁户的补偿安置、结算等相关资料。陈某经查阅后，既可以选择复制全部信息，也可以选择复制部分信息，陈某没有理由说明以此种查阅方式导致其获取信息的权利受到减损或其他不利影响。因此，如皋市自规局提供查阅的方式已经充分保障了陈某获取信息的权利，且有利于节约信息公开的成本，符合《政府信息公开条例》第40条规定。遂判决驳回陈某的诉讼请求。

**【分析】**

实践中，整个项目其他被征收人的征收补偿协议数量巨大，全部公开难以操作，但政府信息公开申请人往往要求行政机关提供所有被征收人的征收补偿协议复印件，行政机关基于经济考量，为当事人提供现场查阅及允许拍照等方式公开信息。在此背景下，法院应如何审查此类案件呢？

根据《政府信息公开条例》第40条的规定："行政机关依申请公开政府信息，应当根据申请人的要求及行政机关保存政府信息的实际情况，确定提供政府信息的具体形式；按照申请人要求的形式提供政府信息，可能危及政府信息载体安全或者公开成本过高的，可以通过电子数据以及其他适当形式提供，或者安排申请人查阅、抄录相关政府信息。"因此，行政机关向申请人提供信息的具体形式包括：（1）以复制的方式提供纸质文本；（2）以电子数据或其他适当形式提供；（3）以查阅、抄录的方式提供。行政机关在确定提供信息的具体形式时，应考虑申请人的要求、政府信息载体的安全性、公开的成本以及保存信息的实际情况等因素。因此，申请人要求"复制"并不意味着行政机关必须提供复制件，行政机关在提供信息形式上享有一定的裁量权。只要选取的公开方式不会损害申请人获取信息的权利，同时有助于节约信息公开成本，那么行政机关经过裁量后选择的公开方式都应被认定为合法和适当的。

在深入讨论行政机关提供政府信息时的裁量权问题时，需要着重考虑到公开成本的影响。尽管行政机关在提供政府信息时享有一定的裁量权，但应当在平衡信息公开的合理性和成本效益之间找到恰当的平衡点。实践中，一些行政机关采取仅提供查阅的方式，或者要求当事人支付高额的复印费用，以应对大量信息的申请需求。我们认为，这种做法可能存在一定的不妥之处。

首先，仅提供查阅的方式可能会对当事人的信息获取权利造成一定程度的限制。特别是对于一些复杂、庞大的信息文件，单纯的查阅方式可能并不足以满足当事人对信息的实际需求，因而可能影响到其知情权的实现。其次，收取高额复印费用的做法可能会对当事人的经济负担造成压力。在信息公开的过程中，政府应当充分考虑到公民的实际经济情况，避免因为高额费用而导致信息获取障碍，从而影响到公民的知情权和监督权的行使。基于以上考量，本书不赞成一些行政机关采取仅提供查阅方式或者收取高额复印费用的做法。相反，行政机关应当在充分考虑到信息公开的合理性和效率的同时，采取更加灵活和便捷的方式，如提供电子数据或其他适当的形式，以满足当事人对信息的合理需求。这样不仅能够更好地保障当事人的知情权，也能够有效降低信息公开的成本，促进政府信息的透明度和公开度。

**【规范指引】**

《政府信息公开条例》第40条。

## 问题2：房屋征收补偿协议不属于不予公开的个人隐私和商业秘密

**【案例】某达公司诉淮安市淮阴区住房和城乡建设局政府信息公开案**①

2013年4月，淮安市淮阴区人民政府发布《房屋征收决定公告》，决定启动涉案地块旧城改造项目。原告某达公司与案外人某华公司同属该征收范围内。原告认为某华公司的补偿结果对于原告具有借鉴和参考价值，遂于2017年9月1日向淮安市淮阴区住房和城乡建设局（以下简称淮阴区住建局）提出信息公开申请，要求被告提供某华公司的现场调查结果及分户补偿情况。被告遂作出《回复函》，以原告申请的信息涉及第三人隐私和商业秘密，且某华公司不同意公开为由，决定对原告申请的信息不予公开。原告不服，遂诉至法院，请求法院撤销被告作出的信息公开回复函，判令被告依法公开原告申请的信息。

① 孙亚峰：《房屋征收补偿协议不属于不予公开的个人隐私和商业秘密》，载江苏法院网，http://www.jsfy.gov.cn/article/87788.html，最后访问时间：2024年4月23日。

二审法院认为，本案的焦点是征收补偿协议是否应向他人公开。《政府信息公开条例》（2007 年 4 月 5 日公布）第 9 条第 4 项[①]规定，依照法律、法规和国家有关规定应当主动公开的政府信息，应当主动公开。《征补条例》第 29 条第 1 款规定，房屋征收部门应当依法建立房屋征收补偿档案，并将分户补偿情况在房屋征收范围内向被征收人公布。因此，调查结果和分户补偿情况属于征收部门应当主动公开的政府信息，应由住建局在征收范围内向被征收人主动公开。既然属于主动公开的事项，即使征收过程中已经张贴公示过，符合条件的被征收人可以申请公开，而不需要说明用途。同时，公开分户补偿情况，也是立法为实现征收过程公开、透明而在公共利益和个人利益之间的一种平衡，因此，法律在此明确排除了个人隐私的适用，被告以涉及个人隐私为由不予公开，于法无据。

至于商业秘密，《政府信息公开条例》确立了涉及商业秘密的政府信息不得公开的一般准则，但对商业秘密的概念没有作出解释。司法实践中，一般援用《反不正当竞争法》的相关规定，即“商业秘密，是指不为公众所知悉、具有商业价值并经权利人采取相应保密措施的技术信息、经营信息等商业信息”。而征收补偿协议规定的是行政法上的权利义务内容，属于行政协议，而非民事合同。该协议不会因被其他主体所复制或利用而对企业的商业竞争产生不利影响，没有作为秘密予以保护的合理基础与商业价值。本案被告亦未举证证明作为从事餐饮经营的某华公司涉及何种商业秘密，更多的是对法律的曲解，从侧面也能反映出征收实施单位对协议公平性的不自信，通过上述判决，既彰显了法治精神，也用司法裁判规制和纠正了违法行政的行为。法院遂判决撤销被告所作的《回复函》，责令被告重新答复。

**【分析】**

在行政机关开展土地房屋征收过程中，有个别被征收人会因为怀疑自己所获得的征收补偿待遇不公平，而想要通过申请公开本征收项目其他部分被征收人，甚至所有被征收人已签订的征收补偿协议，以此作为参照，来证明自己有权获得某类征收补偿权益。关于征收补偿协议是否应当公开、如何公开，一直是实践中富有争议的问题。

《政府信息公开条例》第 2 条规定：“本条例所称政府信息，是指行政机关在履行行政管理职能过程中制作或者获取的，以一定形式记录、保存的信

① 该条例 2019 年进行了修订，现对应第 19 条。

息。”由此可知，一个申请事项是否属于政府信息，应当从以下几个方面进行判断：（1）是否是行政机关在履行行政管理职能过程中制作或者获取的；（2）是否以一定形式记录、保存。而土地房屋征收行为是行政机关根据法律法规规定作出的行政行为，是行使行政管理职能的一种体现，征收补偿协议则是征收部门与被征收人就土地房屋征收补偿事宜达成一致的产物，是土地房屋征收行为最主要的外化载体，因此符合上述政府信息的两个构成要件，应当属于政府信息。

既然征收补偿协议属于政府信息，他人的征收补偿协议是否一律予以公开？有部分观点认为，他人的征收补偿协议不应公开或不便公开，主要有三点理由：第一，个人隐私权的保护是一项重要的法律原则，涉及他人个人信息的公开需要谨慎处理。在征收补偿协议中，可能包含被征收人的基本身份信息、房屋产权信息、安置房情况以及获得的补偿款项明细等内容。这些信息涉及被征收人的个人隐私，特别是身份信息等敏感数据，公开可能会对被征收人的个人权益造成潜在的损害。因此，应当在权衡个人隐私权和公共利益之间进行慎重考虑。第二，征收补偿协议的内容可能会因被征收人的不同情况而有所不同，例如，针对不同的房屋评估情况或者不同的安置方案，征收部门可能会采取不同的补偿标准。这种差异性使得公开所有征收补偿协议可能会存在一定的操作难度，同时也可能引发其他被征收人的质疑和争议。第三，整个项目其他被征收人的征收补偿协议数量巨大，全部公开难以操作。

上述观点有其合理性，但我们认为，征收补偿协议应当予以公开。首先，《政府信息公开条例》第 21 条规定：“除本条例第二十条规定的政府信息外，设区的市级、县级人民政府及其部门还应当根据本地方的具体情况，主动公开涉及市政建设、公共服务、公益事业、土地征收、房屋征收、治安管理、社会救助等方面的政府信息；乡（镇）人民政府还应当根据本地方的具体情况，主动公开贯彻落实农业农村政策、农田水利工程建设运营、农村土地承包经营权流转、宅基地使用情况审核、土地征收、房屋征收、筹资筹劳、社会救助等方面的政府信息。”从上述规定可以推导出，土地房屋征收相关的政府信息不仅是应当公开的政府信息，甚至是应当主动公开的政府信息。但是实践中，几乎没有行政机关会直接将征收补偿协议公开于政府官网上，比较常见的做法是根据当事人的申请逐一个别处理。不论是采用主动公开还是依申请公开的方式，征收补偿协议由于使用的公共财政资金，主流观点仍然支持征收补偿协议属于应当公开的政府信息。

其次，《政府信息公开条例》第15条规定："涉及商业秘密、个人隐私等公开会对第三方合法权益造成损害的政府信息，行政机关不得公开。但是，第三方同意公开或者行政机关认为不公开会对公共利益造成重大影响的，予以公开。"这时行政机关需要考虑几个重要问题：

1. 征收补偿协议中是否存在个人隐私问题？通常情况下，征收补偿协议中包含被征收人的基本身份信息、被征收房屋产权信息、安置房房号以及可获得征收补偿款项明细等内容。除了身份信息（如身份证号）被广泛认定为个人隐私外，其他信息是否属于个人隐私仍存在争议。一些观点认为，个人财产信息可能构成个人隐私，但另一些人则认为征收补偿所使用的是公共资金，补偿标准应当公开透明，因此补偿协议中的财产信息不应视为个人隐私。需要注意的是，《政府信息公开条例》第37条规定了对申请公开信息中的内容进行区分处理的原则。即使征收补偿协议中包含被征收人的基本身份信息等个人隐私，也不能以此为由完全拒绝公开，行政机关仍然可以对征收补偿协议中的个人隐私内容进行保护，并公开其他信息。

2. 权利人不同意公开的评估及补偿信息是否可以成为行政机关拒绝公开的理由？《政府信息公开条例》第32条规定了行政机关应征求第三方意见的原则。实践中，许多行政机关会征求被征收人对征收补偿协议公开的意见，大多数情况下，被征收人会表示不同意公开。然而，最高人民法院行政审判庭在其编著的《最高人民法院行政审判庭法官会议纪要（第二辑）》中指出，征收补偿协议的公开符合公共利益优先原则，其重要性超越了个人隐私利益。[①] 因此，即使被征收人表示不同意公开，也不能作为行政机关拒绝公开的绝对理由。在综合权衡利益后，行政机关有责任确保公共利益的最大化，同时尊重个人隐私权。

当涉及征收补偿协议中可能存在的不同补偿标准时，这一问题涉及征收过程的公平性和透明度。征收补偿标准的确定对于被征收人的权益保障至关重要，而往往在实际操作中，可能存在不同的评估标准或者补偿计算方式，导致被征收人之间的补偿差异较大。在这种情况下，被征收人申请公开其他被征收人的征收补偿协议，往往是出于对补偿公正性的关注。如果行政机关在征收补偿过程中未能向公众充分披露其他人的补偿协议及补偿标准的制定

---

① 最高人民法院行政审判庭编著：《最高人民法院行政审判庭法官会议纪要（第二辑）》，人民法院出版社2023年版。

依据、评估方法和结果，那么很容易引发社会舆论的不满和质疑。公众可能会质疑政府在征收补偿中是否存在利益输送、不公平对待等行为，从而降低公众对政府的信任度，影响政府的合法性和稳定性。

综上所述，征收补偿协议的公开既涉及个人隐私权和公共利益的平衡，也是维护社会公正和法治建设的重要举措。在处理征收补偿协议公开问题时，行政机关应兼顾个人隐私保护和公共利益推动，确保信息公开的合法性和透明度，以促进社会和谐发展。

**【规范指引】**

《征补条例》第 29 条第 1 款；《政府信息公开条例》第 19 条、第 23 条、第 36 条。

## 问题 3：不得以信息更正名义申请对征补协议修改

**【案例】冒某与如皋市人民政府城南街道办事处、如皋市人民政府行政监督、行政复议案**[①]

2019 年 12 月 20 日，冒某向如皋市人民政府城南街道办事处（以下简称城南街道办）邮寄《更正政府信息申请报告》，要求：（1）更正编号（2019）年皋城南依复第 6 号政府信息公开答复所涉房屋搬迁补偿协议、高铁站周边工程房屋搬迁选定安置房订单相关信息，取消前者乙方及所有权人部某，将后者产权人姓名由丁某乙更正为冒某。（2）如不属于城南街道办更正职能范围，请求转送有权更正的行政机关并书面告知本人。城南街道办于 2019 年 12 月 24 日收悉，于 2020 年 2 月 11 日作出《答复书》，答复冒某：（1）冒某户在房屋拆迁搬迁安置过程中，向江苏省如皋高新技术产业开发区拆迁安置办公室提供了情况说明一份，情况说明中载明因高铁周边搬迁的需要，经主要家庭成员协商一致，由丁某乙负责搬迁相关所有事宜办理。故城南街道办有理由认为丁某乙作为冒某户代表，有权签订房屋搬迁补偿协议和房屋搬迁选定安置房订单。（2）即使丁某乙签订了房屋搬迁补偿协议和房屋搬迁选定安置房订单，也不影响冒某实体权利的实现。（3）冒某与家庭成员之间对拆迁房屋贡献的大小、家庭共有财产的份额多少等矛盾，应通过分家

---

① 江苏省南通市中级人民法院（2020）苏 06 行终 613 号行政判决书。

析产的民事诉讼途径来处理。综上，对于冒某提出的更正申请，不予支持。冒某不服，诉至法院。

二审法院认为，根据《政府信息公开条例》第41条规定："公民、法人或者其他组织有证据证明行政机关提供的与其自身相关的政府信息记录不准确的，可以要求行政机关更正。"本案中，冒某要求更正的是房屋搬迁补偿协议中被搬迁人的姓名及协议签订人的姓名、选定安置房订单中产权人的姓名。上述信息的变更将会直接影响冒某及案外人的合法权益，冒某提出的所谓变更信息申请实为对房屋搬迁补偿协议及该协议的履行提出的异议，而非《政府信息公开条例》所规定的行政机关对相关信息记录不准确的情形，冒某提出的申请不属于《政府信息公开条例》规定的变更信息申请，城南街道办在被诉答复中告知不予更正并无不当。

**【分析】**

在政府信息公开领域，公民、法人或其他组织如果发现行政机关提供的与其自身相关的政府信息记录不准确，可以依据《政府信息公开条例》第41条的规定，要求行政机关进行更正。这个过程涉及多方面的细节和程序，需要对法律法规有清晰的认识和理解。

首先，申请政府信息更正需要满足一定的条件。申请人必须能够提供证据证明相关政府信息记录的不准确性。这就要求申请人在提出申请时应当提供充分的证据，以确保申请的合理性和有效性。而行政机关在审核申请时，也应当认真审查提供的证据，确保更正的准确性和合法性。

其次，关于政府信息更正的范围和内容。人民法院案例库收录的廖某某诉四川省人民政府政府信息公开案（入库编号：2024-12-3-013-001）在裁判要旨中明确指出：以申请政府信息更正为名，实质是要对信息所指涉行政行为的主要事实与依据进行合法性审查的，不属于政府信息更正范畴。对于申请更正的政府信息范围，该参考案例也明确：公民申请政府信息更正的信息事项应当与其自身相关，主要指可直接识别出姓名、性别、身份证件等特定公民个人身份的相关信息。公民申请更正的政府信息中并不包含或并不能直接识别出公民姓名、身份证号码等特定化的个人自身信息的，不属于法律规定的与其个人自身相关政府信息更正的范畴。这一点在实践中尤为重要，避免了不相关信息的干扰，确保了政府信息更正工作的高效性和准确性。

具体到此处所讨论的问题，《政府信息公开条例》第41条规定："公民、法人或者其他组织有证据证明行政机关提供的与其自身相关的政府信息记录不准确的，可以要求行政机关更正。”当原告认为行政机关不予更正相关政府信息记录违法提起诉讼时，法院应当对原告在向行政机关申请更正时是否提供了可以证明有关政府信息记录不准确的证据进行审查。此处行政机关的更正应当是基于相应证据证明所实施的行为，行政机关本身不需要进行实质意义上的调查。如果原告的申请在事实上系要求行政机关重新启动调查程序，撤销原有行政行为的，比如要求更正拆迁补偿的补偿金额、补偿标准，这就不属于更正申请范围，行政机关可予以拒绝，因要求更正事项已经超出了政府信息公开的范围，法院对于相关的诉讼可裁定驳回起诉。

此外，关于政府信息更正的程序和义务。行政机关在接到申请后，有责任进行审查，并在审核属实的情况下及时进行更正，并告知申请人。如果涉及的更正事项不在该行政机关的职责范围之内，行政机关应当及时将申请转送至有权更正的机关，并告知申请人相应的处理情况，以保证申请人的合法权益得到有效保障。另外，关于政府信息更正的程序和实践中的具体操作，需要进一步明确和规范。尽管《政府信息公开条例》对政府信息更正提供了基本框架，但在具体操作中仍存在一些模糊和不确定的情况。因此，相关部门和机构可以进一步完善相关的配套制度和规定，明确政府信息更正的具体程序、条件和标准，以提高政府信息更正工作的透明度和效率。政府信息的准确性和真实性直接关系到公民、法人和其他组织的合法权益，也关系到政府的形象和公信力。因此，政府应当以更加开放和负责任的态度对待政府信息更正的申请，及时进行审核和处理，确保政府信息的准确性和公正性，增强公众对政府的信任和支持。

需要注意的是政府信息公开诉讼的审理范围和性质。尽管政府信息公开诉讼解决了政府信息公开的合法性问题，但并不涉及政府信息内容本身的合法性。如果当事人认为政府信息内容违法，应当通过其他法定途径提出，例如直接向法院提起行政诉讼。因此，在审理政府信息公开诉讼时，法院应当明确界定审查范围，确保诉讼程序的合法性和高效性。

**【规范指引】**

《政府信息公开条例》第41条。

## 问题 4：滥用政府信息公开申请权及诉权的行为不应予以支持

**【案例】陆某诉原南通市国土资源局政府信息公开案**①

陆某向原南通市国土资源局申请公开“长平路西、山神路北、兴港路东所涉‘龙潭幸福里三期’拆迁安置房工程项目地块的土地是农村集体土地还是国有土地，以及拆迁安置房工程项目的征地批文”。同年 7 月 30 日，原南通市国土资源局作出《政府信息公开申请答复书》，答复内容为陆某申请的“长平路西、山神路北、兴港路东所涉及‘龙潭幸福里三期’（原为隆兴家园三期）拆迁安置房工程项目地块”已于 2012 年 10 月经江苏省人民政府批准征收为国有，征地批文为主动公开的政府信息，请登录原南通市国土资源局网站查询，批准文号为“苏政地〔2012〕5328 号”。陆某不服，于 2014 年 9 月 28 日向原江苏省国土资源厅申请行政复议。2014 年 11 月 10 日，原江苏省国土资源厅作出（2014）苏国土资行复第 134 号《行政复议决定书》，决定维持原南通市国土资源局作出的被诉答复。陆某仍不服，向法院提起行政诉讼。

法院认为，公民在行使权利的时候，不得损害国家的、社会的、集体的利益和其他公民的合法权益。作为权利之一的获取政府信息公开权和诉权当然也不能滥用。陆某的起诉源于政府信息公开申请，其起诉的理由多以被诉答复无发文机关标志、标题不完善、无发文字号、程序违法为由，反复多次提起相同或类似的诉讼请求。陆某不当的申请和起诉多次未获人民法院支持，而其仍然频繁提起行政复议和行政诉讼，已经使有限的公共资源在维护个人利益与他人利益、公共利益之间有所失衡，这种损害他人并对自已利益较少或根本无利益的权利之行使，超越了权利行使的界限，亦有违诚实信用原则，已构成诉讼权利的滥用，法院遂裁定驳回其起诉。

**【分析】**

在土地征收过程中，部分被征收人为了获得更多的补偿利益，常常会提起大量的诉讼，特别是涉及政府信息公开的案件。这些诉讼的目的并非仅仅是胜诉，而是利用诉讼作为手段向政府或相关部门施压，以期获得更大的安置补偿利益。对于此类案件，人民法院是否应该受理以及应该如何处理，在实践中存在一定的争议。

---

① 江苏省南通市中级人民法院（2015）通中行终字第 00131 号行政裁定书。

一种观点认为，当事人为了实现同一诉求而提出多项相关联的信息公开申请，一般不应被认定为滥用信息公开申请权和诉讼权。应该通过实质性的裁决方式来判定，而不应简单地根据主观意图作出判断，尤其是在没有对权利滥用的相关事实证据进行分析论证的情况下，不能仅仅基于主观意图驳回起诉。

另一种观点认为，《最高人民法院关于进一步保护和规范当事人依法行使行政诉权的若干意见》第 15 条规定："要依法制止滥用诉权、恶意诉讼等行为。滥用诉权、恶意诉讼消耗行政资源，挤占司法资源，影响公民、法人和其他组织诉权的正常行使，损害司法权威，阻碍法治进步。对于以危害国家主权和领土完整、危害国家安全、破坏国家统一和民族团结、破坏国家宗教政策为目的的起诉，人民法院依法不予立案；对于极个别当事人不以保护合法权益为目的，长期、反复提起大量诉讼，滋扰行政机关，扰乱诉讼秩序的，人民法院依法不予立案。"第 16 条规定："要充分尊重和保护公民、法人或者其他组织的知情权，依法及时审理当事人提起的涉及申请政府信息公开的案件。但对于当事人明显违反《中华人民共和国政府信息公开条例》立法目的，反复、大量提出政府信息公开申请进而提起行政诉讼，或者当事人提起的诉讼明显没有值得保护的与其自身合法权益相关的实际利益，人民法院依法不予立案。公民、法人或者其他组织申请公开已经公布或其已经知晓的政府信息，或者请求行政机关制作、搜集政府信息或对已有政府信息进行汇总、分析、加工等，不服行政机关作出的处理、答复或者未作处理等行为提起诉讼的，人民法院依法不予立案。"第 17 条规定："在认定滥用诉权、恶意诉讼的情形时，应当从严掌握标准，要从当事人提起诉讼的数量、周期、目的以及是否具有正当利益等角度，审查其是否具有滥用诉权、恶意诉讼的主观故意。对于属于滥用诉权、恶意诉讼的当事人，要探索建立有效机制，依法及时有效制止。"《行政诉讼法适用解释》第 55 条第 1 款规定："依照行政诉讼法第五十一条的规定，人民法院应当就起诉状内容和材料是否完备以及是否符合行政诉讼法规定的起诉条件进行审查。"根据上述规定，当事人针对同一诉求提出多项政府信息公开申请，明显包含重复申请、循环申请之意，这可被视为滥用政府信息公开申请权及诉权的主观意图，不具备应予保护的诉讼利益，因此人民法院可不经实质审理直接驳回起诉。

我们认为，保障人民群众依法获取政府信息，是《政府信息公开条例》的立法目的。保障公民的知情权对于实现依法治国，促进依法行政和保障公民的参与权、监督权有特殊重要的意义。因此，保障公民的知情权、保障其信息公开申请权应当是行政机关和人民法院首要考虑的问题，应当尽可能地支持信息公开申请，而不应当人为设限。起诉权是起诉人获得公平审判的权利，是保障当事人依法具有的人身权、财产权的重要程序性权利。诉权不同于胜诉权，不论当事人起诉的诉讼请求能否成立，其将行政机关起诉到法院要求司法对行政行为进行审查的权利必须得到尊重。因此，最大限度地保护当事人信息公开申请权和诉权，仍是行政审判的重点问题；而引导当事人正确行使申请权和诉权，也是行政审判法官的释明义务的体现。即使对个别特殊的当事人和特殊案件，要作出滥用信息公开申请权和诉权的认定，也必须兼顾诉权保护和有效规制的平衡。

因此，在审查当事人是否滥用政府信息公开申请权与诉权时，应坚持主客观相一致的标准。当事人滥用信息公开申请权和诉权的主观故意，只能通过客观行为表现，并通过事实证据统一主客观构成要件。行政机关主张当事人滥用权利，应承担举证责任，通过当事人的申请信息公开的频次、目的以及既往申请和诉讼情况证明当事人主观上存在故意，客观上实施了滥用权利的行为，从而履行举证责任。人民法院审查时，可主动调取相关诉讼情况的证据，结合本次诉讼当事人的诉求和历次申请、诉讼情况进行综合判断。在作出构成滥用权利认定时，应经实体审理综合论证，考虑当事人提起诉讼的数量、周期、目的以及是否具有正当利益等角度，并排除存在诉的利益或本案存在应予支持和救济的特殊性，才能认定构成滥用权利。需避免简单以曾提起多起信息公开申请、提起多起诉讼均未得到支持来认定滥用权利。

**【规范指引】**

《行政诉讼法适用解释》第 55 条；《最高人民法院关于进一步保护和规范当事人依法行使行政诉权的若干意见》第 15 条、第 16 条、第 17 条。